笃行致远 砥砺前行
改革开放 40 年全国社会科学院图书馆发展历程

王京清 主编

中国社会科学出版社

图书在版编目(CIP)数据

笃行致远　砥砺前行：改革开放40年全国社会科学院图书馆发展历程／王京清主编．—北京：中国社会科学出版社，2018.12
ISBN 978-7-5203-3840-0

Ⅰ.①笃… Ⅱ.①王… Ⅲ.①科研图书馆—图书馆发展—研究—中国　Ⅳ.①G258.5

中国版本图书馆CIP数据核字（2018）第290178号

出 版 人	赵剑英
责任编辑	田　文
责任校对	张爱华
责任印制	王　超

出　　版	中国社会科学出版社
社　　址	北京鼓楼西大街甲158号
邮　　编	100720
网　　址	http://www.csspw.cn
发 行 部	010-84083685
门 市 部	010-84029450
经　　销	新华书店及其他书店
印刷装订	北京君升印刷有限公司
版　　次	2018年12月第1版
印　　次	2018年12月第1次印刷
开　　本	710×1000　1/16
印　　张	32.75
字　　数	504千字
定　　价	298.00元

凡购买中国社会科学出版社图书，如有质量问题请与本社营销中心联系调换
电话：010-84083683
版权所有　侵权必究

编辑委员会

编委会主任：
　　王京清［中国社会科学院副院长、党组副书记（正部长级）］

编委会执行主任：
　　王　岚（中国社会科学院图书馆党委书记、馆长）

编委会副主任：
　　何　涛（中国社会科学院图书馆副馆长）
　　蒋　颖（中国社会科学院图书馆副馆长）
　　张大伟（中国社会科学院图书馆副馆长）
　　赵　慧（中国社会科学院图书馆人事处处长、党办主任）
　　杨　齐（中国社会科学院图书馆规划建设部主任）
　　朱恒鹏（中国社会科学院经济研究所党委副书记、副所长）
　　孙　力（中国社会科学院俄罗斯东欧中亚研究所副所长）
　　田　波（中国社会科学院历史研究所副所长）
　　张伯江（中国社会科学院文学研究所党委书记）
　　孙海泉（中国社会科学院哲学研究所原党委书记）
　　杨　奎（北京市社会科学院副院长、党组成员）
　　张　波（重庆社会科学院副院长、党组成员）
　　张福兴（河北省社会科学院副院长、党组成员）
　　侯广章（山西省社会科学院副院长）
　　杨静波（吉林省社会科学院副院长、党组成员）

陈　静（黑龙江省社会科学院党委委员、副院长）
陈柳裕（浙江省社会科学院党委委员、副院长）
杨俊龙（安徽省社会科学院副院长、党组成员）
李鸿阶（福建社会科学院副院长、党组成员）
毛智勇（江西省社会科学院副院长、党组成员）
张述存（山东社会科学院院长、党委副书记）
周　立（河南省社会科学院党委副书记）
贺培育（湖南省社会科学院副院长）
袁　俊（广东省社会科学院副院长、党组成员）
祁亚辉（海南省社会科学院副院长、海南省社科联副主席、社科联党组成员）
何祖坤（云南省社会科学院院长、党组书记）
益西平措（西藏自治区社科联主席、西藏自治区社会科学院副院长）
朱智文（甘肃省社会科学院党委委员、副院长）
孙发平（青海省社会科学院副院长、党组成员）
高建龙（新疆社会科学院院长、党委副书记）
吴定海［深圳市社会科学院（深圳市社会科学联合会）党组书记、院长（主席）］
杨再高（广州市社会科学院副院长、党组成员）
张　晶（哈尔滨市社会科学院副院长）
阎　星（成都市社会科学院副院长、党组成员）

编委会委员：

王砚峰（中国社会科学院图书馆经济学分馆馆长）
邓子滨（中国社会科学院图书馆法学分馆馆长）
陈　杰（中国社会科学院图书馆民族学与人类学分馆馆长）
周军兰（中国社会科学院图书馆研究生院分馆馆长）
宋　红（中国社会科学院图书馆国际研究分馆馆长）
潘素龙（中国社会科学院历史研究所图书馆馆长）

段　梅（中国社会科学院近代史研究所图书馆馆长）
邓乔松（中国社会科学院文学研究所原图书馆馆长）
孔青青（中国社会科学院图书馆副研究馆员）
郭登浩（天津社会科学院图书馆馆长）
钱运春（上海社会科学院图书馆馆长）
王　智（内蒙古自治区社会科学院图书馆馆长）
曲　哲（辽宁社会科学院文献信息中心副主任）
范　鹰（湖北省社会科学院图书情报中心主任）
冯海英（广西社会科学院信息中心副主任）
贾　玲（四川省社会科学院文献信息中心主任）
王剑锋（贵州省社会科学院图书信息中心主任）
李小红［陕西省社会科学院宣传信息中心（图书馆）主任（馆长）］
李习文（宁夏社会科学院社科图书资料中心主任）

撰 稿 人

第一篇　改革开放 40 年全国社会科学院图书馆发展概述　　　周霞、孙洁琼

第二篇　改革开放 40 年中国社会科学院图书馆系统发展历程
- 第 1 章　中国社会科学院图书馆　　　　　　　　　　　　刘振喜、赵以安
- 第 2 章　中国社会科学院图书馆经济学分馆　　　　　　　王砚峰、黄晨
- 第 3 章　中国社会科学院图书馆法学分馆　　　　　　　　蒋隽
- 第 4 章　中国社会科学院图书馆民族学与人类学分馆　　　陈杰
- 第 5 章　中国社会科学院图书馆研究生院分馆　　　　　　周军兰、李楠
- 第 6 章　中国社会科学院图书馆国际研究分馆　　　　　　宋红
- 第 7 章　中国社会科学院俄罗斯东欧中亚研究所图书馆　　宋红、阎洪菊
- 第 8 章　中国社会科学院历史研究所图书馆　　　　　　　杨巍巍
- 第 9 章　中国社会科学院近代史研究所图书馆　　　　　　李然、段梅、董佳妮
- 第 10 章　中国社会科学院图书馆文学专业书库　　　　　　邓乔松
- 第 11 章　中国社会科学院图书馆哲学专业书库　　　　　　高颖

第三篇　改革开放 40 年主要省市自治区社会科学院图书馆发展历程
- 第 12 章　北京市社会科学院图书馆　　　　　　　　　　　葛菲
- 第 13 章　天津社会科学院图书馆　　　　　　　　　　　　赵云利
- 第 14 章　上海社会科学院图书馆　　　　　　　　　　　　王威
- 第 15 章　重庆社会科学院图书馆　　　　　　　　　　　　易华均
- 第 16 章　河北省社会科学院社会科学信息中心　　　　　　魏丽
- 第 17 章　山西省社会科学院图书馆　　　　　　　　　　　赵国良
- 第 18 章　内蒙古自治区社会科学院图书馆　　　　　　　　托亚、王辽海、张晓宇
- 第 19 章　辽宁社会科学院文献信息中心　　　　　　　　　曲哲

第 20 章	吉林省社会科学院图书馆	初丽
第 21 章	黑龙江省社会科学院文献信息中心	刘伟东、孙鸿鹤
第 22 章	浙江省社会科学院图书馆	潘志良、吴育良
第 23 章	安徽省社会科学院图书馆	白云
第 24 章	福建社会科学院文献信息中心	陈元勇
第 25 章	江西省社会科学院图书馆	余建红
第 26 章	山东社会科学院图书馆	刘祥哲
第 27 章	河南省社会科学院文献信息中心	王自禹
第 28 章	湖北省社会科学院图书情报中心	冉爱华、肖静
第 29 章	湖南省社会科学院文献信息中心（图书馆）	向志柱、田智、杨斌
第 30 章	广东省社会科学院图书馆	方劲松、汪洋、易雪颜、徐俊
第 31 章	广西社会科学院信息中心	冯海英
第 32 章	海南省社会科学院文献资源建设设想	孙继华
第 33 章	四川省社会科学院文献信息中心	贾玲
第 34 章	贵州省社会科学院图书信息中心	卫肖晔
第 35 章	云南省社会科学院图书馆	熊咏梅
第 36 章	西藏自治区社会科学院文献信息管理处	连成国、苏荣春
第 37 章	陕西省社会科学院宣传信息中心（图书馆）	王钊
第 38 章	甘肃省社会科学院数据中心（图书馆）	胡圣方、杨永志
第 39 章	青海省社会科学院文献信息中心	窦国林
第 40 章	宁夏社会科学院社科图书资料中心	王耀
第 41 章	新疆社会科学院图书馆	梁旭龙

第四篇　改革开放 40 年部分副省级城市社会科学院图书馆发展历程

第 42 章	深圳市社会科学院图书资料室	陈敏
第 43 章	广州市社会科学院文献信息中心	陈婉仪
第 44 章	哈尔滨市社会科学院社会学信息研究所	刘燕
第 45 章	成都市社会科学院信息中心	张晓雯

序　言

1978年党的十一届三中全会的召开，开启了中国改革开放的伟大历史进程。40年来，在中国共产党的坚强领导下，我国经济社会各个方面都取得了举世瞩目的成就，人民生活水平得到了极大的提高和改善，国家综合实力和国际影响力得到显著提升，跃居世界第二大经济体。中国的发展模式、中国的发展道路和中国的发展经验，引起了世界各国的高度关注。

改革开放40年，也是我国哲学社会科学繁荣发展的40年。哲学社会科学事业与我国的改革开放实践相互结合、相互促进，为改革的稳步推进以及经济社会可持续发展提供理论支持和决策依据，在建设中国特色社会主义现代化强国的改革历程中发挥了重要作用。全国社会科学院系统是我国哲学社会科学研究的重要组成部分。全国社会科学院系统图书馆（包括信息中心、数据中心等相关文献信息机构）是哲学社会科学事业的重要资源保障和服务支撑单位，也是全国社会科学图书情报事业的有机组成部分，与我国哲学社会科学的发展和社会科学图书情报事业的发展相伴同行。改革开放以来，全国社会科学院系统图书馆在机构与人员建设、业务模式、学术交流与合作等方面都取得了丰硕的成果，逐步实现从传统图书馆向现代图书馆的转型升级。

特别是党的十八大以来，习近平总书记对我国哲学社会科学事业非常关心，并作出一系列重要指示，我国哲学社会科学事业迎来一个更加繁荣、高速发展的新时代。全国社会科学院系统图书馆同仁认真学习贯彻习近平新时代中国特色社会主义思想，深刻领会习近平总书记"5·17"重要讲话和"致中国社会科学院建院40周年贺信"等重要指示以及中国特色新型智库建设相关文件，在图书馆管理体制机制改革、文献资源建设、图书馆服务体系创新以及科研信息化保障等各个方面都取得了突出的成绩，并形成了一些标志性重大成果，如，2016年12月30日，按照中宣部部署，由中国社会科学院牵头、中国社会科学院图书馆负责具体实施的"国家哲学社会科学文献中心"正式上线；2018年5月17日，习近平新时代中国特色社会主义思想文库在中国社会科学院率先建成；以及近些年来中国社会科学院正在开展的全院古籍清理核实和数字化工作等。这些项目在国内外社会科学界都产生了重大影响，为马克思主义阵地建设以及新型智库建设、思想库和最高殿堂的发展创造有利条件，为构建中国特色哲学社会科学学科体系、学术体系、话语体系，增强我国哲学社会科学国际影响力发挥了重要作用。

在改革开放40年到来之际，由中国社会科学院图书馆策划和牵头、邀请全国社会科学院系统图书馆及相关单位共同编撰的图书《笃行致远 砥砺前行——改革开放40年全国社会科学院图书馆发展历程》，将由中国社会科学出版社正式出版。这本集全国社会科学院系统图书馆同仁智慧和心血的作品，将成为纪念改革开放40年全国社会科学院系统图书馆事业发展的重要著作。它对新形势下全国社会科学院系统图书馆以及相关类型的图书馆发展具有很好的历史参考价值，对推动哲学社会科学专业图书馆的创新发展以及更好地服务于国家哲学社会科学事业具有里程碑意义。

这本书不仅是对改革开放40年来全国社会科学院系统图书馆的发展变化、主要成绩和经验进行的一次全面系统的梳理与总结，也是为全国社会科学院系统的图书馆同仁搭建起一个更紧密的交流与合作的重要平台。随着改革开放的不断深入，全国社会科学院系统图书馆及相关机构也将迎来新的机遇。站在改革开放40周年的重要历史时刻，希望广大图书馆的同仁们回顾过去，总结经验，互相学习，再接再厉，继续深入贯彻习近平新时代中国特色社会主义思想、习近平总书记"5·17"重要讲话和"致中国社会科学院建院40周年贺信"等重要指示精神，充分认识和把握当前的新形势、新任务和新使命，努力书写全国社会科学院系统图书馆工作的新篇章，为推动国家哲学社会科学事业发展，为实现中华民族伟大复兴的中国梦作出新的贡献。

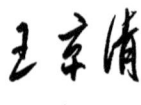

2018年11月

目　录

第一篇
改革开放 40 年全国社会科学院图书馆发展概述

第二篇
改革开放 40 年中国社会科学院图书馆系统发展历程

第 1 章　中国社会科学院图书馆 …………………………………………（33）
第 2 章　中国社会科学院图书馆经济学分馆 ……………………………（84）
第 3 章　中国社会科学院图书馆法学分馆 ………………………………（96）
第 4 章　中国社会科学院图书馆民族学与人类学分馆 …………………（109）
第 5 章　中国社会科学院图书馆研究生院分馆 …………………………（115）
第 6 章　中国社会科学院图书馆国际研究分馆 …………………………（130）
第 7 章　中国社会科学院俄罗斯东欧中亚研究所图书馆 ………………（133）
第 8 章　中国社会科学院历史研究所图书馆 ……………………………（143）
第 9 章　中国社会科学院近代史研究所图书馆 …………………………（155）
第 10 章　中国社会科学院图书馆文学专业书库 …………………………（170）
第 11 章　中国社会科学院图书馆哲学专业书库 …………………………（175）

第三篇
改革开放 40 年主要省市自治区社会科学院图书馆发展历程

第 12 章　北京市社会科学院图书馆 ………………………………………（183）
第 13 章　天津社会科学院图书馆 …………………………………………（192）

第 14 章	上海社会科学院图书馆	(202)
第 15 章	重庆社会科学院图书馆	(214)
第 16 章	河北省社会科学院社会科学信息中心	(222)
第 17 章	山西省社会科学院图书馆	(234)
第 18 章	内蒙古自治区社会科学院图书馆	(241)
第 19 章	辽宁社会科学院文献信息中心	(250)
第 20 章	吉林省社会科学院图书馆	(258)
第 21 章	黑龙江省社会科学院文献信息中心	(269)
第 22 章	浙江省社会科学院图书馆	(286)
第 23 章	安徽省社会科学院图书馆	(296)
第 24 章	福建社会科学院文献信息中心	(306)
第 25 章	江西省社会科学院图书馆	(316)
第 26 章	山东社会科学院图书馆	(324)
第 27 章	河南省社会科学院文献信息中心	(333)
第 28 章	湖北省社会科学院图书情报中心	(343)
第 29 章	湖南省社会科学院文献信息中心（图书馆）	(351)
第 30 章	广东省社会科学院图书馆	(364)
第 31 章	广西社会科学院信息中心	(376)
第 32 章	海南省社会科学院文献资源建设设想	(385)
第 33 章	四川省社会科学院文献信息中心	(388)
第 34 章	贵州省社会科学院图书信息中心	(399)
第 35 章	云南省社会科学院图书馆	(409)
第 36 章	西藏自治区社会科学院文献信息管理处	(423)
第 37 章	陕西省社会科学院宣传信息中心（图书馆）	(431)
第 38 章	甘肃省社会科学院数据中心（图书馆）	(437)
第 39 章	青海省社会科学院文献信息中心	(447)
第 40 章	宁夏社会科学院社科图书资料中心	(455)
第 41 章	新疆社会科学院图书馆	(463)

第四篇
改革开放 40 年部分副省级城市社会科学院图书馆发展历程

| 第 42 章 | 深圳市社会科学院图书资料室 | (473) |

第 43 章　广州市社会科学院文献信息中心 …………………………（479）
第 44 章　哈尔滨市社会科学院社会学信息研究所 ………………（490）
第 45 章　成都市社会科学院信息中心 ………………………………（493）

附录一　全国主要社会科学院图书馆及相关机构名录……………（503）
附录二　全国主要社会科学院机构名录………………………………（505）

后　记 ……………………………………………………………………（508）

第一篇

改革开放40年全国社会科学院图书馆发展概述

引　　言

改革开放40年来，在中国共产党的坚强领导下，我国经济社会发生了巨大变化，哲学社会科学研究与中国的改革实践相互结合、相互促进，为改革的稳步推进，为经济社会可持续发展提供理论支持和决策咨询，在建设中国特色社会主义现代化强国的改革历程中发挥了重要作用。全国社会科学院是我国哲学社会科学研究的重要实体单位，全国社会科学院系统图书馆，包括图书信息中心、数据中心等相关文献信息机构，既是哲学社会科学研究的重要服务支撑机构，也是全国社会科学图书情报事业的有机组成部分，与我国哲学社会科学的发展和社会科学图书情报事业的发展相伴而行。许多社会科学院图书馆成立于改革开放之初，经过40年的发展，实现了从无到有、从传统图书馆到现代化图书馆的转型升级，机构设置、工作模式、队伍建设相应发生了一系列的变化。

特别是党的十八大以来，全国社会科学院图书馆认真学习贯彻习近平新时代中国特色社会主义思想，深刻领会习近平总书记"5·17"重要讲话精神，在改革管理体制机制、建设文献信息资源、提升科研信息化水平、完善与创新服务体系等各个方面都取得了突出成绩，为我国哲学社会科学事业的进一步繁荣发展作出了新的贡献。

在纪念改革开放40周年之际，回顾我国社会科学院图书情报事业的发展历程和取得的成绩，总结发展经验与启示，将为新时代社会科学图书情报事业的繁荣发展提供有益的借鉴。

一　机构概况及发展历程

（一）机构概况

1. 机构性质和职责

社会科学院图书馆（或图书信息中心、数据中心等相关机构）隶属于社会科学院，其主要职责是为本院的哲学社会科学研究提供文献资源保障及信息服务。

改革开放以来，全国各社会科学院图书馆的工作重心和机构设置围绕本院中心任务和时代变迁而不断调整，经历了传统图书馆业务与社会科学情报工作从分离到一体化发展的转变。进入新世纪，特别是党的十八大后，随着信息技术和互联网的快速发展，图书馆在建设中国特色新型智库和科研信息化进程中承担越来越重要的职责。多数社会科学院将网络中心、数据中心与图书馆合并，图书馆在原有业务基础上增加了全院信息化建设等相关职责。

现阶段，全国社会科学院系统图书馆的主要职责和任务大致有以下方面：一是为社会科学院的科研发展、智库建设提供文献信息资源保障和服务；二是负责社会科学院计算机网络和网站的规划建设、运维和信息安全服务；三是为党政管理决策服务。地方社会科学院图书馆作为地区文献信息资源保障体系的组成部分，为地方政府管理决策和经济社会建设提供文献信息支持和咨询服务，为地方文化保护和学术传承进行特色文献收藏和科研数据保存。中国社会科学院图书馆作为中国社会科学院直属机构、国家级哲学社会科学专业图书馆，担负为中国社会科学院的科研工作和智库建设提供文献信息服务、网络安全服务以及全院信息化建设的职责，同时，承担习近平新时代中国特色社会主义思想文库、国家哲学社会科学文献中心建设等重要任务，向全社会提供公益服务。

2. 人员数量和构成

全国各社会科学院图书馆的人员数量差别较大，根据各图书馆最新统计数字显示，中国社会科学院图书馆现有在编在岗人员87人，聘用编制外人员41人，规模远大于其他社会科学院图书馆。四川省社会科学院文献信息中心的在职人员有25人，人员规模居第二位。多数省级社会科学院图书馆的在编人数为7—12人。

改革开放40年来，全国社会科学院系统图书馆的人员数量和构成在不同发展阶段有所变化。总体来看，人才队伍整体素质不断提高，具有图书情报学和其他学科专业教育背景人员比例逐步扩大，具有博士和硕士学位的毕业生也不断充实到队伍中来。

20世纪80年代至90年代，全国社会科学院图书馆在编人员数量呈上升状态，多数省级社会科学院图书馆初建时期人员只有2—3人，到70年代达到10余人，90年代达到20余人的规模。例如：内蒙古自治区社会科学院图书馆初建时期人员只有3人，1998年已有高、中级职称的工作人员20余人。[①] 又如，1984年浙江省社会科学院着眼科研需要和图书馆的专业发展考虑，从杭州的公共图书馆、高校引进了数位专业人员。图书情报专业人员的引入带动了图书馆各项工作的顺利开展，图书馆事业也上了新台阶。

全国社会科学院系统图书馆始终重视人才队伍建设，通过学术交流、培训、人才引进以及鼓励业务探讨、自学深造、学术研究等多种方式，培养人才、吸引人才、用好人才。经过多年建设，图书馆人员的学历、职称结构以及人员知识结构的变化逐步与科研需要和业务发展相适应，特别是图书馆人员应用现代信息技术进行数据采集、数据管理和数据平台运维、数据分析和信息服务的能力不断提高。高学历、高级职称人员以及图书情报专业人员、信息化管理和技术人才所占比例有较大提升。例如，山东社会科学院图书馆目前有职工13人，其中正高级职称人数4人，副高级职称人数2人，中级职称人数6人，高级职称比例将近50%。湖南省社会科学院文献信息中心（图书馆）现有人员12人，其中7人具有博士或硕士学位，占比50%以上。中国社会科学院近代史研究所图书馆自1994年起，明确提出图书馆只接收应届大学生，从源头上转变"图书馆是收容所"的陈旧观念。该馆目前在职人员12人均具有本科以上学历，其中4人为硕士和在读博士研究生。人员队伍专业素质的提升为图书馆服务水平的提高奠定了人才基础。

近年，随着人事制度的改革，全国社会科学院图书馆根据业务发展的需要，合理增加编制外人员数量并实行合同制管理，业务岗位人力资源管理形式越来越多样化。

3. 馆舍建设

许多社会科学院图书馆在建馆初期条件非常简陋和艰苦，有的馆没有独立的馆舍，藏书空间和阅览空间较小。随着党中央和各级政府不断加大对社会科学院建设发展的投入力度，图书馆的基础设施随之得到较大改善。一些图书馆拥有了独立的馆舍，一些图书馆建筑面积扩大，设施更新，配备了现代化信息服务设备。一些图书馆新馆建成使用后，古籍与民国图书迁入专门书库，藏书条件得到极大改善。根据28个社会科学院图书馆提供的资料统计，有独立馆舍的图书馆为23个，占比82.1%。其中，20个图书馆的馆舍建筑面积超过2000平方米。四川、河北、上海、新疆、山西、西藏6个省

[①] 吉木斯：《有民族特色的内蒙古社会科学院图书馆》，《内蒙古社会科学》1998年第2期。

市自治区社会科学院图书馆的建筑规模均在5000平方米以上，在省级社会科学院图书馆中名列前茅。

新馆舍的建立，不仅是图书馆空间的变化，也是图书馆管理、服务的全方位升级和变革。2002年4月，随着独立大楼建成并投入使用，中国社会科学院图书馆结束了没有独立馆舍的历史，以现代化网络和电子阅览设施、开放式藏阅一体的读者空间以及丰富的文献信息资源为科研提供服务，同时开辟院史和全院优秀科研成果展览空间，成为对外展示中国社会科学院人才队伍和研究成果的窗口，以更加崭新的面貌展现在图书馆界。党的十八大以来，中国社会科学院图书馆逐步建成习近平新时代中国特色社会主义思想文库、国家哲学社会科学文献中心、古籍收藏中心等独具特色的文献服务设施，中共中央总书记江泽民、国务院副总理刘延东和孙春兰、全国政协副主席梁振英等党和国家领导人相继考察中国社会科学院图书馆相关机构，并给予高度评价。

中国社会科学院研究生院图书馆在建院之初只有一间20多平方米的小书库，三间活动板房（两间阅览室，一间办公室），如今拥有建筑面积1.07万平方米的现代化大楼。该馆确立"藏阅一体、开放管理、自助服务、读者为本"的办馆新模式，从空间、服务和资源方面进行一系列的改革和创新，通过引进现代化自助管理服务系统和多种自助服务设施，开辟6个不同规模的研讨空间等措施，使新馆能够适应时代发展的潮流，满足人文和社会科学师生在网络环境下学习和研究的需求。新馆建立以来，入馆人数逐年增加，年接待读者人数从2011年的7.9万人次增加到2017年的28万人次。研讨区、笃学讲堂等新型功能场所也得到了充分的使用，其典雅古朴的装饰风格，成为人文和社科大师传道授业的理想场所，在学术交流、研讨中发挥了积极作用。

（二）发展历程

从整体来看，改革开放40年来全国社会科学院系统图书馆的发展大致可分为三个阶段：一是改革开放至20世纪末的初步发展期，其特征是图书馆以传统业务工作模式为主，图书情报一体化管理和服务在探索中磨合；二是21世纪初至2012年党的十八大召开以前的图书馆数字化网络化快速发展期，其特征是在数字化网络化环境下图书馆传统业务向现代图书馆业务转变；三是党的十八大以来图书馆转型发展期与智库服务探索期，其特征是在中国特色新型智库建设新格局下图书馆向数字图书馆、数字智库建设转型，数字化建设规模和速度以及服务效能大幅提升。

1. 图书情报工作的奠基时期（1978年至20世纪末）

改革开放赋予我国哲学社会科学研究一系列重大的课题与使命，社会科学图书情报事业迎来了发展的春天。1978年以后，随着改革开放的深入，全国各省市级社会科学院纷纷成立，一批院属图书馆和情报研究所相继建立。初建时期，图书馆与情报研究所各司其职，图书馆工作重点放在纸本文献资源建设和提供基础服务。情报研究所则以搜集、整理、分析和研究国内外哲学社会科学情报为中心任务。与图书馆的传统业务发展相比，这一时期的社会科学情报工作发展较快。"文化大革命"之后，国内学术界及各界人士渴望了解国外社会科学状况。为满足社会急迫而强劲的社会科学情报需求，情报研究所引进各语种翻译人才和订购大量外文报刊，翻译、介绍和研究国外社会科学动态。中国社会科学院情报研究所创办了系列情报学刊物，如《国外社会科学》《国外社会科学著作提要》《国外社会科学快报》《国外社会科学论文索引》，等等，及时反映国外社会科学研究现状和发展动态，产生了较大的社会影响；同时，积极探索社会科学情报工作的特点和规律，强调情报研究在整个社会科学研究工作中起"尖兵"和"耳目"的作用，提出了"为科研服务，为领导决策服务，为社会公众服务"的"三服务"方针；推出了一批专著、译著形式的情报成果，对促进建设有中国特色的社会科学理论与实践的发展，发挥了积极的作用。①

20世纪80年代中期至90年代初期，许多社会科学院将图书馆与情报研究所合并，成立文献信息中心或称图书信息中心，实行图书情报一体化管理和服务，文献信息中心的工作重心更加明确地转向图书资料、科研信息的收集、整理和开发。这一时期，图书情报专业队伍发展壮大，藏书初具规模并形成一定特色，图书馆业务体系逐步形成和完善，主要业务有图书采访、图书编目、典藏流通、报刊阅览以及围绕社会科学院学科建设和项目研究的需要，编制学科领域的论文索引，开展资料剪报工作和提供信息咨询服务，逐步实现了图书资料的采编、流通、检索的规范化和专业化。

这一时期，各图书馆开始应用计算机进行图书编目和文献数据库建设。图书馆自动化管理系统也初步得到应用。

---

① 杨沛超、汪小熙：《社会科学情报事业发展的历史轨迹与未来走向——以中国社会科学院图书馆为例》，《情报资料工作》2008年第6期。

2. 图书馆数字化网络化快速发展期（21世纪初至党的十八大召开之前）

这一时期，中国的改革开放逐步深入，计算机技术在各领域广泛应用，信息环境发生深刻变化，哲学社会科学研究迫切需要高效先进的信息技术和丰富的文献信息资源的支持。这一时期，中共中央发布《关于繁荣发展哲学社会科学的意见》，明确提出"哲学社会科学与自然科学同样重要"，"哲学社会科学具有不可替代的重要作用"。哲学社会科学的作用随着改革开放的推进进一步受到重视，国家和地方财政对社会科学研究的投入进一步加大，为哲学社会科学的繁荣发展提供了良好条件。伴随社会科学院的发展变化和科研信息化需求的驱动，社会科学院图书馆工作加快了数字化、网络化建设的步伐：图书馆采编、检索服务等各项业务采用图书馆自动化集成系统；数据库建设取得一定进展；数字信息资源不断丰富，在图书馆馆藏资源中的比重加大；各图书馆启动了局域网、门户网站建设。为适应信息化发展的需要、更好地服务科研中心工作，多数社会科学院将网络中心并入图书馆，图书馆除承担日常图书资料工作外，还承担社会科学院网络硬件、软件和安全的维护与管理工作，图书馆的角色逐步从传统图书资料管理服务者向科研信息化建设主力军过渡，工作重心逐步由传统业务向现代图书馆业务转变。

3. 图书馆转型发展期与智库服务探索期（党的十八大召开至今）

党的十八大召开以来，习近平总书记关于建设中国特色高端智库发表重要讲话，中央出台了建设中国特色新型智库的意见，要求地方社会科学院"要着力为地方党委和政府决策服务"，社会科学院由以学术研究为主向学术研究与高端智库建设并重的方向转型。2016年5月17日习近平总书记在哲学社会科学工作者座谈会上发表讲话，进一步强调了哲学社会科学的重要作用，并对我国哲学社会科学研究提出更高要求，对哲学社会科学领域的信息化作出了重要指示。习近平总书记在讲话中指出："要运用互联网和大数据技术，加强哲学社会科学图书文献、网络、数据库等基础设施和信息化建设，加快国家哲学社会科学文献中心建设，构建方便快捷、资源共享的哲学社会科学研究信息化平台。"习近平总书记"5·17"重要讲话为哲学社会科学的创新发展和信息化工作提供了行动指南，是具有历史意义的纲领性文件。

这一时期，全国社会科学院图书馆积极贯彻落实党的十八大、十九大精神，特别是习近平总书记"5·17"重要讲话精神以及智库建设相关要求，根据社会科学院职能定位的调整，围绕社会科学院发展规划和目标，加强了数字资源建设和网站建设，注重利用大数据思维和现代信息技术，建设机构知识库（包括科研成果库），加强自有资源的数字化保存和利用，在保持资源建设特色化基础上，整合各种信息资源，构建哲学社会科学海量数据库、智库服务以及综合信息服务平台，针对科研发展、智库建设的需要提供文献信息保障服务和网络信息安全服务。"国家哲学社会科学学术期刊数据库"、"国家哲学社会科学文献中心"、"贵州省社会科学云服务平台"等一批标志性项目建成并开放使用。"国家哲学社会科学文献中心"由中国社会科学院图书馆牵头建设，是世界上体量最大的公益免费的哲学社会科学信息平台，截至2018年4月，上线资源近1700万条，机构用户近1万家，服务个人用户超过80万人，并将服务推送到"一带一路"沿线等30多个国家和地区、300余家机构，受到广泛好评。国家哲学社会科学文献中心的建成和开放服务标志着社会科学院图书馆数字化网络化服务步入新阶段。

在加强信息化建设的同时，全国社会科学院图书馆积极探索业务的转型发展。机构的部门设置围绕服务社会科学院科研和建设中国特色高端智库的中心任务进行调整，加大了数字化网络化信息资源建设与服务业务的比重。为适应信息技术的发展，开展知识含量和技术含量更高的学科服务和智库服务，图书馆更加重视人才培养、业务研究和学术交流，加强与各图书馆的业务联系和合作联盟。

二　主要成绩

改革开放40年来，全国社会科学院系统图书馆通过为科研和智库提供文献信息资源保障和服务，对我国哲学社会科学的繁荣发展作出了重要贡献。主要成绩可体现在以下方面。

（一）与时俱进，锐意改革，组织管理不断科学化、规范化

图书馆与时俱进的科学管理和规范化管理主要体现在：根据科研需要和时代发展趋势，明确图书馆职责和业务方向，不断改革和完善组织架构，调整部门设置，优化业务流程，制定和修订各项规章制度。机构改革和规范化管理为哲学社会科学研究提供了文献信息服务的组织保障和制度保障，提高了信息化管理效率和服务水平。

1. 顺应时代发展，推进体制机制改革

40年来，社会科学院系统图书馆通过机构改革，不断提高组织管理的服务效能。为避免资源重复和业务交叉，适应信息技术的发展和加强科研信息化，许多社会科学院对图书馆和情报所、网络中心进行了几次大的机构重组。20世纪80年代中期至90年代初许多社会科学院将图书馆与情报研究所合并建立文献情报中心，在全院范围逐步实行图书馆总馆—分馆—所馆三级管理体制，从而实现图书情报工作一体化和资源共建共享的业务合作机制；进入21世纪特别是党的十八大以来，许多社会科学院将网络中心和数据中心并入图书馆，图书馆担负起文献信息服务与网络建设管理的双重任务，可以说，图书馆的业务管理进入了图书情报工作与网络管理一体化阶段。合并后的图书馆机构能够集中文献信息资源和信息专业人员力量，形成合力，提高了信息化管理效率和服务水平，在社会科学院信息化建设中充分发挥主力军作用。

2. 调整部门设置，加强信息化业务

在机构合并的同时，图书馆根据本社会科学院的实际情况和业务发展方向，对部门设置进行了调整。有些图书馆根据自身的主要任务将部门简化为网络管理、图书文献管理和办公管理三大部门，有些图书馆增加数字化、网络化业务部门，如中国社会科学院图书馆增加了规划建设部、数字资源部、综合集成实验室等。有些图书馆，如甘肃省社会科学院数据中心（图书馆）等增加了智库服务和智库信息数据库建设业务。中国社会科学院研究生院图书馆则根据新校区新馆舍的建立，重新定义新馆的发展方向和功能定位，围绕服务核心进行了部门调整和整合，增设了读者接待部、参考咨询部，并按照新的服务要求，规范了岗位职责，使新馆能够适应时代发展的潮流，满足人文和社会科学师生在网络环境下学习和研究的需求。

3. 建章立制，规范化管理

各图书馆建立职责分明的岗位责任制和各项业务管理规章制度，图书分类、编目、数字化建设和网络管理等各项业务采用国家标准和行业标准，并根据科研环境和信息环境变化趋势，修订规章制度和改进业务流程，不断提高管理的科学化、规范化水平。例如：中国社会科学院近代史研究所图书馆针对采购、编目、阅览、典藏四大环节，上至馆长、下到每一个业务岗位，全部重新厘定岗位责任，先后修订了十余种工作条例和制度，以达到规范运作、防范弊端、与时俱进之目的。广西社会科学院信息中心制定了本院的

VPN 账号使用管理办法、机构知识库管理办法（试行），重新修订信息网络及网站的应急预案，修订完善本院的计算机及信息系统管理规定、计算机网络管理规定、网站信息发布审核和管理制度等一系列制度，全面理顺和明确了各个工作岗位的职责，规范了管理，增强了干部职工的责任意识，促进了良好工作合力的形成。安徽省社会科学院图书馆改变过去藏阅分离的传统业务流程，重新整合阅览部与期刊部的业务功能，将原工具书阅览室与报刊阅览室合并，集合优质资源，建设成为一个藏、检、阅、借一体化的专业阅览室。同时，针对窗口岗位，组织全馆工作人员实行 A、B 岗制度，实现人员与岗位常态配置基础上的动态匹配。各图书馆加强了业务工作的标准化和规范化建设。

（二）门类齐全，特色鲜明，馆藏资源保障能力不断加强

1. 积累学科门类齐全的丰富藏书

文献资源是图书馆开展服务的基础和保障。全国社会科学院图书馆以为科学研究服务、为党政决策服务为宗旨，在藏书建设上坚持选书专业化、藏书特色化。院级图书馆的藏书覆盖哲学社会科学各学科领域，并以社会科学院各研究所涉及的研究领域为收藏重点，有选择地收藏自然科学、新兴学科、边缘学科的文献资料。根据"保证重点，兼顾一般"的原则，充分突出地方特色、学科特色，注重保持学科内在的历史延续性和完整性，反映出各专业领域变化的过程，形成了较有特色的哲学社会科学文献馆藏。在此基础上，注重藏书的选题时效性、学术思想的深刻性、理论方法的新颖性，最终形成了品类齐全、学科多样，且具有史料价值、研究价值及典藏价值的藏书体系。

多年来，经过几代工作者的辛勤努力，全国社会科学院图书馆积累了学科门类齐全的丰富藏书。一些珍贵文献是老一辈学者和图书馆人员历经艰辛，从全国各地甚至偏远乡村广泛收集而得。从各馆藏书规模看，图书馆的藏书规模与其所属社会科学院的规模和藏书历史有直接关系。中国社会科学院图书馆系统（含分馆、研究所图书馆在内）藏书量位居全国社会科学院图书馆之首，藏书 600 多万册，内容涵盖人文社会科学的所有学科，涉及中外文 40 多个语种。文献分为古籍、档案、图书、报刊、学位论文及电子出版物等多种类型；其次是上海社会科学院图书馆，藏书 100 万册；藏书规模在 50 万—75 万册之间的图书馆有河北、四川、湖南、山东、吉林等省的社

会科学院图书馆；多数省、市、自治区社会科学院图书馆藏书量在20万—40万册之间；副省级城市社会科学院图书馆藏书规模均在10万册以下。

2. 注重文献资源特色化建设

全国社会科学院图书馆资源建设注重方向与特色，经过长期积累，形成了有地方特色、专业特色、专题特色、时代特色的藏书体系。地方社会科学院图书馆确立了"立足本地区，面向全国"的馆藏建设方针，建立特藏库、地方文献库，重点收藏有关本省经济、社会、文化、历史、民族及文学艺术的正式与非正式出版物如年鉴、志书、统计资料、地方文史资料、民族文化与民族调查资料等。

江西省社会科学院图书馆在图书采编工作中始终坚持以地方经济、社会、文化、历史等学科文献为重点，兼顾社会科学其他各学科文献的方针，以江西地方文献尤其是革命根据地文献史料为收藏特色，并注重搜集鄱阳湖生态经济区建设、绿色经济、生态环保、产业转型升级、智慧城市，以及各地出版的蓝皮书等方面前沿文献资源，及时有效地提供给有关研究人员。

宁夏社会科学院社科图书资料中心将宁夏地方文献搜集、整理、开发及研究作为重点工作，2007年专门成立了"宁夏民国文献研究中心"，先后从国家图书馆、南京图书馆等区内外近100家图书馆和档案馆陆续搜集到民国时期宁夏文献著作800余种（30000余页面）、各类报刊文章3000余篇、旧照片2000余张，并初步搭建起了"宁夏民国文献"专题数据库平台。

西藏、内蒙古、新疆等自治区社会科学院图书馆以收藏地域相关少数民族古今中外的文献资料为重点，形成了具有鲜明民族特色的藏书体系。西藏自治区社会科学院文献信息管理处（图书馆）收藏藏文图书资料6万部（函）。内蒙古自治区社会科学院图书馆现有各类藏书26万册，以蒙古学文献为特色。其中蒙古文古籍6280种3万余册，约占全国各图书馆蒙古文古籍收藏种类的50%，其中多为木刻原版或手抄本，如金泥写本《甘珠尔》，北京版蒙古文《大藏经》和《阿勒坦汗传》等，均具有极高的学术价值，其中不少是稀世珍本和孤本。

新疆社会科学院图书馆收藏的少数民族文种图书3万余册，包括阿拉伯文、波斯文、察合台文、维吾尔文、欧斯曼里文、哈萨克文、塔塔尔文、乌孜别克文、乌尔多文等，涉及的语言文字较多，文化内容多样。

山西省社会科学院图书馆收藏了300多个姓氏约7万余册的姓氏谱牒资料，家谱资料收藏位居全国前列。

专业文献收集要"全",这是中国社会科学院近代史研究所建所建馆以来一以贯之的原则。该馆馆藏涉及1840年以来政治、军事、外交、经济、社会、思想、文化的论著、译著、资料、史书,正史、外史、野史,名人传记与社会纪事,报纸、杂志、诗集、小说等各类书籍。改革开放至今,该馆发展成为拥有藏书60万册(件)、档案19万件以及旧报刊6460种的一个有相当规模的专业图书馆,不仅形成了具有近代史专业特色的藏书体系,而且在清末和民国时期的报刊资料、近代名人档案、"文革小报"等几方面形成精品收藏,成为一个享誉海内外的近代史资料的特藏基地,在保障近代史专业研究、促进学术交流、提供资源共享等方面发挥了重要作用。尤其值得一提的是,非常时期"文革小报"的保存,极具前瞻性,这批文献受到国外研究机构的极大关注,现已全部整理扫描,达9846种、10155合订册、367031张。

中国社会科学院图书馆建立了三大特色资源中心即古籍收藏中心、新方志收藏中心和学位论文收藏中心,志书总量已达7.7万册,其中新方志5.9万册,在全国同类机构中位居前列,成为国内最大的地方志收藏中心。图书馆还是国务院确定的人文社会科学硕士、博士学位论文收藏点之一。其中1984—2015年论文收藏数量达到50万册。

为贯彻落实习近平新时代中国特色社会主义思想和党的十九大精神,中国社会科学院图书馆建立了习近平新时代中国特色社会主义思想文库,较为系统地收集了党的十八大以前习近平总书记发表的文章和学术论文107篇,编著的图书20部,党的十八大后习近平总书记讲话单行本61本,习近平新时代中国特色社会主义思想相关图书1873种、3601册,报纸8种、5720份,以及期刊、画报、年鉴、方志、家谱、组织史资料等数十种、800余期(册)。文库将不断完善,努力建成国内最全面收集习近平新时代中国特色社会主义思想相关文献的特色书库。

3. 数字资源引进力度加大

各图书馆在丰富纸质文献的同时,加强数字资源引进,以满足科研人员日益增长的数字阅读需要。中国社会科学院图书馆引进的数字资源最为丰富,共引进各类中外文数字资源160余个,整合开放获取数据库40余个,内容覆盖人文社会科学研究的各个领域。所引进的数字资源集中了国内外知名数据库,具有很好的专业性和针对性,文献类型丰富,其中外文全文电子期刊1.7万种、中文电子期刊1.4万种、西文电子图书上百万种、中文电子图书260多万种、学位论文300万篇、会议论文290万篇，还有数值数据、工具书、报纸、年鉴、古籍、研究报告等多种类型的电子资源。

各省市社会科学院图书馆则根据自身经费条件和科研需要，引进不同内容和数量的数据库。多数图书馆与高校、党校以及省级公共图书馆等建立合作关系，引进国内大型主流文献数据库网络版，如：中国知网系列数据库、重庆维普数据库、人大复印报刊资料、超星数字图书馆、读秀学术搜索、北大法宝、国务院发展研究中心信息网（国研网）、皮书数据库、一带一路数据库、减贫研究数据库等，覆盖了国内哲学社会科学领域的期刊论文、优秀硕士博士论文、电子图书、统计数据等电子资源。一些图书馆收藏或自建了缩微胶卷、缩微平片和光盘读物。

改革开放40年来，购书经费的增加使得社会科学院系统图书馆的馆藏文献信息资源不断丰富，从原来比较单一的纸本文献类型，发展到纸本文献、数据库、多媒体、声像资料、缩微资料等各类型文献信息类型。资源保障方式也由单一的一馆采购入藏方式发展到采购入藏、整合开放获取资源、图书馆间的资源共建共享等多种方式，保障了科研所需的文献信息。

4. 古籍保护取得较大进展

社会科学院系统图书馆收藏了比较丰富的珍贵古籍和民国文献。以中国社会科学院为例，根据古籍普查的结果，全院所藏古籍约10万种，其中善本古籍达9000多种，海内外孤本30余种。历史研究所、经济研究所、近代史研究所的图书馆古籍藏书均在10万册以上，古籍品种和数量在全国位居前列。在省级社会科学院图书馆中，古籍藏书量超过10万册的图书馆有广东省社会科学院图书馆、云南省社会科学院图书馆等。河南省社会科学院文献信息中心线装书藏量达8万多册，规模也较大。

图书馆所藏古籍和民国文献可谓鸿函矩椟、琅嬛珍宝，承载渊博厚重的民族文化，记录源远流长的学术之脉，呈现时代变迁、国家发展的历程，是哲学社会科学研究的史料宝库。妥善保存、整理和开发利用这些珍贵文献是图书馆义不容辞的责任。近年，社会科学院系统图书馆参与了全国古籍普查登记和民国图书普查登记工作，整理出馆藏古籍六项（索书号、题名卷数、著者、版本、册数、存卷）表的基础信息，馆藏古籍数据入档《全国古籍普查登记目录档》。一部分图书馆将古籍与民国图书迁入专门书库，极大地改善了藏书条件。同时，升级、完善古籍安全保护措施，制定各项管理制度，如《线装书库管理制度》，对书库实行"专人专管"，建立日常巡查制度。一些图书馆如中国社会科学院各图书馆等启动了古籍数字化工程。

为加强馆藏古籍、民国图书管理,更好地参与和完成全国古籍普查登记和民国图书普查登记工作,各图书馆抓紧拔选培养古籍、民国图书整理与修复专业人才,多次派人参加国家古籍保护中心与各省古籍保护中心以及有关高校联合举办的全国古籍普查培训班、全国古籍修复技术培训班、民国时期文献普查工作培训班、全国西文修复技术培训班等。上海社会科学院图书馆成立了典藏文献整理编辑委员会,持续开展馆藏古籍善本目录信息的普查登记工作。

5. 采选方式多样化

为保证藏书资源的高质量,有效对接科研需求,各图书馆在藏书建设管理中,明确藏书建设方向,实行专家指导、读者参与的开放式、专业化管理模式,不断拓宽采购渠道和采购手段,选书方式多样化。具体措施有:

(1) 多数图书馆成立了图书馆咨询委员会或专家选书委员会,充分利用社会科学院专家学者学科专业优势,对图书馆的图书采购、藏书结构、藏书方向、藏书重点等进行指导和规划,为图书馆推荐文献资源。

(2) 制定制度化的采访方针和原则,保持采访内容、范围的连续性,并实施严谨的采购审批制度,将工作方法具体化、规则化。如中国社会科学院近代史研究所图书馆在采购经费的使用上,实行三级权限审批制,即按照图书重要程度或购书款额由采购员、馆长、主管副所长分别审批。中国社会科学院图书馆在管理上严格执行"先批后办,不批不办","先验后收,不验不收"的工作程序。

(3) 书目选购、网上选荐以及在书展书店现场选书等多种方式相结合。中国社会科学院图书馆及研究生院图书馆等在图书馆官网开设网上荐书、选书平台,让科研人员和师生直接参与文献资源建设。同时,积极组织学生参加现场采选,在保留书目选购的基础上,逐步加大现采图书的比重,以保证采选图书有更高的价值和使用率。成都市社会科学院信息中心坚持以人为本,关注每一科研个体的需求,为科研人员提供多种选购图书的渠道和方式,如:订单选择、主题学习和课题急需的图书选购、工具类书零星或定期购买、参与集体组织的"购实用的书、购我喜欢的书"万元购书活动以及网上零购等,充分调动科研人员购书的积极性,将有限的资金真正用到需要的地方。

（三）多层次、全方位，文献信息服务体系不断完善

改革开放以来，全国社会科学院图书馆以"服务科研、贴近科研"为宗旨，坚持以人为本的服务理念和内涵式发展的思路，立足传统服务，积极探索和应用现代技术和方法，创新和拓展服务方式，逐步形成了比较完善的多层次多方位服务体系，服务水平和影响力不断提升。从图书馆提供的文献信息类型看，随着信息数字化、网络化的发展，图书馆在保持纸质文献服务的同时，加大了数字化网络化信息服务的力度。从服务渠道和方式看，实体图书馆服务与网上虚拟图书馆服务结合，网站与微信公众号、微博等新媒体成为图书馆服务和宣传的新平台。图书馆的服务模式由被动服务向主动服务转变，由单一层次服务向多层次服务转变。图书馆在做好一次文献借阅服务的同时，提供二次文献和三次文献信息服务。图书馆空间也由藏阅分离、人书分离的布局向藏阅一体化的开放式布局转变。一些图书馆引进先进的自助服务设备，为读者利用图书馆创造便捷条件。

1. 立足基础服务，优化藏阅布局，拓宽借阅渠道

目前，多数社会科学院图书馆提供的服务有：阅览服务、外借服务、检索服务、复印服务、咨询服务、二次文献加工服务、馆际互借服务等。

阅览、外借、检索、复印是图书馆传统的基础服务。一些图书馆根据科研需要和读者需求优化业务流程和空间布局。例如，中国社会科学院近代史研究所图书馆增加外借周期和用书额度，优化书库布局，增加开架阅览面积与时间，不仅设立了综合、外文、新报刊、电子文献等常规阅览室，还结合研究所科研重点与馆藏特色，开设了三史（党史、方志、文史资料）阅览室和特藏档案室。该馆举办图书馆"开放日"，请读者参观图书馆的每个开放与非开放书库。让读者全方位地观察、体验、了解图书馆，提升读者对图书馆的兴趣。青海省社会科学院文献信息中心在党的十八大以来，不断增加基础设施建设投入，改善图书馆阅览环境。目前，已改建完成图书沙龙、学术沙龙、职工书屋等基础设施建设，阅读环境得到明显改善。

为弥补资源不足，满足科研对文献信息的多样化需求，社会科学院图书馆与高校图书馆、大型公共图书馆建立馆际互借关系，并加入全国性、区域性文献共享联盟。如：东北三省的社会科学院图书馆与东北三省各图书馆合作编辑《东北三省地方报刊联合目录》《东北地区古籍线装书联合目录》，建立资源共享合作关系；中国社会科学院图书馆、中国社会科学院研究生院

图书馆等加入中国高校人文社会科学文献中心（CASHL），为读者提供外文文献的网上全文传递服务；加入北京地区高校图书馆文献资源保障体系（BALIS），与京内40多所高校图书馆建立了馆际互借关系，拓宽了图书借阅的渠道。海南省社会科学院图书馆根据发展需求，结合本院所设置的学科和研究方向，以及海南自由贸易试验区和有中国特色自由贸易港建设的实际，拟与本省主要图书馆合作，通过开放获取、资源共享、联盟共建、参与协作等方式为社会科学研究提供文献信息资源保障。

2. 为读者提供全方位数字化信息服务

全国社会科学院图书馆在电子化、数字化信息服务方面走过了从无到有、从弱到强的发展历程。图书馆从建立电子阅览室、信息检索中心做起，逐步发展到建立门户网站。门户网站也从简单的机构信息介绍逐步发展为集成信息发布、资源查询与获取、服务推送的一站式网络服务平台。

进入21世纪特别是党的十八大以来，数字化网络化信息服务已成为社会科学院图书馆的工作重点。许多图书馆为提升数字资源服务水平，不断建设配套服务系统，如配置统一资源发现系统，实现图书馆全部资源的一站式发现与获取；建设远程访问系统，使科研人员可以随时随地访问图书馆的资源。中国社会科学院图书馆2016年12月建成国家哲学社会科学文献中心门户网站。该网站开设有资讯、资源、专题、服务四个栏目，整合了国内外期刊论文、古籍、图片等多种类型文献信息，上线数据近1700万条，成为世界上体量最大的公益免费的哲学社会科学信息平台。网站开通以来，使用量不断攀升，截至2018年12月，个人注册用户超过80万人，机构用户近1万家，累计点击量超过3亿次，累计下载量超过2200万次。

一些图书馆利用社会科学院官网和当地政府官网开辟数字信息服务和对外宣传窗口。例如，贵州省社会科学院图书信息中心在该院官网上专门开辟图书信息服务板块，设置"新书通报"、"新书推荐"、"本院著作推介"、"期刊通报"等栏目，及时更新、发布最新到馆书目信息，推荐社会科学院学者最新研究成果。2017年门户网站迁移至贵州省人民政府门户网站云平台，初步实现了与政府网站的数据融合。目前，网站共11个大板块，35个栏目，日均点击量超过400人次。同时图书馆做好贵州省人民政府门户网站信息报送工作和贵州省电子政务网信息推送工作，在贵州省厅局网站信息报送和采用情况排名中，贵州省社会科学院均排名前5位。

一些图书馆不断完善馆内电子信息服务设施的配置和门户网站的功能，

在各环节体现读者至上的服务理念。例如中国社会科学院图书馆研究生院分馆阅览室内设有有线终端，每个阅览位都有强电插座，以满足学生终端化学习和研究的需要，同时，全馆无线网络覆盖，使读者能够随时随地使用互联网。2018年，该馆引入云桌面技术改造信息检索中心，为学生提供更为快捷的上网体验。该馆的门户网站整合了纸本资源和电子资源，统一了检索和查询，完善了网上荐书、网上参考咨询、视频点播等已有网络服务功能，并推出了期刊和多媒体资源导航、研讨室网上预约、视听室预约、图书捐赠等新的网络服务内容。

3. 利用新技术和新媒体创新图书馆服务

中国社会科学院图书馆研究生院分馆建立了自助服务平台和多媒体视听服务体系。读者通过图书馆的自助管理服务系统和多种自助服务设施，可以自助借还书、打印、复印、扫描、缴纳罚款、自助寄存、网络预约等。2018年，全面升级后的自助系统可以支持用户通过移动终端使用自助服务。

随着互联网移动技术的发展，微信、微博被广泛应用，许多社会科学院图书馆相继开通微信公众号、微博，并重视利用主流媒体官网或其他新媒体作为图书馆服务和宣传的新平台、新渠道。上海社会科学院图书馆开通了微信公众平台服务号"逸思悦读"。该服务号包含三大板块：图书服务、电子资源和证件服务，较为全面地覆盖了图书馆的业务。为了让用户能更有针对性地选择所需要的书目，该馆邀请社会科学院各研究所科研人员提供本专业的推荐必读书目。贵州省社会科学院图书信息中心开通该院的"甲秀智库"微信公众号，由专人负责，以资讯推送、信息发布、著作展示、媒体关注、专家视点等栏目形式向广大科研工作者和社会各界人士展示贵州省社会科学院的研究成果、研究特色、研究动态等。截至目前，该院微信公众号已有用户851人，共推送815期、1287篇文章。中国社会科学院图书馆研究生院分馆开通"图书馆微信公众号"，每周推送一次，内容涉及馆内通知、培训信息、资源发布、周末影院、借阅排行、新书推荐、互动活动等。2017年年底，推出"研究生院移动图书馆"，将图书馆的文献服务和信息服务延伸到移动终端，拓展了图书馆信息服务的范围，提升了知识服务的能力，实现了移动读者信息交流互动平台和个性化定制服务。

4. 开展情报分析和信息报送工作，服务党政决策和科研管理

社会科学院系统图书馆努力加强高层次信息服务，提高社会科学文献信息工作在哲学社会科学体系中的地位和在决策咨询中的作用。一部分图书馆

开展了情报分析、舆情监测和信息报送工作，编制互联网社科资讯、专题快报、舆情分析报告、科研成果影响力分析报告以及学科发展态势分析等业务，为政府部门和科研管理部门提供政策咨询和情报服务。

中国社会科学院图书馆编辑出版内部刊物《网讯》，扫描、开发网上信息，每日一期。《网讯》直接上报国务院和院领导，引起有关部门的重视（这一业务现由信息情报研究院负责）。该馆还围绕"党的十九大以来的热点和焦点问题"开展网络舆情监测与分析工作，并定期形成舆情报告，上报院里相关部门，以期为维护国家意识形态安全和相关决策提供参考依据。此外，该馆综合利用海量数据库资源、纸本文献和分析工具，开展专题咨询和定制服务，从2013年至今，已连续6年为国家社会科学基金管理部门提供项目论文产出和影响力统计分析报告，客观反映国家社会科学基金资助成效和学科研究进展，报告被历年《国家社会科学基金年度报告》采用并公开出版。

北京市社会科学院图书馆2013年开始开展情报服务工作，利用该馆引进的SSCI数据库、A&HCI数据库、Springer电子期刊和电子图书数据库以及自建的北京市社会科学院机构知识库系统、国内外社科热点追踪及分析系统为支撑，通过运用情报研究方法、技术和工具，对多个学科领域的文献资源数据进行加工分析，在网站前端网页揭示这些科学领域发展态势及国内外竞争状态，为科研人员和管理人员提供情报服务。

青海、重庆、广西等省市自治区社会科学院图书馆或文献信息中心自成立以来，重视信息服务，先后编发多种内部刊物，及时报道和摘录社会科学各学科研究前沿成果信息、政策信息、名家观点、理论热点等。青海省社会科学院文献信息中心编发《时政手册》和《科研参考》，分别提供给科研人员和报送省委省政府及主要政府管理部门参阅。重庆社会科学院图书馆编发《信息大视野》和《媒体信息简报》，围绕本院科研动态、媒体宣传成果以及社会热点难点问题，积极主动为有关领导及科研人员提供专题文献资料；编发《国际国内要情概览》，全方位搜集国际国内政治、经济、社会、文化、军事等方面的热点信息，专送市相关领导及部门参阅。广西社会科学院信息中心2007年至2016年编辑出版《中国—东盟简讯》，每月2期，报送自治区及各市主要领导。

黑龙江省社会科学院文献信息中心建立综合信息部，负责加工整理二、三次文献，为院内科研人员提供信息服务；同时，设在该中心的《要报》

编辑部在院党委书记和院长的直接领导下，承担该院重要的政策咨询刊物《要报》的编辑和报送工作。通过《要报》，搭建专家学者与省领导联系和对话的平台，将科研人员的研究成果、对策建议传递到省委省政府，使社会科学院成为省委省政府不可或缺的决策咨询机构、智囊团和思想库。

5. 发展智库服务，助力新型智库建设

党的十八大以来，以习近平同志为核心的党中央大力推进新型智库建设战略，各地方社会科学院工作重点转向新型智库建设，图书馆作为智库建设的重要力量，也在不断调整定位，为智库建设发挥重要的信息和智力支撑作用。

贵州省社会科学院图书信息中心组织人员全面参与"黔学研究院"、"地理标志研究中心"、"贵州与瑞士发展比较研究中心"等智库团队的研究工作，在实践中探索更加完善的智库服务模式，扩大了图书信息中心在智库建设中的影响。

湖北省社会科学院图书情报中心与该院办公室联合承办湖北智库网。该网 2017 年 12 月 28 日正式上线试运行，设有智库动态、决策热点、决策调研、智库论坛、智库专家、智库联盟、智库机构、智库成果、数据库等栏目，成为直接为湖北省委、省政府提供决策咨询服务的信息化工作平台，促进党政决策与智库机构间信息交流的枢纽，宣传党和政府关于新型智库建设方针政策法规、展示湖北智库形象的窗口，开展智库理论争鸣和学术交流的阵地。

中国社会科学院图书馆积极配合本院高端智库建设及各类专业智库建设，将智库服务作为发展重点，与各项业务工作有机融合，形成合力，做到精准化服务、专业化服务，为智库提供定制服务、专门服务。例如：在文献采购、数据库引进等方面对重点智库课题进行优先保障；发挥专业能力，通过多种渠道快速查找急需急用、稀缺难找的文献信息资料；辅助进行观点综述、文献分类汇总、文献计量分析，提供文献分析研究服务；在智库专题数据库、智库网站、软件平台建设方面提供技术支持等。同时，围绕科研和智库建设需求，开展二十余项调查数据支撑服务，参与实施的"中国社会状况综合调查项目"等在国内外产生较大影响；参与实施的"中国大学生就业、生活及价值观调查研究项目"得到了中央领导的肯定与批示。

6. 拓展相关业务，延伸图书馆功能

一部分图书馆开辟成果展览空间，承办成果展、院史展、古籍展、书展等，全面呈现社会科学院历史风貌，展现学术积累和学术风采。中国社会科学院图书馆先后举办成果展、古籍展、考古成果展，开辟国家哲学社会科学文献中心信息化演示厅等。贵州省社会科学院图书信息中心建立该院成果陈列馆，自2014年初启动以来，工作人员收集老照片，整理各类资料、成果，设计、布置陈列馆，负责讲解，认真做好陈列馆的接待工作。陈列馆成为有效提升社会科学院社会影响力的一个平台。

一部分社会科学院图书馆积极参与当地重大活动，发挥信息服务功能和作用。广西社会科学院信息中心从2008年至2018年连续11年积极参与中国—东盟智库战略对话论坛，积极为论坛做有关信息保障和会务服务工作，编辑论文集、会议手册、宣传册、宣传视频及录像等，充分发挥了信息中心信息服务的功能和作用。

（四）把握机遇，不断进取，数字图书馆建设再上新台阶

随着改革开放的深入，信息技术的飞速发展，经济社会和信息环境发生深刻变化，社会科学院迫切需要提高信息化水平，利用现代化信息技术、设施和数字化资源改进科研手段和方法，从而提高科研工作效率和研究成果质量，提高智库为政府决策服务的能力。在社科信息化建设中，图书馆从业务自动化、数据库建设、网络平台建设入手，积极推进数字图书馆建设，不断提高文献信息保障能力和服务水平。特别是党的十八大以来，图书馆通过利用云技术搭建专业性、便捷化、开放式网络平台，整合社会科学资源；通过建设国家期刊数据库、社科海量数据库、地方文献数据库、专题数据库，为科研、智库和政府决策提供大数据支持。

中国社会科学院图书馆自动化和数据库建设起步较早，1992年6月，中国社会科学院开始着手建立全院图书编目自动化管理系统，编目工作进入计算机工作方式阶段。中国社会科学院图书馆一方面加快建设图书馆书目数据库，另一方面专门成立了数据库部，主要任务是建设文献型数据库。先后建设了中外文期刊论文索引数据库、经济文摘数据库、中国人文社会科学引文数据库。中国人文社会科学引文数据库为图书馆开展核心期刊评价和相关文献计量学应用研究创造了条件，在社会和学界产生了广泛影响。

进入21世纪以来，全国社会科学院图书馆开始探索建设数字图书馆，逐步加强了自有资源数字化建设和计算机网络建设。例如，河北省社会科学院社会科学信息中心建立了《馆藏拓片全文数据库》《马克思主义理论研究

专题数据库》《河北省"一线两厢"战略决策基本数据库》《河北省社会科学院学者文库》等 9 个数据库；2007 年年底，实现了在全国各社会科学院图书馆各类型数据库间进行实时跨库检索、实时下载和上传功能，可以共享中国社会科学院的 143 万多条书目数据。全国社会科学院联合编目中心的 BBS 论坛，现开设在该院服务器上。又如，湖北省社会科学院图书情报中心 2008 年完成湖北经济社会文化发展综合信息平台系统建设项目。这一综合信息平台主要由省情数据库子系统、情报信息子系统、专题管理子系统、专题信息导航子系统、湖北哲学社会科学门户网站构成，涵盖全院相关的科研业务，突出智能分析应用，为省委、省政府领导提供决策支持，为专家学者及科研机构提供信息服务。

一些图书馆相继开发、完善馆藏图书检索系统或采用图书馆自动化管理系统。中国社会科学院图书馆先后引进了 ECO、Aleph 图书馆自动化管理系统，河北省社会科学院社会科学信息中心使用 ILAS 图书馆自动化集成系统，多数省市社会科学院图书馆和研究所图书馆采用金盘图书馆管理系统，逐步实现了图书采购、编目、借阅和咨询服务等业务的自动化、现代化，使管理、服务更加方便、快捷。

党的十八大以来，在国家实施大数据发展战略过程中，全国社会科学院加大了科研信息化建设力度，并融入国家和地方大数据平台建设和信息化发展的大格局。

中国社会科学院提出了《中国社会科学院信息化体制机制改革方案》，计划从 2013 年起，用 3—5 年的时间，通过对"一馆（数字化图书馆）、一网（中国社会科学网）、一库（哲学社会科学海量数据库）、两平台（综合集成实验平台和综合管理平台）"的建设，全面提升社会科学院信息化水平，实现科研手段现代化、信息资源一体化、办公自动化，基本建成数字中国社会科学院。图书馆在社会科学院信息化建设中发挥越来越重要的作用。

2013 年 7 月 "国家哲学社会科学学术期刊数据库"正式上线。该数据库是由国家社科基金资助、中国社会科学院图书馆建设的国家级、开放型、公益性哲学社会科学信息平台。该数据库目前已收录中国优秀社会科学学术期刊 2000 多种，核心期刊 600 余种，已上线论文近 1000 万篇。数据库对促进我国哲学社会科学学术期刊的网络化传播和社会公众对优秀学术成果的获取，对促进我国优秀学术成果的国际传播、配合国家"文化走出去"战略，发挥了积极作用。

2017年年底，中国社会科学院海量数据库建设工程（一期）建设完成，目前，馆藏文献数据库整合各类资源元数据1.2亿多条；科研成果数据库上线成果数据近15万条；古籍善本数据库收录179种、2354册，共计20万拍图像数据，完成10种、130册，共计370多万字的全文识别。

2016年12月30日，由中国社会科学院图书馆牵头建设的国家哲学社会科学文献中心门户网站正式上线。该网站以"公益权威、开放共享"为宗旨，开设资讯、资源、专题、服务四个栏目，整合了国家哲学社会科学学术期刊数据库、外文开放获取学术期刊数据库、古籍数据库、中国社会科学院科研成果数据库等特色资源数据库，成为世界上体量最大的公益免费的哲学社会科学信息平台，面向全社会提供公益性学术信息服务，为加快推进哲学社会科学领域学术资源整合和共享，促进哲学社会科学繁荣发展作出了突出贡献。

各省市自治区社会科学院图书馆相继建立了馆藏书目数据库、地方文献特色数据库和云服务平台。例如，甘肃省社会科学院数据中心（图书馆）结合甘肃实际，自建"甘肃省文化资源数据库"，该库拥有各类文化资源数据40万余条，是全国首个省级大型综合性文化资源数据库，2017年获得"全省宣传思想文化工作原创奖"。依托该数据库搭建的中国（甘肃）文化资源云平台于2017年10月正式对外服务。甘肃省文化资源云平台被列为甘肃省文化走出去项目，文化资源普查工作被列入甘肃省中华优秀传统文化传承发展工作，引起了中宣部的高度关注和充分肯定。

2018年5月，依托"云上贵州"系统平台，由贵州省社会科学院图书信息中心负责开发建设的"贵州省社会科学云服务平台"上线试运行，它是全国社会科学院系统首家社会科学大数据平台，也是全国第一个社会科学领域的云服务平台。"社科云"平台为贵州省社科研究机构、研究人员、党政机关建立点对点的联系，使知识需求信息与知识供给信息在这个网络中自由流通。"社科云"平台的建成进一步推动了贵州省哲学社会科学领域的资源信息化建设。

（五）搭平台，保运维，为信息化建设和网络安全提供技术支持

多数社会科学院图书馆除了负责本馆的数字资源建设、网站建设与管理之外，还承担着全院信息化基础设施的规划建设、运维保障及网络安全管理的职责，主要工作包括：全院计算机局域网络、网站等信息化设施的建设、管理及维护；局域网的用户管理和办公设备的维护；院网络及信息系统安全防御体系的规划、建设、管理工作。一些图书馆还承担了一部分信息化软件开发工作，为科研信息化和管理信息化提供了坚实的技术保障。

以安徽省社会科学院图书馆为例，该馆牵头组织全院信息化建设，负责建设本院中心机房及院计算机局域网，在院属各单位分设信息点，配备服务器、电脑、网络打印机、投影仪等办公设备。2012年该院门户网站建成上线，近年对网站改版升级，对院属各研究所、杂志社、研究中心作了链接，同时图书馆网站上线运行。改造之后的120平方米标准化中心机房，部署有核心交换机、网络防火墙与WAF等各种网络设备，光纤接入运行互联网、安徽省政务外网、安徽省党政专网3条线路，架设服务器8台，运行了院门户网站、院政府信息公开网站、院图书馆网站、院属杂志社网站、院财务内控系统、图书馆集成管理软件等系统和图书馆的各类数据库等电子资源。该院办公局域网经过多年建设，已覆盖了院办公大楼与图书馆楼，实现100M带宽到桌面。升级改版后的网站丰富了内容，更全面地发挥服务科研的功效和宣传社会科学院工作的作用。

又如，四川省社会科学院文献信息中心自1998年成立网站编辑部以来，负责该院网站内容建设、技术支撑维护以及网络信息安全管理。先后建立四川省社会科学院网站（1998年建）、四川省社会科学在线网站（2005年建）、四川省社会科学在线英文网站（2015年建），并相继制定了一系列网站（页）管理和网络安全管理办法。

中国社会科学院图书馆为中国社会科学网（简称社科网）提供坚实的技术保障，认真负责地做好社科网平台的日常运维与安全保障工作，完成了近百个网站站点的迁移工作。目前社科网平台已成为中国社会科学院统一的对外网站发布平台，共承载100余个站点、6万多个栏目，已发布400多万条信息；完成了社科网的升级扩容，升级后的社科网平台功能更完善。在建设完成的同时通过了信息系统安全等级保护三级的定级与测评，为中国社会科学网成为中国社会科学院主办的高水平马克思主义理论宣传网、国家级社会科学学术研究网、国内最大的哲学社会科学学术门户网站、中国哲学社会科学优秀成果的高端发布平台提供了有力保障。同时，中国社会科学院图书馆推进信息化基础设施建设，建设和维护全院网络、邮箱系统和机房，不断优化升级骨干网络，保障全院的用网需求。网络出口带宽由300M提升至1G；敷设、优化信息点近3000个；全院机房的运维管理实现五年"零事故"；部署天眼、鹰眼等安全设备，及时有效地应对和处理网络安全问题。

此外，一些图书馆为社科院科研管理、行政管理信息化提供技术支持，开发相关软件。贵州省社会科学院图书信息中心按照该院信息化建设规划及实施方案的要求，相继开发完成该院的公文传输系统、科研动态管理系统、行政工勤人员量化考核系统等并投入使用，在科研和行政管理中发挥了重要作用，反响良好。

（六）广泛开展行业内交流与合作，多方共促事业发展

全国社会科学院图书馆长期以来通过举办或参与相关学术会议、工作会议、馆际互访、实地考察等多种方式，进行学术交流、业务研讨，有效地促进了图书馆工作的改进和图书馆人员素质的提高，推进了馆际合作。中国社会科学院图书馆在开展国际合作交流方面，成绩突出。

在全国社会科学院图书馆范围内，比较有影响的全国性会议主要有全国社会科学院图书馆馆长协作会议和中国社会科学情报学会学术年会等。截至2018年，全国社会科学院图书馆馆长协作会议已举办了22次，成为全国社会科学院图书馆馆长交流、研讨图书馆发展与合作的重要平台。

中国社会科学情报学会成立于1986年12月。学会秘书处设在中国社会科学院图书馆，大部分社会科学院图书馆是学会的机构会员。每年举办的学术年会成为各地社会科学院图书馆工作者进行学术与业务交流的重要平台。1986—2018年间，学会共召开学术年会31次。年会主要内容包括学会五大系统的工作汇报和交流，图书馆学、情报学领域理论和实践热点问题的学术研讨，邀请会员单位的专家学者举办专题报告、开展学术征文等，这些活动推动了会员单位包括社会科学院图书情报机构理论研究和实际工作的健康发展。

此外，各社会科学院图书馆积极参与科研工作，并开展文献信息专业领域的研究，编辑出版工具书、地方文献和古籍整理丛书、专著，发表论文、研究报告等，成果丰硕。通过文献信息的开发利用和专业研究，提高了服务水平，扩大了图书馆影响力。不少工作和研究成果获得国家级、院级和业内的奖励与荣誉。

三 主要经验

改革开放40年来，全国社会科学院系统图书馆经过几代图书馆人的勤

奋建设与奉献，逐渐建立了丰富的哲学社会科学文献信息资源和完善的服务体系，为哲学社会科学的繁荣发展提供了坚实的文献信息保障，并伴随着哲学社会科学的发展，不断在成长道路上进行探索和实践。主要形成以下四点经验：

（一）始终坚持党的领导

习近平总书记在"致中国社会科学院建院40周年贺信"中指出，必须紧紧围绕坚持和发展中国特色社会主义，坚持马克思主义指导地位，贯彻"百花齐放、百家争鸣"的方针，坚持为人民做学问的理念，以研究我国改革发展稳定重大理论和实践问题为主攻方向，立时代潮头，通古今变化，发思想先声，繁荣中国学术，发展中国理论，传播中国思想，努力发展21世纪马克思主义、当代中国马克思主义，构建中国特色哲学社会科学学科体系、学术体系、话语体系。这是对中国社会科学院的同志们和广大哲学社会科学工作者的寄语，也是开展哲学社会科学研究的根本遵循。

社会科学院系统图书馆作为哲学社会科学文献信息服务机构，必须坚持党的领导，认真学习、贯彻落实习近平新时代中国特色社会主义思想和党的十九大精神，把握正确的政治方向，围绕社会科学院的中心工作，服务科研，服务党政决策。在工作中，发挥党组织的战斗堡垒作用，发扬敢于攻坚克难的精神，齐心协力，为把社会科学院建成马克思主义理论的坚强阵地，发挥为党和国家决策服务的思想库作用提供坚实的文献信息资源保障和服务，为繁荣发展中国哲学社会科学作出自己应有的贡献。

（二）始终坚持创新发展

创新是引领发展的第一动力。纵观社会科学院系统图书馆的发展历程，创新始终是图书馆建设的动力支撑。随着改革开放的深入发展，哲学社会科学需要创新研究手段和方法，以破解改革发展稳定的重大理论和实践问题。在科研创新需求和信息技术发展的双轮驱动下，社会科学院系统图书馆致力于改革管理体制机制，变革服务理念，创新管理方法、服务方式、服务手段，图书馆规模不断壮大，资源不断增加，职能不断拓展，业务范围从最初的简单资料保存与提供，发展到在文献整理与开发、读者服务、信息资源建设、网络与数据库建设、信息研究与知识服务等各方面全面发展，图书馆服务在哲学社会科学研究中的嵌入不断深化。图书馆通过电子资源引进、图书馆自动化管理系统开发和应用、文献资料资源存储数字化、网络系统平台的建立，数字图书馆建设初具规模，逐步实现了馆藏资源数字化、服务手段现代化和信息传递网络化。图书馆提供馆际互借和文献传递服务、一站式文献资源检索与发现等高质量信息服务，大大拓展和改善了广大科研人员获取文献信息资源的手段和条件。创新推动着图书馆在馆藏资源管理、文献信息服务、信息化建设等方面不断前进。

（三）始终坚持合作共享

社会科学院系统图书馆在相互学习中不断前进、在相互协作中不断壮大。为了突破一馆经费和人力条件有限的制约，最大程度地扩大文献信息来源，提高资源保障能力，并将长期积累的独具特色的馆藏资源有效应用于哲学社会科学研究，多年来，各地社会科学院图书馆多方合作，通过联机联合编目、建设社会科学大数据平台等方式实现资源共建共享，充实和丰富了文献信息来源，原有的馆藏资源也得到有效开发和利用。同时，图书馆主动联系区域、国家、国际图书馆或组织等，利用馆际互借、文献传递、国际交换服务等方式，为当地哲学社会科学研究提供更高质量、更大范围的文献保障。部分图书馆还主动建立社会经济信息共享协调机制，设立信息库和运作体系，组建专家系统，区域影响力不断增大。2016年年底，中国社会科学院牵头建设的"国家哲学社会科学文献中心"正式上线运行。该中心整合国内外哲学社会科学各类型文献信息资源包括可开放获取资源，成为世界上体量最大的公益免费的哲学社会科学信息平台。该中心建设倡导共建共享、开放合作的精神，成为社会科学院系统图书馆文献资源共享发展道路上的一个里程碑。

（四）始终重视人才队伍

社会科学院系统图书馆的发展，离不开一支有真才实学、敢于担当、适应事业发展需要的高水平人才队伍。40年来的发展表明，图书馆在培养人才、吸引人才、用好人才方面的经验值得借鉴。如采取岗位自学、外训和参加各类交流会议等多种方式，加强各类基础专业、古籍整理与修复专业、信息化专业、民族语言专业等特色人才的培养；加强人才引进和交流，实施学历与能力双重考核，博采众长，引入新理念、新技术、新思路；鼓励馆员加强专业学术研究，发表学术成果，倡导馆员理论联系实际，研究信息服务工作对策，不断提高学术科研和信息服务能力；推动图书馆参与科研的力度，加强学科馆员队伍建设，培养高素质、复合型的学科馆员队伍等。通过加强人员队伍建设，社会科学院图书馆抓住技术变革、智库发展的契机，作用和地位不断巩固。

四 未来展望

改革开放的伟大实践促进了社会科学院系统图书馆事业的成长壮大，随着改革开放的不断深入，社会科学院系统图书馆也必将迎来新的发展。站在改革开放40周年的历史节点，展望未来，社会科学院系统图书馆的创新发展，要与整个哲学社会科学发展的整体目标相一致，应重点把握以下几个关键点：

（一）把握时代发展趋势，推动图书馆业务转型与创新

现代图书馆的发展主要由技术驱动，技术的变化对图书馆各项业务工作都产生了重要影响。根据《新媒体联盟地平线报告：2017图书馆版》的研究显示，未来五年图书馆的新技术中，七大类技术备受关注：消费者技术、数字化策略、智能技术、互联网技术、学习技术、社交媒体技术、可视化技术。技术变化为图书馆工作和事业的发展带来机遇和挑战。当前，各类型图书馆都在探索图书馆转型，对中国知网文献库检索结果的统计显示，与图书馆转型密切相关的热点主题主要有：数字图书馆、创新、数字化、知识管理、信息资源、数字资源、数据库、移动图书馆、云计算、大数据、互联网、智慧图书馆等。这些热点主题在一定程度上反映了图书馆改革、转型的技术方向。[①]

社会科学院图书情报工作应顺应环境变化趋势，把握哲学社会科学研究的动向和需求，明确工作方向，根据信息环境变化调整图书馆的组织结构和改进业务，应用先进技术和方法、管理理念提高图书馆工作的效能。一些图书馆已经走在了改革创新的前列，取得明显成效。社会科学院图书馆可通过调研、学习、交流，根据本单位的实际情况，从成功案例中吸取经验，制定更加适合本院图书馆的发展规划、转型战略和实施方案。

---

① 王岚等著：《图书馆转型与国家哲学社会科学文献中心建设》，中国社会科学出版社2018年版，第3、180页。

(二) 以服务科研为根本，推动图书馆管理与业务发展

服务科研始终是社会科学院系统图书馆管理的出发点。图书馆要在各业务环节体现读者至上的服务理念，推动图书馆资源与服务的"供给侧结构性改革"，围绕社会科学院中心工作，针对科研需求和管理决策的需要，不断提高资源保障、服务保障、设施保障和技术保障能力。图书馆要牢固树立创新理念，加大信息化手段和技术的应用，加快推进哲学社会科学文献信息服务和信息化建设，推进数字化、信息化、网络化背景下社会科学智库大数据平台建设与图书馆转型发展，推动数字智库建设。图书馆不仅要发挥资源收集的作用，更要发挥信息服务的作用。要在主动服务上下功夫，加快信息服务转型，完善和发展学科馆员制度，将图书馆服务嵌入哲学社会科学研究全过程；应积极完善和扩大图书馆基础设施建设，打造现代化服务的基础环境；从内容和形式等多方面丰富馆藏资源，突出特色资源，坚持"全面靠共享"和"特色出亮点"相结合的发展道路；要加强互联网和信息化技术管理力度，不断创新管理方法和理念，依靠科技手段提高管理效率；加强馆员队伍建设，采用人才引进、岗位培养、技能培训、馆际交流等相结合的方法提高整体素质，特别是加强学科馆员队伍建设，提升图书馆员在哲学社会科学研究中的参与度。加强高层次信息服务，提高社会科学文献信息工作在哲学社会科学体系中的地位和在决策咨询中的作用。

(三) 重视特色馆藏建设，推动哲学社会科学发展和文化传承

习近平总书记在哲学社会科学工作座谈会上的讲话中指出，要重视发展具有重要文化价值和传承意义的"绝学"、冷门学科，这些学科看上去同现实距离较远，但养兵千日、用兵一时，需要时也要拿得出来、用得上。图书馆要注重提升馆藏的数量与质量，可以积极申请国家社科基金重大项目，利用研究优势，建设特色馆藏资源，确保冷门学科馆藏资源"不冷"。馆藏文献资源建设应注重贴近科研，关注前沿，跟踪研究动向，使藏书体现学术研究的连续性、学术思想的深刻性、理论方法的新颖性，并在馆藏资源的针对性与及时性上突出服务的高品质。要积极开展馆藏古籍普查工作，加强对古籍的搜集、整理、入档、保管，推动古籍资源的数字化工作。要注重地方发展、历史特点、地域、民族、语言、专业等独具特色馆藏资源建设，加大特色专题数据库建设，为哲学社会科学服务地方建设提供保障，为社会科学院

图书馆增添"绝活"。

（四）加大信息化基础建设，为数据密集型科研及决策模式做好保障

随着新时期网络及信息技术的飞速发展，"互联网＋"工作模式逐渐成为常态，要着力改善基础运营环境，补充增加系统服务器，及时配置和更新网络防火墙，及时更新换代服务器与交换机等设备，推动升级中心机房、局域网络、门户网站、业务网站以及图书馆管理系统、科研管理系统、安防系统、会议系统等一系列网络信息化系统。要严格按照国家有关设计标准适度超前设计，注重设计标准性、功能先进性、安全可靠性、系统实用性、空间扩展性和环境舒适性。要以信息技术为支撑完善并优化各种链接方式和服务手段，优化网站内部的链接结构，完善网站内容间的关系，提高网站的易用性。

（五）以新型智库建设为契机，突出图书馆智库服务能力体系建设

党的十八大以来，新型智库建设成为我国当前一项重大且紧迫的任务，习近平总书记就建设中国特色新型智库提出一系列新思想、新观点和新要求。2015年1月20日，党中央《关于加强中国特色新型智库建设的意见》明确提出："发挥中国社会科学院作为国家级综合性高端智库的优势，使其成为具有国际影响力的世界知名智库。"近年来，全国社会科学院系统图书馆在智库服务方面已经进行了不少有益的探索。中国社会科学院制定《中国社会科学院关于加强中国特色新型智库建设的若干意见》和《中国社会科学院中国特色信息智库建设2015年先行试点方案》，率先启动新型智库建设，产出多项智库成果上报中央或对外发布。基于社会科学院图书馆的机构定位以及国内外相关图书情报机构的发展轨迹来看，探索图书馆智库服务模式，建立健全图书馆智库服务能力和体系，将成为未来全国社会科学院系统图书馆服务转型与发展的一个重要方向。

经过40年的改革开放，中国特色社会主义发展进入了新时代。新时代要有新作为。站在新的历史起点，全国社会科学院系统图书馆将以习近平新时代中国特色社会主义思想为指导，深入贯彻习近平总书记"5·17"重要讲话以及"致中国社会科学院建院40周年贺信"精神，把握机遇，团结协作，为哲学社会科学发展提供高质量、全方位、开放式、多层次的文献信息资源服务保障，为实现中华民族伟大复兴的中国梦贡献力量。

第二篇

改革开放 40 年中国社会科学院图书馆系统发展历程

引　言

中国社会科学院是党中央直接领导、国务院直属的国家哲学社会科学研究机构。习近平总书记在"致中国社会科学院建院40周年贺信"中指出，40年来，在党的领导下，中国社会科学院与时代同发展、与人民齐奋进，努力建设马克思主义理论阵地，发挥为党和国家决策服务的思想库作用，不断出成果、出人才，为推进马克思主义中国化、繁荣发展我国哲学社会科学作出了重要贡献。

改革开放40年来，中国社会科学院图书馆系统为全院以及全国的科研工作提供了重要文献资源保障和信息服务支撑。全院图书馆实行"总馆—分馆—所馆（专业书库、资料室）"三级管理体制。中国社会科学院图书馆为总馆。第二级为各分馆，包括经济学分馆、法学分馆、民族学与人类学分馆、国际研究分馆、研究生院分馆。第三级为所馆（专业书库、资料室），如近代史研究所图书馆、世界历史研究所图书馆、考古研究所图书馆等所级图书馆，哲学专业书库、中国边疆史地研究中心网络资料室、当代中国研究所图书资料室、历史专业书库、文学专业书库等所级资料室和书库。总馆、分馆、所馆（专业书库、资料室）没有直接的隶属关系，是业务协调、指导的关系。

本篇重点对中国社会科学院图书馆系统"总馆—分馆—所馆（专业书库、资料室）"中的11家单位进行详细介绍。

第1章　中国社会科学院图书馆

　　这里是我国最大的哲学社会科学专业图书馆，这里是世界最大的公益型哲学社会科学信息服务平台，这里是习近平新时代中国特色社会主义思想宣传和服务的重要阵地……这里是中国社会科学院图书馆，是国家哲学社会科学文献中心。

40年波澜壮阔，40年众志成城，40年砥砺奋进，40年春华秋实，从1978年到2018年，中国社会科学院图书馆与改革同行，与时代共进，始终坚定不移地与党中央的路线方针政策保持高度一致，与党中央和中国社会科学院党组的战略决策同频共振，紧密配合我国哲学社会科学事业发展的需要，锐意改革，不断创新，在文献资源建设、图书馆服务、信息化建设与网络安全保障等方面都取得了令人瞩目的成绩。

特别是党的十八大以来，在中国社会科学院党组的坚强领导下，中国社会科学院图书馆认真学习贯彻习近平新时代中国特色社会主义思想，深刻领会习近平总书记"5·17"重要讲话和"致中国社会科学院建院40周年贺信"重要指示精神，坚持新时代要有新作为。随着国家哲学社会科学文献中心的上线运行以及习近平新时代中国特色社会主义思想文库在中国社会科学院率先建成，中国社会科学院图书馆已从最初的反映国外哲学社会科学研究动态为主的情报研究机构和以对内服务科研为主的专业图书馆，发展成今天的"立足中国社会科学院、面向全国、面向世界"提供公益信息服务的国家级哲学社会科学专业图书馆，在国内外具有重要影响力。

中国共产党中央委员会

贺　信

在中国社会科学院建院40周年之际，我代表党中央，向你们表示热烈的祝贺！向全国广大哲学社会科学工作者致以诚挚的问候！

40年来，在党的领导下，中国社会科学院与时代同发展、与人民齐奋进，努力建设马克思主义理论阵地，发挥为党和国家决策服务的思想库作用，不断出成果、出人才，为推进马克思主义中国化、繁荣发展我哲学社会科学作出了重要贡献。

坚持和发展中国特色社会主义，是理论和实践的双重探索。希望中国社会科学院的同志们和广大哲学社会科学工作者，紧紧围绕坚持和发展中国特色社会主义，坚持马克思主义指导地位，贯彻"百花齐放、百家争鸣"方针，坚持为人民做学问理念，以

中国共产党中央委员会

研究我国改革发展稳定重大理论和实践问题为主攻方向，立时代潮头，通古今变化，发思想先声，繁荣中国学术，发展中国理论，传播中国思想，努力为发展21世纪马克思主义、当代中国马克思主义，构建中国特色哲学社会科学学科体系、学术体系、话语体系，增强我国哲学社会科学国际影响力作出新的更大的贡献！

习近平

2017年5月17日

图1　2017年5月17日，习近平总书记致中国社会科学院建院40周年贺信

一　历史沿革与机构概况

（一）历史沿革

中国社会科学院图书馆的历史最早可追溯到中国科学院哲学社会科学部的情报研究室，成立于1957年，1963年更名为学术资料研究室。1975年底，学术资料研究室更名为情报研究所。1977年，情报研究所从中国科学院划入中国社会科学院，更名为中国社会科学院情报研究所。1984年，中国社会科学院图书资料情报中心成立，经院领导批准后定名为文献情报中心。1985年10月，院党组决定，情报研究所并入文献情报中心。1992年10月，文献情报中心更名为文献信息中心。1995年，以文献信息中心和部分研究所图书馆为基础，组建中国社会科学院图书馆（文献信息中心）。2013年8月，中国社会科学院图书馆（文献信息中心）与中国社会科学院调查与数据信息中心以及中国社会科学院计算机网络中心的部分职能进行整合，更名为中国社会科学院图书馆（调查与数据信息中心）。2016年下半年，为贯彻习近平总书记在哲学社会科学工作座谈会上的重要讲话精神，按照中宣部部署，中国社会科学院开始牵头建设国家哲学社会科学文献中心，

具体建设任务由院图书馆承担。同时，院党组决定，将中国社会科学院图书馆（调查与数据信息中心）更名为中国社会科学院图书馆（国家哲学社会科学文献中心），目前正在办理更名手续。

（二）机构概况

目前，中国社会科学院图书馆立足中国社会科学院，面向全国、面向世界，致力于为促进国内外哲学社会科学和相关领域学术研究、国家高端智库建设以及国家相关决策制定提供文献信息保障和服务支撑。其基本定位可分为以下四个层面：第一，是我国最大的哲学社会科学专业图书馆，为中国社会科学院的创新工程、智库建设、科研工作提供文献信息服务；第二，是中国社会科学院网络安全和信息化建设的主要责任单位，努力建设数字中国社会科学院；第三，是我国重要的哲学社会科学信息服务中心，承担建设国家哲学社会科学文献中心的重要任务；第四，是我国重要的习近平新时代中国特色社会主义思想宣传和服务阵地，率先建成全国文献资源最齐全的习近平新时代中国特色社会主义思想文库。

图2　2018年11月，中国社会科学院图书馆全体工作人员参观
"伟大的变革——庆祝改革开放40周年大型展览"

中国社会科学院图书馆大楼馆舍面积达1.8万平方米。现有纸本馆藏200万余册,含中文图书88万册、外文图书41万册、古籍20余万册、善本1千余种、志书7.7万余册,每年订阅中文报刊2千种、外文报刊920种,中外文工具书3万余册、学位论文30万篇。引进中外文学术数据库160余个,整合开放获取数据库50余个,涉及中外文40余个语种,覆盖哲学社会科学各学科领域。现有在编在岗人员87人,编制外聘用人员41人,现有内设机构14个。

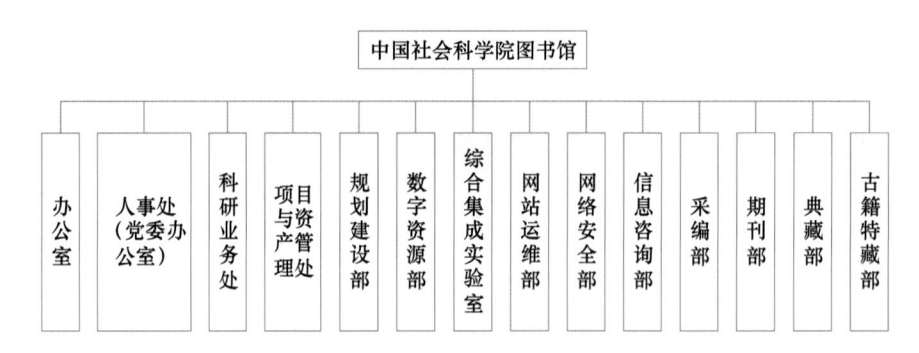

图3　中国社会科学院图书馆内设机构

从1957年至今,中国社会科学院学部委员黄长著、荣誉学部委员李惠国等多位同志先后担任图书馆主要领导干部,现任馆党委书记、馆长王岚。

表1　　　　中国社会科学院图书馆历任主要领导干部（1）

序号	姓名	任职时间	职务
1	林　仲	1957—1959年	中国科学院哲学社会科学部情报研究室支部书记
2	李振远	1959—1961年	中国科学院哲学社会科学部情报研究室支部书记
3	郑光佛	1961—1964年	中国科学院哲学社会科学部情报研究室支部书记、学术资料研究室支部书记
4	岑　明	1964—1966年	中国科学院哲学社会科学部学术资料研究室支部书记
5	杨承芳	1979—1982年	中国社会科学院情报研究所党委书记
6	石　健	1982—1985年（分党组）	中国社会科学院情报研究所党委书记、中国社会科学院文献情报中心分党组书记
7	汝　信	1985—1988年（分党组）	中国社会科学院文献情报中心分党组书记（兼）

续表

序号	姓名	任职时间	职务
8	韩 加	1991—1992 年（党委）	中国社会科学院文献情报中心党委书记、中国社会科学院文献信息中心党委书记
9	刘 铁	1992—1998 年（党委）	中国社会科学院文献信息中心党委书记、中国社会科学院图书馆（文献信息中心）党委书记
10	王亚田	2000—2004 年	中国社会科学院图书馆（文献信息中心）党委书记
11	杨沛超	2004—2006 年	中国社会科学院图书馆（文献信息中心）党委书记
12	赵燕平	2006—2012 年	中国社会科学院图书馆（文献信息中心）党委书记
13	庄前生	2012—2016 年	中国社会科学院图书馆（文献信息中心）党委书记、中国社会科学院图书馆（调查与数据信息中心）党委书记
14	王 岚	2016 年至今	中国社会科学院图书馆（调查与数据信息中心）党委书记、中国社会科学院图书馆（国家哲学社会科学文献中心）（筹）党委书记

资料来源：2000 年以前的资料来源于《中国社会科学院文献信息中心历史沿革》（文献信息中心历史沿革课题组），2000 年以后的资料来源于中国社会科学院图书馆人事档案。

表 2　　中国社会科学院图书馆历任主要领导干部（2）

序号	姓名	任职时间	职务
1	林 仲	1957—1966 年	中国科学院哲学社会科学部情报研究室主任、中国社会科学院哲学社会科学部学术资料研究室主任
2	鲍正鹄	1978—1979 年	中国社会科学院情报研究所所长（兼）
3	杨承芳	1979—1983 年	中国社会科学院情报研究所所长
		1983—1985 年	中国社会科学院文献情报中心名誉所长
4	陈适五	1982—1985 年	中国社会科学院文献情报中心所长
5	汝 信	1985—1988 年	中国社会科学院文献情报中心主任（兼）
6	李惠国	1988—1991 年	中国社会科学院文献情报中心主任
		1991—2000 年	中国社会科学院文献情报中心代主任、中国社会科学院文献信息中心、中国社会科学院图书馆（文献信息中心）代主任
7	黄长著	2000—2005 年	中国社会科学院图书馆（文献信息中心）馆长
8	杨沛超	2005—2013 年	中国社会科学院图书馆（文献信息中心）馆长、中国社会科学院图书馆（调查与数据信息中心）馆长
9	王 岚	2015 年至今	中国社会科学院图书馆（调查与数据信息中心）馆长、中国社会科学院图书馆（国家哲学社会科学文献中心）（筹）馆长

资料来源：2000 年以前的资料来源于《中国社会科学院文献信息中心历史沿革》（文献信息中心历史沿革课题组），2000 年以后的资料来源于中国社会科学院图书馆人事档案。

二 顺应形势,锐意创新——中国社会科学院图书馆建设时期(1978—2012)

从改革开放初期到党的十八大召开之前,在院党组的坚强领导下,中国社会科学院图书馆从无到有,不断积累和创新。经过图书情报工作的恢复与初步发展时期、图书情报一体化发展时期以及中国社会科学院图书馆的组建、发展与创新时期这三个阶段,已成为一个集资源采集、数据库建设、文献信息服务,网络建设与运维等为一体的现代化哲学社会科学专业图书馆。

(一)图书情报工作的恢复与初步发展时期(1978—1985)

中国社会科学院文献情报中心是由院图书资料中心筹备组和情报研究所整合而成的。在1985年10月两单位合并之前,图书资料中心筹备组和情报研究所是独立运作的,图书资料工作在这一阶段得到了初步的发展,情报研究工作则处于恢复发展的阶段,两单位共同为文献情报中心的创建积蓄了宝贵的资源与力量。

1. 图书资料工作

改革开放初期,中国社会科学院的图书资料散落于各研究所,并分别配备图书馆实践经验丰富和图书馆学理论知识扎实的工作人员为本所的科研工作服务。

在文献情报中心的筹备创建期,由院内图书馆系统的业务骨干组成的图书资料中心筹备组对全院各所图书资料情报工作状况进行调研,起草了《关于文献情报中心筹备工作和今后设想》等文件,并代拟了上报国务院的《关于建立中国社会科学院文献情报中心的请示报告》。

1984年9月20日,经国务院批准,中国社会科学院文献情报中心正式成立。中国社会科学院"七五"规划中强调,"把图书资料工作作为院里当前一项迫切的事情,也作为中国社会科学院发展战略的内容来抓,应提到工作日程上","要全面贯彻执行国务院批准的中国社会科学院文献情报中心的方针任务。文献情报中心方针任务的核心实际是要建立一个图书资料情报服务体系"。

在院领导的支持下,文献情报中心的工作全面推开。1984年11月,文献情报中心在北京西山召开了第一次全院图书资料工作会议。1985年2月4日,文献情报中心大楼基建小组拟出文献情报中心大楼计划任务书，同年4月2日获得院里审批。同时，文献情报中心完成了框架和方针任务建设、干部班底建设、馆舍建设、采编阅流程等基础性工作架构。在文献资源建设方面，与国外相关机构联合举办书展，推动图书进口工作。原历史研究所顾颉刚文库和地方史志领导小组办公室的史志库也在这一时期转入文献情报中心。

2. 情报研究工作

情报研究所的情报研究与报送工作有着久远的历史传承与深厚的学术积淀。早在中国科学院哲学社会科学部的情报研究室与学术资料研究室时期，就承担着国内外哲学社会科学发展动态的研究与报送工作，出版《外国学术资料》《简讯》等刊物，及时反映国内外学术界的重要研究动向和相关情况以及国际意识形态领域斗争中的重要问题。

"文化大革命"结束后，为了更好地满足我国哲学社会科学发展的需要，进一步做好社会科学情报工作，情报研究所根据自身在整个哲学社会科学事业发展中的地位和作用，对社会科学情报工作的特点和规律进行了认真的探讨，明确提出"为科研教学服务、为领导决策服务、为社会公众服务"的"三服务"方针，并通过一系列的机构调整，改进和完善工作流程，着力做好图书馆、资料库、计算机等基本建设，实现情报工作的科学化管理。

（1）引进介绍新学科，促进我国哲学社会科学的恢复重建和国际交流

改革开放初期，刚刚恢复正常工作的情报研究所对外交流的重点是选派中青年学者出国访问或进修，了解掌握国外社会科学发展的现状和动态。这些同志回国后通过刊物或学术会议及时将国外学科发展情况介绍到国内，为推动思想解放运动，重建社会学、政治学等传统学科，建立未来学、科学学、国外中国学等新学科，介绍西方马克思主义及国外社会科学各种新思潮和新流派，推动中国特色社会主义理论与实践的发展，发挥了积极的作用。

（2）创办系列学术刊物，及时反映国外社会科学研究现状和发展动态

1978年至1979年短短的两年间，情报研究所先后创办了《国外社会科学》《国外社会科学著作提要》《国外社会科学快报》《国外社会科学论文索引》《第欧根尼》等刊物，原有的《国外哲学社会科学动态》改为《国外社会科学动态》，此外，还不定期出版了《国外社会科学参考资料》和《国外社会科学丛书》。1985年2月，根据文献情报开发、出版的需要，经文化部批准，文献情报中心成立了社会科学文献出版社，开始有计划地编译当代外国马克思主义研究和社会科学理论著作、国外研究中国的代表论著，介绍国

外新兴学科、边缘学科、世界文化思潮和学术思潮以及学术界人物、流派、会议、机构和有关文献资料等。

（3）发挥组织协调作用，共同开创全国社会科学情报研究的新局面

1978年以后，全国各省市级社会科学院纷纷成立，建立了一批社会科学情报研究机构，形成了一支宏大的社会科学情报研究专业队伍。中国社会科学院情报研究所作为国家级研究机构，站在全局高度，主动发挥龙头作用，组织协调全国的社会科学情报机构开展重大理论和实践问题研究，在团结全国社会科学情报工作者、推动全国社会科学情报工作发展方面起到了重要作用。这一时期，情报研究所分别在1981年3月、1983年5月和1984年3月主持召开了三次全国性社会科学情报工作的重要会议。

（二）图书情报一体化发展时期（1985—1995）

1985年10月，院党组决定，情报研究所并入文献情报中心，并由副院长汝信兼任文献情报中心主任。整合后的文献情报中心既为全院科研工作提供文献情报服务，又要指导、协调全院图书资料情报工作，进而逐步协调全国社会科学文献情报网络。情报研究所与文献情报中心合并以后，各项工作有序开展。图书资料与情报研究呈现一体化发展进程。

1. 文献建设得到加强，图书情报工作探索契合点

文献情报中心自1987年9月开始，组织一系列全院图书资料工作会议，围绕优化馆藏、加快文献工作现代化手段、二次文献开发等主题，加强对全院图书工作的统一领导和协调。主要从三大方面加强图书馆工作：一是重视文献资源建设，确定了文献情报中心馆藏重点，加强中外文工具书、报刊、综合性和新兴学科图书的收藏，集中购进一大批大型工具书，同时通过国际交换、举办书展等多渠道开展对外交流与合作，扩大文献来源。截至1994年已有图书23万册，期刊近千种。二是提升文献工作规范化、自动化程度。从1992年起着手建立全院图书编目自动化管理系统，结合计算机编目工作，推行编目标准化和开展人员培训，同时制定中国社会科学院图书资料工作条例和规章制度。三是探索图书情报工作契合点，利用特色文献资源开发二次文献等相关情报产品，国内外情报服务并举。在全国率先创办国内外论文录、文摘等多个二次文献类型的连续出版物，并采用计算机编辑排版，实现刊物编辑和数据库建设一体化。其中，《中国社会科学文献题录》成为当时国内报道哲学社会科学研究进展的三大论文索引之一，具有广泛影响力。

2. 广泛开展国际交流合作，创办国际刊物，提升国际影响力

这一时期，国外图书馆、情报研究机构、出版公司等纷纷来访，开展交流与合作。双方就交换书刊资料、举办书展、图书贸易、学术交流等多项议题进行接洽和商谈，探讨合作途径。1986年5月，经国务院批准，亚太地区社会科学情报网络（APINESS）中国国家联络点设在中国社会科学院文献情报中心。通过亚太地区社会科学情报网络的活动，加强国际间的交往，并对建设国内社会科学情报网络起到了有力的促进作用，同期创办《当代韩国》和《高丽亚那》（KOREANA）。

3. 成立中国社会科学情报学会，协调全国社会科学文献情报网络

1986年12月，中国社会科学情报学会的成立，标志着我国社会科学情报事业发展到了一个新的阶段，确立了文献情报中心及后来的院图书馆在全国社会科学情报学界的地位。中国社会科学院图书馆作为中国社会科学情报学会的主管单位和秘书处所在地，与国内图书馆界建立了广泛的交流协作关系，初步建立了全国性的社会科学情报工作协作网络。学会组织编辑《国外社会科学手册》和《中国社会科学手册》等大型工具书，组织每年一届的学术年会，出版《图书馆情报与文献学新进展》系列论文集，有效地推动了社会科学情报界的理论和实践探索。

（三）中国社会科学院图书馆组建、发展与创新时期（1995—2012）

1995年，在院党组的领导下，以文献信息中心和部分研究所图书馆为基础，组建中国社会科学院图书馆（文献信息中心）。从此，工作重心更加明确地转向图书资料、科研信息的收集、处理和开发，标志着中国社会科学院图书情报工作体制更加完善和协调。1995年1月，新组建的院图书馆正式开馆，院领导胡绳、王忍之、汝信、郭永才等同志先后亲临院图书馆视察，对院图书馆的改革工作给予充分肯定。

进入21世纪以来，为了更好地担当党中央国务院"思想库、智囊团"的历史重任，中国社会科学院继续实行一系列机构重组。哲学社会科学创新工程启动后，中国社会科学院先后组建了一批以对策性研究为主要任务的研究院所。2011年，为了加强信息报送工作，根据院党组决定，将中国社会科学院图书馆研究部、《国外社会科学》编辑部与办公厅信息处整合，组建形成中国社会科学院信息情报研究院。这一举措将之前从情报研究所传承而来的情报研究和信息报送职能及相关力量从中国社会科学院图书馆剥离，中

国社会科学院图书馆的职能与定位更加清晰。

1. 院图书馆大楼落成，成为中国社会科学院对外展示的重要窗口

中国社会科学院图书馆大楼于 1998 年 12 月奠基。2002 年 4 月建成并投入使用，结束了中国社会科学院图书馆没有独立馆舍的历史，图书馆工作环境和阅览环境等都得到极大改善。中国社会科学院图书馆以现代化学术专业图书馆的崭新面貌展现在图书馆界，引起重大反响。

图 4 中国社会科学院大楼（右侧辅楼为院图书馆楼）

图 5 中国社会科学院图书馆正门

第1章　中国社会科学院图书馆　　43

图6　2002年4月，中共中央政治局委员、中国社会科学院党组书记、
院长李铁映（右）为院图书馆揭幕

图7　2002年4月，中国社会科学院图书馆全体工作人员
在院图书馆揭幕仪式上合影留念

同年7月，中共中央总书记江泽民到中国社会科学院视察时，专门参观了新落成的图书馆大楼和院图书馆负责承建的"中国社会科学院优秀科研成果展览"，中国社会科学院图书馆成为对外展示中国社会科学院研究成果和研究能力的重要窗口。

2. 全院图书馆工作"一盘棋"，建立"总馆—分馆—所馆（专业书库、资料室）"三级管理体制

1996年，《中国社会科学院"九五"发展规划》明确指出，"九五"期间要采取切实有效措施，初步把中国社会科学院图书馆建设成为一个管理科学化、结构网络化、手段现代化、功能社会化、联系国际化的综合性社会科学文献信息机构。当时确定了"九五"时期的五项任务，其中第一项就是"加强图书馆及五个专业分馆（经济学、史学、政法、民族学和国际问题研究）的建设，确立院图书馆及分馆建制、管理模式和运行机制"。

经过多年的酝酿和发展之后，2010年，中国社会科学院院务会议审议通过了《中国社会科学院图书馆管理章程》。按照该章程规定，全院实行"总馆—分馆—所馆（专业书库、资料室）"三级管理体制，并明确了三者之间的分工、功能定位以及目标任务。2010年成立法学研究分馆和民族学与人类学研究分馆；2011年成立研究生院分馆；2013年将国际学部6个所的图书馆合并，组建国际研究分馆；经济学分馆建设也基本完备。此外，还建立了哲学专业书库和文学专业书库，历史学专业书库也在筹备之中。

中国社会科学院图书馆三级管理体制的初步建立，标志着构建完善的哲学社会科学专业图书馆体系取得了初步成效，院图书馆、分馆、所馆之间联系日益紧密，在资源建设和业务培训等方面开展了多种形式的合作。在资源建设和信息服务方面的细化分工与合作，使三级管理体制得以有效运转，真正形成全院图书馆工作"一盘棋"，切实为繁荣哲学社会科学事业、实施创新工程提供可靠的文献信息保障，努力把中国社会科学院图书馆建设成一流资源、一流服务、一流研究水平、一流管理的国内外著名的现代化图书馆。

3. 图书馆业务建设加强，自动化、数字化和网络化水平有较大提升

院图书馆组建后，担负起指导、协调全院图书馆工作的职责，在全院范围实行图书统一采购、统一编目，解决了多年来存在的各研究所图书馆重复采购图书造成的经费浪费问题，提高了资金和文献资源的使用效益。同时通过培训，推进全院图书馆业务的规范化和馆员整体业务水平的提高。

这一时期，院图书馆的特色资源和数字资源建设得到加强，馆藏文献目

录数据库和专题文献数据库建设取得积极进展。在多个自建数据库中,《中国人文社会科学引文数据库》是当时国内年度收文量最大的人文社会科学引文数据库,2002年正式出版后引起业内的广泛关注。该数据库为图书馆开展期刊评价、科研成果评价、学科发展态势分析等文献计量学应用研究提供了有利的条件。同时,古籍作为中国社会科学院图书馆系统最有特色的馆藏之一,从2009年开始,由院图书馆牵头开始进行全院古籍普查工作,为后期大规模古籍普查和数字化工作打下基础。

图8　2012年7月,中国社会科学院古籍整理保护暨数字化工作会议召开,中国社会科学院副院长、党组成员武寅(右三)出席并讲话,院图书馆领导庄前生(右五)、赵燕平(右六)、杨沛超(右一)参加会议

这一时期,院图书馆建成内部主干为千兆、百兆到桌面的高速以太网平台,开通近千个信息点,拥有一套包括两台小型机和多台PC服务器在内的高性能服务器系统,网络化基础设施逐步完善;采用韩国ECO大型图书馆自动化软件系统,初步实现图书馆业务自动化。

从2004年起院图书馆为院内外读者提供网上实时参考咨询,2007年完成跨库检索和电子期刊导航系统建设,服务手段有较大改观。同时,院图书馆强化图书馆联盟作用,积极倡导资源共建共享,与高校人文社会科学文献信息中心（CASHL）结成战略联盟，为本院学者提供网上文献传递服务，提升了文献保障水平。

此外，院图书馆加强为政府决策部门服务，开展网络舆情信息报送服务，创办《社科网讯》，每日一期，向国务院报送经过筛选整理后的网上信息，其中，数百条信息获得国务院领导批示。《国外社会科学》办刊质量不断提高，较好地发挥了传播国外社会科学最新研究成果和搭建学术交流平台的作用，成为具有全国影响力的核心期刊。院图书馆还发挥组织、引领作用，通过国家社科基金项目评审和项目研究，组织国内专家学者协同研究有关社会科学图书情报网络化建设等重大问题，为全国社会科学图书情报事业的发展提供理论支撑和对策建议。

三　守正出新，铸就辉煌——国家哲学社会科学文献中心建设时期（2012年至今）

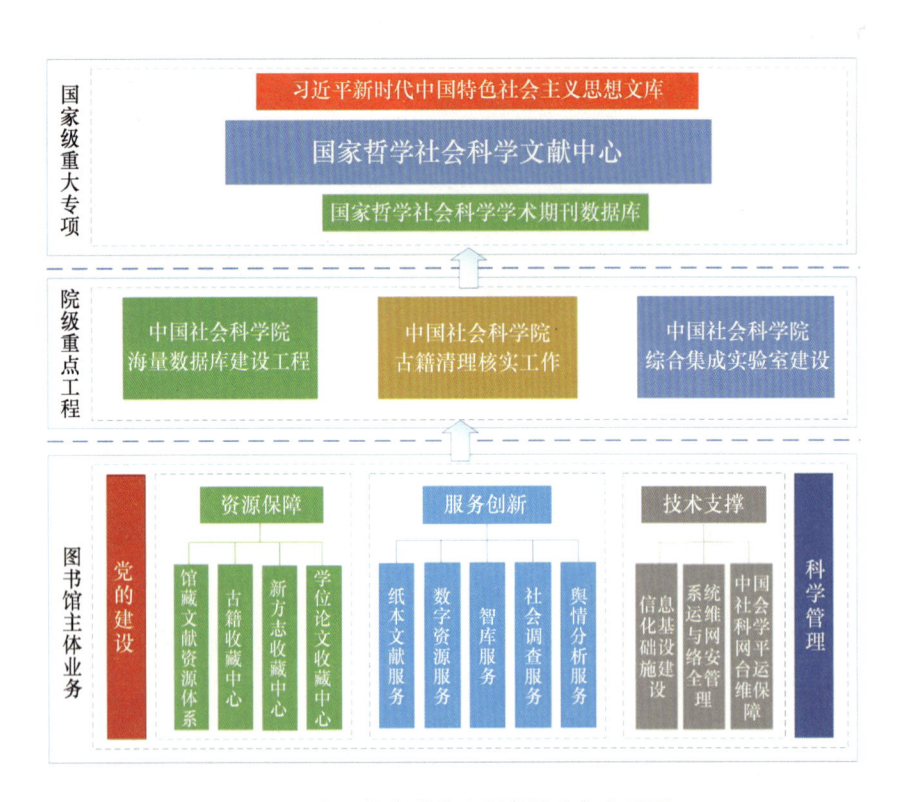

图9　中国社会科学院图书馆业务集群图

党的十八大以来，在中国社会科学院党组的坚强领导和大力支持下，院图书馆深入学习领会习近平新时代中国特色社会主义思想和习近平总书记系列重要讲话精神，坚决落实信息化机制体制改革和院里的各项部署，在党的建设、科学管理、资源建设、服务创新和技术平台等方面都取得了卓有成效的进展，在此基础上承建多项院级、国家级重大项目。随着国家哲学社会科学文献中心和习近平新时代中国特色社会主义思想文库等有重要影响力工作的落地，今天的中国社会科学院图书馆已发展成为"立足中国社会科学院、面向全国、面向世界"提供公益信息服务的国家级哲学社会科学专业图书馆，为繁荣发展哲学社会科学事业以及提升国际影响力发挥着重要作用。

在中国社会科学院图书馆特别是习近平新时代中国特色社会主义文库、国家哲学社会科学文献中心的发展建设过程中，得到了党中央国务院的高度关注和巨大支持。国务院副总理刘延东和孙春兰、全国政协副主席梁振英等党和国家领导人先后视察习近平新时代中国特色社会主义思想文库、国家哲学社会科学文献中心和古籍收藏中心，并对文库和中心取得的成绩给予充分肯定和高度评价。

图10　2017年5月，中共中央政治局委员、国务院副总理刘延东（中）在中国社会科学院院长、党组书记王伟光（左），副院长、党组副书记王京清（右）等院领导陪同下视察国家哲学社会科学文献中心

图 11　2018 年 4 月，中共中央政治局委员、国务院副总理孙春兰（右二）在中国社会科学院院长、党组书记谢伏瞻（右一）等院领导陪同下视察中国社会科学院图书馆

图 12　2018 年 3 月，全国政协副主席梁振英（左）在中国社会科学院领导陪同下视察中国社会科学院图书馆。图为中国社会科学院图书馆党委书记、馆长王岚（右）和图书馆工作人员向梁振英介绍馆藏古籍

(一) 全面贯彻从严治党,加强图书馆党的建设

习近平总书记在党的十九大报告中把"坚持党对一切工作的领导"作为新时代坚持和发展中国特色社会主义的基本方略的第一条。党的十八大以来,在中国社会科学院党组的坚强领导下,院图书馆党委全面贯彻从严治党要求,认真履行党委主体责任,不断加强党员思想建设、组织建设、作风建设和制度建设,充分发挥党组织的核心领导和党员的先锋模范作用,为图书馆各项工作提供强有力的组织保证。

1. 加强学习教育,夯实思想政治基础

院图书馆党委始终把政治思想教育工作放在首位,按照党中央和院党组的统一部署,及时组织传达、学习和贯彻党的十八大、十九大精神,学习习近平新时代中国特色社会主义思想和习近平总书记系列重要讲话精神,特别是习近平总书记"5·17"重要讲话精神、"致中国社会科学院建院40周年贺信"重要指示精神,认真开展党的群众路线教育实践活动、"三严三实"教育活动和"两学一做"学习教育活动,牢固树立"四个意识"和"四个自信",始终与以习近平同志为核心的党中央保持高度一致。

图13 2018年6月,中国社会科学院图书馆开展军营党日活动

2. 抓好组织建设，筑牢党建工作基础

院图书馆党委始终把加强党的组织建设作为党建工作的着力点，充分发挥基层党组织的战斗堡垒作用，认真执行党的各项规章制度，重视发挥基层党支部的作用，不断加强党员队伍建设。严格遵循"控制总量、优化结构、提高质量、发挥作用"的方针，按照《中国共产党发展党员工作细则》，全面做好党员培养工作。

3. 抓好作风建设，落实党风廉政责任制

为加强党员的思想道德建设，院图书馆党委开展了党风廉政警示教育活动，及时组织党员学习党风廉政建设的相关条例准则，贯彻落实党风廉政建设责任制，深入推进馆务公开与监督机制，不断加强队伍建设，在国家哲学社会科学文献中心建设、图书馆防汛抢险、网络设施保障等各方面工作中充分发挥党员的先锋模范作用，培养了一支责任心强、素质过硬的团队。

4. 明确职责定位，严格履行监督执纪职能

院图书馆纪委始终围绕党委中心工作和重大决策部署，协助馆党委切实加强党风建设，完善内部监督机制，强化纪律约束。在干部任免、人才引进、职称评审、年度考核等工作中全过程参与监督，扎实开展纪检工作。

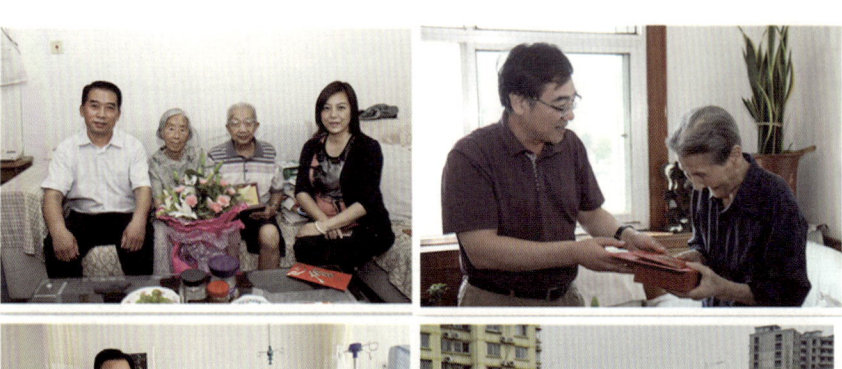

图 14　中国社会科学院图书馆开展慰问老干部活动

5. 重视老干部工作，充分发挥群团组织作用

院图书馆党委高度重视离退休老干部工作，实行定期走访老干部制度。院图书馆党委充分发挥了群团组织的积极作用，指导图书馆工会、妇工委、青年组织等开展相关工作，重视统战工作，各项工作效果显著。

图 15　中国社会科学院图书馆开展丰富多彩的群团活动

(二) 优化图书馆机构设置，实现图书馆科学管理

2013年8月，中国社会科学院党组通过《中国社会科学院信息化体制机制改革方案》，要求从2013年起，用3—5年的时间，通过对"一馆（数字化图书馆）、一网（中国社会科学网）、一库（哲学社会科学海量数据库）、两平台（综合集成实验平台和综合管理平台）"的建设，全面提升中国社会科学院信息化水平，实现科研手段现代化、信息资源一体化、办公自动化，基本建成数字中国社会科学院。

按照《中国社会科学院信息化体制机制改革方案》要求，中国社会科学院图书馆（文献信息中心）对中国社会科学院调查与数据信息中心以及中国社会科学院计算机网络中心的部分职能进行整合，将其更名为中国社会科学院图书馆（调查与数据信息中心），其主要职能变更为"统筹全院数字化图书馆、数据库和综合集成实验室平台建设、综合管理平台建设，负责网络（含内网即综合管理平台、保密网）的维护与服务"。

2016年下半年，为贯彻落实习近平总书记"5·17"重要讲话精神，按照中宣部安排，中国社会科学院开始建设国家哲学社会科学文献中心，由院图书馆作为具体承建单位。同时院党组决定将院图书馆再次更名为中国社会科学院图书馆（国家哲学社会科学文献中心）。

与此同时，院图书馆的业务发展也为院里新机构的成立起到了孵化器的作用。继1985年2月，根据文献情报开发、出版的需要，文献情报中心成立了社会科学文献出版社，后成为直属中国社会科学院的专业学术出版机构；2011年9月，院图书馆研究部和《国外社会科学》编辑部与办公厅信息处整合成立了中国社会科学院信息情报研究院；2013年12月，中国社会科学院以院图书馆文献计量学研究室为基础，成立了中国社会科学评价中心，后更名为中国社会科学评价研究院。

为适应数字化、信息化环境下的图书馆机构转型需要，院图书馆不断建章立制、规范图书馆各项工作，全面提升图书馆管理水平，推行"三公开、一加强"的管理办法，即馆务公开、财务公开和考勤公开，全面加强管理；坚持"先批后办、不批不办、批了再办、办就办好"的工作流程；履行"四个一"，即履行好"一支笔"（财务）责任（一支笔有责无权），管好"一枚章"（馆章），开好"一个会"（办公会），"一万元以上"（经费使用必须经办公会议研究）等管理决策流程，以科学管理决策保障图书馆各项业

务工作有序开展。

图 16　中国社会科学院图书馆部分规章制度汇编

经过机构的优化整合之后，目前中国社会科学院图书馆已发展为我国最大的哲学社会科学专业图书馆、我国重要的哲学社会科学信息服务中心以及我国重要的习近平新时代中国特色社会主义思想宣传和服务阵地。

（三）构建纸电共存、电子资源优先的文献资源保障体系

1. 构建电子资源优先的馆藏文献资源保障

院图书馆现有馆藏文献覆盖哲学社会科学研究的各个领域，所引进的数字资源基本囊括目前国内外重要的学术信息资源。其中外文全文电子期刊1.7万种、中文电子期刊1.4万种、西文电子图书上百万种、中文电子图书260多万种、学位论文300万篇、会议论文290万篇，还有数值数据、工具书、报纸、年鉴、古籍、研究报告等多种类型的电子资源。目前，院图书馆已建立起数量庞大、质量权威的文献资源体系，为哲学社会科学研究以及智库建设等提供文献保障。

图17　中国社会科学院图书馆专业书库

2. 建设古籍收藏中心、新方志收藏中心和学位论文收藏中心

院图书馆全力建设三大特色资源中心，即古籍收藏中心、新方志收藏中心和学位论文收藏中心。

古籍收藏中心是院图书馆着力建设的三大特色资源中心之一。根据全院古籍普查结果，中国社会科学院珍善本书达600多种，6900余册，海内外孤本30余册。可阅览的古籍藏书为8000余种，87000多册，主要是明末清初以来的线装书、影印本、稿本和部分抄本。

院图书馆也是国内最大的地方志收藏中心，志书总量已达7.7万册，其中新方志5.9万册，在全国同类机构中位居前列。2018年4月，河南省地方史志办公室向院图书馆赠送《河南历代方志集成》。《河南历代方志集成》以传承、弘扬中华民族优秀传统文化为宗旨，汇编影印了现存上启明永乐十一年（1413年），下讫中华人民共和国成立（1949年）五百余年间河南历代各级综合志书586种，内容涵盖这一时期河南自然、社会、人文、经济的发展变迁，是迄今为止研究河南最真实、最权威的珍贵史料，成为院图书馆重要的地方志馆藏资源。

图18　2016年5月，中国社会科学院副院长、党组副书记王京清（左）在中国社会科学院图书馆党委书记、馆长王岚（中）陪同下视察院图书馆新方志收藏中心

图19　中国社会科学院图书馆古籍收藏、保护工作的部分场景

图20　2018年4月，河南省地方史志办公室向中国社会科学院图书馆赠送《河南历代方志集成》仪式在国家哲学社会科学文献中心举行

此外，院图书馆还是国务院确定的人文社会科学硕士、博士学位论文收藏点之一，其中1984—2015年论文收藏数量达到50万册。

（四）以文献服务为基础，开展智库服务、社会调查服务和舆情分析服务

1. 以纸本文献服务为基础，加大数字资源服务力度

目前，院图书馆各项服务全部免费，主要有书刊阅览、图书借阅、学者荐购、送书上门、馆际互借等全天候即时服务，还有文献捐赠、国际交流以及为中央领导推荐与采选图书服务和到馆咨询、在线咨询等多种参考咨询服务。为提升数字资源服务水平，不断建设配套服务系统。2012年引进并部署了统一资源发现系统，对院图书馆的各种资源进行整合，提供类似Google的资源搜索，集成各类资源获取工具，实现图书馆全部资源的一站式发现与获取。2013年建设了远程访问系统，使科研人员可以随时随地访问图书馆的资源。此外，顺应用户的使用习惯，开通QQ、微信服务群等，实时网络解答用户提问，开通了微信公众号，进行数字资源的宣传、通知与推荐。据

统计，2017年度全院读者登录中外文数据库超过190万次，检索超过1800万次，全文下载2900万篇。

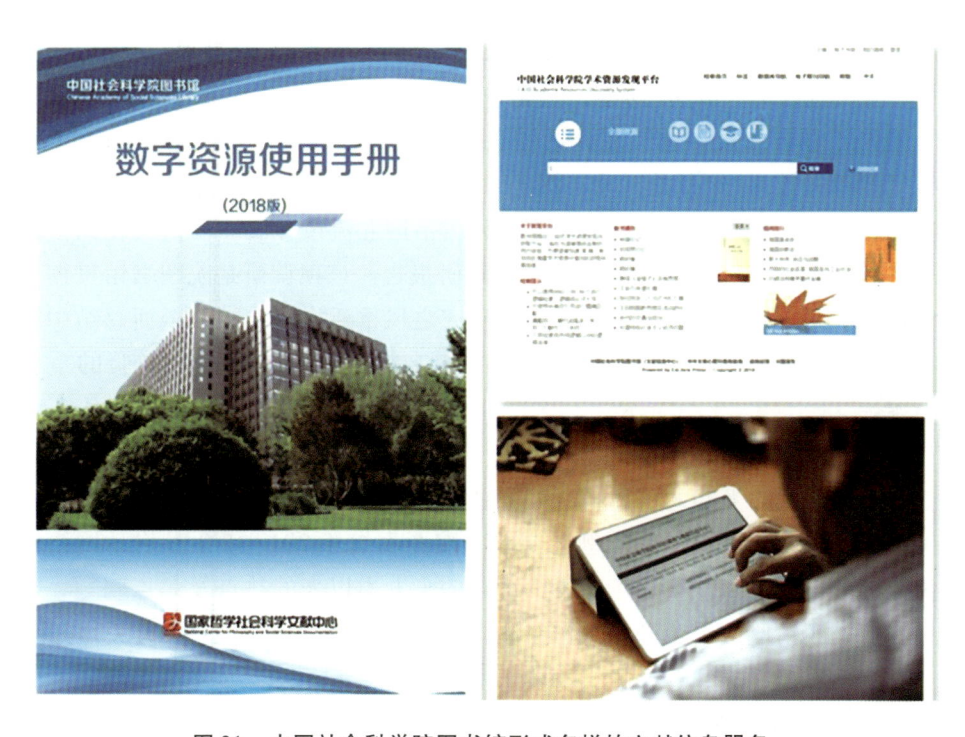

图21　中国社会科学院图书馆形式多样的文献信息服务

2. 开展智库服务

为配合中国社会科学院高端智库建设及各类专业智库建设，院图书馆将智库服务作为发展重点，与各项业务工作有机融合，形成合力，做到精准化服务、专业化服务，提供定制服务、专门服务。例如：在文献采购、数据库引进等方面对重点智库课题进行优先保障；发挥专业能力，通过多种渠道快速查找急需急用、稀缺难找的文献信息资料；辅助进行观点综述、文献分类汇总、文献计量分析，提供文献分析研究服务；在智库专题数据库、智库网站、软件平台建设方面提供技术支持。

3. 开展社会调查服务

院图书馆以全院信息化机制体制改革和中国特色新型智库建设为发展契机，面向全国提供权威、客观、公正的第三方学术调查和数据服务。从2013年至今，院图书馆共承接社会调查项目20余项，完成各类调查报告

200 余个，合计上百万字。调查结果为蓝皮书等各类研究产出和相关决策制定提供数据支撑。参与实施的"中国社会状况综合调查项目"、环保部"北京市空气污染调查"项目等在国内外产生重要影响，参与实施的"中国大学生就业、生活及价值观调查研究项目"得到了中央领导的肯定与批示。

为庆祝改革开放 40 周年，根据中宣部《关于组织开展庆祝改革开放四十周年"百城百县百企"调研活动工作方案》以及中国社会科学院组织实施"改革开放 40 年百县（市、区）调查"特大项目的要求，院图书馆党委书记、馆长王岚同志带队，赴广西壮族自治区北流市开展"乡贤文化助推精准扶贫"调研活动，形成 2 万余字的调研报告。该项调研是院图书馆贯彻落实习近平总书记关于在全党大兴调查研究之风重要指示精神、全面总结中国特色社会主义建设尤其是改革开放 40 年来的主要成就和成功经验的重要内容。

4. 开展舆情分析服务

为贯彻党的十九大精神和习近平总书记意识形态工作相关精神，落实中国社会科学院新闻媒体单位例会要求，院图书馆于 2017 年 9 月启动网络舆情监测分析工作。该项工作主要围绕党的十九大以来的热点及焦点问题，通过专业的舆情监测平台进行数据监测，定期形成舆情报告，上报有关部门。

（五）做好全院信息化建设、保障与网络安全等技术支撑

1. 信息化基础设施建设、运维与网络安全管理

院图书馆积极推进信息化基础设施建设，建设和维护全院网络、邮箱系统和机房，不断优化升级骨干网络，保障中国社会科学院的用网需求。完成骨干网络基础设施的升级改造，完成双链路出口改造工程，出口带宽由 300M 提升至 1G，全院 21 个学科片与院部之间的专线链路带宽提高幅度最高达 150%，利用双路复用技术保障了中国社会科学院大学的用网需求，敷设、优化信息点近 3000 个，有效提升了网络的稳定性、科学性、可扩展性。建成 4 号机房，加强全院机房的运维管理，实现五年"零事故"。积极采取各种措施，优化邮件系统服务，强化邮件系统安全，确保了邮件系统的正常使用，不断提高用户满意度。同时，院图书馆高度重视网络安全，通过加强用户安全培训，部署天眼、鹰眼等安全设备，不断加强信息安全工作，及时有效地应对和处理网络安全问题。

图 22 2016 年 6 月，中国社会科学院副院长、党组成员张江（左三）到院图书馆视察机房工作，要求做好防火、防盗、防汛，保障网络安全工作

2. 中国社会科学网平台运维保障

中国社会科学网于 2013 年正式上线运行。2013 年以来，院图书馆认真负责地做好中国社会科学网平台的日常运维与安全保障工作，为中国社会科学网成为中国社会科学院主办的高水平马克思主义理论宣传网、国家级社会科学学术研究网、国内最大的哲学社会科学学术门户网站、中国哲学社会科学优秀成果的高端发布平台提供了有力保障。

按照"全院一网"的原则要求，2014 年至 2018 年，在全院范围内先后完成了近百个网站站点的迁移工作，目前中国社会科学网平台已成为中国社会科学院统一的对外网站发布平台，共承载 100 余个站点、6 万多个栏目，已发布 400 多万条信息。

2016 年至 2017 年，基于中国社会科学网及其他网站的发展需要，中国社会科学网平台完成了升级扩容。升级后的中国社会科学网平台功能更完善、性能更稳定、使用更便利，可以满足中国社会科学网未来三年至五年的发展需要。

按照"同步规划、同步建设、同步实施"的要求，中国社会科学网平台等级保护的落实随着平台建设同步推进，在建设完成的同时即通过了信息系统安全等级保护三级的定级与测评。

图23 中国社会科学院图书馆信息化建设与运维的部分场景

（六）中国社会科学院海量数据库建设工程

为进一步推进中国社会科学院创新工程，创新科研方式和手段、提高科研信息化水平，建设国际一流智库、增强科研实力，院党组提出建设中国第一、世界一流的哲学社会科学海量数据库。2014年年底，"中国社会科学院海量数据库建设工程（一期）项目"正式立项，2017年年底，项目建设完成。

"中国社会科学院海量数据库建设工程（一期）项目"包括海量数据库（一期）和社科云平台建设两部分。其中，海量数据库（一期）包括：海量数据库整合平台、馆藏文献数据库、科研成果数据库、古籍善本数据库和社会调查数据库。

海量数据库整合平台是海量数据库各子库的集中展示、导航检索平台，以元数据仓储和系统集成模式整合各个子库——古籍数据库、期刊数据库、馆藏文献数据库、科研成果数据库、社会调查数据库等，同时集成部分商业数据库资源和部分网络开放获取资源。

图 24　中国社会科学院海量数据库整合平台首页

馆藏文献数据库实现中国社会科学院包括图书、期刊等纸本资源、外购电子资源、各馆数字化加工资源等各类馆藏文献资源的统一管理和揭示，统一检索和查询，统一传递和获取，统一分析和统计，提供基于社科类细分学科的学科化信息服务，为提高图书馆的资源利用率、提升用户使用体验创造基础条件，使科研人员通过统一平台，便可遍览全院全部馆藏资源，发现所需的文献信息，并通过在线阅读、借阅、下载、原文传递等方式获得全文。

科研成果数据库收录中国社会科学院建院以来的所有科研成果，对科研成果数据收集、标引、发布和长期保存，并提供基于对象的检索、统计、分析等管理功能，实现中国社会科学院知识资产的统一保存、集中展示，促进中国社会科学院学术成果的广泛传播，同时为中国社会科学院科研评价、科研管理提供支持。

古籍善本数据库实现中国社会科学院善本古籍数字化加工、存储、利用，促进全院 14 个单位古籍善本的整合、共享，构建统一的古籍善本发布和应用平台。

社会调查数据库通过统一、持续性的数据采集工作，把中国社会科学院社会调查项目的所有数据进行数字化，建立社会调查数据采集、整理的技术标准和流程，实现异地、分布式的网络化调查功能和多维度的数据分析功能，制定数据使用的规则，探索切实可行的数据共享与管理模式，提高中国社会科学院科研基础数据的开放共享程度，实现数据管理与使用的网络化。

图 25　中国社会科学院海量数据库各子库页面

云平台建设依托云平台技术提供底层基础架构支撑，建立一套完整的自动化网管平台和 IT 运维平台，通过虚拟化方式实现软硬件资源的灵活调配，保障中国社会科学院信息系统网络和设备的运维与管理。

目前，馆藏文献数据库整合各类资源元数据 1.2 亿多条；科研成果数据库上线成果数据近 15 万条；古籍善本数据库收录 179 种、2354 册，共计 20 万拍图像数据，完成 10 种、130 册，共计 370 多万字的全文识别。

(七）中国社会科学院综合集成实验室建设

2011 年，根据中国社会科学院院长、党组书记王伟光提出的"经济社会发展综合集成实验室"的建设设想，全院正式启动综合集成实验室建设工作，先后成立了 27 个实验室。2013 年 8 月，根据《中国社会科学院信息化体制机制改革方案》要求，院图书馆承担对全院综合集成实验室的建设与管理工作，先后开展全院实验室建设情况调研，组织中国舆情调查实验室、中国社会发展综合指标实验室等 14 个批次的实验室内容建设评估和后期资助工作，有效支撑了全院各实验室建设及研究产出。据不完全统计，2013 年至今，受资助的实验室共产出数据库 3 个，计算机软件 2 个，各类专著 18 部，翻译丛书 8 部，研究报告集 7 部，论文集 2 部，调查报告、论文、要报等近 231 篇，《快讯》299 期及《工作论文》50 期。

图 26　中国社会科学院院属实验室部分成果

（八）中国社会科学院古籍清理核实工作

中国社会科学院图书馆系统收藏的古籍在全国位居前列，中国社会科学院图书馆、文学研究所和历史研究所先后被国务院确定为全国古籍重点保护单位。全院共有 20 种珍稀古籍入选《国家珍贵古籍名录》。目前，全院古籍分别存放在院属 18 家单位，预计全院古籍总量约 10 万种、百万册。为加强全院古籍保护工作，2014 年和 2016 年中国社会科学院先后出台《中国社会科学院古籍保护规定》和《中国社会科学院可移动文物暂行规定》。为贯彻落实习近平总书记在十九大报告中强调的加强文物保护利用和文化遗产保护传承的重要讲话精神，进一步做好古籍清理保护工作，为推动全院古籍数字化建设打下良好基础，2017 年 12 月，中国社会科学院再次出台《中国社会科学院古籍清理核实工作实施方案》。在院党组的领导下，成立全院古籍清理核实领导小组，由院图书馆牵头负责全院古籍清理核实的组织、协调、审核等相关工作，对全院各单位古籍收藏状况进行彻底清查，对实有古籍、实有善本古籍、散失古籍和借出未还古籍分别造册、拍摄和登记，最终形成《中国社会科学院古籍清理核实档案》，全面掌握全院古籍数量、分布情况和质量品级，并以此推动全院古籍数字化建设。同时，为贯彻习近平新时代

图 27　2018 年 4 月，中国社会科学院召开全院古籍清理核实工作会议。
院党组成员、古籍清理核实工作领导小组组长张英伟（左二）出席会议并讲话。
院副秘书长、古籍清理核实工作领导小组副组长韩大川（右二）主持会议

中国特色社会主义思想和习近平总书记"5·17"重要讲话精神，中国社会科学院按照中央有关部署，将于2019年组建成立中国历史研究院。全院古籍清理核实工作将为中国历史研究院古籍集中管理和保护工作打下良好基础。目前该项工作正在有序进行。

（九）建设国家哲学社会科学学术期刊数据库

"国家哲学社会科学学术期刊数据库"是由国家社科基金资助、中国社会科学院图书馆建设的国家级、开放型、公益性哲学社会科学信息平台，目前是国家哲学社会科学文献中心发展最快、最重要、最有影响的核心库。

图28　国家哲学社会科学学术期刊数据库首页

该数据库目前已收录中国优秀社会科学学术期刊2000多种，核心期刊600余种，已上线论文近1000万篇。回溯到创刊号的期刊有600多种，最早回溯到1921年。数据库提供人性化、多样化的功能服务，免费在线阅读和全文下载。用户可以通过多种方式进行论文检索和期刊浏览，可以进行检索结果聚类统计分析、多种方式排序、多种分面显示，可以在个人中心查询使用记录、定制信息推送和信息收藏订阅等。

该数据库对促进我国哲学社会科学期刊的数字化转型和开放获取，对促进我国哲学社会科学学术期刊的网络化传播和社会公众对优秀学术成果的获取,对促进我国优秀学术成果的国际传播、配合国家"文化走出去"战略,发挥了积极作用。

(十) 建设国家哲学社会科学文献中心

2016年5月17日,习近平总书记在哲学社会科学工作座谈会上发表重要讲话,指出:"要运用互联网和大数据技术,加强哲学社会科学图书文献、网络、数据库等基础设施和信息化建设,加快国家哲学社会科学文献中心建设,构建方便快捷、资源共享的哲学社会科学研究信息化平台。"为贯彻习近平总书记这一重要指示,落实中宣部和院党组的统一部署,中国社会科学院图书馆作为具体实施单位,全力做好国家哲学社会科学文献中心的建设工作。2016年12月30日,国家哲学社会科学文献中心门户网站正式上线,中国社会科学院院长、党组书记王伟光等启动上线,上线仪式由院图书馆党委书记、馆长王岚主持。

图29　2016年12月,中央电视台报道国家哲学社会科学文献中心上线的画面

图 30 2016 年 12 月，国家哲学社会科学文献中心上线仪式工作人员留影

国家哲学社会科学文献中心以"公益权威、开放共享"为宗旨。目前，开设有资讯、资源、专题、服务四个栏目，整合了国内哲学社会科学优秀学术期刊 2000 余种、论文近 1000 万篇，外文学术期刊 8000 多种、论文 680 多万篇，古籍 2456 册、图片 20 多万拍，中国社会科学院学术成果近 15 万篇，上线数据近 1700 万条，形成国家哲学社会科学学术期刊数据库、外文开放获取学术期刊数据库、古籍数据库、中国社会科学院科研成果数据库等特色资源数据库，成为世界上体量最大的公益性哲学社会科学信息平台，面向全社会提供公益性学术信息服务。国家哲学社会科学文献中心网站实现了文献信息一站式检索、浏览、下载等功能，为全社会提供公益服务。任何个人可以在任何地点注册成为个人用户，登录后免费检索、浏览和下载学术文章。任何机构可以在签署机构用户协议后成为机构用户，在机构内，用户可通过网络地址识别直接使用学术资源，无需注册和登录。

68　第二篇　改革开放40年中国社会科学院图书馆系统发展历程

图31　2018年4月，中国社会科学院院长、党组书记谢伏瞻（左）在中国社会科学院图书馆党委书记、馆长王岚（右）陪同下视察国家哲学社会科学文献中心

图32　2017年10月，中央纪委驻中国社会科学院纪检组组长邓中华（中）视察国家哲学社会科学文献中心

上线以来，国家哲学社会科学文献中心不断加大宣传推行力度，影响力不断提升，取得良好的社会效益。目前，个人注册用户超过 80 万人，机构用户近 1 万家，累计点击量超过 3 亿次，累计下载量超过 2200 万次。用户遍布海内外，在北美、欧洲及"一带一路"沿线 30 多个国家都有机构用户，受到了广泛好评。国家哲学社会科学文献中心建设受到党和国家各级领导的重视。国务院副总理刘延东和孙春兰、全国政协副主席梁振英等党和国家领导人先后来此考察，并对中心建设给予高度肯定。中宣部领导和全国哲学社会科学规划办公室给予好评，认为取得了好成绩，打破了商业垄断的壁垒，促进了学术期刊的有效传播，有力配合了国家文化走出去战略，为传播中国学术、讲好中国故事发挥了积极作用。

图 33　2018 年 10 月，中国社会科学院图书馆党委书记、馆长王岚（左）与宁夏社科界机构代表签署国家哲学社会科学文献中心机构用户协议

中央电视台、《光明日报》等主流媒体对国家哲学社会科学文献中心的建设进行了关注和宣传报道。国家哲学社会科学文献中心获得中国图书馆年会"中国最美图书馆故事之创新案例"，并写入国家互联网信息办公室《数字中国建设发展报告（2017 年）》和全国哲学社会科学规划办公室《国家社

会科学基金年度报告（2017年）》，为加快推进哲学社会科学领域学术资源整合和共享，促进哲学社会科学繁荣发展作出了突出贡献。

图 34　国家哲学社会科学文献中心内外景及标识

图 35　国家哲学社会科学文献中心——国家哲学社会科学学术期刊数据库荣获国家新闻出版广电总局"全国报刊媒体融合创新案例 20 佳"

图36　国家哲学社会科学文献中心荣获中国图书馆年会
"中国最美图书馆故事之创新案例"

图37　国家哲学社会科学文献中心荣获中国图书馆年会"中国最美图书馆故事之创新案例",中国社会科学院图书馆党委书记、馆长王岚(左五)代表机构领奖

图 38　国家哲学社会科学文献中心被写入国家互联网信息办公室《数字中国建设发展报告（2017 年）》和全国哲学社会科学规划办公室《国家社会科学基金年度报告（2017 年）》

（十一）建设习近平新时代中国特色社会主义思想文库

2017 年 10 月，中国共产党具有重大历史意义的十九大隆重召开，将习近平新时代中国特色社会主义思想确立为必须长期坚持的指导思想。中国社会科学院图书馆在院党组的支持下，迅速响应，积极学习并贯彻落实，结合实际筹办了"习近平新时代中国特色社会主义思想文库"。

2018 年 5 月，习近平总书记发表"5·17"重要讲话两周年之际，习近平新时代中国特色社会主义思想文库在中国社会科学院率先建成，并举行揭牌仪式，中国社会科学院院长、党组书记谢伏瞻出席仪式并为文库揭牌，仪式由院图书馆党委书记、馆长王岚主持。

建设习近平新时代中国特色社会主义思想文库是中国社会科学院贯彻落实习近平新时代中国特色社会主义思想和党的十九大精神的重要举措。经过积极努力，多方搜集，文库目前已较为系统地收集了党的十八大前习近平总

图 39　2018 年 5 月，中国社会科学院院长、党组书记谢伏瞻（中）和党组成员张英伟（右）出席习近平新时代中国特色社会主义思想文库揭牌仪式。图为中国社会科学院图书馆党委书记、馆长王岚（左）向谢伏瞻和张英伟介绍习近平新时代中国特色社会主义思想文库的资源情况

书记在期刊上发表的文章和学术论文 107 篇，编著的图书 20 部，党的十八大后习近平总书记讲话单行本 61 种，习近平新时代中国特色社会主义思想相关图书 1873 种，共计 3601 册（含外文图书 343 册，少数民族语种图书 58 册），期刊 6 种、401 期，报纸 8 种、5720 份，画报 4 种、336 期，年鉴 75 册，方志 9 册，家谱 1 册，组织史资料 1 册。截至目前，已接待海内外参观来访共 55 批、600 多人次。

习近平新时代中国特色社会主义思想文库将不断完善，建成国内最全面收集习近平新时代中国特色社会主义思想相关文献的特色书库，同时将探索利用大数据、人工智能等新技术，建设数字化的习近平新时代中国特色社会主义思想研究平台，提供网络化信息服务，充分利用信息化手段促进习近平新时代中国特色社会主义思想的多媒体传播和研究方式方法创新。

图40 习近平新时代中国特色社会主义思想文库内景

四 中外融合,传承创新——国际学术交流与科研成果(1978—2018)

(一)落实学术走出去战略,国际交流蓬勃发展

改革开放打开了对外交流的大门,40年来,作为展示中国社会科学院科研成果与学术能力的平台和窗口,中国社会科学院图书馆始终紧密围绕我国改革开放大局和哲学社会科学事业发展的需要,加强与国外相关机构的交流与合作,宣传推广中国人文社会科学的优秀成果,介绍引进国外社会科学新学科、新成果、新动态,推动国际学术传播平台建设。

据不完全统计,自1978年以来,累计派出进修、访问和参加各类国际学术活动的学者达419人次,接待来访学者550多人次;配合国务院新闻办实施"中国之窗"项目,推进中国传统文化传播和学术外宣工作,与乌兹别克斯坦世界经济与外交大学建设中国在海外开设的第五家"中国馆",即中国社会科学院在海外设立的第一家"中国馆";与俄罗斯科学院、韩国庆北大学等机构相互举办多届社会科学图书展览,开展了比较稳定的图书展览活动;与20多个国家的40多个学术机构建立了长久持续的学术期刊交换关系等。

图 41 2001 年,中国社会科学院副院长江蓝生(左二)、院图书馆领导黄长著(中)参加俄罗斯科学院社会科学书展

党的十八大以来,中国社会科学院图书馆配合全院创新工程建设和智库建设,积极实施中国学术"走出去"战略,借助建设国家哲学社会科学文献中心及其重要子库国家哲学社会科学学术期刊数据库的发展契机,与冰岛、法国、比利时、欧盟、美国、加拿大、俄罗斯、日本等国家(境外)300余家高等院校、智库机构、图书馆机构等签订机构用户协议,推动与"一带一路"沿线国家的学术交流,加快传播中国学术声音和学术成果。

图 42　2015 年 6 月，中国社会科学院秘书长、党组成员高翔（现任中国社会科学院副院长、党组成员）（中）出席韩国庆北大学图书展览并发表讲话

图 43　2017 年 8 月，中国社会科学院图书馆党委书记、馆长王岚（中）一行访问冰岛

图44　2018年7月，越南汉学家参观习近平新时代中国特色社会主义思想文库

经过40年的发展，中国社会科学院图书馆已经成为对外展示中国社会科学院研究水平和研究成果的窗口，成为国际哲学社会科学学术交流的平台和中国哲学社会科学研究成果走向世界的桥梁和纽带。

（二）业务创新推动研究产出，学术成果丰硕

改革开放40年来，中国社会科学院图书馆在开展各项图书馆业务的同时，紧紧围绕我国哲学社会科学事业发展的需要开展专题研究，在国外社会科学政策与组织、国外相关学科发展动态、图书馆情报学理论与实践等各个领域，形成了一大批在全国有重要影响的学术领军人物。代表性人物有：

黄长著，中国社会科学院学部委员，研究员。曾任中国社会科学院图书馆（文献信息中心）馆长。国家哲学社会科学研究专家咨询委员会委员、中国社会科学院国际中国学研究中心主任、中国社会科学院翻译系列正高级职称评审委员会主任，兼任中国社会科学情报学会理事长、国家社科基金图书馆"情报与文献学学科"规划评审组组长、国家科技名词委员会委员兼

图书馆·情报与文献学学科名词审定委员会主任。专业特长：语言学和图书馆学情报学。曾主持国家社科基金重大、重点和委托课题，中国社会科学院重大、重点和院长委托课题以及部委委托课题，撰写（含合著）、主编著作十多种，发表论文、文章约两百篇（含在国外学术期刊和著作中用英、法文发表的二十余篇）。

图45　中国社会科学院学部委员黄长著

李惠国，中国社会科学院荣誉学部委员，研究员。曾任中国社会科学院文献信息中心主任、代主任。现兼任中国自然辩证法研究会副理事长、国际易学联合会副理事长。长期从事科学技术哲学和科学社会学研究工作。研究方向为科技进步与社会发展，曾参与国家有关科技、经济和社会发展的战略咨询研究项目。20世纪90年代以来主要出版物有《李惠国文集》《高科技时代的社会发展》（主编）、《社会科学新方法大系》（主编）、《现代科学技术大众百科——科学与社会卷》（主编）、《面向21世纪的国外社会科学》（主编）、《当代韩国人文社会科学》（主编）等。

图46　中国社会科学院荣誉学部委员李惠国

在改革开放40年来的发展进程中，院图书馆产生了一系列的研究成果，部分成果如下：

1. 专著。《图书馆转型与国家哲学社会科学文献中心建设》《人文社会科学领域文献计量学研究》《人文社会科学数字资源的建设、管理与服务》《苏南基层图书馆的创新与发展》《中外功勋荣誉制度》《网络环境中图书情报学科与实践的发展趋势》《面向21世纪的国外社会科学》《国外人文社会科学政策与管理研究》《国外社会科学政策研究》《美欧智库比较研究》《人文社会科学成果评价研究》《社会科学和当代社会》《新时期中国社会科学研究》《当代日本人文社会科学》《信息高速公路与中国的两个文明建设》《台湾信息政策研究》《欧洲联盟信息政策研究》《国外专业人才培养战略与实施》《新技术革命与经济科学》《"后工业社会"理论和信息社会》《奇异的循环——逻辑悖论探析》《哲学、生态学、宇航学》《未来学与西方未来主义》《科学学五十年》《走向21世纪——H.卡恩的"大过渡"理论》《当代美国的技术统治思潮》《大洋彼岸——美国社会文化初探》《人和社会——美国的社会化问题》《社会学和美国社会》《文化转向的由来》《西方女性学——起源、内涵与发展》《e时代的女性——中外比较研究》《中日青年生活观比较》《当代国外中国学研究》《社会科学情报理论与方法》《面向21世纪的中国图书情报网络化研究报告》《中国图书情报网络化研究》《资源数字化标准问题研究》《联机编目与数字图书馆》《城市要素》等。

2. 论文。《加强哲学社会科学学术资源整合共享平台建设》《开放协同、公益共享，推动信息资源共享大平台的形成》《构建哲学社会科学智慧图书馆的初步思考》《图书馆学情报学学科名词术语工作的实践与思考》《图书馆统一资源发现系统的比较研究》《大数据趋势下的社科数字资源构建研究》《冷战后西方民主与民主化研究：理论困境与现实悖论》《科研人员电子资源需求调查分析》《民主的国际化：理论迷思与现实悖论》《中国道路的政治优势与思想价值》《全球化背景下的世界诸语言：使用及分布格局的变化》等。

3. 译著。《普京文集（2002—2008）》《第二次世界大战以来的社会科学》《世界社会科学报告》（中文版）、《马克思主义：赞成和反对》《马克思列宁主义社会主义的学说与现时代》《马克思主义人道主义问题》（译文集）；《外国研究中国》第一辑至第四辑；《文化认同性的变形》（译文集）、《对历史的理解》《哲学家的休息》《圣言的无力》等。

4. 工具书。《国外社会科学手册》《中国社会科学手册》《国际社会科学机构》《国外人文社会科学机构手册》《中国社会科学院图书馆新方志总目》《社会科学检索词表》《人文社会科学数字资源使用手册》《普通图书著录指南》《中国人文社会科学核心期刊要览》《欧洲中国学》《社会科学新辞典》《各国语言学手册》《语言文字学常用辞典》《英语背景知识词典》《中国社会科学院地方志联合目录1076—1949》等。

5. 论文集。《流变与走向——当代西方学术主流》《重写现代性——当代西方学术话语》《冲突与解构——当代西方学术叙语》《嬗变与趋势——人文科学篇》《整合与拓展——社会科学篇》《交汇与综合——跨学科篇》《图书馆、情报与文献学研究的新视野》系列论文集等。

6. 学术资料。《中国会道门史料集成》等。此外还协助辽宁人民出版社编写"面向未来"丛书，集中介绍了国外社会科学的新思潮、新理论、新问题、新学派等。

图47　中国社会科学院图书馆部分科研产出（1）

近年来，为贯彻落实习近平总书记关于调查研究相关指示精神，更好地适应大数据时代背景和新型智库建设的需要，院图书馆在加强论文、图书等相关公开出版物成果外，还产生各类调研报告、舆情报告等相关成果，有效支撑新型智库建设以及领导决策需要。

图48　中国社会科学院图书馆部分科研产出（2）

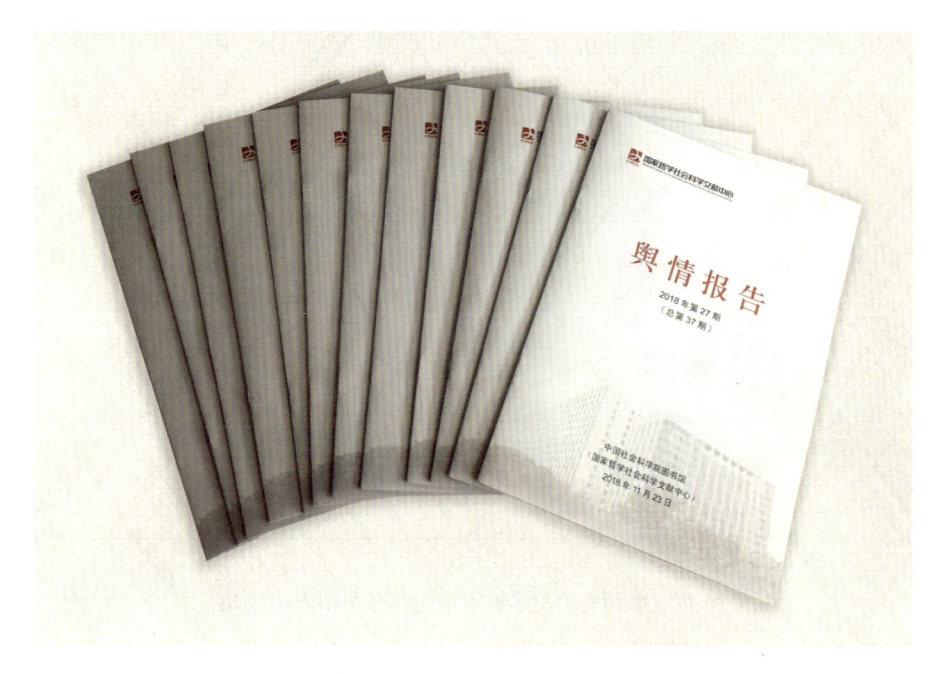

图49 中国社会科学院图书馆部分科研产出（3）

目前，为更好地推动大数据和人工智能环境下图书情报事业的发展创新，院图书馆在现有学术研究力量的基础上，正在创办专业学术刊物《文献与数据学报》，该刊的创办对于促进新形势下图书情报事业的发展，对于推动学术成果产出、促进机构之间的交流合作将发挥积极作用。

结束语：不忘初心，笃行致远

改革开放40年来，在中国特色哲学社会科学创新发展的道路上，留下了几代中国社会科学院图书馆人艰苦创业、砥砺前行的探索足迹。光阴荏苒，岁月流金，伴随改革开放的时代步伐，经过几代人的不懈努力，今天的中国社会科学院图书馆已成为习近平新时代中国特色社会主义思想的宣传和服务的重要阵地，成为国内最大的哲学社会科学专业学术图书馆，成为世界最大的公益性哲学社会科学信息服务平台。

习近平总书记指出，改革开放是当代中国发展进步的必由之路，是实现中国梦的必由之路。心有定力，才能笃行致远；不忘初心，方能砥砺前行！中国社会科学院图书馆将以庆祝改革开放40周年为重要契机，以习近平新时代中国特色社会主义思想为引领，在中国社会科学院党组的坚强领导下，顺应互联网和大数据发展大潮，逢山开路，遇水架桥，立足中国社会科学院，面向全国，面向世界，致力于为国内外哲学社会科学及交叉学科领域、新型智库建设及国家有关决策制定等提供文献资源保障、网络基础平台支撑、学术交流与传播服务，为推动中国社会科学院建设马克思主义的坚强阵地、党中央国务院重要的思想库和智囊团、中国哲学社会科学研究的最高殿堂和世界知名国家级综合性高端智库建设提供有力支持，为构建中国特色哲学社会科学学科体系、学术体系、话语体系，增强我国哲学社会科学国际影响力贡献更大的力量。

第 2 章 中国社会科学院图书馆经济学分馆

中国社会科学院经济研究所图书馆，同时也是中国社会科学院图书馆经济学分馆，改革开放40年来取得了长足的发展。当前，这所拥有90年历史的图书馆，正在秉持老一辈图书馆人传承下来的优良传统，在新时代的召唤下，不断开拓创新，迈向未来。

一 经济研究所图书馆概述

中国社会科学院经济研究所图书馆（以下简称"经济研究所图书馆"）拥有90年的历史，与经济研究所的历史同步，是国内历史最悠久的经济学专业图书馆，其发端可以追溯到1926年创办于北京的中华教育文化基金会社会调查部。经济研究所图书馆藏书主要来自两个机构，一是来源于社会调查部（1929年改组为社会调查所），二是来源于中央研究院社会科学研究所（以下简称"中研院社科所"）。1934年，社会调查所与中研院社科所合并，仍名社科所，两所的图书也合并调整，以社会科学类书刊为主要馆藏。1945年，社科所更名为社会研究所。新中国成立后，1950年更名为中国科学院社会研究所，1953年更名为中国科学院经济研究所，1977年更名为中国社会科学院经济学研究所，经济研究所图书馆之馆名则延续至今。

经济研究所图书馆发展过程中历经三个阶段：第一阶段为1926年至1949年的民国时期，第二阶段为1950年至1977年的中国科学院时期，第三阶段为1977年至今的中国社会科学院时期。

截至2017年底，经济研究所图书馆拥有藏书70余万册（件），其中中文平装图书约15万册，古籍、地方志7400余种、13000余函、63000余册，外文图书约8万册，中外文报刊约10000种、32万多册（按散册计），各类历史档案、文书约 2.5 万件，剪报资料 1000 余合订册，约 10 万件。

经济研究所图书馆的藏书在学科结构上以经济学为主，并兼收社会科学、人文科学如社会、法律、历史等各相关学科门类的书刊资料。经济学科中，以经济学理论、各部门经济学、分科经济学、经济思想史、中国经济史等方面的文献较为完整。经济研究所图书馆的经济学专业文献收藏量居国内领先地位，且具有相当强的系统性和深度，几十年来为中国经济学研究和经济学人才的培养发挥了重要的文献信息保障作用。

今天的经济研究所图书馆，作为中国社会科学院图书馆经济学分馆，作为经济研究所主管的研究所级图书馆，其主要任务是面向以中国社会科学院经济学部各院所为主的各经济专业学科的科研和教学，以及面向中国社会科学院全院各院所及国内外各机构、企业和公众，有效整合相关学科经济文献信息资源，开展经济文献信息服务，提供专业的文献信息保障，并开展以经济学专业文献与信息为主要对象的学术研究，在学界和社会上具有较大的知名度。

图 1　位于月坛北小街 2 号院 2 号楼的中国社会科学院图书馆经济学分馆阅览室

目前，经济研究所图书馆的部门配置包括图书采编部、典藏出纳部、参考阅览部和网络信息部4个部门，截至2017年年底，共有工作人员10人，其中研究馆员1人，副研究馆员2人，馆员4人，助理研究员1人，实习馆员1人，技术助理1人。

经济研究所图书馆目前的主要业务，包括文献资源建设、文献信息服务和网络信息服务。文献资源建设和文献服务以图书馆图书采编部、典藏出纳部、参考阅览部三个部门为主，负责中外文图书报刊的收集、组织、管理、收藏与借阅，以及电子资源的整合与推送，并长期开展专题信息服务，如从1999年开始跟踪、整理、分析中外宏观经济理论、经济运行与政策信息，通过《经济走势跟踪》等载体，为学术研究提供持续跟踪分析报告。

网络信息服务主要由图书馆网络信息部负责，一方面负责经济研究所、工业经济研究所的计算机局域网相关设备维护、运营管理、安全监控；另一方面负责经济研究所信息化、数字化相关建设，运营和维护经济研究所网站和微信公众号，参与中国社会科学网经济学相关频道的建设。同时，图书馆近年来还承担经济研究所学术活动的宣传报道任务，通过自主采编、媒体组织和联络等方式，多角度发掘经济研究所的学术资源，做好经济研究所的对外宣传推广工作。其中网站和微信号专业类稿件的30%由图书馆员自主采写或编撰，在学界和社会上都产生了较大的影响力。

20世纪80年代，经济研究所图书馆成为中央国家机关和科学研究系统图书馆学会会员单位，2005年至2014年为中国图书馆学会专业图书馆分会第五届、第六届常务理事单位。

二 经济研究所图书馆之发轫与发展

（一）早期藏书及馆藏建设

1926年7月1日，中华教育文化基金会社会调查部成立，陶孟和任调查部主任，"成立以来，陆续征集并购置各种重要书籍"，截至1927年5月底，"除杂志不计外，共备书籍四百零九册"[1]。经济研究所图书馆的藏书由此发轫。此后，社会调查所的研究范围日益拓宽，藏书亦逐年增加，其中除了购

---

[1] 中华教育文化基金会社会调查部：《社会调查部第一年报告》，北平，1927年。

买之外，各界捐赠也占了较大的比例，如1926年7月至1927年5月首批409册藏书中，179种是"中外公私机关赠品"。[1] 而改组为社会调查所的第一个年度，即1929年7月至1930年6月间新增的738册藏书中，有396册是赠品。[2] 由此可见，在图书馆的发展初期，各界的捐赠对图书馆的藏书贡献颇大，也由此奠定了藏书的高度专业性。

到1930年冬，社会调查所将图书室改称图书馆，于1931年1月加入中华图书馆协会，将建立一座社会科学图书馆作为未来发展目标。[3] 1931年6月底，藏书已达2701册，期刊260种。到1934年7月与中央研究院社会科学研究所合并时，社会调查所图书馆藏书达到中西文书8841种，20198册；中文期刊201种，西文113种，日文16种，共计330种。[4]

而成立于1928年3月的原中央研究院社会科学研究所建所第一年，购置和受赠、接收的藏书共计中日文图书约2400种，16500册，西文图书约4500种，7000册，总计6900种，23500册。[5]

1934年两所合并，藏书也做了合并。到1936年6月，社会科学研究所图书馆所藏中外文图书达29164种，66610册，中外文期刊共409种。

抗战时期，在向大后方转移的过程中，图书馆的绝大部分藏书均随所迁徙，其间各种艰难险阻，甚至遭到日本军机的轰炸，幸而大部得以保存，其后又回迁南京，经济研究所成立后，所存藏书约14.77万册及一大批档案文献随研究所迁至北京。

中华人民共和国成立后，经济研究所图书馆取得了飞速的发展。在中国科学院时期，通过采购、调拨、捐赠等多种渠道，经济研究所图书馆藏书得到迅速增加，到1975年年底，馆藏书刊、古籍达到49.16万册。[6] 改革开放以来，经济研究所图书馆一方面加强文献资源建设的深度和广度，精选藏书品种；另一方面，不断加强馆藏资源的管理与保护。近十几年来，有计划地对珍稀与特色藏书进行清点与整理，在逐步摸清家底的同时对珍贵藏书实施修复和保护，尤其是2011年以来，在中国社会科学院和院图书馆的组织和支持下，重点对馆藏古籍和文物进行了系统的普查、清理与核实。

---

[1] 中华教育文化基金会社会调查部：《社会调查部第一年报告》，北平，1927年。
[2] 中华教育文化基金会社会调查所：《社会调查所第四年年报》，北平，1930年。
[3] 中华教育文化基金会社会调查所：《社会调查所第五年年报》，北平，1931年。
[4] 中华教育文化基金会社会调查所：《社会调查所第八年年报》，北平，1934年。
[5] 中央研究院：《国立中央研究院17年度总报告》，南京，1929年，第233—234页。
[6] 宗井滔：《经济所藏书情况》，经济所图书馆档案，1980年。

图2 中国社会科学院图书馆经济学分馆所藏《题本》抄档。该书系社会调查所于1930年开始大规模抄录故宫及北京大学等单位所藏清代档案成果之一,由中国科学院时期经济所经济史组整理编辑而成

从社会调查部成立初年的数百册图书,到今天经济研究所图书馆拥有的70余万册(件)专业书刊文献,90年来,几代经济研究所图书馆人为之付出了毕生的努力和年华。

(二)馆址变迁与人才建设

经济研究所图书馆的馆址,始终跟随研究机构而不断变迁。1926年社会调查部创立后的几年,办公地址均为租借房屋,几经迁址,至1931年5月18日,已改组成立两年的社会调查所迁入位于文津街3号的办公大楼,1932年,聘刘炜俊为图书馆主任(1932—1937)[①]。而原中央研究院社会科学研究所,1928年成立时,所址位于上海,1931年初迁至南京鸡鸣寺一号。1934年两所合并时,曾分处北平、南京两地,1935年末全所迁往南京。抗

---

① 社会调查所设图书馆主任,社会科学研究所未设主任职,据档案,推测刘炜俊在抗战爆发后的1937年末辞职,未随社科所南迁。

战爆发后,社会科学研究所先后迁往长沙、桂林、昆明,最后入驻四川南溪李庄,抗战胜利后返回南京。1952年,图书馆随所由南京迁至北京。1953年,社会研究所更名为经济研究所,先暂栖于东城区南湾子胡同,继而于1954年迁往中关村,图书馆亦更名为经济研究所图书馆,1958年,图书馆随经济研究所迁至三里河经委大楼。"文化大革命"期间,图书馆大部分仍坚持订购包括外文书刊在内的专业文献,仅在经济研究所迁往河南信阳"五七干校"期间,图书馆工作被迫停顿。1976年,图书馆随所迁至月坛北小街2号院现址。经济研究所图书馆馆长(主任)先后由宗井滔(1949—1960)、刘琢玉(1960—1983)、刘厚成(1984—1989)、陈晓旭(1989—2008)担任,现任馆长为王砚峰(2008至今,其中2008—2010年为代馆长)。自20世纪80年代中期开始,经君健先生先后为馆长和荣誉馆长,封越建先生自2009年起为图书馆顾问。

几代图书馆人成就了经济研究所图书馆今天的事业,其中最具代表性的人物首推生于1909年的宗井滔先生,他于1933年加入社会调查所,从1938年开始兼任图书管理员,1949年至1960年任图书馆馆长,此后继续担任图书馆员和顾问,一直到1989年才正式退休,为图书馆工作长达51年之久,对经济研究所图书馆的建设作出了不可磨灭的贡献,服务了几代经济研究所学者。在吴敬琏等人的回忆著作中,都对他作出了很高的评价。

经济研究所图书馆的人员规模,从初期的1—3人,到20世纪80年代达到23人的编制规模,随着技术手段的不断进步,人员编制也逐渐精简到目前的12人。近年来人员新老更替速度加快,从2013年开始,图书馆先后引进8名年轻的高素质专业人才,这些同志在知识结构、专业能力和工作态度上展示出了崭新的精神面貌和发展潜力。目前"80后"、"90后"馆员占全部人员的50%,取得或在读硕士及以上学位者占70%。

经济研究所图书馆针对科研需求,制订了"培养复合型、多能型人才"的培养策略,要求经济研究所图书馆馆员全面掌握经济学专业文献信息情报服务手段;打破现有的岗位设置,实现一人多岗,一专多能;根据任务灵活配置,相互配合,团组合作。

目前,经济研究所图书馆的馆员,除了承担各基础业务岗位如采编、期刊管理、出纳、典藏阅览等工作外,同时还承担网络维护、网站内容建设、学术信息跟踪与分析、专业文献整理与研究等方面工作,同时每位馆员还要承担对口专业研究室的学科联络工作,做到大多数馆员身兼数职。

三 40年来对经济学专业图书馆发展之路的探索

在经济研究所图书馆90年来的发展过程中，形成了自己的优秀传统，即始终保持专业馆藏的深度和系统性，以服务科研为核心，最大限度地满足专业读者的需求。改革开放40年来，尤其是党的十八大以来，经济研究所图书馆不断开拓创新，努力提高专业文献服务水平，在保证传统的文献服务的基础上，积极探索网络信息化时代环境下建设经济学专业图书馆文献信息服务的新模式，以建设研究型经济学专业图书馆作为奋斗目标。

（一）努力保持独具特色的经济学专业藏书结构

作为经济学研究的国家队，经济研究所的研究以经济学基础理论为主要研究领域，涵盖理论经济学、应用经济学和经济史学（包括经济史和经济思想史）等学科。作为经济学专业图书馆，经济研究所图书馆以专业馆藏的高度专业性作为文献资源建设的方向，强调馆藏的专业深度，重视专业基础资料的收集。改革开放40年来，国家经济取得了飞速的发展，经济类文献数量也发生了爆炸性的增长。在文献资源建设中，经济研究所图书馆不求全而求精、求深，在数字化迅速发展、读者需求日益转型的形势下，结合经济学各专业的特点，从满足科研需求出发，在有效整合数字化资源提供信息服务的同时，重视纸本文献的采集，以收集重要中外理论著作、专业史料、重要数据类文献为重点，一方面收藏经济学典籍的重要版本，保持经济学专业馆藏的学科特色；另一方面重点支持以经济史研究为主的专业基础史料的方向转型。

经过90年的发展，尤其是改革开放40年来的发展，经济研究所图书馆基本形成了独具特色的专业馆藏，其中较具特色的文献有以下几方面：（1）经济史方面的文献，如清代的赋役全书、盐法志、户部则例、海关册等；清代抄档，如《题本》《黄册》《粮价表》等；各种经济调查史料、统计数据、地方志、账册等文献，如日本侵华期间对中国经济情况的调查资料，20世纪20年代至50年代国内商品价格统计资料等。这些资料的收藏相当丰富且比较系统。（2）新中国成立前有关经济学的论著，以及一部分民国政府和研究机构的出版物和原始调查资料，收藏比较完整。其中仅1949年以前出版的学术期刊就收藏了约2000种。（3）国外重要的经济理论著作、各类年鉴、统计资料，以及约2000种外义期刊（其中有几十种完整的重要外文经济学的期刊）。（4）重点收集国内各种重要的经济学理论著作、工具书、各类相关统计资料、连续出版物等，并保持了藏书品种的完整性和连续性。（5）经济研究专题资料、数据50万篇，8亿多字。

（二）以服务经济学学科为核心的专业图书馆业务建设

改革开放以来，经济学研究取得飞速发展，中国社会科学院经济学的学科建设也迅速充实扩大。1978年以来，经济片（经济学部）由经济研究所1家逐渐扩大为8家研究所，先后成立了工业经济研究所、农业经济研究所（现农村发展研究所）、财贸物资研究所（后更名为财贸经济研究所、财经战略研究院）、数量经济与技术经济研究所、人口研究中心（现人口与劳动经济研究所）、金融研究所、城市发展与环境研究所。经济研究所图书馆的服务对象也随着经济学科的不断扩大而扩展。到1983年，经济研究所图书馆的服务对象包括经济、工业、农业、财贸和数技经等5个研究所，以及经济系研究生，固定读者达900多人，此后服务对象还继续增加。1996年，中国社会科学院图书馆工作会议确立了经济研究所图书馆为经济片馆。2008年，院图书馆开始实行总分馆改革，经济研究所图书馆成为全院筹划组建的5个图书分馆之一，即中国社会科学院图书馆经济分馆。近年来，经济研究所图书馆在向经济学部各所及全院和社会提供服务的同时，还通过与工业经济研究所、财经战略研究院、农村发展研究所、金融研究所等单位开展电子资源共享、外文期刊调拨等方法，加强学部各院所间的文献信息服务。

（三）打造融入科研的全方位多层次的文献服务

高质量和高水平的文献信息服务，是一个专业图书馆的灵魂，也是其主要价值之所在，它是建立在有效的文献资源、高素质的馆员队伍与创新的服务方式基础之上的。要实现高水平的文献信息服务，其核心就是努力把图书馆的工作融入科研中，深化服务能力。在服务方式上必须符合本专业研究的特点和要求。

在实践中，经济研究所图书馆认识到，专业图书馆与科研任务的关系是：因服务需要而深入科研，因深入科研而提升服务。而一个游离于科研之外的图书馆，一群游离于科研人员之外的图书馆员，永远不能满足科研的需要，将会因与科研的脱节而被淘汰。因此，经济研究所图书馆既重视对经济学专业文献的长期搜集和积累，同时也重视对文献信息的深度揭示和文献研究；图书馆员既是专业文献与信息的服务者，也是经济学前沿知识信息的探索者和研究者。秉持这种理念，经济研究所图书馆在开展服务的过程中紧随学科发展的脚步，保持不脱节、不掉队，最大限度地满足研究需要。

1. 统一标准、优化流程，将业务重点向服务倾斜

在实践中，经济研究所图书馆认识到，专业图书馆的主要功能是做好专业文献信息服务，在管理中要与社会科学院统一文献加工标准，共同建立文献信息资源共享基础，要优化业务流程，精简文献的中间加工环节，增加文献服务的业务配重、人员配备，扩大服务范围和深度，强化以"文献服务为中心、资源利用为主线"的发展方向，适应和满足新形势下科研工作不断提高的要求。

从1984年开始，经济研究所图书馆在当时的院文献情报中心的支持下实施了档案文献缩微翻拍工作，先后拍摄"日本对华经济调查资料"、"清代抄档题本"等重要资料10万多拍。从1992年开始，经济研究所积极支持和参与院文献信息系统管理的数字化、标准化工作，率先建设馆藏古籍书目数据库，积极参加社科院图书联合编目和书目回溯工作，并较早地完成了馆藏中英文书目数据库的建设，完成中文书目标准MARC数据11万余条、英文书目数据4万余条、日文书目数据2万余条，全部开放查询。

在积极努力做好图书馆各项基础工作的前提下，经济研究所图书馆优化了图书馆工作流程，尝试将编目等文献中间加工流程实行专业外包，将人力资源用于开展大量的专业文献信息服务，推介馆藏书刊、珍本，介绍经济学专题文献，开展专题文献信息导航；开展定题检索、定题信息服务；组织撰写专业著作、工具书，以及经济学文献介绍、相关综述、述评文章和报告，等等。这些面向专业科研工作的文献信息服务，较好地满足了科研工作的需要，也提升了图书馆专业文献服务的水平。

2. 针对不同学科需要，提供不同层次和内容的多方位、多层次的文献信息服务

哲学社会科学研究由于其自身的研究特点，对于文献信息服务的要求是多层次、全方位、多角度的。它要求图书馆既要满足其对传统文献载体的需求，也要求提供多种形式的文献服务，按照研究的特点，对不同专业的文献信息需求进行具体分析，以确定服务方向与方式。

经济研究所图书馆以经济研究所的主要学科研究为对象，对各个学科研

究的文献需求进行了具体的分析，并根据其不同需求的特点开展服务。

（1）对于宏观、微观、增长理论、发展、公共等应用学科的服务，主要是在专业文献信息资源建设、集成和整合的基础上发挥信息资源导航、信息内容深度揭示、信息分析结果提供等专业文献信息服务的作用，同时重视各类政策、法规和统计资料的搜集与整理，服务的特点是快速、准确、有前瞻性。

如经济研究所图书馆自1999年7月开始组织的"经济走势跟踪与研究"课题，就是主要为宏观经济研究提供国内外重大经济动向的信息跟踪与分析课题，对国内外的宏观经济走势、经济政策，包括金融、证券、投资、企业、财政等领域的重大经济事件以及经济理论等方面的最新动向和前沿成果等进行了持续的跟踪、分析和研究。此课题已成为经济研究所图书馆具有一定影响的品牌项目。截至2018年9月底，已向院、所领导和研究人员提供了约1800万字的跟踪信息和研究报告，得到院领导和学者的关注与多次表扬。

（2）对经济理论、经济思想等学科的服务，要注重经典文献和前沿理论文献信息的收集、文献信息跟踪与信息揭示等。重点关注国外专业文献，尤其注意电子资源，同时关注相关学科文献信息的搜集、整理与揭示。在服务过程中，图书馆向研究人员提供了大量的国外文献检索服务，积极向研究人员介绍相关的数据库资源并辅助他们熟练掌握各相关数据库的使用方法。

（3）对经济史等学科的服务，其重点是相关研究文献、相关史料的搜集和提供，同时随着研究方法和手段的更新，扩大数字化文献的服务，一方面重视数字化文献的采集，另一方面加紧推进馆藏和研究室所收藏的史料数字化工作。

（四）面向科研、融入科研，开展专业研究

面向科研、融入科研，与科研保持零距离的接触，是中小型哲学社会科学专业图书馆做好文献信息服务的前提。经济研究所图书馆在实践中，在深入科研的基础上，针对科研需求，做好特色服务，体现图书馆的核心服务能力和价值。

1. 图书馆与科研工作紧密结合

经济研究所图书馆一贯强调图书馆工作要紧密结合科研、加强对科研活动的参与。图书馆积极参加各种经济学学术活动，一方面利用网络平台加强宣传报道，同时主动追踪学科研究动向，定期收集本所科研课题的进展资

料，并与各研究室和研究人员保持密切的互动关系，随时掌握学术发展动向和科研进展信息，根据研究任务的需要随时调整和确定文献信息资源建设以及信息服务的重点方向。另一方面，经济研究所图书馆还积极投身科研，以科研带服务，以服务促科研。近年来，图书馆参与了多个经济学科重点课题，在经济学、经济学专业文献信息分析与研究方面进行了有益的探索。

近40年来，图书馆工作人员编著、参与编写的著作、译作、工具书等数十部，其中图书馆工作人员集体编写的《经济学工具书指南》荣获中国图书馆学会成立10周年图书馆学、情报学优秀著作奖，《经济体制改革文献索引（1978—1983）》《经济社会发展战略问题国内报刊论文索引（1981—1983）》荣获中国图书馆学会成立10周年二次文献成果奖。图书馆还集体编写了《经济学著作要目（1949—1983）》，翻译了《世界重要经济学家辞典》等，参加了《中国改革开放以来经济大事辑要：1978—1998》等图书的编写。

经济研究所图书馆人的科研成果还包括出版陈晓旭主持的《通向21世纪的道路：俄罗斯经济的战略问题与前景》《俄罗斯著名经济学家阿巴尔金经济学文集》，陈晓旭、周济编写的《西方经济法规精选》，陈勇等编写编译的《证券操作与管理大辞典》《诺贝尔经济学奖获得者传记辞典》《实业大亨的足迹》等，王砚峰撰写的《全球经济的22个瞬间——重点问题研究》、担任副主编的《数字·影像：中国改革开放30年》以及参与编写的《"新经济"透视》《现代经济辞典》等。王砚峰等还在《经济学动态》《中国经济史研究》《人民日报》《大公报》《中国经济时报》《中国经营报》《经济学家茶座》等专业期刊和报纸上发表近百篇经济史文献研究、经济分析评论、所史研究和图书馆学专业论文和文章。

图书馆人先后多次组织乡镇国情调研活动，出版了周济等编写的《中原农业大镇的发展之路：河南省息县东岳镇经济社会调研报告》，陈勇等编写的《中国伞城的创新与发展：浙江省上虞市崧厦镇经济社会调研报告》，王砚峰等编写的《历史文化名镇的开拓与创新：江苏省常州市孟河镇经济社会调研报告》。

20世纪80年代中期开始，图书馆人积极探索，先后创立了《经济文献信息》杂志、《经济走势跟踪》网络报告等平台，吸引了众多经济学学者投稿发表最新科研成果。

投身科研、融入科研使图书馆进一步提高了服务的深度和水平，锻炼了一支能够满足读者需求的文献信息服务团队，同时也提高了图书馆开展专业研究的能力，使图书馆的文献信息服务工作走上良性循环的轨道。

2. 重视专业文献资源的整理与研究

20 世纪 30 年代，经济研究所的经济史学者组织抄录、整理了一批清代档案中的经济史资料，具有很高的文献和研究价值，但由于其卷帙浩大，使用不便。为了适应研究者的需要，经济研究所图书馆从 2004 年开始，陆续将馆藏史料进行数字化整理。在整理过程中，图书馆与经济史研究室密切合作，提升了经济研究所史料整理的质量和效果，形成了一系列成果。

2004—2005 年，王砚峰与经济史研究室封越健共同主持，图书馆全体人员参与了"国家清史编纂委员会"文献整理项目"清道光至宣统间粮价表"。整理工作不仅仅是对馆藏资料的简单复制，而是做了大量的考证和校勘工作，仅校勘粮价数据即达上万条，提高了粮价资料的完整性和准确性，在专家评审中获得 A 级（优等）评级。《清代道光至宣统间粮价表》一书由广西师范大学出版社于 2009 年出版。该书先后获得第三届（2010 年）中华优秀出版物（图书）奖、第八届中国社会科学院经济研究所优秀科研成果学术资料一等奖、第八届（2013 年）中国社会科学院优秀科研成果奖三等奖。

随着经济史料整理研究工作的深入，经济研究所图书馆对馆藏清代抄档《题本》《黄册》以及《日本对华经济调查资料》等开始进行系统整理和研究。

2008 年以来，图书馆还启动了对民国时期经济文献的整理和数字化工作，对馆藏 1000 多种民国时期的期刊进行了整理和保护，对民国时期的物价统计等资料展开了数字化整理工作。2013 年出版《中国社会科学院经济研究所藏近代经济史料初编》，目前正在编辑《中国社会科学院经济研究所藏近代经济史料续编》和参与编辑《中国近代经济文献史料丛刊》等。

经济研究所图书馆今后将继续面向全院和全社会，重点为经济学部各单位的科研和教学提供高质量的经济学文献信息服务，通过整合各项业务，突出特色，加强管理，在图书馆文献资源建设、事业发展、文献信息研究、图书馆馆舍、设备和服务，以及数字图书馆建设等方面加强建设。积极加强人才培养，使图书馆员全面掌握经济学专业文献信息情报服务手段，在人员配备上，打破现有岗位设置，使之成为复合型、全能型的人才。在五年至十年时间内，建立起全方位的经济学文献资源支撑体系，充分满足经济学各学科研究的需要，成为一所复合型的、高水准的、现代化的研究型经济学专业图书馆。

第3章　中国社会科学院图书馆法学分馆

一　法学分馆概览

(一) 历史沿革

中国社会科学院图书馆法学分馆（以下简称"法学分馆"）的前身为成立于1958年10月的中国科学院哲学社会科学部法学研究所图书资料室，2002年8月更名为法学图书馆，2008年12月23日再度更名为中国社会科学院图书馆法学分馆并正式挂牌。

法学研究所图书资料室初建时，馆址随法学研究所设在北京市礼士路原中央政法干校办公大楼内。1964年8月，随所迁至现址——北京市东城区沙滩北街15号。1970年，法学研究所干部下放河南"五七干校"劳动，图书资料室的文献资料被整体搬至建国门内大街5号中国科学院哲学社会科学部集中入库封存。1973年，上述文献资料又整体迁回沙滩北街15号。1975年，图书资料业务得以部分恢复。1978年，随着法学研究所工作步入正轨，图书资料工作也出现新转机。1994年，中国社会科学院进行机构改革和学科调整，政治学研究所图书资料室随政治学研究所迁入法学研究所并与法学研究所图书资料室一起入驻新落成的法学研究所图书馆楼。1995年，法学研究所图书资料室与政治学研究所图书资料室正式合并，更名为法学研究所及政治学研究所图书馆。2001年12月，随着中国社会科学院机构改革和学科调整工作的深入进行，又分别设立法学研究所图书馆和政治学研究所图书馆。

(二) 机构定位

法学分馆隶属于中国社会科学院法学研究所及国际法研究所，受中国社会科学院图书馆和法学研究所及国际法研究所双重领导，即中国社会科学院图书馆进行业务指导和经费划拨，法学研究所和国际法研究所两所负责人事管理和经费管理。

法学分馆的服务对象为中国社会科学院法学相关专业科研人员及学生，并始终坚持对国内外社会各界读者开放。

（三）历任领导

分馆实行馆长负责制，副馆长协助馆长工作。下设馆长办公会议和馆务会议，职能部门实行主任负责制。

表1　中国社会科学院图书馆法学分馆历任主要领导干部

馆长	副馆长
解铁光（1958年10月至1964年）	
齐萌（1981年至1982年11月）	崔青兰
王孙奂（1983年5月至1988年6月）	赵九燕、林青
刘楠来（1994年2月至1999年1月）	赵九燕、张广荣（后调走）、刘广博
张新宝（1999年1月至2001年5月）	赵九燕
渠涛（2001年5月至2006年12月）	赵九燕、林青
陈欣新（2007年1月至2009年2月）	林青、张群
莫纪宏（2009年2月至2010年3月）	张群（已调离）、李宏
邓子滨（2013年8月至今）	李宏（已调离）、刘小妹

（四）专业特色

作为新中国成立后的第一个国家级法学研究机构图书馆，法学分馆借国家机构调整和院校调整之契机，收藏大量古今中外的法律书籍文献，也由此打下了良好的馆藏基础，并在之后以馆藏文献丰富、专业特色突出、服务质量出色而著称于中国法学界。迄今，法学分馆的中国法律史文献收藏无论在数量还是质量上均居海内外领先地位，且1949年之前的英日法律文献及新中国成立以来的人权资料收藏相当丰富。建馆初期，馆藏主要来源有三个渠道：一是1958年接收清华大学、北京铁道大学（北京交通大学）等高校在院系调整前的优质藏书；二是接收最高人民法院研究室、国务院法制局和法律出版社1959年撤销前的藏书；三是国内外著名法学家的捐赠，如中国近代著名法学家沈家本和民国著名法史专家杨鸿烈两位先生的后人赠送的手稿和资料以及我国著名法学家张友渔先生捐赠的 4000 册古籍。这批图书集中了 20 世纪前期中国法律文献的精华，是法学分馆特色馆藏的核心构成部分。

二 管理与业务

（一）机构管理

在我国法制建设飞速发展、法学教育持续深化、法学研究日新月异的大环境下，作为一个中小型专业图书馆，为应对新兴网络技术对传统图书馆的严峻挑战，提高资源使用效率，法学分馆在院、所两级领导的关心和支持下，分别于 2002 年和 2009 年对图书馆楼先后两次进行维修改造，改变了"多个出口、分散管理"的原有格局，实现了封闭式、一体化的馆舍格局和管理模式。改造后，图书馆的有效使用面积由原来的 1137 平方米扩展到 1342 平方米，馆内 7 个中外文书库、1 个阅览室、11 个展览室和 3 个办公室均由一个通道出入，实现了"统一出口、统一借阅"的前后台管理方式。其间，还于 2004 年安装了电子防盗设备。上述馆舍改造工程为法学分馆的现代化建设打下了坚实的硬件基础。

在软件建设方面，法学分馆逐步建立健全规章制度，实行制度化、科学化的管理模式。针对存在的问题，法学分馆从 2001 年下半年开始先后制定"对外服务"、"内部规章"及"岗位职责"三大类共 64 项规章制度，如馆务会制度、值班量化制度、值班记录制度、参考咨询登记制度、采访书刊推荐制度，从而使管理"有法可依，有章可循"，并首次建立起工作日志填报制度，量化个体工作评估机制。随着法学分馆进入中国社会科学院创新工程考核体系，又制定了《图书馆岗位年度量化考核办法》《图书馆岗位年度工作业绩积分考核办法》等个人岗位考核规定。科学的管理体制的建立极大地提高了法学分馆的工作效率。

在人才建设方面，法学分馆首先大力提高在职人员的业务素质并积极搞活用人机制。从 2001 年起，在编制有限的情况下，一方面通过引进高水平专业人才（如武汉大学、南开大学毕业的图书情报及法学专业硕博人员）来优化图书馆在职人员构成；另一方面充分发掘现有人员潜力，搞活用人机制，率先实行全员聘任制，并采取多种措施，鼓励图书馆员通过参加进修、培训、学术会议等多种方式提高专业素养。目前，法学分馆包括馆长在内有正式在编人员 8 名，其中博士后 1 人、博士 1 人、硕士 2 人、学士 3 人，形成一支科研能力、外语水平、网络技术都很出色的一流专业队伍，从而大大提高了分馆在信息化建设和资料研究方面的能力。

图1 砥砺前行中的中国社会科学院图书馆法学分馆，从左至右：
毕小青、蒋隽、胡微波、刘小妹（副馆长）、邓子滨（馆长）、
张海燕、丁科、徐娟、金玉珍

2008年12月23日，"中国社会科学院图书馆法学分馆"正式挂牌，"名馆建设工程"亦随之启动。法学分馆首先进行机构改革，对各部门的基本功能和基本职责做了详细规定。法学分馆实行馆长负责制，并分解为工作机构和职能部门两部分。工作机构有馆务办公室、科研档案室、技术室、采编室、外联室；职能部门有图书资料部、网络信息部。

2014年，图书馆首次整体进入中国社会科学院创新工程，标志着工作进入一个崭新的阶段。围绕"民国图书整理"、"古籍图书清理核实"、"中国法学网改版"等创新课题，打破原有部门界限，创建新的工作小组。创新工作小组成员在保证完成原有岗位工作的同时，承担创新课题任务。创新工作体制极大地调动了员工的积极性、主动性和创造性。实施"创新工程"期间，法学分馆对工作目标和实施方式进行科学安排，制定了规范的数据采集和检验流程，对采集模板、采集方式、工作流程、采集内容和标准做统一规定，并对每个流程进行二次规划，如民国图书数据的采集就细分为三个阶段、18个工作环节，民国图书数据的文本与影像财产号、文本影像数据与

图2 2008年12月23日，中国社会科学院图书馆法学分馆正式成立

实物财产号和数量的核对等均进行细致规范，进行实物采集、核对则要求至少三名课题组人员同时在场，以保证文物安全。

（二）资源建设

作为国内最早的法律专业图书资料搜集中心之一，法学研究所图书资料室成立伊始，即以中文法律古籍特色收藏、法学专题中文简报资料、新中国成立初期法律藏书及西方法学资料中译本等特色馆藏与服务而蜚声学界。

近年来整理的5500种、合计5万册中文线装古籍和2.8万册民国中西文图书，分别收录到国家级重点项目《全国古籍普查登记目录》和《全国第一次可移动文物普查平台》之中，成为国家重点文物保护对象。

法学分馆保存有300余种善本，皆具较高的学术价值和版本价值。其中，《大清律》及其相关古籍近30种，涵盖清王朝从创立到覆灭各个时期的律例规定，是国内收藏此类文献最完整的图书馆之一，为研究清代法律沿革和体系不可或缺的专业文献。法学分馆收藏的沈家本手稿是研究我国清末法律近代化巨擘沈家本先生的珍稀第一手资料，如《律例偶笺》《律例杂说》等手稿在清光绪至民国期间并未公开刊行。2010年中国政法大学出版社出版的《沈家本全集》收录的 48 种手稿中约三分之一来自法学分馆。法学分馆所藏善本中最早的版本为明洪武三十年（1397）出品的积玉圃刻本《大明律》。版本方面除明清刻本以外，还有稿本、精抄本、批校本和祖本。其中有的稿本不为通行书目所录著，有的更是世所罕见。

另外，本馆通过接受捐赠、申请托存图书馆资格等多种方式，既解决了因资金缺口造成的馆藏文献不足的问题，也形成了独具特色的馆藏，如早期接收的张友渔先生赠送的《古今图书集成》、沈家本和杨鸿烈先生家属赠送的《沈家本手稿》和《杨鸿烈手稿》等，近年来接收的主要有英文和日文赠书以及美国、日本法规的缩微胶卷和光盘等，法学分馆现已成为美国亚洲基金会、日本国际交流基金、早稻田大学、成文堂出版社等美日学术机构在华的长期受赠者，接收了大批高质量学术专著；法学分馆还于 2001 年申请成为联合国在华的 21 个托存图书馆之一，接收了大量联合国原始文献信息。此外，需要特别指出的是，2003 年日本民商事法中心赠送法学分馆的价值 100 多万日元的《日本现行法规》（Japan Code）、《日本法律判例文献情报》（Current Legal Information）和《日本判例体系》（Judicial Information System）等光盘，是北京地区唯一的最新版日文法规和判例数据库光盘。为保证版本的时效性，日方随时将更新的光盘通过国际特快专递邮寄法学分馆。

经数十年积淀，法学分馆已形成了一个庞大的法学专业文献收藏体系，其中尤以我国古代法律典籍、民国中外文图书、民国期刊、民国政府公报、满铁日文图书等文献而著名。截至 2017 年年底，馆藏中外文书刊 13.35 万种、28.7 万册，英文图书缩微片 33 种、24193 张，中文法学剪报资料 11.7 万份。其中，中西文图书总数 13.7 万种、26.7 万册，包括线装中文古籍 5000 种、5 万册，民国中西文图书 2.8 万册；馆藏期刊合订本 1200 种、2 万册，中文 800 种、1.2 万册，外文 400 种、8 万册。

20 世纪 90 年代末以来，为应对网络时代对文献的新要求，法学分馆从图书经费中拨出专项资金购置法律数据库，改变馆藏资源结构，形成以纸质资源为主体、数字资源为辅的多种载体并存的文献资源保障体系。分馆先后购置了《中国期刊学术光盘》（CNKI）和《国家法规数据库光盘》等电子产品，以及北大法宝、北大法意、人大报刊复印资料、中国法律知识资源总库等中文专业数据库。2001 年 6 月，购买了美国 LexisNexis 数据库，成为其在中国最早的用户之一，还陆续订购了 HeinOnline 数据库、Westlaw 数据库。2006 年，引入歌德电子书借阅机、移动法源等移动阅读产品。2012 年，法学分馆积极利用中国社会科学院图书馆远程访问系统，为相关专业的科研人员提供服务。

为进一步推广和提高数据库的使用效率并建立统一的数据库检索平台，法学分馆从 2008 年开始与国内最大的法律专业数据商——CNKI 法律知识资源总库合作。到 2010 年年底，法学研究所及国际法研究所数字图书馆建设初具规模，基本形成了机构馆、学科分馆和学者个人馆三级体系。2011 年，在进一步完善机构馆的同时，法学分馆在两所范围内开展了大规模的宣传推广活动，集中两个月时间，以研究室为单位先后组织了五期培训活动。2012 年，对机构馆进行了网页化改造，拓展其功能，引入科研成果统计和评价指标。2013 年 5 月，法学研究所及国际法研究所数字图书馆正式上线试运行，不仅整合了中国社会科学院图书馆和分馆购置的数字资源，还实现了服务的统一性和即时性——将中国法学网、两所工作平台链接在一起形成"三网合一"，科研人员可以随时随地使用图书馆并得到"一对一"式的个性化服务。2013 年 6 月，在院级专家论证会上，法学分馆数字图书馆建设工作得到与会领导和专家的高度评价。

在加强数字资源建设的同时，法学分馆并未放松对传统纸质资源的管理与开发，响应中央"加强文物保护利用和文化遗产保护传承"的号召，加强对传统文献的整理和挖掘，于 2011 年起陆续参加国务院统一组织的"全国古籍普查登记工作"、"第一次全国可移动文物普查活动"和中国社会科学院图书馆组织的"古籍清理核实工作"。截至 2015 年 12 月，总计完成中西文民国图书文本数据采集约 2.8 万条，影像数据采集约 3.87 万张。其中，中文文本数据 14563 条，西文文本数据 7709 条，俄文文本数据 820 条，日文文本数据 5000 余条；中文影像数据约 2 万张，俄文影像数据约 1700 张，西文影像数据约 1.5 万张。2016 年，按照国家可移动文物采集平台和社科院文物图书资料档案管理系统的要求和标准，对采集的数据进行部分核对。截至 2016 年 11 月，已经完成 23092 册民国中西文图书的文本数据和影像数据的初步审核，并分别提交到国家可移动文物普查平台和院财计局管理系统。2016 年 7 月，法学分馆根据中国社会科学院图书馆和研究所"摸清家底"的要求，开始对馆藏古籍文献进行清查。截至 2018 年 1 月底，已完成善本的提取和单独保存、5 万册古籍财产号的落实和财产号版目录的复核，并将新编制的财产号落实到古籍文献上，保证财产号与文献的一一对应，切实做到"一物一号"。目前，根据中国社会科学院图书馆部署，法学分馆正在进行"古籍清理核实",对馆藏线装古籍文献目录、版本、作者、出版时间等内容进行清理核实并拍照留存。通过对民国图书、古籍文献的清查核实,初步摸清了馆藏特色文献的数量、种类、内容、保存状况等基本情况,亦培养了熟悉民国古籍文献及其保护的专业人才,为今后特藏文献的进一步开发和利用奠定基础。

(三) 读者服务

法学分馆建馆以来,一直以为用户提供高质量的学术资源及专业化服务为宗旨,并获得学界的一致认可。在传统的纸质资源时代,即以丰富的古代法律典藏和中文法学简报资料吸引了国内外读者,特别是始于1978年的中文法学剪报资料,完整记录了当时发表于主要法学专业期刊和报纸的法学论文和文章,涵盖法学各个学科,并根据学科特点和需求进行了详细分类,形成了一套独立于《中国图书馆图书分类法》《中国科学院图书馆图书分类法》的分类体系,查找非常便利,是前互联网时代学者从事教学和科研的主要文献检索工具。此外,20世纪80年代,法学分馆外文资料组为满足法学研究所承担的国家立法项目以及本所科研需求,先后出版了《国外法学资料》和《法学与技术革命》等内部刊物。

面对信息化的时代需求,法学分馆解放思想,大胆创新,建立起一套深入两所科研和教学的"嵌入式"服务体系,其宗旨即"读者至上"、采取"个性化"的深层次服务模式,具体措施有以下几个方面:

第一,大力将工作重心向以数据库为代表的电子信息资源建设和服务转变,积极引进和推广国内外最先进的电子产品,提升两所文献信息资源保障的层次和质量。从20世纪引进《中国学术期刊光盘》开始,每年开展"中外文献信息资源系列推广活动",定期发布和更新《法学分馆电子资源名录》《法学分馆数据库最新使用信息总汇》等,及时追踪、报道中国社会科学院图书馆及本馆学术资源及其变动情况。积极主动与中国社会科学院图书馆以及数据商沟通,举办各类培训活动80余次,受众达数千人。培训内容不仅有商业数据库,还包括国家图书馆和中国社会科学院图书馆数字资源,培训从单纯的资源介绍、检索技巧逐渐扩展至对整个学术资源体系、前沿数字技术等的深度探讨,培训形式则从演示和讲解转变为更具学术含量的研讨会。

第二,积极参与两所高端科研项目。法学分馆先后参与了诸多国家和院、所级科研项目，如"中国特色社会主义法律体系的建立"、"中国特色社会主义法治理论"、"核心期刊论文引证"、"中国法律体系"、"中国法学新发展丛书"等。此外，还为国家立法活动提供重要文献支持，如为全国人大图书馆提供《突发事件应对法》相关立法资料。

第三，加强"学者圈定"式采购服务。为满足科研和教学需求，制定了"精品馆藏发展战略"，除法学以外，有计划地挑选人文社科类经典图书充实馆藏，采购何种图书完全由学者圈定。此外，还通过所内书展、手机推送最新书目、赠送国际书展门票等方式，积极向所内研究人员推荐国内外最新的学术出版物。

第四，加大学生服务力度。随着法学专业学生招收规模的逐步扩大，强化教学科研辅助功能，推出专门针对学生的系列服务措施，如延长/增加开馆时间、赠送专业书籍和报刊、建立法硕阅览室、举办专业检索讲座、数据库培训、推荐图书等，如2005年6月法学分馆人员主讲的"中外法律文献检索专题讲座"受到学生们的高度评价、2014年举办的两所科研人员"十本好书"推荐活动也引起较大反响。

第五，充分发挥对外宣传窗口作用。为更好地展示法学研究所历年科研成就，充分发挥图书馆保存和传播文化的功能，成立科研成果展览室，集中陈列法学研究所和国际法研究所的前沿科研成果并取得良好效果。在中国法学网上开设两所"学者文集"、"学部委员"、"最新作品"、"每周一星"、"学者行踪"等栏目，全方位、立体式地跟踪和推送两所学术成果和学术活动，有效地彰显了两所的学术成果并扩大了其影响力。法学分馆还编辑两所内部刊物《工作通讯》。该刊及时、全面地向读者介绍法学研究所、国际法中心在民主、法治及人权建设领域为党和国家提供对策研究的最新信息，同时刊载两所在法学基础理论研究领域的最新成果以及两所开展法学教育和推动中国法学及中华法治文明走向世界的最新动态等内容。《工作通讯》设有"所内要闻"、"学术动态"、"科研管理"、"外事活动"、"法学教育"、"图书服务"、"党务工作"、"学术会议"、"学术讲座"、"核心期刊"、"成果简介"、"建言献策"、"法苑学踪"、"沙滩拾贝"等栏目。为配合"名馆建设工程"，分馆还于2008—2013年编印了《图书馆通讯》31期（200万字），内设"馆内动态"、"名馆建设工程研究"、"文献研究"、"资源指南"、"撷芳观妙"、"学术资料"等栏目，并分为网络版和内部版发布。

（四）网站建设

1992年，法学研究所和国际法研究所官方网站——中国法学网建立。建立伊始，分馆人员一直承担其技术支持与后台管理。

2008年起，分馆承担了中国法学网的改版工作，并于2009年8月2日起正式负责运行改版后的中国法学网。有中、英、日、韩文版的新版网站全方位、动态地反映了法学研究所和国际法研究所的学术活动和科研成果以及我国立法司法实践和国内外学术前沿。

网站内容大体分为三屏结构，第一屏包含所内学者研究动态以及两所科研信息；第二屏突出学者文集与学部委员信息、教学信息，跟踪法律新闻与学界研究动态；第三屏包含学术专栏、中国特色社会主义法律体系实时信息发布平台、沙滩拾贝与外文信息。

2015年，作为网站外延，法学分馆建设和运营了中国法学网微信公众号（iolaw1958），将中国法学网这样一个法学专业门户网站移植到移动互联网上，并在网站原有的基础上扩展出新的内容和形式，扩大了中国法学网在学界和社会公众中的吸引力和影响力。

与此同时，法学分馆高度重视网络安全与保密工作，除制定一系列相关规定以外，还对两所互联网门户网站中国法学网、微信公众号、互联网公务邮箱的信息进行了统一清查，对门户网站的数据和微信公众号的群发信息进行全面排查，保证未有涉密信息的泄露。

三　学术交流与合作

法学分馆是中国图书馆学会专业图书馆分会的团体会员，也是全国政法院校图书馆协作委员会和北京高校情报研究会法律信息分会集体会员，每年定期参加全国或地区性专业图书馆学术年会及各类学术研讨会，并参与大型学术活动的组织工作以及诸如《政法图书馆》和《法律文献信息与研究》（本馆两人担任该刊编委）等学术刊物的编辑工作。早在20世纪60年代，分馆就曾主持全国政法院校图书资料协作工作。2000年以来，分馆率先建立了我国第一个专业图书馆研究主页——中国法律图书馆论坛，为法学图书馆界同行提供了唯一的网络学术交流平台。

近年来，法学分馆尤其注重加强与国内外法律图书馆同行的交流。作为全国政法院校图书馆协作委员会和北京高校情报研究会法律信息分会的会员馆,分馆工作人员先后多次参加法律图书馆业务研讨会,并在大会做主题发言。作为北京市法学会法律图书馆与法律信息研究会发起方之一,分馆于2012年10月主办该会年会,馆长主持会议并做主题发言。分馆于2008年、2013年、2017年连续参加了第一、三、五届中美法律信息与图书馆论坛,论文被收入大会论文集,并在首日的分论坛上做了专题发言,特别是在第五届中美法律信息与图书馆论坛上,分馆馆长邓子滨教授应邀担任大会主持并做重要发言,受到与会专家和学者的一致好评。2016年9月,分馆主办了北京市法学会法律图书馆与法律信息研究会2016年度第一次大型学术会议——"司法文献信息资源的建设与共享研讨会",40多位北京地区法律图书馆机构负责人及专家与会,邓子滨馆长主持会议,分馆人员做了主题发言。在2017年年中于杭州举办的影响重大的中美法律信息与法律图书馆国际会议上,邓子滨馆长应邀做了主题发言。分馆还多次对国外法律图书馆进行访问、考察,如派人去德国马普所进修、赴美国哥伦比亚大学法学院图书馆访学、邀请美国马歇尔法学院师生访华、接待联合国托存图书馆人员实地考察等。

四 学术成果

法学分馆在从传统图书馆向现代图书馆转型的同时,始终高度重视科研工作。分馆研究人员的科研成果先后多次获全国图书馆学会颁发的奖项或被人大报刊复印资料转载。分馆的一系列集体科研成果也在学术界产生了一定影响并极大地提升了分馆的学术地位,如由分馆撰写、法律出版社出版的《中文法律文献资源及其利用》成为我国第一部以中国法律检索为主题的大型工具书,再如由分馆主办的我国第一个以法律文献研究为主题的连续出版物《中外法律文献研究》,也在国内形成较好的学术声誉。另有数个国内法律信息资源现状调查课题成功申报院级国情调研项目。此外,还包括《新形势下我国进口法律文献采访工作现状与对策》《社会主义市场经济体制法律集注》《我国法学文献资源与采访工作》《我国法学论文数据库状况的分析》《对专业图书馆深化体制改革的若干思考》《我国法学院图书馆现状调查报告——以图书馆网站为视角》等各类成果。

五 主要成就、启示及愿景

法学分馆的发展与国家法制建设的发展始终息息相关。法学分馆之所以在改革开放40年尤其是党的十八大以来能有大跨步、跳跃式的发展，首先是因为馆领导及全体员工在思想上充分认识到自己在新时期国家法制建设中肩负的历史责任，认识到在推进法治社会这一关键时期自己的时代担当。与此同时，中国社会科学院把加强法学图书馆建设作为新时期改革任务之一的决策直接推动了法学分馆的规范、有序、科学发展。在具体工作实践中，法学分馆以"名馆工程"建设为抓手，以馆藏资源电子化和特色化为方向，突破传统图书馆单一的服务功能，对数字化环境下图书馆的多维角色和复合功能做了深入探索，在顺应和参与新媒体、互联网蓬勃发展环境下的新技术革命中积极作为，并通过数据库建设，借助当今最先进的网络技术，突破国外法学学术前沿信息的获取障碍，大大缩短了中西法学学术资料获取的差距，从而极大地推进了全所的科研教学工作。

通过连续多年的大规模数字化建设，法学分馆深刻地认识到，当今西方先进数字资源的引入带来的全球化研究视野和更加科学的研究方式必将在法学界产生深远影响。凭借海量的数字资源和先进的数据处理技术，现代化图书馆的服务质量和服务效率已经彻底颠覆了传统图书馆的服务模式，因此法律图书馆必须尽快改变传统思路，紧紧跟上时代发展潮流，这样才能使自己在未来立于不败之地。法律图书馆不仅是法律文献、信息的储存地和中转站，更是一个法学信息研究和发布的大平台。衡量一家图书馆的实力，馆藏量已不是唯一的决定性因素，其学术研究能力也成了重要的参照系，尤其是纯学术研究机构的图书馆，馆员不仅是科研工作的助手，其本身就是科研队伍的一员。只有基于这样一种理念，法学图书馆的馆员方可更大程度地提升自己的科研能力、法学类图书馆方可有效开展各种学术活动，从而逐步实现向学术型、研究型图书馆的转型。

中国的法治建设可谓方兴未艾，立法、司法和法学研究与教学人员对法学文献信息的需求越来越大、要求越来越高，而法律图书馆的数字化建设却仍处于初创阶段。到目前为止，还没有一个名副其实的全国性或权威性的现代化法律图书馆。因此，在法学分馆现有基础上，创建一个全国性法学信息中心无疑是分馆的长期愿景。至于具体工作怎么做，中国社会科学院改革工作会议提出的分馆建设思路已经为此指明了方向。未来，这个全国性法学信息中心将是一个集图书馆、档案馆、博物馆、文化馆等功能于一体的综合性图书馆，是中国社会科学院图书馆法律资源对外服务的示范窗口，是全国法律图书馆的龙头和核心馆，是兼具全球服务功能的国际化图书馆。

主要参考文献

［1］赵九燕：《法学研究所图书馆简介》，中国法学网。
［2］蒋隽：《法学所图书馆应对因特网挑战之路》，中国法学网。
［3］张群：《再谈社科院法学所图书馆的西文旧书》，中国法学网。
［4］莫纪宏：《中国社会科学院图书馆法学分馆历史、现状、改革及展望》，中国法学网。

第4章 中国社会科学院图书馆民族学与人类学分馆

中国社会科学院民族学与人类学研究所图书馆，也是中国社会科学院图书馆民族学与人类学分馆。改革开放以来，其在围绕研究所科研体系改革和学科建设发展、馆藏资源建设、服务方向、人才队伍等方面进行了积极的探索，取得了一系列成绩。

一 历史沿革和馆藏特色

中国社会科学院民族学与人类学研究所图书馆（以下简称"民族学与人类学研究所图书馆"）创建于1956年12月，迄今已经历了62个春秋。新中国成立以来，党和政府一直非常重视民族研究工作，1956年成立了中国科学院少数民族语言研究所，研究所下设图书室，1958年又在中央民族学院研究部的基础上成立了民族研究所，下设图书资料室。随着民族研究工作的发展和需要，1962年2月，少数民族语言研究所和民族研究所合并为民族研究所，隶属中国科学院哲学社会科学部，两所图书资料室同时合并成为一个图书馆。2010年12月31日，中国社会科学院图书馆民族学与人类学分馆挂牌成立。

根据中国社会科学院民族学与人类学研究所学科研究领域和发展方向的需要，民族学与人类学研究所图书馆主要收藏有关民族学、人类学、民族理论政策、少数民族历史、少数民族语言、少数民族经济和社会发展、少数民族文化教育、世界各民族研究等方面的文献资料及相关学科的文献资料。

建馆以来，通过采购、征集、交换、受赠等方式收藏各类文献资料约44万册，其中线装古籍约11710函10万余册，比较珍贵的善本古籍0.8万册，少数民族文字文献资料2万册，外文书4.2万册，外文刊物10.9万册。其

图 1　中国社会科学院图书馆民族学与人类学分馆

中少数民族文字典籍包含蒙、藏、满、维、哈、朝、彝等 15 种文字的文献资料，还有新疆地区古察合台文古籍上百种。外文文献包括英、法、俄、德、日、韩、越等多个语种的文献。此外还收藏有缩微胶片、录像带、录音带、光盘和照片等声像资料 1000 种。现已形成以民族学、人类学学科专业文献为主，其他相关学科文献为辅的特色藏书体系。

所藏古籍善本中比较珍贵的古籍有明清时期的《苗图》17 种，作者描绘了滇黔地区的少数民族风俗习惯、生产和生活状况。这些《苗图》不仅是一批珍贵的绘画艺术作品和历史文物，而且也是研究我国西南地区少数民族历史和民俗的原始资料。

自 2007 年国家古籍保护中心开展国家珍贵古籍名录以来，国家古籍保护中心先后公布了多批珍贵古籍名录，民族学与人类学研究所图书馆有 7 种珍贵文献被收录其中。被国家古籍保护中心列为第一批古籍保护名录的古籍有：明代传统彝文刻本《劝善经》、清代察合台文手抄本《情之所钟》两卷、清代察合台文手抄本《四卷诗集》。被国家古籍保护中心列为第二批古籍保护名录的古籍有：清写本《满汉达呼尔合璧词典》、清顺治十二年内府刻本《御治劝善要言》、清刻写《释迦牟尼成佛记》二十六册、清写本《尼桑萨满》。

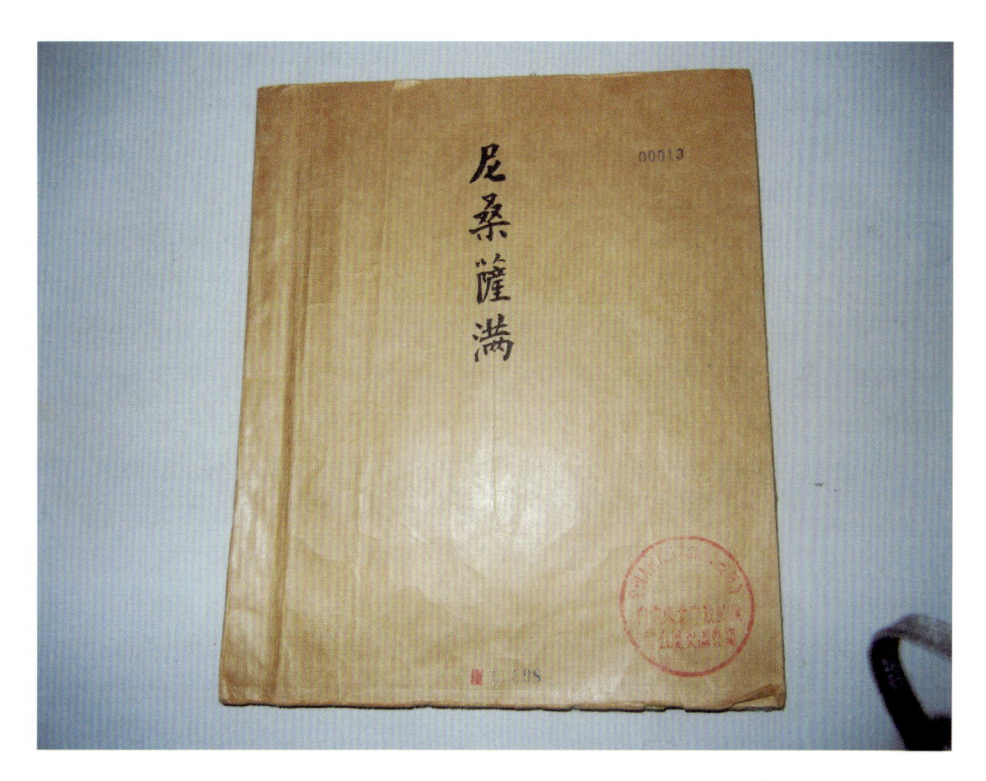

图2　中国社会科学院图书馆民族学与人类学分馆所藏清写本《尼桑萨满》

此外，民族学与人类学研究所图书馆还全面系统地收藏了20世纪50年代至60年代我国少数民族大调查的有关资料，作为这次民族大调查工作的主要参与者，中国科学院民族研究所的专家学者在参与有关民族识别、民族语言、民族历史等方面调查过程中，整理收集了大量的原始资料，这些资料后来被编辑出版为《民族问题五种丛书》，成为党和政府制定包括《宪法》《民族区域自治法》等在内的涉及我国少数民族的一系列法规的重要参考依据，还有一部分调查资料由于种种原因尚未出版。民族学与人类学研究所图书馆所收藏的这些民族地区的调查资料具有重要的学术价值和史料价值。

二　近年来取得的主要成绩

建馆以来，民族学与人类学研究所图书馆一直根据本研究所学术研究和学科发展的需要，有针对性地提供相应的文献信息保障，目前服务方式主要为阅览、外借、参考咨询和专题文献数据库建设。除古籍善本书库外，其他书库一律实行开架借阅，同时设立新书陈列柜，及时介绍馆藏新书信息。年接待读者约6000人次，借还各类文献总量4000余册。

改革开放以来，民族学与人类学研究所图书馆工作人员按照院所各级领导的要求，积极投身于图书馆各项业务工作，为中国社会科学院图书馆事业的发展贡献了自身的力量。20世纪80年代末至90年代初，该所图书馆参与了中国社会科学院图书馆组织的相关规章制度制定工作，为民族学与人类学研究所图书馆的长期发展提供了制度性保障。20世纪90年代末，参与了《中国社会科学院图书馆分类法》的修订，根据学科发展现状，对有关民族学和人类学相关类目修订提出了意见和建议。20世纪80年代末，对馆藏文献进行开发整理并影印出版了明万历版《贵州通志》，为贵州少数民族社会历史研究提供了重要的学术参考资料。同时，进一步加大馆藏文献资源的开发力度，力求使文献信息资源的利用效率达到最大化。20世纪90年代以来，民族学与人类学研究所图书馆先后编辑整理了有关民族学研究方面的专题资料和书目索引，如《馆藏线装图书目录》《民族研究论文资料索引（1976—1980）》《民族风俗志资料索引（1987—1989）》《中国岩画的发现和研究资料索引（1949—1990）》等。

近年来，民族学与人类学研究所图书馆对馆藏文献资源的数字化建设进行了一些有益的探索，取得了一定的成绩，先后建设了《中国民族研究文献信息数据库》《中国民族研究剪报数据库》和《中国民族学人类学文献信息数据库1900—2008》等题录型数据库，以及有关近代藏学、蒙古学和我国南海问题专题文献库，从多角度全面反映近百年来我国民族学人类学研究所取得的成果，对于建立完善的民族学人类学文献信息服务机制具有重要意义。2005年9月，《中国图书馆分类法》编委会成立了第七届委员会，并着手组织修订《中国图书馆分类法》第四版，民族学与人类学研究所图书馆参与了有关民族学和人类学相关类目的修订工作，根据相关学科发展状况和文献出版情况，对相关类目修订提出了意见和建议。

按照中国社会科学院图书馆的要求和安排，民族学与人类学研究所图书馆积极开展馆藏古籍普查工作，通过这项工作，制定了相关古籍管理和保护制度，通过 2012 年和 2013 年全体工作人员的不懈努力，顺利完成了这项工作，共完成馆藏古籍普查 4860 种，并获得全院古籍普查工作先进单位奖和优秀组织奖。

按照中国社会科学院党组关于全面清理核实中国社会科学院可移动文物，切实摸清中国社会科学院文物资产家底，加强文物资产管理的指示和《中国社会科学院可移动文物清理核实工作方案》的要求，对所藏可移动文物进行清理核实，民族学与人类学研究所领导将这项任务交由图书馆完成。民族学与人类学研究所馆藏民族民俗文物是在 20 世纪 30 年代至 60 年代，由老一辈民族学学者在民族地区进行大调查的过程中为了获得考古、文献和民族调查三重证据而征集来的民族民俗文物，以西南地区少数民族地区的文物为主，以东北地区少数民族为辅，其中有不少罕见的珍品。经过图书馆工作人员的共同努力，在 2018 年 3 月 31 日前将所藏 1731 种、2446 件民族民俗文物全部登记并录入"中国社会科学院文物图书档案资料管理系统"，同时做好本次清理核实工作相关资料存档，按时完成了这项工作。

民族学与人类学研究所图书馆始终高度重视专业文献资源建设，近年来收集了大量国内外有关藏学、蒙古学和海外华侨华人研究的珍稀文献，有效地保障了科研工作的顺利进行。同时，该馆重视加强馆际联系和协作。近年来，民族学与人类学研究所图书馆与中国民族图书馆、中国藏学研究中心图书馆、中央民族大学图书馆在馆藏资源建设、学术研究等方面进行了广泛的联系和合作，对民族学与人类学研究所图书馆的各项工作起到了良好的促进作用。

三 人才队伍建设

民族学与人类学研究所图书馆之所以能取得一些成绩，与上级领导部门对图书馆人才队伍的重视是分不开的，与民族学与人类学研究所图书馆工作人员的努力也是分不开的。21 世纪以来，根据不完全统计，民族学与人类学研究所图书馆工作人员先后出版各类学术文献 3 部和发表各类学术论文近 50 篇。作为一个研究所的专业图书馆而言，做到这一点的确很不容易。馆员学术水平和能力的提高，对于提升图书馆的服务水平起到了重要的推动作用,为图书馆建设适应时代发展要求奠定了良好的基础。

四 配合学科布局调整,积极开展特色服务

根据中国社会科学院发展战略新要求,民族学与人类学研究所进行了以基础学科研究和现实服务研究并重的战略转型,实施了较大规模的学科布局调整。研究所学科发展和研究方向的调整,对图书馆服务提出了新的要求,在一些具体问题上,图书馆的各项业务工作也进行了适当调整,包括图书期刊的选订、论文摘要内容的选择、读者服务等方面,民族学与人类学图书馆对馆藏资源进行了有针对性的调整,力求尽量满足科研人员的需要,充分发挥自身优势,切实提高文献信息保障水平,为科研创新提供强有力的支持。

总　结

改革开放以来,中国社会科学院民族学与人类学研究所图书馆在各方面取得了长足的进步。作为一个民族学和人类学学科领域的专业图书馆,将牢牢把握我国哲学社会科学繁荣发展的大好机遇,全面落实各项改革措施,构建完善的文献资源保障体系,以丰富的馆藏和优良的服务为我国的民族学和人类学研究事业发挥更大的作用。

参考文献

[1] 特色图书馆研究课题组:《特色图书馆论》,北京图书馆出版社1998年版,第167—168页。

[2] 呼群:《中央民族大学图书馆特色资源优势》,《赤峰学院学报》2018年第2期。

[3] 魏忠:《三十年来我国民族图书馆事业的发展及理论的进步》,《图书馆界》2009年第1期。

第5章 中国社会科学院图书馆研究生院分馆

一 机构概述

中国社会科学院图书馆研究生院分馆（以下简称"研究生院图书馆"）创建于1978年，作为中国社会科学院文献信息保障系统的重要组成部分，研究生院图书馆是以服务教学和科研为宗旨的中小型综合性图书馆，与中国社会科学院图书馆及各研究所（系）专业图书馆共同为在校研究生提供文献信息服务。2011年4月26日，中国社会科学院图书馆"研究生院分馆"正式挂牌。

截至2017年年底，研究生院图书馆馆藏文献资源总量为42万余册，以经典著作、学术专著、资料汇编为重点，并特别收藏有关新兴学科、交叉学科及边缘学科的图书资料。

40年来，曾有109位同志为研究生院图书馆奉献了青春和热血，现有工作人员29人。历任馆长为袁慧芳、李静之、唐源昌、高延军、赵光远、吴天、谢诚，现任馆长周军兰。

二 初创时期（1978—1987）——沐改革开放春风

1978年，党中央召开具有重要历史意义的十一届三中全会，中国改革开放的号角吹响。为恢复和发展人文社会科学事业，扭转"文化大革命"后社会科学人才"青黄不接、后继乏人"的局面，在邓小平、叶剑英等中央领导的亲切关怀下，被誉为"春风第一枝"的中国第一所哲学社会科学研究生院——中国社会科学院研究生院诞生。

1978年10月，研究生院图书馆伴随着中国社会科学院研究生院的成立而诞生。建立之初，由于没有校舍，先后租借北京师范大学、北京市十一学校等的校舍。从零起步，研究生院图书馆最初只有一间20多平方米的小书库，三间活动板房（两间阅览室，一间办公室）和一万多册藏书。

图1 艰苦创业时期的中国社会科学院图书馆研究生院
分馆馆舍和奋发学习的研究生们

筚路蓝缕之途，不改鸿鹄之志。在研究生院居无定所、借地办学的初创时期，读书的种子便在每一个学子心中生根发芽，而呵护读书春芽、助力学子成长就是研究生院图书馆的初心和使命。初心坚定，踔厉前行。前进路上，学校在哪里，社科学子在哪里，图书馆的资源保障就在哪里。艰苦的岁月中，车库就是图书馆，仓库就是阅览室——虽颠沛流离，但有书籍相伴，社科学子陶陶然不改其乐。艰苦的岁月中，学子们奋发学习的初心与图书馆服务的初心心心相印，草创时期的图书馆陪伴第一代社科学人们心无旁骛地学习、阅读和钻研，不愧青春，不辱使命！

三　望京时期(1987—2010)——与改革开放同行

1985年，伴随着改革开放的脚步，研究生院也迎来了新的发展契机。

在党中央以及中国社会科学院领导的关怀下,研究生院落户望京(时称"西八间房"),结束了长达 7 年的"游牧"办学历史,研究生院图书馆也开始了与改革开放同行的新篇章。

图 2　望京时期的中国社会科学院图书馆研究生院分馆

(一) 欣欣向荣,馆舍建设与资源发展

落户望京之时,图书馆在四处透亮的车库过渡了两年,1987 年图书馆楼建成,研究生院图书馆迁入正式馆舍(以下简称"望京校区图书馆")。望京校区图书馆上下共四层,建筑面积为 2700 平方米,设计有四个书库、两个阅览室,2000 年以后,又建立了两个电子阅览室,阅览座位 100 余席。

20 世纪 80 年代末是研究生院图书馆文献资源增长最为迅速的时期,特别是 1987—1989 年,年进书量超过 2 万册,到 1989 年馆藏已经达到 18 万多册。1990 年后,由于书价上涨同时图书经费锐减,这一时期的文献资源增长缓慢,最少的年进书量仅为 1000 余册。直至 2000 年以后,随着研究生教育的平稳发展,研究生院图书馆购书经费得到了稳定支持,年进书量保持在 7000 册左右。截至 2010 年研究生院整体搬迁至良乡校区之前,研究生院图书馆馆藏图书资源规模达到 30 余万册,为哲学社会科学高层次人才培养提供了基础性文献资源保障。

（二）与时俱进，积极推进信息化建设

1994年4月20日，中关村地区教育与科研示范网络工程，成功实现了与国际互联网的全功能链接，标志着中国从此进入互联网时代。[①] 在改革开放的浪潮中，研究生院图书馆也紧随时代的步伐，开始了图书馆现代化、网络化和数字化建设。

1. 现代化设备和网络基础设施的发展历程

（1）计算机和机读目录的应用，开启图书馆现代化之路

1992年，图书馆有了第一台计算机。1993年，研究生院图书馆的现代化建设开始起步，拥有了4台计算机。采用中国社会科学院文献信息中心（后更名为中国社会科学院图书馆）的编目系统和本馆自行开发的图书采购系统，首先实现了中西文图书的采购、编目计算机化，建立机读书目数据库。1996年，中国社会科学院系统各图书馆统一采用丹诚图书馆自动化集成系统，研究生院图书馆积极配合落实，实现了全院的联机编目和书目数据交换。

（2）网络基础设施建设，奠定图书馆信息化服务基础

1997年年底，研究生院校园网工程正式启动，图书馆网络工程于1998年1月完成，共安装网络节点128个。1998年年底，图书馆网又扩容了100多个节点，达到250个，桌面带宽达到10兆。随着信息时代的快速发展，2005年，图书馆申请财政部专项资金，对运行了近8年的网络基础设备和系统进行了全面升级。此次更新重点对主干网进行了升级，实现了千兆主干，同时引入先进的SAN（光纤存储局域网）存储架构，并使存储容量扩大至2TB，基本满足了研究生院图书馆当时的数字资源的存储要求，并极大地提高了数据存储的安全性和传输的高效性。至此，研究生院图书馆的网络基础设施建设在当时国内中小型高校图书馆中达到了较高水平，也配合了当时研究生院办学规模的扩大和办学质量的提升。

2. 开拓进取，持续深化网络信息服务

（1）深化计算机应用，开启自动化、网络化信息服务

1999年，研究生院图书馆在实现采编自动化基础上，不断深化丹诚图

[①] 百度百科：《中国全功能接入互联网20周年》（https://baike.baidu.com/item/中国全功能接入互联网20周年/16512494）。

书馆自动化集成系统应用,在全馆的各个业务部门全面使用。截至1999年7月,中西文图书、期刊的采购、编目、流通、现刊登录等业务工作全部实现自动化,并实现了书目数据的网上查询,成为中国社会科学院系统内第一个全面应用图书馆自动化系统的图书馆。同年,研究生院图书馆建成信息检索中心和多媒体阅览室,向学生提供网络浏览服务、多媒体资源浏览服务,以及网络和光盘数据库检索服务,两个电子阅览室共有计算机74台。2001年,得到香港方润华先生资助,两个阅览室被冠名为"润华电子智源中心"。在此基础上,研究生院图书馆基于计算机和网络的信息系统管理和服务逐步展开。

（2）馆藏书目数据回溯,迈向数字化资源建设

2000年,在图书馆自动化系统建设初步完成后,研究生院图书馆开始转向数字资源建设。2000年3月18日至8月29日,历时5个月,研究生院图书馆完成了全部中西文馆藏图书和期刊的书目回溯建库,累计中文图书数据106897条,西文图书数据17027条,期刊数据16152条,成为中国社会科学院系统内第一个完成回溯任务的图书馆。同年,研究生院图书馆引入"中国期刊网"、"超星数字图书馆"等一批优秀的电子资源,并与北京世纪超星公司合作,将研究生院图书馆特有的馆藏资源——博士、硕士研究生学位论文进行了数字化,实现了学位论文的网上浏览。2005年,随着日俄文信息处理障碍的解决,研究生院图书馆又及时对日俄文图书及过刊进行回溯编目。至此,完成了研究生院图书馆全部馆藏资源的回溯任务。

（3）自主设计和建设图书馆网站,拓展网络化信息服务

信息技术的飞速发展是推动图书馆发展的最大驱动力。从20世纪80年代开始的图书馆的业务管理系统,实现了图书馆传统业务的自动化,并推动图书馆服务向现代化、网络化方向发展。2000年,研究生院图书馆自主设计制作了图书馆的第一个网站,设立了书目查询、数据库资源、服务介绍、读者指南等10个板块,利用网络宣传和推广图书馆的资源和服务。2004年,紧跟技术进步和业务整合的步伐,研究生院图书馆开发了第一个具备服务功能的网站,完善了数据库和电子资源的导航功能,并推出"网上选书平台"。2005年,图书馆网站拓展了VOD点播、FTP等新型网络服务。2008年,图书馆网站进行了一次重要改版,开发了"数字化资源统一检索系统",实现资源访问的"一站式"检索,建立了"服务速通",集成了"借阅信息查询"、"预约通知"、"图书采购征订"、"参考咨询"等多项网络信

息服务，初步实现了图书馆网站向图书馆门户的转变。从网页介绍、资源导航，到服务集成、综合门户，图书馆网站的不断演变，也反映了研究生院图书馆信息服务的不断深化。

(4) 率先实践一卡通系统，推动自助服务发展

2002年暑期，研究生院图书馆引入兰特一卡通系统，实现了图书馆的身份认证、图书借阅、机房管理、消费、查询、统计等多项功能，既简化了工作环节，方便了学生，更加科学地管理和有效分配资源，也提升了图书馆的综合信息管理水平。2003年，针对研究生院图书馆读者数量增长以及图书馆资料复制业务繁重等情况，引入了自助式复印系统。2005年，实现了一卡通自助复印、打印，引入自助寄存柜，推动自助服务发展，缓解了读者数量激增和图书馆工作人员短缺的矛盾。一卡通系统和自助服务的实践，为后期良乡校区新馆的规划和建设积累了宝贵的经验。

(三) 内涵建设，坚定服务至上的理念和开门办馆的方针

1. 重心转移，坚持"服务至上"宗旨

2000年，研究生院图书馆开始实践服务理念转型。首先，自2000年4月开始，研究生院图书馆打破了多年来机关模式的开馆时间和工作习惯，实现了全年开馆；其次，围绕服务核心进行了部门调整和整合，增设了读者接待部、参考咨询部，并按照新的服务要求，规范了岗位职责；最后，整理和健全了图书馆的规章制度和管理办法，对读者服务相关的规章制度进行了一次全面整理，降低了服务门槛，方便了读者使用图书馆。

2. 开门办馆，树立"以人为本"理念

自2004年起，研究生院图书馆确立了"开门办馆"的思路，积极探索"以读者为中心，以需求为导向"的资源建设和信息服务路径，与全院读者广开思路，谋求共同发展。2004年5月，研究生院图书馆利用图书馆网站，推出自行开发的"网上选书平台"，让研究生直接参与到文献资源建设中来。2006年6月，经研究生院院长办公会通过，成立了由中国社会科学院各研究院所专家参与的"研究生院图书馆专家选书委员会"，充分利用中国社会科学院专家学者学科专业优势，为研究生院图书馆推荐文献资源。2008年，研究生院图书馆又推出"海外图书采选平台"，让学生能够参与外文图书的推荐。经过几年的实践，"学生—导师—图书馆员"共同参与的三级图书采选模式取得了良好效果。此外，研究生院图书馆坚持开展读者调研，利

用网络平台调查和征集研究生对图书馆资源与服务的意见和需求，及时了解和掌握用户的信息需求和使用偏好，进一步改进图书馆服务。

（四）多元发展，融入高校馆际合作拓展新型服务

2004 年 7 月，研究生院图书馆加入中国高校人文社会科学文献中心（CASHL），向全院师生推出外文文献的网上全文传递服务。2006 年，为了弥补全院文献需求广泛而资源供给相对有限的不足，研究生院图书馆积极加强与其他高校图书馆之间的馆际合作。2006 年 4 月，开通了与北京大学图书馆的馆际互借服务，10 月加入北京高校图书馆联合体，与联合体中的 37 所高校图书馆建立了馆际互借关系，拓宽了图书借阅的渠道，对研究生院图书馆的文献资源供给提供了良好的补充。

（五）资源建设，着力打造研究生院信息资源仓储中心

1. 构建完整的研究生院数字化学位论文体系

学位论文是全院教学科研的重要学术成果，是反映全院学术特点和学术水平的文献资源，也是研究生院图书馆的特色馆藏。自研究生院建院以来，图书馆就是全院博硕士学位论文的呈缴点，这些文献在为学校的教学科研服务中发挥了很好的作用。2000 年，研究生院图书馆开始筹备学位论文数字化，2006 年规范了学位论文电子版的呈缴方案，初步构建了全院数字化学位论文系统。2008 年，建立了研究生院学位论文网络管理平台，完成 2000 年以后研究生院全部学位论文的数字化，实现了研究生院毕业生学位论文网络提交和在线审核的规范流程，形成了完整的学位论文规范化提交、标准化审核、数字化存储和网络化查询阅览的体系。

2. 建立研究生院特色文库

2008 年，开始筹建研究生院特色文库建设，包括"校友文库"、"院长文库"以及"中国优秀博士论文文库"。与校庆办联合，积极发动广大校友捐赠图书，在原有"校友文库"的基础上扩大校友文库的藏量，使之不仅成为全院校友的成果展示文库，更成为全院师生的学习和参考文库。"院长文库"作为研究生院图书馆的一个特色文库，收录了中国社会科学院历任院长的个人学术成果。"中国优秀博士论文文库"拟汇集我国自 1999 年以来历届全国优秀博士论文中人文社科类博士论文的题录及全文，为全院博硕士的学位论文写作提供参考。

3. 加强自有特色资源的采集和整理，构建信息仓储库

从 2007 年开始，随着网络基础设施的改善，互联网技术的发展和网络存储空间和能力的增强，研究生院图书馆开始有意识地加强汇集本院自有知识产权的各类资源，包括学生和教师的科研成果、学术讲座等各类音视频资源、教学课件等，建立有全院特色的信息资源仓储库，结合在线学习、音视频点播和 FTP 共享等应用，提高了图书馆的信息服务能力和读者的信息利用能力。

四 良乡时期（2011年至今）——迈新时代步伐

2011 年是研究生院发展历史上的一个新的起点。在望京校区运行了 25 年后，研究生院整体搬迁到良乡新校园。在新馆建设过程中，研究生院图书馆进行了广泛而深入的调研，并结合全院的特点和实际，重新定义新馆的发展方向和功能定位，最终确立了"藏阅一体、开放管理、自助服务、读者为本"的办馆新模式，从空间、服务和资源方面进行了一系列的改革和创新，以使新馆能够适应时代发展的潮流，满足人文和社会科学师生在网络环境下学习和研究的需求。

图 3 良乡时期的中国社会科学院图书馆研究生院分馆

（一）创新管理模式，变革空间功能

围绕图书馆新的定位和管理模式，新馆建设着重在于空间功能和资源布局的调整。

第一，新馆打破了过去"小阅览室"的管理模式，采用一门式出入和开放式管理方式。全馆只有一个出入口，馆内设有 5 个开放式阅览室，开放时间与开馆时间一致，读者可以携带书包在图书馆内自由流动，不受约束。开放式管理打破了原来封闭式管理方式对读者行为的种种限制，不仅有利于书籍的使用，而且为读者营造了更为宽松自由的学习和研究环境。

第二，新馆改变了老馆"人书分离"的格局，实行"藏、借、阅"一体化的服务方式。取消了书库与阅览室的界限，做到"藏中有阅、阅中有藏"。新馆共有阅览座位 380 个，文献资料全开架借阅。书架靠近读者，读者能够就近取书，就近阅读，真正实现"人在书中，书在人中"，使读者查阅信息资源更加方便、快捷。

第三，现代化的图书馆不仅是读者学习和研究的空间，也应是学子思想交流和碰撞的场所。为满足人文和社科学者思想交流和学术研讨，新馆开辟了 6 间不同规模的研讨间，对在校师生免费开放。此外，还在图书馆后厅、阅览区、走廊上设立了各种休闲座椅，方便学生与学生之间、学生与导师之间进行学术讨论和交流。

（二）立足传统服务，完善数字化服务体系

开放式服务模式实现了图书馆服务的一体化。以新理念、新技术和新设备为基础，研究生院图书馆在全面改善空间功能和环境的基础上，力图为读者提供全方位、多元化的数字化信息服务，以使读者能够借助于高新技术，更方便、更快捷地获得信息资源和服务。

1. 加强网络基础设施建设，铺就畅通的信息路

除了阅览室内设有有线终端，新馆采用全馆无线网络覆盖，以方便读者随时随地使用互联网。同时，为学生终端化学习和研究的需要，新馆基本保障每个阅览位都有强电插座。2018 年 8 月，研究生院图书馆引入云桌面技术改造信息检索中心，为学生提供更为快捷的上网体验。

2. 引入多种自助设备，方便读者自我服务

书目查询终端分布在大厅和各个阅览室，方便读者就近进行书目查询。

引进了自助管理服务系统和多种自助服务设施，建立了自助服务平台。新馆设立了 6 个自助服务终端，用户可以在任一终端自主完成打印、复印、扫描、自助缴纳罚款等业务；2 台自助借还机方便读者自己完成借还书；自助寄存柜让读者能够自行存取物品；网上自助预约平台使读者能够通过网络预约研讨室，并刷卡使用研讨室。2018 年，研究生院图书馆又对自助系统进行了全面升级，以支持学生通过移动终端使用自助服务。

3. 服务集成，加强图书馆门户网站建设

图书馆主页是图书馆的网上门户，是读者利用图书馆资源和服务的起点。新馆建设不仅是图书和设备的迁移，更是一次系统和服务的整合。依托新的硬件环境，结合多年来网络服务和管理的经验，研究生院图书馆升级开发新的图书馆门户网站，以完善研究生院数字图书馆网络服务和管理功能。采用新的网站设计理念，研究生院图书馆重新规划和设计了图书馆网络门户服务的整体框架，整合了现有图书馆系统以及一卡通数据接口，重新梳理了有关服务内容介绍和相关规章，并加强了网站后台管理体系，使得新的图书馆网站能够为读者提供更为方便快捷的网络服务。新的门户网站整合了纸本资源和电子资源、统一了检索和查询，完善了网上荐书、网上参考咨询、视频点播等已有网络服务功能，并推出了期刊和多媒体资源导航、研讨室网上预约、视听室预约、图书捐赠等新的网络服务内容，集成了信息发布、资源查询与获取、服务推送，形成一站式网络服务平台。

4. 提升艺术品位，建立多媒体视听服务体系

图书馆不仅是学习和研究的空间，也是交流和休闲的场所。2011 年，研究生院图书馆建立了视听阅览室，向读者提供多人位和单人位的音视频学习和欣赏，包括音视频语言学习、各类经典学术视频讲座、在线和离线的视频欣赏等；笃学讲堂配置了高清投影和电子白板等设备，不仅作为图书馆的信息素质培训教室，也是全院学术文化讲座的理想场所。2018 年，研究生院图书馆重新规划和整合了多媒体视听服务，建立了开放式视听空间，除了整合本地视听资源，还联通网络提供网络视听服务，并引入智能钢琴、智能书法台、库克留声机、云 CD、朗读亭等一批新设备，为读者提供更为丰富多样的视听服务。

图4　中国社会科学院图书馆研究生院分馆视听新空间

（三）加强文献信息资源建设，提升信息资源的供应能力

文献资源是图书馆开展服务的基础和保障。转变文献采选理念、拓宽文献采选途径一直是研究生院图书馆坚持的工作方针。

第一，坚持开门办馆，探索文献资源采选的新模式。研究生院图书馆承担着支持全院39个教学系的学生学习和科研的职责，学生的文献资源需求具有需求范围广、内容层次深的特点。自2004年起，研究生院图书馆确立了"开门办馆"的思路，充分利用全院学生和导师的专业优势，利用他们的学科眼光和对文献的鉴赏能力，让导师和学生直接参与到文献资源的建设中。此外，研究生院图书馆将采选方式从以书目为主转变为现场采选与书目订购相结合的方式，积极组织学生参加现场采选，并逐步加大现采图书的比重，以保证采选图书有更高的价值和使用率。

第二，完善图书捐赠制度，做好个人藏书征集工作。图书捐赠是补充馆藏资源的一个重要途径。自2011年搬迁到新校园以来，研究生院图书馆一方面加大对图书捐赠的宣传力度，并为捐赠图书数量较多的机构和个人提供上门服务；另一方面，通过捐赠网页建设，宣传和表彰捐赠者。经由图书捐赠途径获得的图书数量逐年增加。2011年到2017年，研究生院图书馆累计收到的捐赠图书为 2 万余册，成为研究生院图书馆文献资源的有力补充。

第三，通过馆际合作与资源共享，构建多元化的信息资源保障体系。在资源迅猛发展而经费增长又相对有限的情况下，凭借一馆之力，很难满足读者旺盛的信息资源需求。近几年，研究生院图书馆充分利用信息资源共建共享的有利条件，积极发展馆际合作，自 2006 年以来，先后加入了中国高校人文社会科学文献中心（CASHL）和北京地区高等教育文献保障系统（BALIS），与京内 40 多所高校，以及国家图书馆、上海图书馆之间建立了馆际互借合作，同时，利用网络优势，开展网上全文传递服务。馆际互借和网上原文传递活动受到了读者的广泛欢迎，弥补了研究生院图书馆文献资源有限的不足，提高了文献资源的供应能力。

（四）引入新媒体技术，提升图书馆信息服务能力

研究生院图书馆采取多种方式，提升读者的信息素质，突出推介重点的资源与服务。2017 年 4 月，研究生院图书馆推出"图书馆微信公众号"，每周推送一次，内容涉及馆内通知、培训信息、资源发布、周末影院、借阅排行、新书推荐、互动活动等。2017 年年底，研究生院图书馆推出"研究生院移动图书馆"，将图书馆的文献服务和信息服务延伸到"移动终端"，拓展了图书馆信息服务的范围，提升了知识服务的能力，实现了移动读者信息交流互动平台和个性化服务定制。

（五）发挥图书馆优势，推进校园文化建设

研究生院图书馆不仅是学生获取文献资源的场所，也是学校文化建设的重镇。图书馆在做好文献保障和学术交流工作的基础上，也充分发挥自身优势，积极参与校园文化建设。自 2013 年开始，每年 4 月 23 日"世界读书日"，研究生院图书馆举办"研究生院读书节"系列活动，包括著名学者的学问人生主题讲座、"读书之星"和"荐书之星"的表彰、出版社的图书联展等，并将读书节作为学生展示才情才艺的平台，推出"书评"、"摄影展"等学生参与性活动。这些活动得到在校师生的广泛响应和参与，活动的内容丰富而且具有特色，取得了良好的效果。

图5 中国社会科学院图书馆研究生院分馆举办的读书节活动

　　图书馆开展讲座服务日益成为现代化图书馆的一项核心业务，这是在新的信息环境下，图书馆改变空间功能，拓展服务内容的一种必然趋势。笃学讲堂就是研究生院新馆建立的一个学术文化交流空间，其典雅古朴的装饰风格，成为人文和社科大师传道授业的理想场所。自2012年5月笃学讲堂正式投入使用以来，累计举办各类学术和文化讲座170余场，成为全院高端学术文化讲座"笃学大讲堂"的专用场所。此外，本着"文化为主、娱乐为辅"的原则，笃学讲堂每周末还为师生选播思想性、艺术性好的影片。这些活动的开展，丰富了校园文化生活，也密切融合了图书馆与读者之间的关系。

　　中国社会科学院研究生院良乡校区图书馆不仅以恢宏气势的外观吸引了广大读者，更以其"藏阅一体、开放管理、自助服务、读者为本"的全新办馆理念，得到了广泛的认可和好评。自开馆以来，入馆人数逐年激增，年接待读者人数从2011年的7.9万人次，增加到2017年的28万人次。研讨区、笃学讲堂等新型功能场所也得到了充分的使用，在学术交流、研讨中发挥了积极作用。图书馆也成为新校园建设中的亮点之一，吸引了校内外的来访参观者。迄今为止，研究生院图书馆先后接待了上百批的参观者。2017年5月

图 6　中国社会科学院图书馆研究生院分馆举办的名家荟萃笃学讲堂活动

17 日，承担着党中央、国务院对中国社会科学院创建具有中国特色社会主义一流人文社会科学大学的重托，中国社会科学院大学获教育部批准成立。伴随着中国特色社会主义进入新时代，诞生在中国改革开放春风里的"中国社会科学院研究生院"也在改革开放 40 周年之际步入"中国社会科学院大学"的新时代。研究生院图书馆也将在新的征程中不忘初心，砥砺前行。

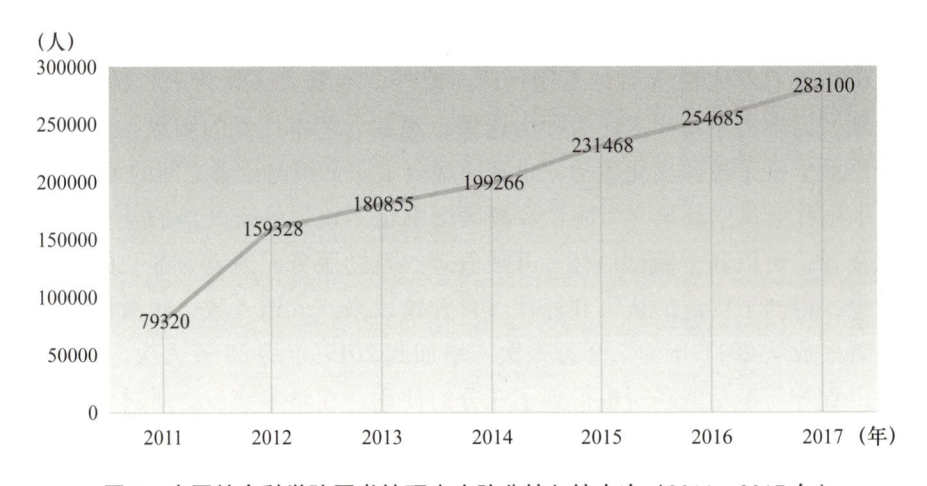

图 7　中国社会科学院图书馆研究生院分馆入馆人次（2011—2017 年）

第 5 章　中国社会科学院图书馆研究生院分馆　　129

图 8　中国社会科学院图书馆研究生院分馆馆内活动

研究生院图书馆四十抒怀

四十年光阴，弹指一挥间。

四十载春秋，春风第一枝头，已桃李绽放满园。

研究生院，留下学子莘莘苦读，求学上进的足迹；

图书馆，承载书生文业砚田，寻章研句的记忆。

书卷，陪你看云卷云舒；

馆舍，伴你渡金色华年。

追忆，读书是人生中最美好的时光；

回顾，书乡是记忆中最温馨的田园。

书籍中的知识，始终滋养学子的筋骨，培育一代又一代英才；

图书馆的前行，不曾改变书乡的气质，润泽一批又一批学人。

第6章　中国社会科学院图书馆国际研究分馆*

一　概览

2012年6月11日，中国社会科学院图书馆国际研究分馆（以下简称"国际研究分馆"）正式成立，揭牌仪式在中国社会科学院俄罗斯东欧中亚研究所举行。国际研究分馆由中国社会科学院俄罗斯东欧中亚研究所、美国研究所、日本研究所、拉丁美洲研究所、西亚非洲研究所和亚太研究所的6个研究所图书馆整合而成，依托俄罗斯东欧中亚研究所管理，首任馆长由孙力副所长兼任，宋红同志任副馆长。这是中国社会科学院实行总分馆制、图书采购代理制和资源结构调整、服务方式创新等为主要内容的俄罗斯东欧中亚研究所图书馆改革的结果。

国际研究分馆以落实"三个定位"为动力，以实现科研、人才、管理三大强院战略为目标，以实施创新工程为依托，坚持正确的政治方向和为科研服务，为读者服务的宗旨，围绕提高业务素质、优化服务，资源共享这一主题，从读者服务、业务管理、提高馆员素质入手，积极为从事国际问题研究的人员提供优质的文献信息服务。

国际研究分馆目前藏书25万多册，馆藏文献资料涉及20个语种的150多个国家和地区，设有6个独立的书库。

国际研究分馆依托中国社会科学院俄罗斯东欧中亚研究所。俄罗斯东欧中亚研究所是目前我国最大的对俄罗斯、中亚和中东欧地区进行多学科综合研究的国家级学术研究机构。

目前，国际研究分馆设采编部、流通部、阅览部和网络信息部。工作人

---

* 曾刊登在《中国哲学社会科学发展历程回忆》续编1集。本文有改动。

员 8 人，现任馆长为宋红。历任馆长及副馆长有：孙力、阎洪菊。

图 1　中国社会科学院图书馆国际研究分馆工作人员合影

二　文献资源建设与读者服务

1. 图书采访效率高。及时了解国际片各所需求，采取现场购书等灵活的购书方式满足研究人员的需求。

2. 加强书目管理，提高书目管理效率。目前国际研究分馆使用 ALEPH 书目管理系统。采用统一的书目管理平台后，研究人员可以使用一卡通在国际研究分馆范围内自由借阅，最大限度地实现了资源共享。

3. 强化服务意识，提高服务质量，做好新书推荐工作。完善图书借阅制度，树立图书服务科研、服务创新工程的思想，为研究人员提供优质高效的服务。馆员在每做完一批图书后都会向国际片各研究所发送新书通报，以便让研究人员尽快了解新书的上架情况，及时查阅图书。

国际研究分馆的藏书已具有一定规模，馆藏具有以下特点：

1. 专业性强、内容丰富、突出理论性与学术性。馆藏书刊中 80% 以上是有关政治、经济、国际关系、社会文化、教育、历史地理等著作及有关学科的理论性著作和参考工具书等。

2. 外文书刊占馆藏的比重超过 60%。外文原版专业图书的入藏量占全部藏书的 60% 多，且外文报刊的种类多，几乎涵盖了有关国际研究领域的所有核心报刊，可为研究人员提供第一手资料。

3. 外文报刊的连续性强，例如：俄《真理报》（Правда）是从该报纸的创刊年 1912 年开始入藏的；《消息报》（Известия）、《劳动报》（Труд）的起始收藏年代为 1950 年。

4. 专业中文图书收藏齐全。有关国际片各研究区域基本情况的中文图书全面采购。到目前为止，新中国成立前后出版的（包括港台地区）有关区域研究的专著、译著，基本搜集齐全。

5. 中、俄文版的马克思、恩格斯、列宁、斯大林著作齐备，如《资本论》《马克思恩格斯全集》《马克思恩格斯文集》《马克思恩格斯选集》《列宁全集》《列宁文稿》《列宁选集》《斯大林全集》《斯大林选集》《斯大林文选》等均有收藏。

6. 研究对象国的各类统计年鉴、手册、辞典、百科全书等参考工具书较为齐全，而且具有连续性。

7. 通过多种途径与国内外相关学术机构进行书刊交换，丰富和补充了馆藏。

第7章 中国社会科学院俄罗斯东欧中亚研究所图书馆[*]

中国社会科学院俄罗斯东欧中亚研究所已成立50周年，中国社会科学院俄罗斯东欧中亚研究所图书馆（以下简称"俄罗斯东欧中亚研究所图书馆"）也经历了半个世纪的发展。作为专业图书馆，其主要任务就是紧密结合研究所的科研方向，收集、整理、管理和提供国内外的文献信息，竭尽全力为研究人员提供图书、情报和信息保障，为科研服务。50年来，一代又一代图书馆工作者，用辛劳的双手和智慧书写了从无到有、从起步到辉煌的历史篇章，不仅为俄罗斯东欧中亚研究所的学科发展，而且为全国俄罗斯东欧中亚领域的研究，作出了应有的贡献。

一 馆藏建设从无到有，不断适应科研需要

50年前成立研究所时，现在的俄罗斯东欧中亚研究所图书馆被称为"图书资料室"，1964年开始筹建，1965年正式成立。当时，基本上是白手起家，从零开始，就连办公地点也临时选在一家招待所机构内。首任室主任张开同志以极大的责任心和使命感，带领大家艰难起步。图书资料室按照建立专业图书馆的要求，凡属苏联东欧的工具书及专业中文书刊都适量采购。馆员朱国友同志接受筹建俄罗斯东欧中亚研究所图书馆的任务后，跑遍了京城各大书店和书刊发行机构，精心订购和选购科研所需要的基础性图书、报刊、工具书。在通县（今通州）外文书店书库处理旧书时，他配齐了俄文版的《列宁全集》《斯大林全集》。他经常有目的地访问与所研究方向相关的政府职能部门的内部图书资料室，从而有机会在第一时间大量无偿接收图

---

[*] 曾刊登在《中国哲学社会科学发展历程回忆》续编1集。本文有改动。

书资料室剔旧出来的图书和报刊资料。他还与其他同志一道接收了来自中联部和苏联的旧报纸，如1949年1月1日以后的《人民日报》合订本，接收了来自外交部从创刊开始的苏联《真理报》合订本，后来《人民日报》和《真理报》得以延续，成了俄罗斯东欧中亚研究所图书馆的精品馆藏之一。由于当时馆藏中的一部分图书来自中联部，所以在很长一段时间里图书资料室的图书分类采用的是"中联部分类法"。为了补充馆藏，当时的老同志还从研究人员个人手里购买了一些有价值的工具书，如《苏联文学辞典》。虽然人们已经记不清最早收藏的是哪本书、哪份报刊，但可以说现今的馆藏无不凝结着前辈们的心血和他们的创业精神。正是这些馆藏奠定了研究所早期科研工作最重要的物质基础。

研究所一向重视俄罗斯东欧中亚研究所图书馆的建设和发展，这是馆藏工作不断拓展前进的重要保证。20世纪80年代初，所领导决定动用当时十分宝贵的外汇，从德国购买了俄文版《苏联百科全书》，这在以后很长一段时间里成了馆里的"珍藏"。

俄罗斯东欧中亚研究所图书馆还接受机构赠书，如20世纪80年代中期，接受美国伊利诺伊大学俄罗斯东欧中亚研究所图书馆捐赠的俄文图书约3000册。

20世纪90年代初的苏东剧变，不仅对研究所内以至全国原苏东领域的研究造成很大的冲击和影响，而且也对俄罗斯东欧中亚研究所图书资料建设提出了十分艰巨的任务。研究对象国由9个增加到27个，使得馆内的图书资料突然间出现了大面积空白。为了迅速填补这些图书资料空白，最大限度且尽快地适应科研需要，俄罗斯东欧中亚研究所图书馆在所领导的支持下迅速采取了多种措施，通过各种渠道引进新独立国家的图书资料。首先，通过中国图书进出口总公司为东欧室订购了每个研究对象国的一报一刊（后来发展到两报一刊），为中亚研究室订购了哈萨克斯坦、乌兹别克斯坦、土库曼斯坦、吉尔吉斯斯坦、塔吉克斯坦每个国家2—3种重要报纸。此外，还通过俄罗斯东欧中亚研究所出访学者从俄罗斯、中亚五国和外高加索格鲁吉亚、爱沙尼亚和阿塞拜疆三国以及乌克兰、白俄罗斯、拉脱维亚、爱沙尼亚、立陶宛等国带回统计年鉴和统计资料。在当时资料匮乏的情况下，阅览室是研究人员非常喜欢去的地方。

想方设法以有限经费最大限度地充实馆藏。为了解决经费与需求的矛盾，1991年，俄罗斯东欧中亚研究所与俄罗斯科学院远东研究所

（Институт Дальнего Востока РАН）签订了"图书报刊交换协议"。根据协议，我方用人民币采购最新的中文报纸和期刊，用以交换对方基本等值的俄文报刊。20多年来，协议项下交换的报刊资料上百种，内容涉及政治、经济、外交、哲学、社会学、人文、民族、历史、宗教类。由于这些报刊是经研究俄罗斯的人员精选过的，特别适合用于研究俄罗斯问题，所以一直深受研究人员的钟爱。按照这种模式，俄罗斯东欧中亚研究所图书馆还与莫斯科大学、俄罗斯科学院斯拉夫研究所、乌克兰科学院等建立并保持着图书和报刊资料的交换关系。通过这种渠道交换过来的图书资料，直接交邮局邮寄，在途时间短，这让俄罗斯东欧中亚研究所图书馆总能向研究人员提供最新和最需要的图书资料。可以说，有关研究对象国的报刊在国内总是最早上架，这是确保研究工作时效性的重要因素。

为了满足研究人员渴望读到对象国新版图书或有价值的图书资料的要求，所里一直鼓励出访、留学人员从所在国购买、携带图书资料。王桂香同志在俄罗斯攻读博士学位期间（1990—1995年），挤出时间奔走于俄罗斯统计局、出版社、档案馆和莫斯科三大书店（Москва-книжный мазазин、Дом книги和БиблиоГлобус），系统大量采购年鉴、统计资料、档案资料、工具书和新版政治、经济、历史、文化、军事及宗教类图书，这些新书被及时运送回国，成了研究所研究人员的"抢手货"。利用境外出差、访问和驻外工作的机会，为俄罗斯东欧中亚研究所图书馆采购图书资料的研究人员还有很多。这些年"为所购书"已经成了研究人员不成文的"义务"和传统。他们采购的图书资料专业性和时效性很强，不仅及时补充了馆藏，让馆藏最大限度适应新形势下研究工作的需要，也让俄罗斯东欧中亚研究所图书馆逐渐成为国内有关俄罗斯东欧中亚国家藏书最丰富、最专业的特色专业图书馆。

多年来，历任俄罗斯东欧中亚研究所图书馆馆长都非常重视图书预订工作，经常征求研究人员的意见和建议，或让研究人员根据课题的需求直接在订书目录上预订。研究人员也十分主动地为图书馆提出预订建议，这些建议保障了订购图书的专业水准，保障了整个馆藏的质量，也是馆藏图书一直有着较高流通率的重要原因之一。

从研究所成立至今，虽然研究所四次易名，中间停办过8年之久，归属关系也发生了变化，还经历了20世纪80年代末90年代初的苏联东欧剧变，但图书馆的工作非但没有停止过，反而有所加强。

经过几十年的努力，截至2015年4月，馆藏图书5.4506万册，其中俄文图书 3.1949 万册，中文图书 1.7022 万册，西文图书 5535 册。各类过刊 2.0700 万册，中外文报纸杂志共有 300 余种，其中，中文报刊 140 余种，各语种外文报刊 160 种。

中国社会科学院成立国际研究分馆后，俄罗斯东欧中亚研究所图书馆自然成为国际研究分馆的一部分，但藏书仍是独立的。俄罗斯东欧中亚书库位于张自忠路 3 号东院南楼东侧一层，馆舍面积合计约 500 平方米，分别设有中文书库、俄文书库、西文书库、过刊库和阅览室。书库和报刊库内均配备密集书架，可藏书 12 万册。宽敞明亮的阅览室配备计算机、复印机、扫描仪，打印机等先进设备，可容纳数十人同时查阅资料、进行网上搜索。

目前，俄罗斯东欧中亚研究所图书馆不仅具有一定的规模，而且馆藏图书资料质量以及查询手段均已达到国内先进水平。如今的馆藏，已具有如下五个鲜明的特点：

1. 专业性强，内容广泛。俄文原版专业图书的入藏量在国内相关科研机构中居于首位，其藏书量占全部藏书的 59%。

2. 俄文报刊的种类多，几乎涵盖了有关俄罗斯东欧中亚社科研究领域的所有核心报刊，可为研究人员提供第一手资料。

3. 俄文报刊的连续性强，例如：俄《真理报》（Правда）是从该报纸的创刊年 1912 年开始入藏的；《消息报》（Известия）、《劳动报》（Труд）的起始收藏年代为 1950 年。

4. 中、俄文版的马克思、恩格斯、列宁、斯大林著作齐备，如《资本论》《马克思恩格斯全集》《马克思恩格斯文集》《马克思恩格斯选集》《列宁全集》《列宁文稿》《列宁选集》《斯大林全集》《斯大林选集》《斯大林文选》等著作，在俄罗斯东欧中亚研究所图书馆均有收藏。

5. 研究对象国的各类统计年鉴、手册、辞典等参考工具书较为齐全，而且具有连续性，所内研究人员查询可以足不出所。

俄罗斯东欧中亚研究所图书馆的上述特点及其所收藏的有关俄罗斯、东欧、中亚问题的图书文献资料的完整性、系统性、专业性和权威性，在国内俄罗斯东欧中亚学界是绝无仅有的。

二 坚定为科研服务的宗旨，不断提高服务水平

为科研服务是俄罗斯东欧中亚研究所图书馆工作的宗旨，为此俄罗斯东

欧中亚研究所图书馆不仅做到了不断充实和更新馆藏为科研服务,还努力做到了主动为科研服务和不断提高服务水平。

编纂二次文献为科研服务。二次文献是指把大量有价值但分散无序的文献资料进行筛选、集中和整理,并按既定的需要加以编排,便于使用者检索和利用。剪报是最初级的二次文献开发。对于俄罗斯东欧中亚研究所图书馆来说,剪报就是紧跟科研需要,对文献资料进行分类、筛选、剪贴并装订成册,并在第一时间提供给最需要的研究人员。剪报工作的工具就是简单的剪刀和糨糊。从20世纪60年代研究所成立到90年代初,手工作坊式的剪报工作成了俄罗斯东欧中亚研究所图书馆主动为科研服务的重要方式之一。剪报工作成果之一是《参考资料》剪报,该刊是由新华通讯社主办出版的内部刊物,编译来自各国的最新动态消息。当时,俄罗斯东欧中亚研究所图书馆很重视这项工作,《参考资料》到馆之后,首先由专人负责圈出需要收藏的文章,然后再由专人剪贴、分类并装订成册,整齐而有序地排在书架上供研究人员查阅。

苏东剧变以后,俄罗斯东欧中亚研究所图书馆除了《参考资料》剪报外,又增加了"中文剪报",从公开发行的中文报纸入手,剪贴有关俄罗斯东欧中亚国家的信息,尤其关注新增对象国的信息资料。"中文剪报"工作从1990年开始,一直持续到2002年。这些剪报资料对当时的科研工作起了一定的作用。根据当时负责图书馆工作的赵常庆老师回忆,剪报曾一直受到研究人员的普遍欢迎。俄罗斯东欧中亚研究所图书馆在互联网使用前坚持剪报工作,不仅弥补了当时资讯和文献流通不畅的不足,最大限度地发挥了有限文献和资讯的潜力,并且能把俄罗斯东欧中亚研究所图书馆工作与科研工作更加紧密地联系起来。

在开发二次文献的同时,俄罗斯东欧中亚研究所图书馆工作人员还努力开发三次文献,进行选题和专题服务,承担翻译工作,为科研服务,收到很好的效果。

今天的俄罗斯东欧中亚研究所图书馆人员仍然传承着剪报时期树立起来的主动为科研服务的精神,努力在互联网时代把这种精神发扬光大。例如,及时制作新书目录并发给每位研究人员,使他们能最早掌握新的入藏信息。所以许多新书一到馆就被预约借阅了,有时新书分编后未上架就已经被研究人员借阅了。

与时俱进,以现代化手段为科研服务。随着计算机的普及和互联网时代的到来，俄罗斯东欧中亚研究所图书馆工作面临的新任务和新挑战，就是如何利用先进的信息手段为科研服务。情报工作落后必然拖累科研，影响科研成果质量、科研进展程度甚至科研方向。面对互联网时期的新挑战，俄罗斯东欧中亚研究所图书馆在中国社会科学院和所领导的支持下，及时增加了符合现代化要求的新服务手段和内容。数据库建设是俄罗斯东欧中亚研究所图书馆为科研服务的现代化手段之一。根据工作需要，俄罗斯东欧中亚研究所图书馆于1995年开始建立《参考资料》全文数据库。首先把选中的文章扫描到电脑里，第二步对照原文逐字校对，第三步将其保存为文本格式，第四步给出关键词、作者、出处、日期等信息。俄罗斯东欧中亚研究所图书馆在购买了电子版《参考消息》后，正式摒弃了手工扫描操作，全面转型为电子操作。《参考资料》全文数据库共收录6900多条，为研究人员提供了极大便利，对促进所内学术研究起了积极的作用。

20世纪90年代中期，研究所建立了专门的计算机房和录音资料室。从1997年起，在中国社会科学院网络中心的大力支持下，俄罗斯东欧中亚研究所图书馆作为中国社会科学院国际片试点单位，开始建设"俄罗斯东欧中亚研究资料和成果数据库"等多个数据库。在馆长徐小云的带领下，馆员们先后建成的数据库有《〈参考资料〉全文数据库》（1995年起），《俄罗斯东欧中亚研究所蓝皮资料数据库》（内容为所主编并出版的俄罗斯东欧中亚研究蓝皮资料），《俄罗斯东欧中亚研究所中文论文资料索引数据库》《俄罗斯东欧中亚研究》期刊数据库（为该期刊的全文数据库），《〈俄罗斯东欧中亚市场〉期刊数据库》（为该期刊的全文数据库），《俄罗斯东欧中亚研究所俄文报刊索引数据库》《俄罗斯东欧中亚研究所科研成果数据库》《国内外俄罗斯东欧中亚研究机构介绍数据库》《参考消息全文数据库》《俄罗斯研究数据库（总）》（包括《俄罗斯政治数据库》《俄罗斯经济数据库》《俄罗斯外交数据库》《俄罗斯法律法规数据库》《俄罗斯军事数据库》《俄罗斯文化数据库》《俄罗斯历史问题数据库》等），《国别数据库》（包括《中东欧国家数据库》《中亚五国数据库》等），《上海合作组织数据库》《多媒体视频、音频声像图片数据库》。

每个数据库都有多个检索入口，研究人员可以根据自己的需要，通过不同的检索点进行检索。实践证明：这一转变不仅使俄罗斯东欧中亚研究所图书馆工作人员从手工检索图书资料这一繁重的劳动中解放了出来，也使研究人员增加了获取情报的渠道，并且通过网络查询、检索、拷贝文献资料，节省了研究人员的时间,大大提高了科研工作效率。俄罗斯东欧中亚研究所图书馆还积极参与其他网上资源的开发与建设工作,目前已成为中国社会科学院网络资源的一个重要组成部分。数据库的建设,使图书资料工作实现了计算机化管理,同时也将文献信息资源的积累优势转化为信息服务的优势。

图 1　中国社会科学院俄罗斯东欧中亚研究所图书馆工作人员合影

除了以上述方式为科研服务外,俄罗斯东欧中亚研究所图书馆努力做到开门办馆,除俄罗斯东欧中亚研究所本系统的研究人员外,其他单位或大学的师生甚至外地的研究人员,还有外国友人到俄罗斯东欧中亚研究所查阅资料,图书馆工作人员都热情为他们服务。

俄罗斯东欧中亚研究所自建所以来,共为国家培养了96名博士和73名硕士研究生,俄罗斯东欧中亚研究所图书馆承担了这些博士生、硕士生写论文前期查找资料的工作,常常会看到这些学生在论文的后记里写上"感谢俄罗斯东欧中亚研究所图书馆馆员的帮助"之类的话语,这使每一个俄罗斯东欧中亚研究所图书馆工作人员都感到十分欣慰。

三 图书馆管理工作实现自动化

实现计算机管理是俄罗斯东欧中亚研究所图书馆信息资源建设和实现图书自动化的重要标志之一。2003年为了顺应研究人员对机读目录的要求，俄罗斯东欧中亚研究所图书馆做了图书回溯工作。

图书回溯建库是书目数据库建设过程中必须解决的现实问题。计算机编目系统建立后，除了把新采访到的文献书目记录输入书目数据库外，还须根据馆藏情况与俄罗斯东欧中亚研究所图书馆的条件，把原有文献的书目信息逐步转换成机读形式，扩大书目数据库的文献覆盖面，提高数据库的利用率与检索效率。

俄罗斯东欧中亚研究所图书馆以前一直使用"中联部图书分类法"，为了与中国社会科学院的图书分类体系一致，必须采用《中国图书馆分类法》进行图书分类，为此，该馆将书库所有的中外文图书又进行了重新分类。图书回溯工作是俄罗斯东欧中亚研究所图书馆数字化、自动化工程的一个重要组成部分。俄罗斯东欧中亚研究所图书馆员们认真负责，尽量做到每一本图书的分类准确、著录事项完整，以保证回溯工作顺利完成。俄罗斯东欧中亚研究所图书馆已经实现了与中国社会科学院图书馆、中国国家图书馆的联机编目和检索。

俄罗斯东欧中亚研究所图书馆实现书目数字化，使传统的图书资料工作的基本职能和服务方式由手工操作和管理提升为计算机化管理，形成了传统文献资源和数字化文献资源既并存又互为补充的文献信息资源保障体系。与其他文献信息数据库并列成为网上虚拟图书馆的一部分。此外，俄罗斯东欧中亚研究所图书馆还收集了许多中、俄文版电子图书、应用软件、光盘数据库等非纸质图书资料，供研究人员查阅。

四 建立研究所网站

在信息化高速发展的时代，加强信息化网站建设是俄罗斯东欧中亚研究所图书馆的一项重要任务。俄罗斯东欧中亚研究所从2000年开始拥有自己的网页。

2002年以后，随着中国社会科学院网络和信息化建设步伐的加速，研究所信息化也进入了一个高速发展时期。成立了信息化领导小组,制定了"俄罗斯东欧中亚研究所信息化建设十年规划"和具体实施方案。2003年,在中国社会科学院信息化建设资金支持下,研究所建立了对外网站。该网站包含研究所简介、机构和人员介绍、知名学者、个人主页、科研管理、学术动态、研究期刊、科研成果、数字图书馆、数据库、图片库等30个板块,几千个页面。作为研究所对外宣传的窗口,该网站对宣传和推出俄罗斯东欧中亚研究所学术人才和科研成果发挥了重要作用。2005年,在中国社会科学院第二次研究所网站评比中,俄罗斯东欧中亚研究所网站荣获二等奖。2006年,研究所与院俄罗斯中心合作,借中俄互办"国家年"之机,开始建设俄罗斯国情网并于2007年建成上线,收录数据信息约两万条,该网站为研究俄罗斯问题的专业学科网站。2008年7月,在中国社会科学院网络信息系统运行应用十周年庆祝活动先进评选中,该网站参加评选并荣获优秀奖。

为便于网站维护和内容适时更新,图书馆对研究所对外网站进行改版,并对网站平台进行改造,建立网站动态管理平台。2009年8月,研究所与中国俄罗斯东欧中亚学会合作,开始建设俄罗斯东欧中亚研究网。2010年9月,网站按期建成上线,该网站为国内最大的俄罗斯东欧中亚研究专业学术网站,收录数据信息约7万条,实行动态管理。同时,还对俄罗斯东欧中亚研究所网、俄罗斯国情网进行了改版和改建,实行动态管理。

2011年6月,开始建设中亚研究网,并于2012年年底建成上线,收录数据信息约3万条,该网站为中亚问题研究专业学科网站。2012年5月,研究所与中国社会科学院上海合作组织研究中心合作建设上海合作组织研究网,并于2013年12月建成上线,收录信息3万多条。截至2014年年底,研究所建立了5个对外网站。网站设置检索功能,所有信息实现全文检索,为研究人员查找科研成果和学术资料提供了极大便利。网站及数据库建设对促进研究所发展发挥了重要作用,有助于推进科研强所、人才强所、管理强所的战略目标,有助于推出优秀人才、优秀成果,扩大了研究所在国内外的学术影响力和知名度。

俄罗斯东欧中亚研究所图书馆作为专业图书馆,其主要任务就是紧密结合所科研方向,收集、整理、管理和提供国内外的文献信息,竭尽全力为研究人员提供图书、情报和信息保障,为科研服务。50年来,一代又一代图书馆工作者,用辛劳的双手和智慧书写了从无到有、从起步到辉煌的历史篇章，不仅为俄罗斯东欧中亚研究所的学科发展，而且为全国俄罗斯东欧中亚领域的研究，作出应有的贡献。

50年来，历任俄罗斯东欧中亚研究所图书馆馆长及副馆长主要有：张开、王来友、白志成、邢万金、赵常庆、肖桂森、王家华、周士瑞、成家琼、徐小云、宋红、阎洪菊。

世界战略格局的演变，马克思主义和科学社会主义理论的发展，中国的国家安全和现代化建设事业，都在呼唤着我国的社会科学工作者。俄罗斯东欧中亚研究所的研究人员，将继续大力加强对俄罗斯、中亚和中东欧的基础研究，并以基础研究为依托，积极开展宏观性、战略性和前瞻性的应用研究和对策研究。今后俄罗斯东欧中亚研究所图书馆将努力做好科研服务工作，为中国社会科学院国际研究分馆建设，为"一带一路"建设和国家外交决策贡献自己的力量。

第8章 中国社会科学院历史研究所图书馆

中国社会科学院历史研究所图书馆（以下简称"历史研究所图书馆"）成立于20世纪50年代，已伴随历史研究所走过60余年的风雨历程。依靠历史研究所前辈、大家的提携、扶持，尤其是改革开放40年来，在国富民强、学术昌明的背景之下，历史研究所图书馆因势利导，经过几代人的不懈努力，至今藏品已蔚为大观、自成体系，确立了以收藏中国古代史研究资料为核心，紧密联系科研工作的立馆宗旨，不仅成为保障本所高质量研究成果不断涌现的一支重要力量，声名亦播海内外历史学界。

一　积淀厚重　馆藏宏富

历史研究所图书馆成立于20世纪50年代初，它的发轫与历史研究所欲为我国构建坚强的马克思主义史学研究阵地密不可分。在郭沫若、侯外庐、尹达、熊德基等老一代史学家以及历史研究所几代前辈、学人的支持呵护下，历史研究所图书馆对藏书体系、质量建设可谓不遗余力。

（一）疆理日久　承赐良多

历史研究所藏书之富厚离不开众多前贤几十年来的疆理、惠赐，尽管在改革开放后历史研究所图书馆取得了跨越式发展，但回望当初，与前辈奠基之功及树创的立馆原则绝不可分，故饮水思源，首当铭记。

20世纪50—60年代，历史研究所的领导班子委派一众在版本目录学领域造诣深厚的学者们遍赴北京、上海、南京、杭州、西安及东北三省的各旧书肆搜历觅取各类古籍文献，即使是在"三年经济困难时期"，这种购买工作亦未停止，使历史研究所图书馆在购书渠道上保持了畅通与稳定；如今萤声海内外的馆藏文献徽州契约文书，彼时即被一些人戏谑为"烂纸"，正是在时任副所长熊德基先生的"坚持"与"执拗"下，终以高价购得。时间证明，此乃独具慧眼的长远大计；作为国家领导人的郭沫若先生，生前政务繁忙，但他依旧时刻关心图书馆的藏书建设，每逢来所视察，他都要认真听取图书馆工作汇报，并经常亲赴各个书库逐一察看，仔细询问图书资料的管理及使用情况。① "山不在高，有仙则名。水不在深，有龙则灵"，这就是历史研究所先贤赋予历史研究所图书馆昂首屹立于学界的灵魂，即图书馆必须在服务科研的前提下，把藏书体系建设及藏品质量置于首要。

伴随着高质量典籍文献的搜觅购取和诸多前辈学人的无私馈赠，成为构建历史研究所图书馆藏书框架的重要渊源。改革开放春风的吹拂，使历史研究所的研究氛围愈加宽松，众多学者同感学术昌明、文化复兴，大家的思想观念得到了空前解放。自20世纪70年代末至80年代，侯外庐、熊德基、杨希枚三老相继捐献个人藏书总计21000余册，其中线装古籍近500种、17000余册，汇成了今天历史研究所图书馆特藏之一的"三老藏书专题"。② 同一时期，历史研究所图书馆还遵照我国著名明清史专家谢国桢先生遗愿，将其生前蒐集的众多珍贵图籍纳入馆藏，并辟专室庋置。这批藏品不仅体量巨大，线装古籍近10000册，碑帖、画像、古砖、瓦当等各类拓片1200多种，而且史料、文献价值极高，尤以杂史、笔记弥足珍贵，故经选编后，上海古籍出版社冠以"瓜蒂庵明清掌故丛书"之名陆续出版，国内著名版本、目录学家顾廷龙先生欣然为该批特藏题写了"谢氏瓜蒂庵藏书室"横额，现尊置于历史研究所善本阅览室中，以昭告后学。③ 此外，家学深厚的著名宋元史家朱家源先生，更是将祖传古籍1000余种慷慨馈给图书馆，其中大部分为难得觅见的善本古籍。时至今日，在历史研究所图书馆对古籍进行清核的过程中经常可以发现钤记"翼庵藏书"朱文于书封，并附有朱文钧老先生亲自题记的珍稀椠本，诸如明正德十二年锓本《龟山先生集三十五卷》、清乾隆年间武英殿本《白石道人诗一卷》之类，抚摸前贤手泽，令人有壮怀激烈之感，慨叹国故旧典薪火相传，历史研究所图书馆依旧任重道远。

---

① 罗仲辉：《历史研究所图书馆》，载《中国社会科学院图书馆系统》，中国社会科学院文献情报中心，1991年。
② 《中国社会科学院历史研究所志稿》，载《院史研究·院志征求意见稿第12期（总第110期）》，中国社会科学院院史研究室，2015年1月，第101页。
③ 《中国社会科学院历史研究所（1954—1994）》，中国社会科学院历史研究所，1994年12月，第15—16页。

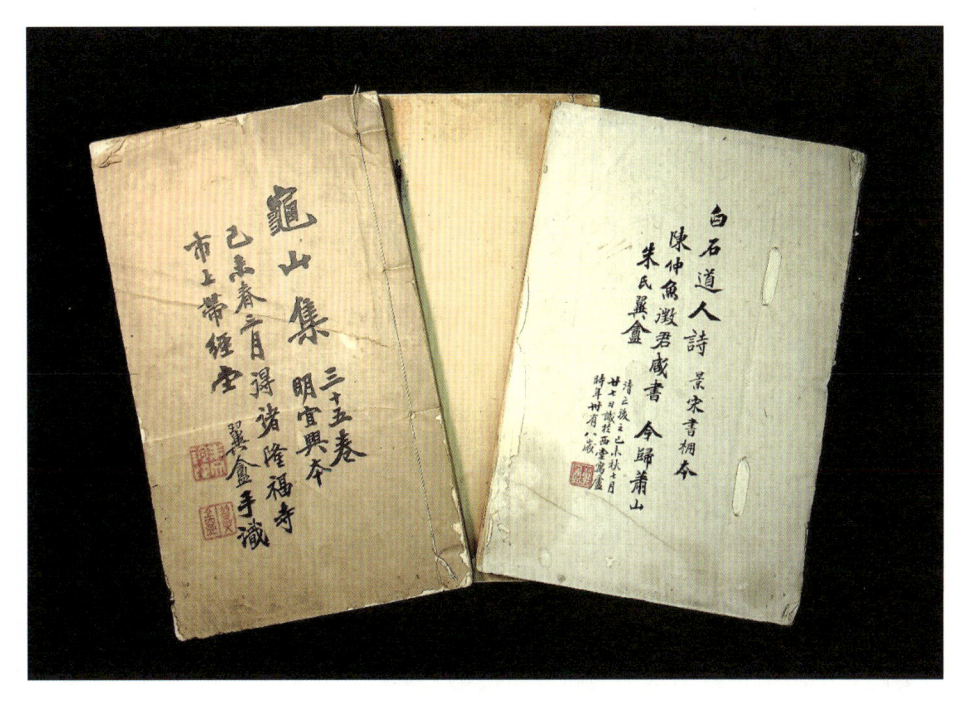

图 1　朱家源先生捐赠的部分藏书

(二) 弆置井然　蔚为大观

今天的历史研究所图书馆，下辖采购、编目、图书流通、卡片目录检索四室，作为开展业务的窗口，同时为科研人员开辟综合阅览室、善本阅览室、丛书方志阅览室、期刊阅览室方便其对文献典籍的随时调用与查阅，基藏、外文图籍则委派专人，提供查询、借阅服务，最大化地提升文献利用效率。目前的馆藏，涵盖珍善本古籍、基藏古籍、民国丛书、家谱、方志、徽州文书、碑帖拓片、平装中外文书籍以及史学和相关专业期刊等藏书专题。

历史研究所庋藏古籍，据不完全统计，可达1.5万种、25万余册，经、史、子、集、志、丛类目齐全，其中善本书藏量达3800余种，近5万册，[①]古籍总量及善本藏量均居中国社会科学院辖属各图书馆之冠。这其中，既包含少量宋元善本，还囊括了明清两代由内廷、藩府、佛寺、经厂、书坊、官署、学宫等主持雕锓的珍稀椠本，世所罕见的精抄、精校本更是别部类居、

---

① 吴展：《中国社会科学院历史研究所图书馆藏书特色管窥》，《全国新书目》2006年第13期。

贝联珠贯。较为典型的包括：

刊刻时代较为久远的，元至正元年椠《集古敩图不分卷》、元至正年间刊《黄文献公集二十三卷》（残卷）、元末明初付梓的《松雪斋诗文外集一卷》等。

反映元、明间书籍刊刻、刷印技法递嬗关系的一批善本，如《陆宣公全集二十四卷》《小学绀珠十卷》《临川吴文正公外集》等，其特点为版式古朴、纸幅阔大、字体疏浚，并使用了桑皮厚纸，蕴含着丰富的历史文化信息。

反映明代锓刻、刷印高超水准的善本，如明嘉靖间晋藩虚益堂刊刻《初学记三十卷》，字体隽丽，有宋人遗风；明万历二十五年世德堂重刻《戒庵老人漫笔六卷》，刻印精良，不惜工本；明嘉靖二十年刻《象山先生全集三十六卷》（存三卷）则版框疏弘、字大如钱。

此外，清康熙十年借绿草堂刻《图绘宝鉴六卷补遗一卷》、乾隆间鲍廷博家刻《庚子销夏记》也都是彼时书籍刊刻的佳作。诸如此类，都反映了历史研究所图书馆藏书水平的高妙与搜集之宽泛。

同时，在善本的藏书体系上，也兼顾了对中国古代社会各领域、行业研究之需求。比如，有关书画史研究题材的古本，包括明嘉靖间精刻《历代名画记十卷》，清康熙二十六年精刻套印且以金镶玉装帧的《芥子园画传二集》，清乾隆十八年重刻《画禅室随笔四卷》等；有关释、道内典或载录灯史、嗣法、寺观修建情形的善本，如明隆庆五年衍法寺比丘补刻《大藏一览集十卷》，清代精抄《北礀文集十卷》以及明嘉靖二十八年精刻精印《冲虚至德真经八卷》，清刻《混元弘阳临凡经二卷》都是研究佛、道教发展和明清刻经的重要文献。另外，记述盐业史料的明嘉靖刻本《济和悝诚不分卷》，关于明代军事发展及武器使用的天启元年锓刻《耕余剩技附蹶张心法不分卷》，明崇祯十年积古阁梓行，详述明代司法、政治掌故的《治谱十卷附续集一卷》等等，皆可满足各领域专家的多种典籍需求，为相关科研提供有力的支撑。不宁唯是，在近期对善本新一轮的清核过程中，图书馆工作人员又发现了一批以《罗湖野录二卷》和《宋文宪公护法录十卷》为代表的"嘉兴藏"刻经，其中以"论藏"之"支那撰述"居多，相信这批资料在未来一定会大放异彩。

除上述外，一大批由曹寅、朱彝尊、鲍廷博、邵晋涵、缪荃孙、王懿荣、叶德辉、杨守敬等名家誊录、题跋、收藏的精抄本，以及由毛氏汲古阁抄写、收藏、校印的善本也在历史研究所图书馆妥善保藏着。

历史研究所收藏的中、西文平装书更是达到了 30 万册，编排有序、自成体系，堪为业内之翘楚。回顾改革开放之前，政治运动的迭兴曾影响了这批藏书的命运，它们自北京而南下河南，颠沛于息县、明港之间，20 世纪 70 年代才又重归故园，挺过了那段"时运不济，命运多舛"的艰难时日。

自 20 世纪 80 年代，这批藏书不仅焕发了青春，且始终在不断壮大、充实；2002 年，迁入院图书馆崭新的大楼后，它们又分别被安顿在基藏、外文等专库中，持续助力科研；近年来，院、所对这批文献的关注与支持不断提升、加大，2015 年至 2017 年间，在院内专项资金推动下，图书馆同仁再次对其中的一部分旧藏进行了整理与回溯，短短两年间，便整编、处理各语种藏本 10 万册以上，成功上传至院馆数据库的数据量达到 51443 条，其中中文典籍数据 12031 条，各类外文数据 25568 条，另各语种复本 13844 条。需要说的是，此前被低估的俄文藏本，回溯期间即成功整编 11150 册（不含复本数量），加上还未处理的数量，初步估算应在 18000 册以上；日文旧书回溯的工作自 2016 年中期才开始启动，两个月间，回编数据即达 6806 条，而有待挖掘的日文旧藏还将不断涌现；英文、小语种书籍的存量不可小觑，回溯第一阶段完成的 7612 条数据已经显示了这部分馆藏的体系与规模。经过众多同仁的清理、整合，此批久被束之高阁的文献其价值已初露端倪：俄文典籍中包括大量 20 世纪 50—60 年代通过各种渠道获得的俄、苏时期的地图、画册；英文、小语种图籍与之前上架的数量相加则已超过 15000 册，其中不乏 19 世纪以来的出版物，更涵盖了大量西方汉学研究的出版成果，是回顾、缕析近现代西方汉学发展脉络的重要文献依据。而民国及民国以前的平装中文书，在本次工作中也有了 1500 余册的新发现，未来如能将它们与已上架的民国馆藏进行融通、整合，形成一个饶富特色的小型民国（及之前）历史学科平装书专题库似已不成问题。

一路走来，栉风沐雨、筚路蓝缕的历史研究所图书馆，正是由于搭乘了改革开放的高速快车，在近 40 年间逐步实现了稳定，走上了正轨，且正以一种科学、自信、开放的姿态展现在学界面前。2009 年 6 月，国务院、文化部特将"全国古籍重点保护单位"的殊荣授予历史研究所图书馆，馆内藏品《三教宝善卷不分卷》《四朝恩遇图不分卷》《后鉴录三卷》《颜山农先生遗集九卷》亦先后入选《国家珍贵古籍名录》，如此的荣誉与肯定，亦可看做是对历史研究所图书馆几十年来勤恳工作的一个阶段总结。

图 2　文化部颁给中国社会科学院历史研究所图书馆的
"全国古籍重点保护单位"铭牌

二　特藏熠熠，独步学林

除却古籍与历史专业平装书，专题特藏也是历史图书馆的一大特色。前文曾提到馆内珍藏有"三老藏书专题"、"谢氏瓜蒂庵藏书"及徽州契约文书，正是基于对这些专题特藏的挖掘、整理、著述、出版，在改革开放以来的日子里，令历史研究所图书馆赢得了学界的普遍尊重。

（一）文书汇藏　侧帽风流

徽州文书，顾名思义是对产生于古代徽州地区的原始民间地方档案的统称，具体包括交易文契、合同文书、承继文书、私家账簿等。历史研究所前辈学者周绍泉先生曾断言："徽州文书为代表的历史文书档案为主要资料，综合研究历史社会实态……就将是我们这个时代的学术潮流。"[①]

[①]　周绍泉：《徽州文书与徽学》，《历史研究》2000 年第 1 期。

"锦衣他日千人看,始信东坡眼力长",由于历史研究所前贤目光独到、谋划长远,才使历史研究所图书馆在徽州文书的收藏上走在了全国的前列。20世纪50年代中期开始,历史研究所即派员蹲守屯溪、祁门、歙县等地,专事彼处契约文书的收取。因为"下手较早"、"目标明确",历史研究所获得的文书涵盖范围广、藏品质量高,多为传世之精品。例如,我国传世最早的户籍凭证——《洪武四年徽州府祁门县汪寄佛户帖》、明太祖朱元璋登基前委派官员在徽州地区清丈土地所攒造的《元代至正年间祁门十四都竹字号鱼鳞册》以及一系列明初各级政府督造的清册、黄册底籍、归户册、钱粮实征册等。至于数量,先前学界一直估算历史研究所藏徽州文书大约在15000件,[①] 但就在工作人员近期对该特藏进行普查时,发现在已编目、汇辑的14137件藏品之外,还有超过1000件文书未归档,目前图书馆正联合社会史研究室的多位专家,紧锣密鼓地对该批藏品进行清点和著录,相信不久的将来,关于它们的整理成果就会与广大学界友人见面,同时刷新历史研究所图书馆徽州契约文书的馆藏数字。

由于对徽州文献重视较早,使历史研究所在该项领域的整理、研究一直为学界推重:

第一,历史研究所及其图书馆对徽州文书的整理、编辑与研究倡议,对徽学研究具有示范效应。"徽州文书被发现的前20年,还只是被简单地收藏在各单位,到20世纪60年代初才有了简单的整理。当时中国社会科学院历史研究所对其收藏的徽州文书进行过简单的编号"。[②] 这是学界对历史研究所图书馆关于徽州文书整理汇编的客观记述;1982年,在历史研究所的倡议下,安徽省博物馆、中国历史博物馆等多家单位召开了关于徽州文书整理与出版的研讨会,共同决定整理出版各自收藏的徽州文书;[③] 第二年,历史研究所的"徽州文契整理组"即告成立,整合图书馆、明史研究室等部门,开始了严谨扎实的汇编著录工作;1989年,历史研究所又统筹各部门成立了"徽州文书研究组",后几经迁变,终于1995年正式演进为"中国社会科学院徽学研究中心",在国内外史学界引起很大反响。

第二,对该批特藏的分类、汇编方面,历史研究所进行了大胆的尝试与

---

① 翟屯建:《徽州文书的由来、发现、收藏与整理》,《上海师范大学学报(哲学社会科学版)》2006年第1期;以及李梦霞等:《徽州文书的收藏与整理》,《图书馆界》2014年第1期。
② 赵彦昌:《徽州文书汇编编纂研究》,《山西档案》2016年第6期。
③ 卞利:《徽州文书的由来及其收藏整理情况》,《寻根》2008年第6期。

探索，历史研究所图书馆在其中的工作不可埋没。20世纪80、90年代，历史研究所对收藏的徽州文献的鉴定、释读、拟题和分类工作始终没有停止过，几经讨论，研究室、图书馆的多位专家一致认可将整理出的14137件契约文书划分为3种、9类、117目、128子目，同时根据图书馆排架、检索的实际需求将所辖文书统一编订出12位阿拉伯数字的馆藏序号①，历史研究所图书馆发起编纂的《徽州文书类目》一书，就直接将这一成果吸收到契目汇编中，成为徽学资料编辑的一种有益尝试。②而在文书拟题、测量方面，图书馆同仁通过多年积累和扎实的工作，也为后续的文契研究、出版提供了实据，这在《徽州千年契约文书》的编辑过程中已有充分反映。③

第三，在对徽州文书的整理出版方面，历史研究所成绩斐然，图书馆作出了应有的贡献。在图书馆的襄助下，历史研究所徽学研究成果层出不穷，较具代表性的包括：文献集成《明清徽州社会经济资料丛编·第二辑》《徽州千年契约文书·宋元明编二十卷》《徽州千年契约文书·清民国编二十卷》，专著《〈窦山公家议〉校注》《明代黄册研究》，以及《徽州文书与徽学》《透过明初徽州一桩讼案窥探三个家庭的内部结构及其相互关系》《清水江土地文书考述——与徽州文书之比较》《明清时期徽州妇女在土地买卖中的权利与地位》等几十篇学术论文。其中，《徽州千年契约文书》获首届中国社会科学院优秀科研成果奖，《明代黄册研究》获第三届中国社会科学院优秀科研成果奖专著类二等奖，而论文《透过明初徽州一桩讼案窥探三个家庭的内部结构及其相互关系》则荣获第五届中国社会科学院优秀科研成果奖论文类二等奖。历史研究所图书馆还提供线索，积极配合所内专家从文献学角度，解读该批文献。1987年11月，著名徽学专家周绍泉先生主持了对曾在绩溪县文管会及屯溪新华书店工作的余庭光老先生的采访，就徽州文书的来源、采集进行回顾，撰成《徽州文书的由来、收藏、整理》④一文，其采访实录为海内外徽学研究者广泛转引。

综上所述，正是前辈先贤打破常规、不顾谤议的一次无意间的"侧帽"，使得躬逢盛世的历史研究所后学"尽得风流"。

---

① 王钰欣等：《徽州文书类目》，黄山书社2000年版，第1页。
② 赵彦昌等：《徽州文书汇编编纂研究》，《山西档案》2016年第6期。
③ 王钰欣等：《徽州千年契约文书》，花山文艺出版社1993年版。
④ 周绍泉：《徽州文书的由来、收藏、整理》，（日本）《明代史研究》第20号特集号，1992年。

（二）家谱、丛书、方志及拓片的收藏

历史研究所图书馆藏古籍家谱，在学术界亦有相当影响。据初步统计，入藏家谱总计1000余种，涉及省区10余个，姓氏近200个。其中，江苏地区为300余种，浙江地区为200余种，安徽为150余种，这三省的家谱构成了该批特藏的主体。传世稀少且文献价值较强的包括《十万程氏会谱》《率东程氏家谱》《休宁率口程氏续编本宗品谱》《歙县岩镇百忍程氏宗信谱》《毗陵庄氏族谱》等。[①] 其中，具有族规家法性质的《窦山公家议》通过历史研究所明史专家周绍泉先生精校、标点，并结合相关徽州文献进行释读，纂成《窦山公家议校注》一书，为学界瞩目。另外，中华书局1997年出版的《中国家谱综合目录》、上海图书馆编纂的《中国家谱总目》都对本批特藏进行了系统收录。

馆藏的古籍丛书达到1000余种，在史学专业图书馆中，堪为翘楚，如《百川学海》《说郛》《津逮秘书》《汉魏丛书》《知不足斋丛书》《武英殿聚珍版丛书》《粤雅堂丛书》《聚学轩丛书》《武英殿聚珍版丛书》《求恕斋丛书》《嘉业堂丛书》等宋元以降较为著名的大套丛书均有收藏，其中不乏同一种书的多个版本，方便学者考辨、校雠。

方志特藏也是历史研究所图书馆的一大亮点。入藏方志古籍2000余种，其中明清善本200种有余，170余种为清乾隆以前刻本，10余种为较为珍贵的明代刻本并少量传世抄本，其中《隆庆临江府志》《崇祯清江县志》《康熙济源县志》等较为罕见。为了进一步扩充馆藏、臂助科研，历史研究所图书馆自20世纪90年代起系统购进台湾成文书局、学生书局等发行的影印本方志，并注意收罗各种方志点校本，最大限度满足本院、所的研究需求。

值得说明的还有馆藏碑帖拓片。20世纪90年代，图书馆曾委派专人对该批藏品的"历代北京石刻拓片"部分进行清点，初步分类、著录拓片2000余件，通过与《北京图书馆藏北京石刻拓片目录》进行比对，发现历史研究所图书馆所藏拓片可补其不足，有些拓片的拓印质量或清晰程度还要高于国图收录的藏品。近期，这批特藏得到了院、所的高度重视，责成图书馆联合所内魏晋南北朝隋唐史研究室组成金石拓片整理组，对其余拓片进行清核、编目，初步估算未编目拓片还应在10000件以上，且题材、内容广

[①]《中国社会科学院历史研究所志稿》，载《院史研究·院志征求意见稿第12期（总第110期）》，中国社会科学院院史研究室，2015年1月，第100页。

泛，涵盖碑刻、摩崖、古泉、瓦当、铭文拓片及青铜器全形拓等，待整理工作完毕，历史研究所图书馆特藏水平将再上新高度。

平心而论，历史研究所图书馆能够坚持对特藏典籍的搜求、收藏、挖掘，必须归功于改革开放以来的思想解放和学术观念更新，明史徽学研究专家周绍泉先生曾总结："半个世纪以来的明清史研究者已不满足于那种只依据官书正史的研究，扩大了自己的研究资料的搜寻面，除当时人的文集之外，更多地从地方志和笔记小说中查找有用的资料，尽量缩小由文字所表述的形式上的制度与实际运行时态的制度之间的距离……"[1] 正是基于此判断，历史研究所图书馆认清趋势，主动顺应了改革大潮，才取得了今天的成绩。

三　助力科研　克勤克俭

近40年来，历史研究所图书馆的工作始终是围绕历史研究所科研事业而展开，同时"牢记初心"，持续为历史研究所传承中华优秀文化，承担史学研究应有的社会责任以及为建设有中国特色社会主义道路理论作出更大的贡献的定位提供服务与助力。

（一）尊重知识　专注职守

为广大学者提供安静读书的环境，注意倾听学者的教诲和心声，使科研工作与科研服务水乳交融，是历史研究所图书馆多年工作的初心。

几十年来，图书馆尽量创造条件，拉近与学者们的距离。尽管硬件条件有限，但历史研究所图书馆致力于营造浓郁的文化氛围，使研究人员的爱书之情得以抒发，读书、用书之愿得以实现，进而发掘图书馆的最大社会效益……如著名历史学家张政烺先生，在历史研究所图书馆的"冷板凳"上一坐几十载，这就是对历史研究所图书馆工作的最大肯定，同时老先生对工作人员的悉心调教和有问必答，更促使图书馆的人文积淀愈加厚重；原历史研究所所长李学勤先生20世纪50年代曾协助过图书馆工作，对各类藏书如数家珍、了如指掌，并主动帮助学者熟悉汗牛充栋的典藏，从中凸显了图书馆与科研人员关系之密切；另外，历史研究所老领导尹达、熊德基先生在藏书建设方面给予图书馆细致入微的指导，并对图书资料工作不断提出新要求。正是在他们的关怀

---

[1]　王钰欣等：《徽州文书类目》，《代序·徽州文书与徽学》，黄山书社2000年版，第11页。

下，一大批优秀的工作人员被吸收、抽调到图书馆，几十年如一日专注于采书、编目，切实提升了图书馆建设水平。胡厚宣、陈高华、王宇信、王曾瑜等史学名家，更是坚持对图书馆给予建议、告诫甚至批评，他们的直言与关切如春风化雨，润物无声，一直伴随着历史研究所图书馆的成长和发展。

正是因为与科研人员的鱼水之情，历史研究所图书馆才能够始终坚持定位，安心职守，在几十年间不断提升业务水准和服务水平。

（二）孜孜不倦　祗祗翼翼

以一种严谨而勤勉的态度对待图书典藏管理事业，历史研究所图书馆的几代同仁是当之无愧的。

首先，历史研究所图书馆在多项工作上勤勤恳恳，注重延续与传承。例如，自20世纪50年代开始该馆就严格编订藏书账目与检索卡片，从体例到形式力求科学、严谨，即使在大部分平装书数据已纳入院馆检索数据库的今天，手工登账与电脑存贮依旧互相配合，同时检索卡片全部保留，大量检索、借阅信息可以直接追溯到60年前。从长远来看，这也将是一笔富有历史文化信息的研究资料。再者，馆内编目工作具有独立性和传承性。几代图书馆工作人员，坚持从历史研究所科研实际出发，理解馆藏，同时着眼于古史检索的具体要求阐释典籍，进行有针对性的编目著录，涌现出了众多经验丰富的编目人员，他们的编目心得又在馆内得以继承，影响于今。在当前图书馆界有将图书编目工作全部"外包"的趋势下，历史研究所图书馆依旧专人专职从事此项工作，这并不是囿于"保守"心态，而是在确保编目质量的基础上，出于立足文献管理前沿，保有学术主动权的考虑，以便能即时形成自己的见解与主张，切合历史研究所的科研实际。

第二，事实证明，历史研究所图书馆众同仁在改革开放以来的40年间，拼搏进取、自强不息。20世纪80年代以来，学术交流活动日益频繁，对历史研究所图书馆文献典籍的检索流通工作提出了更高要求。于是，众多同仁在工作之余，合力编订多部文献目录以利于科研人员的检索使用，较具代表性的包括：《历史研究所图书馆馆藏地方志目录》《历史研究所馆藏善本书目录》《馆藏期刊目录》，正式出版并产生重大学术影响的则有《徽州文书类目》《中国家谱综合目录》《中国家谱总目》（后二者为参与编订）。相信不久的将来，《历史研究所藏金石拓片目录》将会与学界见面，徽州文书的检索目录也将得到扩充。

此外，图书馆工作人员在助力科研的同时，注重对文献的整理开发，形成了大量的研究成果。比如，曾在图书馆工作的翟清福、杨志清先生，整理出版了一系列专题文献，大大便利了相关领域的科学研究；武新立、王钰欣先生，结合工作实际，分别出版了《明清稀见史籍续录》及《徽州千年契约文书》等颇具影响力的代表作品；专注于版本目录学的夏其峰老师，其大作《宋版古籍佚存书录》，凝结了其多年工作的汗水与心得……另有馆内多位先生，也分别立足各自研究领域对馆内古籍、特藏文献进行了挖掘和阐发。

改革开放的40年间，历史研究所图书馆管理日臻完善，逐渐走向成熟，同时馆内工作人员克勤克俭，排除万难，为科研事业作出了力所能及的贡献。

（三）与时俱进　蓬勃发展

党的十八大以来，历史研究所图书馆在院、所的关怀、领导下，紧随时代步伐，长足迈进。

历史研究所领导关心、支持图书馆工作，克服进员名额极度紧张的困难，连续三年为图书馆引进青年工作人员，不仅令馆内人员在业务水平上不落人后，更为历史研究所图书馆增添了蓬勃生气，使一贯注重积淀的历史研究所图书馆在学风、文化的传承延续方面充满了希望；在馆藏建设上，馆内坚持质量把控，注意倾听研究人员的意见，紧密联系院创新工程进展需求，连年圆满完成购书任务；再者，克服馆内空间紧张的困难，多次腾倒各书库，尽最大可能为研究人员营造安静、怡然的阅览环境；保证日常工作的同时，积极参与院、所主持的古籍、可移动文物清核、普查工作，尽管工作周期长，总量巨大，但馆内同仁通过科学分组、严密筹划，使古籍、徽州文书、碑帖拓片的整理都得到了有序推进。

回首"文化大革命"中最艰难的时刻，历史研究所学人颠沛流离、朝不保夕，但依旧爱书、护书、用书，始终不忍毁损、舍弃图书馆这份厚重的"家业"。而在今天，躬逢盛世，趁着改革开放40年的和煦暖风，以及习近平总书记十八大以来号召"文化自信"的科学指引，图书馆人更有理由传承前辈先贤的优良学风与传统，在尊重科研规律，注重沉淀积累的同时，保持历史研究所图书馆藏书体系的鲜明个性，不忘初心，健步前行，让几代学人赋予它的风骨与魂魄更加健朗、雄浑，这才是图书馆人对社会科学研究事业及关心它的无数学者的最大酬答。"胸藏文墨虚若谷，腹有诗书气自华"，正是历史研究所图书馆风貌的写照。

第9章 中国社会科学院近代史研究所图书馆

一 机构概述及发展历史

中国社会科学院近代史研究所图书馆（以下简称"近代史研究所图书馆"）创立于1950年，是国家级科研机构所属的专业图书馆。馆址位于北京市王府井北大街东厂胡同1号。

近代史研究所图书馆的业绩是由几代人不懈努力建立的。如果追本溯源，它的前身是20世纪30年代延安马列学院历史研究室的图书室；是20世纪40年代北方大学历史研究室、华北大学研究部历史研究室图书室。1950年5月1日，近代史研究所图书馆随研究所一同建立。初期，称资料室，50年代末，改称图书资料室，1977年中国社会科学院成立时，正式改为"近代史研究所图书馆"。中国已故著名的马克思主义史学家范文澜先生是图书馆的奠基者和缔造者。他是近代史研究所的第一任所长，生前亲自过问资料室的工作，并任命著名近代史专家荣孟源为资料室第一任主任。此后，史学家王可风、钱宏、丁名楠、蔡美彪等人都先后担任图书馆的领导。

在中国社会科学院所属图书馆系统中，近代史研究所图书馆是建立最早、文献资料最丰富的图书馆之一。经过近70年的不懈努力，由组建初期的几千册图书，发展成为拥有藏书60万册（件）、档案19万件以及旧报刊6460种的一个有相当规模的专业图书馆，不仅形成了具有近代史专业特色的藏书体系，而且在清末和民国时期的报刊资料、近代名人档案、"文革小报"等几方面形成精品收藏，成为一个享誉海内外的近代史资料的特藏基地，在保障近代史专业研究、促进学术交流、提供资源共享等方面发挥了重要作用。

建馆至今，近代史研究所图书馆的馆藏建设主要经历了五个历史阶段。

（一）开创时期：1950—1958 年

这一时期的工作重心是搜集图书资料。在范文澜先生的领导下，新中国成立之初，近代史研究所不仅从新华书店选购大量书刊资料、从琉璃厂中国书店等古旧书店采购众多古旧书籍，还接收了国民党政府在北平设立的学术机关、学校以及一些著名学者、旧官僚遗留的大批著作与资料。其中主要包括：

1. 旧政府各机关的部分档案。如较完整的洪宪帝制档案，"海关总署"的图书、期刊、文献等。

2. 学校、团体的藏书。如大连满铁图书馆的日文图书和"满铁剪报"、20 世纪 50 年代全国高校院系调整时"中法大学"的西文图书和旧期刊、河北省沧州教会图书等。

3. 著名学者离开大陆时遗留的著作资料。如胡适离开大陆时遗留在北平故居内的日记、信件等三千多宗档案文献以及十多万件单页档案。

4. 私家藏书的捐赠。如著名爱国民主人士黄炎培先生赠送的他在上海创办的鸿英图书馆所藏近代报刊，其中包括一整套被誉为研究中国近代史的百科全书——《申报》；又如，柳亚子先生捐赠的其江苏老家珍藏的近代报刊、清史专家肖一山的藏书等。

虽处于草创时期，但这一时期的搜集工作为近代史研究所图书馆的馆藏打下了坚实基础。

（二）整理与规范时期：1959—1966 年

在这一时期，由近代史研究所内著名学者组成图书资料委员会，定期讨论监督图书资料室工作。期间的图书采购工作，除正常渠道外，还热情接收和征集社会名家文献，主要接收了以下图书文献：张之洞后人捐赠的张之洞档案文献；张国淦手稿文献；近代史研究所已故学者王崇武、聂崇歧藏书和已故翻译家谢琏造藏书。整理时期的工作主要是建立规章制度，重心是将搜集来的资料进行整理、分类、编目，图书资料室由此向图书馆正规化转变。

（三）看守保管时期：1966—1976 年

此期间正值"文化大革命"，图书资料室工作处于半瘫痪状态，首要工作是保管好图书资料。但此期间图书资料室接收、搜集图书文献的传统还在继续，如搜集了"文化大革命"时期全国各省、市大中专院校红卫兵以及各地群众组织创办的各种报刊、宣传资料（俗称"文革小报"），现已全部整理扫描，已达9846种、10155合订册、367031张。"文化大革命"十年的图书资料室工作，虽然只是以保管图书为主，但却为以后恢复科学研究工作建立了保障。尤其是非常时期"文革小报"的保存，极具前瞻性。这批文献受到国外研究机构的极大关注，也成为近代史研究所图书馆的特色收藏之一。

（四）恢复发展时期：1977—1997年

此期间，图书资料室更名为图书馆，软件、硬件都有了很大发展。硬件方面，1981年新建的近代史研究所科研大楼与9层的书库楼，交付使用。书库楼总面积3400平方米，其中，库房占8层，总面积2480平方米。另设有综合参考室、新报刊室、四库珍本室、外文报刊室、三史阅览室（方志、地方史、党史资料）、特藏档案文献室等阅览室；总计开放阅览书刊达20万册。另外，还建成了复印照相室、装订室等后勤保障部门，为图书馆正规化、现代化发展提供了良好条件。

同一时期，部分珍贵老报刊进行了缩微胶卷的制作，方便读者使用和资料保护。为了深化科研服务手段，图书馆积极开展二次文献服务。例如，自1979年起，近代史研究所图书馆开始每年编辑并公开发表《中国近代史论文及著作目录索引》，为国内史学工作者提供信息。

（五）网络数据化时期：1998年至今

从1998年到2018年20年间，图书馆由传统借阅向网络服务方向发展。此期间，为适应网络时代的到来，图书馆工作重点放在了自动化建设上。图书馆工作以"立项"方式申请近代史研究所重点课题"图书馆自动化管理研究"，项目设定期限三年。图书馆自动化建设进入"近代史研究所重点课题"，在当时的中国社会科学院也属首创。利用项目资金，引入项目管理模式，先后建立20多个数据库，在全院第一批实现联机联合编目，科研人员通过登录，可以直接访问近代史研究所图书馆网页进行检索、查询。

2002年近代史研究所图书馆提出新理念：布局图书馆采购、编目、阅览、藏书与自动化建设一体化新型图书馆。于是申请院属资金，请进专业团队，整合图书馆空间，布置网络线路，建立数据库室。时至今日，16年过去了,仍然受益于当年基础建设与自动化建设的两项大改造。

图 1　中国社会科学院近代史研究所图书馆古籍书库

除此之外,在特色文献的典藏上也有不少收获。主要接收了以下文献资料:日本著名学者井上清赠书 1.8 万册,日本科学协会赠送日文书 3000 册,中日历史共同研究项目赠送《东京审判资料》缩微胶卷 150 余卷,中国台湾文献馆赠送近现代文献 1000 余册,以及近代史研究所学者张振鲲藏书等。

二　主要业务

改革开放以后,近代史研究所的科研工作重获新生,图书馆事业也得到很大的发展。具体表现在以下几个方面。

(一)科学化管理体制

1. 明晰服务对象

近代史研究所图书馆依托研究所,主要服务于本所科研人员,同时向全院读者及国内外学者提供特定服务。

2. 调整完善组织构架

目前，图书馆实行馆长负责制。设立馆长1人，全面主持馆内事务，并兼管采编业务；副馆长1人，分管书库典藏流通工作。馆内具体业务分设采购、编目、流通、典藏四组。采购组下设中文、西文、期刊和报纸采购。编目组具体负责中文、英文、日文以及期刊报纸的编目工作。流通阅览方面，为适应新的科研发展需求，党的十八大以来，将原有阅览室调整为综合阅览室、外文阅览室、新报刊阅览室和新三史（党史、方志、文史资料）阅览室、档案文献阅览室和电子阅览室。书库细化为储备书库和流通书库。流通书库具体包括中文报库、民国图书库、中文新书库、线装图书库、特藏档案库、期刊库、外文书库以及港台图书和丛书库。各个岗位有分工也有协作，既严明了岗位责任制，也充分体现出所级图书馆在人员缺少、事情繁杂困难局面下的团结协作精神。

3. 修订各项规章制度

早在20世纪五六十年代建馆初期，近代史研究所图书馆的前辈们已经逐步建立了图书馆的各项管理制度。然而，随着时代的进步，尤其是新世纪以来，网络数据化的迅猛发展，读者阅读方式、学术交流的模式都发生了巨大变化。为了保证近代史研究所图书馆科学化的管理，各项规章制度有了重新修订的必要。针对采购、编目、阅览、典藏四大环节，上至馆长、下到每一个业务岗位，全部重新厘定岗位责任，先后修订了十余种工作条例和制度，以达到规范运作、防范弊端、与时俱进之目的。

（二）馆藏资源建设

专业文献收集要"全"，这是近代史研究所建所建馆以来一以贯之的原则。建馆60余年来，近代史研究所图书馆的藏书日益丰富，涉及1840年以来政治、军事、外交、经济、社会、思想、文化的论著、译著、资料、史书、正史、外史、野史，名人传记与社会纪事、报纸、杂志、诗集、小说等各类书籍均见诸馆藏，以便研究者见仁见智，从不同的方面、不同的角度进行分析论证。目前，作为一个专业图书馆，近代史研究所图书馆已经形成较完备的近代史专业藏书体系，具体分为以下三大类。

1. 图书

在馆藏近80万册（件）文献中，绝大部分是有关中国近代史的专业书籍，研究中国近代的不同时期、不同专题，在馆内都能够找到相应的详实资料。尤其是新中国成立后历年出版的中、英、日、俄文近代史研究专著、工具书、资料，典藏较为完备。

其中，线装书14万余册，内有1911年以前的木刻本、石印本、抄本、稿本，约78000册，全部按经、史、子、集、丛、志六类编目排架。就版本而言，最早的为明代版本，多数是清康熙至宣统年间版本。虽然多为当时的通行本，但具有较高的学术参考价值，是史学研究的必备书籍。平装中文书近38万册，其中约5万余册为1949年以前的出版物。英、日、俄文等外文图书8万多册。其中，很多是100年前的出版物，尤其是《美国外交文件》《英国外交文件》《日本外交文件》等重要国家的文书，都是从19世纪开始出版发行，自其出版初期起，近代史研究所图书馆一直延续收藏，至今基本全套收齐。

图2　中国社会科学院近代史研究所图书馆藏书

2. 档案

近代史研究所图书馆珍藏各种档案资料19万件，其中80%以上是原件，内容包括文稿、书信、日记、奏折、地图、碑帖、契约等。中国近代史百余年间的许多著名人物的手稿，如信件、日记等近代史研究所图书馆都有收集，尤其是晚清曾国藩、胡林翼、李鸿章、翁同龢、张之洞等人的文集、奏议、公牍，以及民国时期孙中山墨迹、胡适、黄炎培、张国淦等人的日记、书信等收藏颇丰。这些人物就所涉及的历史事件而言，包括鸦片战争、太平天国运动、洋务运动、辛亥革命、五四运动以及整个民国时期各个重要阶段，无论是史料价值，还是文物价值，都值得珍视。藏量丰富的近代档案，成为近代史研究所图书馆的特色馆藏之一。

胡适档案：胡适1949年离开大陆前留下的档案基本都在近代史研究所图书馆收藏，仅装订成册的就有3119宗748册，此外单页的档案（如一纸信笺、一张毕业证书等）尚有103768页。这些档案中，有他的日记、文稿以及与当时数百个著名人物的往来书信等。目前，已经和台湾地区相关单位合作将全部胡适档案进行扫描，完成数字化，以利于更便捷的研究利用。

张之洞档案：主要是张之洞出任两广、两江、湖广总督等官职时的奏折、函电等，共计490函、2400余册，由张之洞的后代张遵骝先生捐赠。目前国内已有的《张之洞全集》版本，与近代史研究所图书馆藏量相较还有很大距离，如电报的篇幅，仅占近代史研究所图书馆电报藏量的一半，其史料价值可见一斑。

黄炎培日记：黄炎培先生在去世前，将自己所藏图书、报刊、日记等捐赠给近代史研究所。黄炎培从1905年开始记日记，至1965年逝世，长达60年，除1937年的日记遗失不全，其余都收藏在近代史研究所图书馆，经整理后装订为56函76册。

房地契：计69函5895件，其中清代32函2503件，民国时期33函3042件，新中国成立后4函250件。这些收藏已经引起国内外学者的兴趣。特别有意义的是，这里收藏的珍贵契约文书不仅有官契，也有民约，并且集中于北京地区，是研究中国城市房地产业发生发展的珍贵资料。

清朝各衙门档案：有707卷宗4912件。这些档案是道光朝至宣统朝（1840—1911年）时期，清政府内阁、军机处、总理各国事务衙门以及吏、户、礼、兵、刑、工、学、邮传各部、理藩院、练兵处等20多个中央政府机构的档案，是研究鸦片战争至辛亥革命这一历史时期的原始资料。

北洋军阀时期档案：有404卷2501册（件）。这些档案是民国早期（1912—1927年）中央政府各部院及各省行政机关的公文和函电，为研究这一时期军阀混战、社会状况、内政外交的重要资料。

比较珍贵的外文档案：《美国参谋长联席会议记录》，主要是1942年以来有关中国情况的记录；《美国国家安全委员会关于中国事务的文件》，系1948年以来的有关档案；《美国国务院执行秘书处档案》；《日本外务省档案》，缩微胶卷，共320卷；《英国外交部有关中国的文件》，缩微胶卷，共18卷；《英国外交机要文书》，缩微胶卷，共20卷。

3. 报刊

清末和民国时期的报纸、期刊与近代档案一样，是近代史研究所图书馆最有代表性和最具价值的馆藏，为国内外学者所重视，其中尤以清末民初报刊最为珍贵。清代报刊经过一个多世纪的战乱等各种破坏性因素的影响，许多都已经散失，留存至今者约为创办时期总数的一半，近代史研究所图书馆是国内外收藏旧报刊数量最多的图书馆之一。目前共收藏旧报刊6460种（报纸660种、期刊5800种）；其中，清末报纸79种，期刊195种，合计274种，占清末报刊总量的25%。此外，馆内外文报刊的藏量也很大，英文报刊658种、日文报刊394种、俄文报刊187种，如此丰富的中外报刊的收藏，特别是这些报刊大都与中国近代史的研究有关，这在国内图书馆界亦属名列前茅。

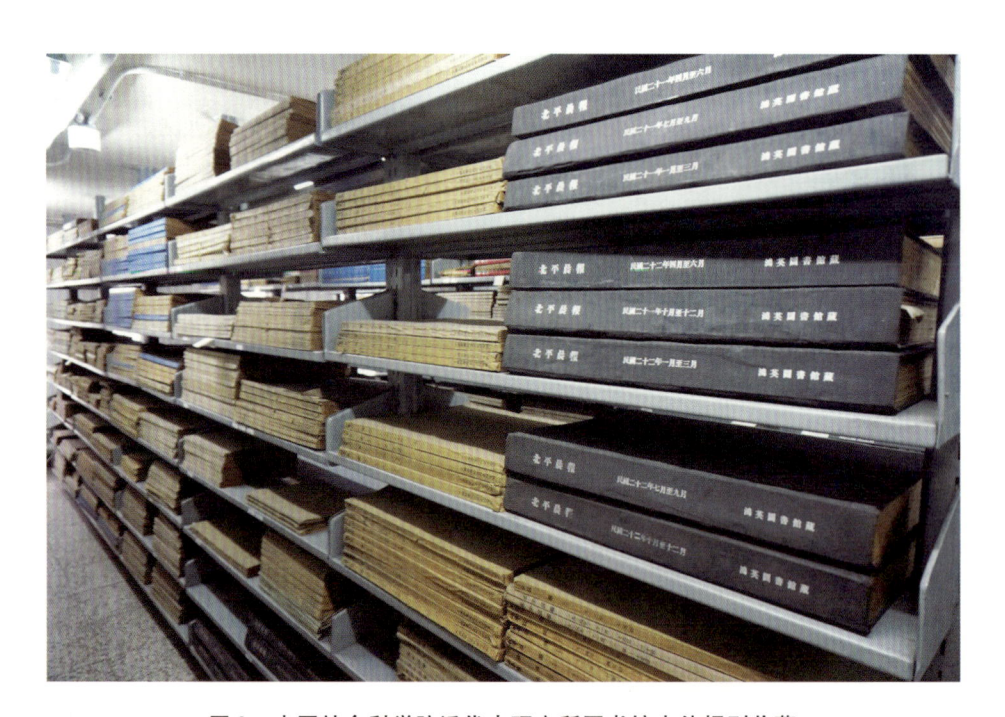

图3　中国社会科学院近代史研究所图书馆中外报刊收藏

4. 电子资源

随着数字化时代的到来，出于资源保护与长期使用的目的，近代史研究所图书馆也加快了馆藏资源数字化的发展步伐。自20世纪80年代以来，一方面将部分珍本报刊资料以现代技术手段制成缩微胶卷或平片；另一方面以采购、交换或接受捐赠等方式有计划地从国内外获得多批档案资料缩微胶卷、电子图书等。目前，近代史研究所总共拥有缩微胶卷1587卷、缩微平片315张，每年按需增长。这些胶卷与平片通过"近代史研究所网络中心"不断转化为数据形式提供在线阅读。除此之外，该馆对馆藏"文革小报"、"满铁剪报"及部分民国旧图书、旧期刊进行有计划扫描，目前共有扫描图像约338万页。其中"文革小报"暂不对外开放，旧书刊正在在线调试，"满铁剪报"约60万页，已在本所档案馆阅览室提供打印、阅览。

图书馆藏书是图书馆开展全部工作的物质基础，也是科研人员从事专业研究的先决条件。因此，从建馆之日起，图书馆历任领导都把藏书建设放在工作首位，实施严谨的采购审批制度、制定科学的采购计划，严格选择采购人员，不断拓宽采购渠道和采购手段。在采购经费的使用上，实行三级权限审批制，即按照图书重要程度或购书款额由采购员、馆长、主管副所长分别审批。进入21世纪以来，采购经费逐年增加，发行渠道复杂多样，给采购工作带来的难度越来越大。但在采购人员的多年努力下，近代史研究所图书馆形成了采购、补购、零购、函购等多种采购渠道，很好地完成了采购任务，减少了遗漏，丰富了馆藏，保障了科研。从2009年起，图书馆按照中国社会科学院指示精神，实行图书采购代理制，采购经费由院部统一划拨，各研究所根据科研需要和预算额度拟出采购订单，由指定代理机构负责资源的采集，严格落实国家财务制度和采购环节。

另外，为了加强馆藏建设，突出选书环节的专业性、准确率，2010年研究所还成立了图书咨询委员会，由所领导、学术委员会委员、各研究室学科带头人等专家组成，不定期就图书馆馆藏建设给予建设性意见，以保障图书选购、剔旧、以及发展的前瞻性、权威性。

（三）图书馆服务

近代史研究所图书馆虽然是以为本所研究人员服务为主业的专业图书馆，但基于学术公开、鼓励科研与促进交流之宗旨，也实现了对外开放。凡海内外有关学术机构的访问学者，以及国内高校的教师和研究生等，在从事专题研究而需要参阅近代史研究所图书馆图书资料之必要时，经其所属机构、学校正式出具证明介绍，近代史研究所图书馆均予以接待，并尽量给予方便。近十年来，外来读者的接待量在逐年增加。具体服务方式包括阅览服务、外借服务、检索服务、复印服务、咨询服务、二次文献加工服务、馆际互借服务等。随着图书资源数据化的迅猛发展，近代史研究所图书馆也在努力提高技术服务水平。早在 1998 年，在中国社会科学院所属 30 多个研究所中，率先设立课题项目，开始探索自动化管理与服务的道路。至 2002 年，建成近代史研究所图书馆计算机控制中心，形成图书馆网络平台。此后，在网络平台上，相继建立了 20 余个数据库，极大地提高了技术服务能力。图书馆网络平台几经更新升级，目前使用的是金盘操作管理系统。另外，依托中国社会科学院图书馆系统的整合优势，读者可以通过近代史研究所图书馆网络实现跨库检索，为科研工作多渠道获得信息提供了便利条件。到目前为止，近代史研究所图书馆馆藏文献全部实现目录检索，目录数据共计204253 条。

作为科研辅助部门，图书馆在遵循图书馆学管理科学的前提下，尽力创造一切条件为本所科研人员打造一个良好的图书使用环境。

（1）增加外借周期和用书额度。在图书外借环节，为满足本所科研项目对资料的周期需要并兼顾图书的流通性，根据科研人员与学生用书规律，规定科研人员借阅额度为 60 册，借期 1 年；研究生额度为 30 册，借期半年。可以续借 1 次，时间减半。

（2）增加开架阅览面积与时间。为满足读者直接阅览需求，近代史研究所图书馆充分挖掘阅览空间，不仅设立了综合、外文、新报刊、电子文献等常规阅览室，还结合研究所科研重点与馆藏特色，开设了三史（党史、方志、文史资料）阅览室和特藏档案室。近十余年来，因图书采购量逐年增加，馆藏空间日趋紧张。图书馆不断克服困难、优化书库布局，进一步增加了流通书库的开架阅览面积。到 2015 年 5 月底，已完成书库的全面调整，在原有开架新书库基础上，又将外文（西文、日文、俄文）书库、港台图书与丛书库设为开架库，开架阅览时间为每周二、周五两天。

（3）图书馆为读者服务是其存在的基本宗旨。近代史研究所图书馆决定举办图书馆"开放日"，活动当天开放所有图书馆管辖区域，读者可以随意走动，有条件翻阅。2016 年 7 月 12 日，近代史研究所图书馆迎来了第一个"开放日"。图书馆以"引进来"为口号，请读者参观图书馆的每个开放与非开放书库。让读者全方位地观察、体验、了解图书馆，提升读者对图书馆的兴趣，也加深了对图书馆的了解，很多读者都对图书馆馆藏表示敬畏和惊异。当天到馆参观的读者近80人次，开创近代史研究所图书馆一天读者接待量的新纪录。

（四）网络信息安全

图书馆网络设置始于2002年，至今仍在运行中，其运行管理与运行安全均由史学片网管中心代为管理，每日服务器自动数据备份，每周本馆数据员进行异地终端备份，每年度刻录备份。建立网络以来，没有出现过任何安全事故。

三 国内外业务（学术）交流与合作

为适应研究所对外开展学术交流的需要，近代史研究所图书馆自20世纪90年代起，先后与国内外近200个单位建立了资料交换关系，其中与海外35个单位有固定交换关系。同时，始终没有停歇与国内外同行业务交流与合作的步伐。

从2011年3月起，与中国航海图书出版社合作，历时6年多，完成关于历史地图及图件资料扫描项目。总计对11100余幅地图进行了鉴定、扫描和重新整理。从出版时间看，这批地图以晚清、民国时期的旧地图为主，另外包括了1949年至20世纪六七十年代的旧分类地图。尤其值得一提的是，该项目不仅囊括了馆藏原有的已编目旧分类地图，而且利用这次契机，图书馆对多年来由不同渠道获得的从未整理过的旧地图进行了全部清理。经查重、评估后，进行了分类编目，正式纳入典藏流通体系。这类地图约占扫描总量的三分之一，涉及边疆、军事、经济以及地方分县详图等多个方面，它们的整理与扫描，在提高馆藏数据化比重的同时，也进一步挖掘出潜在资源，大大丰富了馆藏。

除此之外，近代史研究所图书馆还多次协助大学、研究机构、政府单位及文化部门对馆藏文献进行扫描、进行各类文化宣传及交流。例如，2011年3月，与北京新文化运动纪念馆合作，拷贝本馆《胡适档案》，制作仿真展品，用于《胡适诞辰120周年纪念》展；9月出借21件馆藏文献用于湖北辛亥革命博物馆开馆展，等等。

为了解北美部分图书馆收藏中国近代史资料情况，近代史研究所于2012年6月18日举行国际座谈会。会议邀请了美国芝加哥大学东亚图书馆、加州大学伯克利分校东亚图书馆、加州大学洛杉矶分校东亚图书馆、哥伦比亚大学东亚图书馆、耶鲁大学东亚图书馆以及加拿大多伦多大学东亚图书馆等北美著名高校图书馆馆长及负责人参加座谈，为近代史研究所收集海外珍稀档案资料项目提供了丰富信息。

为了加大海外珍稀史料征集力度，充分发挥档案在史学研究中的史料作用，2014年4月，近代史研究所以图书馆档案特藏室为基础，成立新的机构，即"中国近代史档案馆"。档案馆提升为与图书馆同等级别的平行机构，所有档案类文献交流变为档案馆自主业务，图书馆与档案馆的业务不再交叉，档案馆的对外交流级别提高，能力扩大。这是党的十九大召开后，对档案文化事业重视的最具体体现。

四　重要出版物及学术成果

作为科研学术单位的图书馆，近代史研究所图书馆不仅要完成采与编、满足读者借阅等基础业务；而且始终坚持深化科研服务手段，通过不断的科研立项，编纂定向学术资料、工具书等方式，积极为本所科研活动提供各种学术信息。改革开放以来，馆内同仁不仅在图书馆类、史学类学术期刊上发表了众多专业论文与学术资料，还参与编辑出版了一系列工具书与专题资料等，如《胡适日记》（2册）、《胡适往来书信选》（3册）、《中国近代史论著目录》、《中国近代史文献必备书目》、《中俄关系中文文献目录》、《抗战时期期刊介绍》等。又如，自1979年开始每年指定专人编译国内外有关中国近代史学术论文及书目索引，公开发表在学术期刊《近代史研究》和《抗日战争研究》，不仅为近代史研究所科研人员，也为国内外史学工作者提供了检索信息。党的十八大以来，近代史研究所图书馆先后承担或参与所级、院级、全国社科重大课题，例如：《近代史所图书馆自动化管理研究》《馆藏珍稀期刊全文数据库》《中国近代史研究书目数据库建设》《中国馆藏满铁资料图书联合目录》《馆藏文革小报目录与题解》《馆藏晚清、民国报纸目录》《中华古籍目录——近代史研究所卷》等，通过这些课题的立项或参与，近代史研究所图书馆的文献得到全面梳理，同时完善了馆藏文献目录在线查询。目前已进入到文献全面开发扫描阶段，再次通过立项，争取资金与技术支持，将"开发"与"保护"统一，达到图书馆"藏"与"用"的新高度。

五 重大事件及活动

在近代史研究所图书馆近 70 年的事业发展进程中，有一些特殊事件留下深刻印迹，它们客观反映出近代史研究所图书馆曲折的发展过程和得失经验，供后来人借鉴。下面，仅以编年体例，将改革开放 40 年来，图书馆重大的节点事件及活动略述如下。

1981 年，图书馆新馆及 9 层书库楼建成，图书馆搬入新馆。

1985 年 5 月，开始对中文平装新书、港台图书、外文图书、线装图书实行全面开架服务。

1998 年所级课题立项，筹建自动化管理平台。2002 年，建成计算机控制中心，形成图书馆网络平台。此后，从 ECO 图书馆管理系统开始几经升级换代，至 2012 年，开始使用金盘图书馆集成管理系统。

2004 年，日本著名学者井上清赠书 1.8 万册，图书馆特辟"井上清文库"。5 月 14 日，文库揭幕仪式在近代史研究所举行。井上清教授的夫人井上初江、儿子井上进教授及日中协会理事长白西绅一郎参加。朱佳木副院长出席仪式并讲话。

2009 年 8 月，建成恒温恒湿书库，强化特藏档案保护。

2011 年 3 月，与中国航海图书出版社合作，启动旧地图扫描项目。

2017 年 7 月 26 日，召开座谈会，举行结项成果交接仪式。

2012 年，第一次古籍普查项目开始实施。

2013 年，第一次古籍普查完成，形成《中华古籍书目——近代史研究所卷》样稿三册。

2014 年 4 月，启动馆藏旧报纸目录数据库建设。

2014 年 5 月，为加强海外交流，征集珍稀史料，在特藏档案室基础上，创立近代史档案馆。

2015 年 7 月，完成积压 40 年的储备书库的归类与清理。

2016 年 4 月，图书馆深挖潜力，完成书库结构调整，解决藏书空间不足、布局不合理的现状；7 月 12 日，近代史研究所图书馆迎来首个"开放日"。

2017年7月，完成部分民国图书扫描与修补。

2018年1月，启动第二次古籍清理核实工作。

总　结

改革开放40年来，近代史研究所图书馆事业取得了长足进步。主要表现在如下几个方面。

第一，注重人才引进和梯队建设，储备后备力量。

图书馆学是一门科学，工作人员无疑应是具有相当专业知识和技能的人员，近代史研究所图书馆自1994年起，明确提出图书馆只接收应届大学生，从源头上转变"图书馆收容所"的陈旧观念。在所领导的支持下，先后从所外调入多名正规大学毕业生，通过退休制度，老同志自然离岗，新人进岗，逐步实现了新老交替和人才队伍建设。目前全馆正式编制12人，聘用人员4人，其中在读博士1人，硕士4人，其余均本科学历，为图书馆中长期的发展储备了人才力量。

第二，科学规划典藏结构，减轻储备空间压力。

图书馆书库楼自1981年落成，至今近40年。由于采购量逐年增加，近些年来，书库储存空间不足逐渐成为图书馆最困扰的问题。存储空间不足，部分报纸、期刊被迫密集排架，给提取造成困难；个别书库呈饱和状态；缺乏整架和倒库周转空间，也影响到图书的正常流通运转。针对这些问题，图书馆开始对包括书库、阅览室在内的全部典藏空间的具体情况展开深入调研，从各类典藏的具体数量、所占空间，到书库、阅览室的物理条件，大到整体面积，小到每个书架架宽、架长，都做到心中有数，通过深挖潜力，统筹布局，可以说将空间利用计较到"册"，最终于2015年7月完成了整体调整。这次调整，涉及7个流通库、2个阅览室、3个储备库，调整面积2000多平方米，搬迁总量达30万册图书。通过此次调整，图书馆优化了典藏结构，增加了开架阅览面积，最大限度地利用了现有空间。

第三，重视馆藏资源数据化，保护与利用并举。

作为中等规模的专业馆，近代史研究所克服图书馆自动化、数字化建设过程中"大而全"的思想，在突出特色收藏的原则指导下，积极推进馆藏资源的数字化建设，尤其是优先落实民国期刊、报纸、档案等史料价值高而载体质量较差的馆藏资源数字化，与此同时，利用购买或交换方式，整合社会资源，将近代史专业资料集中做全，做到史料保护与资源利用最合理有效地统一。

总之，近代史研究所图书馆每一天都在进步，特别是党的十八大以来，图书馆同仁在院、所领导的支持下，解放思想、努力工作，遵循新时代要求，建立新时代的格局、从专业人才储备、物理空间整合、虚拟空间调配，都以适应新时代为基点，进而使得"人才空间—藏书空间—数据空间"大有施展平台，使图书馆建设进入可持续性科学发展新阶段。

第 10 章 中国社会科学院图书馆文学专业书库

中国社会科学院文学研究所图书馆（中国社会科学院图书馆文学专业书库）已走过了 65 个春秋，在国内学术机构中以藏有丰富的中国文学图书文献而著称，建馆之初就提出了"为科研服务"的工作指导方针，并且一直沿袭至今。特别是改革开放以来藏书建设工作得到迅速发展，为本所学科建设、国内外同行的学术研究工作提供了坚强可靠的保障。

一 历史久远、特色鲜明的国内中国文学研究专业图书馆

中国社会科学院文学研究所图书馆（以下简称"文学研究所图书馆"）始建于 1953 年，其前身是北京大学文学研究所图书馆，1955 年划归中国科学院哲学社会科学部，1977 年中国社会科学院成立，图书馆也随之更名为现有名称。在文学研究所的历史上，从郑振铎、何其芳到以后历届所领导都非常重视图书馆建设，认识到图书馆建设与科研的持续性发展息息相关，是所内的一项重要工作。在建所初期便派人不止一次地下江南收购土改后散落在外的线装图书。所里还成立了以著名学者钱锺书为负责人，汪蔚林、范宁、吴晓铃等几位专家为成员的"图书管理委员会"，协商采购进书、编目、典藏等事宜。当时所内有 9 个研究组，各个组的专家们根据各自学科研究需要，列出购书清单，上报图书管理委员会商议后，再交图书馆统一购买，这一做法在保证采购图书质量、避免重复的同时，又节省了经费。所内的研究人员利用外出开会、调研之机也主动肩负起寻访收集图书文献的使命，正是在全所人员爱书蔚然成风的情况下，图书馆收集到了包括清乾隆抄本《红楼梦稿》一百二十回在内的一批研究价值颇高的文献。民国年间藏

书家张寿镛的一批"约园藏书",20世纪50年代也由其家人经钱锺书先生转赠给图书馆。正是这批来自不同途径的藏书为文学研究所的"善本书库"奠定了丰厚的基础。

经过文学研究所图书馆几代人尽心尽责地采购、保护馆藏图书,辛勤的积累,才使得图书馆现拥有包括中文线装图书、平装图书、港澳台图书、画册、中文期刊合订本、报纸合订本等在内的藏书40万册,尤以宋元刊本、明清诗文集、戏曲、小说这四大亮点为学术界所瞩目。宋刊本朱熹的《资治通鉴纲目》、袁枢的《通鉴纪事本末》、元刊本韩愈的《朱文公校昌黎先生集》等,可谓镇馆之宝;馆内收有含有善本的明代诗文集1000多种、清人诗文集3000多种及弹词400多种,宝卷300多种,其中明万历年间刻本《破邪显证钥匙宝卷》已有四百多年历史;馆内明清小说的收藏也极为丰富,除收有不少晚清警示小说、社会小说外,《红楼梦》(程甲本)、《锁海春秋》、《五更风》、《蕉叶帕》、《凤凰池》、《闪电窗》等小说均为海内孤本,馆内还藏有周作人著作的早期版本,俞平伯20世纪20年代的著作,郑振铎编印的《中国版画史》等。此外,明毛氏汲古阁影宋抄本《石林奏议》令人叹为观止,书中字迹工整秀丽,堪与刻本媲美,其价值与宋版书一般无二。馆内如此丰富和高质量的藏书,已成为研究中国文学不可或缺的珍贵文献资源。

二 图书馆的办馆服务理念及措施

文学研究所图书馆从建馆以来,就把"以专为主,精中求全"作为发展方向,不断扩大书源,采购有研究价值的专业性图书,使馆藏图书更加贴近、服务于各学科建设,这些办馆措施受到科研人员称道,并一直持续到20世纪90年代中期改为文学研究所自管文学书库止。与此同时馆内制定了有利科研、有利读者、自我约束的一套符合文学研究所实际情况的规章制度,并随着时代的发展、几代人的传承,不断丰富完善之,确保了图书馆工作时至今日能长久顺利开展。

三 以古籍、民国图书整理保护为 主线的图书馆建设

文学研究所图书馆收藏的古籍数量位居全院前列,且质量堪称一流,为

保管和利用好这批优秀的文化典籍，馆内制定了相应的管理配套措施，并对大批古籍进行了修复和函套置换。与此同时，在20世纪90年代末图书馆展开了抢救濒临破损未编古籍的工作。这批未经整理编目的古籍线装图书，由于众所周知的"下干校"等历史原因，加之馆内缺乏古籍分编人手、分编难度又大，一直沉睡于库房中。为使这批未编古籍得以重见天日，尽快服务于科研，图书馆特聘请院内外离退休老专家成立了古籍整理工作小组，对积压20多年的古籍进行清理。这项工作自始至终得到了院领导的支持，在人力、财力上给予了大力帮助。历经三年时光，最终完成了这批包括文史学者王伯祥赠书在内的古籍线装图书的分类编目工作，在整理出来的三千多种古籍中，令世人惊喜的是，发现了闻一多先生丢失几十年的诗文手稿《古瓦集》，集中诗文大部分未见录入朱自清编及后人编辑的《闻一多全集》，这部佚著是研究闻一多早年事迹及思想的重要文献。同样，清代何畋丢失的《薇蘅斋诗稿》一书也在这次整理过程中被发现。另外，这次还清理出不少宝卷和清末民初的诗文集，这些图书的发掘弥补了通俗民间作品和古典诗文中数量最大的清代作品的空白，对于研究者来说是一大福音。为此，中国社会科学院领导视察了文学研究所古籍整理工作，并高度评价该项工作取得的成绩。中国社会科学院院报以"加快古籍整理、保护开发馆藏"为题给予了报道。

近十年来文学研究所图书馆先后参与了国家级、院级几项重大的古籍、民国图书的整理清查保护任务，其中包括开展了"全国古籍重点保护单位"、"国家珍贵古籍名录"的申报工作。按照国务院办公厅《关于进一步加强古籍保护工作的意见》精神，图书馆及时组织人力对馆藏善本和普通古籍的藏书数量及登录信息进行了核查。在此基础上填写申报材料，在规定期限内，向国家古籍保护中心递交了申报书，后经专家组评选，于2008年3月成为国务院公布的全国首批51家"全国古籍重点保护单位"之一。与此同时，从一、二级善本古籍遴选出的两部古籍，也获得了国务院公布的全国首批"国家珍贵古籍名录"证书。图书馆还定期选派人员参加由国家古籍保护中心主办的古籍普查、修复、鉴定与保护等各种培训，通过培训极大地提高了古籍管理人员的业务水平，在馆内营造了保护和爱护古籍的良好氛围。

随后，文学研究所图书馆参加了"第一次全国可移动文物普查"工作，从启动之日起，图书馆就建立健全了可移动文物普查的组织工作机制，对馆藏现存文献资源的现状进行了全面调研，依据可移动文物普查的标准，从馆藏新中国成立前的中文图书中遴选出两千册左右，经过各方专家的考证，最终确定一千册具有历史价值、学术价值及文物收藏价值的民国图书作为可移动文物普查登录的对象。负责此项任务的专职人员为此还参加了国家文物局举办的可移动文物普查培训班的学习，经过清查认定、信息数据登录两个阶段耐心细致的努力，2016年年底完成了图片信息数据的采集工作。

中国社会科学院是国内的一个古籍重镇，收藏数量占到全国古籍品种的十分之一，为加强古籍保护，维护国有资产安全，2017年12月中国社会科学院启动了古籍清理核实工作。文学研究所图书馆一如既往地重视这项任务，成立了由图书馆人员组成的工作小组，明确职责及工作流程、操作方法。为做好古籍图片的扫描工作，图书馆组织负责古籍清理核实的工作人员参加了中国社会科学院图书馆举办的"古籍清理核实摄影培训班"的学习，通过培训学习，使古籍清理核实工作至今正在有条不紊地向前推进。

文学研究所图书馆充分利用自身馆藏优势，开发文献资源，为《古本戏曲丛刊》《四库全书存目丛书》等大型工具书提供了部分藏书，其中不乏善本。值得一提的是，由郑振铎、吴晓铃等学者组织编辑的大型古典文献丛书《古本戏曲丛刊》，汇集了我国古代戏曲之珍本和孤本，该丛书的刊印发行极大地方便了戏曲研究工作者，有力地推动了戏曲研究的深入发展。正所谓近水楼台先得月，馆内人员还利用身边丰厚的资源库，参与了《毛泽东文艺思想全书》《中国文学通典》《中国文学年鉴》等多部工具书的撰写、文学记事和研究论文索引等工作，做到了文献资源和科研辅助工作的有机结合。

四　专业图书馆的工作经验与启示

文学研究所图书馆从建立之初，就在"专业"两字上下功夫，采取了专家选书、管理的模式，设置的"图书管理委员会"对提高馆藏图书文献的质量发挥了重要作用，为向文学专业特色藏书方向发展奠定了基础。正是由于图书馆内丰富的中国文学典籍，给予研究者足够大的信心，在文学研究所几代学者的潜心研究下，产生了一大批学界有影响力的传世之作。这说明一个收藏丰富的专业图书馆，往往是产生较专门和深入的研究成果的保证。

进入改革开放年代，文学研究所图书馆参加过的几项古籍及民国图书整理清查保护工作，都取得了显著成效。这些工作成绩表明，领导重视是做好图书文献整理工作的保障，而参与者除要有一定的知识贮备之外，还要有甘愿为他人作嫁衣裳的精神，这样整理清查保护工作才能顺利开展。

文学专业图书馆担负着为中国文学研究乃至为人文社会科学发展提供可靠图书文献的重任。作为这批文献资源的提供者，理应熟悉学科的研究进展和前沿，了解网络环境下科研人员的课题研究方向和需求，唯有此，才能开展好有针对性的文献资源服务，把专业图书馆建设成为学术研究的"家园"。

第11章 中国社会科学院图书馆哲学专业书库

一 机构概述

中国社会科学院图书馆哲学专业书库（以下简称"哲学专业书库"）的前身是哲学研究所图书馆，与哲学研究所同时成立于1955年。1994年底，院所图书馆合并之后将其划为哲学研究所自管库，从此只保留图书借阅流通业务，不再购进新书。

2009年1月16日，作为中国社会科学院图书馆体制机制改革的重要举措之一，哲学专业书库正式挂牌。由于改革刚刚起步，与中国社会科学院图书馆的协调等工作正在进行，因此目前哲学专业书库的藏书还仅限于1994年之前出版的专业学术著作和有关报刊。

建馆初期，哲学研究所图书馆收购了著名哲学家张东荪的藏书；中国哲学史学专家、目录学家容肇祖先生又亲自带领图书馆工作人员跑遍北京各书店，购进基础藏书5万余册。以此为基础，哲学研究所图书馆几代工作人员在哲学界专家、学者的帮助和指导下，依托研究人员的鼎力支持，在40余年的岁月中，殚精竭虑，艰苦努力，将哲学专业书库建成具有22万册藏书的哲学专业图书馆，成为在我国哲学界颇具影响的图书资料中心。在藏书建设中，始终得以贯彻的方针是：按照科研需求，专业藏书力求完整系统，相关学科藏书力求实用丰富。这也是哲学专业书库最大的藏书特色。

哲学专业书库现有藏书223182册，其中中文平装书87587册、中文线装古籍58158册、西文书24440册、俄文书17166册、日文书7239册；中文报刊15190册、外文报刊13404册。

在馆藏图书中，中文平装书的近40%是"纯"专业书，其余是相关学科图书和工具书；外文书中的"纯"专业书占60%以上。需要说明的是，对"专业书"的看法是不尽相同的,这里把对哲学及其分支学科研究有重要作用,但在分类上却分到非哲学类的图书,算作是"非专业书"。

在科研工作中,文献资源获取是科研人员工作的基础。在所有文献来源中,图书馆是文献获取中最重要的文献提供来源,图书馆的资源建设在一定程度上影响着科研机构的科研工作质量。中国社会科学院作为社会科学研究机构,其图书馆自然属于研究型图书馆,现有的图书馆体系为"总分馆制",即以中国社会科学院图书馆为总馆,统筹整个中国社会科学院图书馆系统的管理、图书采购和经费预算;另设有四个专业分馆和若干个专业书库,馆藏与各学科专业的科研需求相关,与总馆资源互为补充。[①] 与五个专业分馆不同,哲学专业书库前身是哲学研究所负责建设的专业图书馆,经过1995年中国社会科学院图书馆体制改革后[②],图书借阅、图书采购、经费预算等主要功能并入总馆,但由于专业图书馆的整体藏书采取刘国钧分类法分类,不能直接整体并入总馆,并且专业图书馆馆藏本身是成系统的哲学专业类藏书。因此,未将哲学图书馆原有藏书并入总馆,仍然作为一个整体存放在哲学研究所。

二 哲学专业书库服务的方向:学科服务

哲学专业书库隶属于哲学研究所,作为一个针对哲学学科服务的专业图书馆,哲学专业书库的服务对象是哲学学科的科研人员,馆藏资源建设是以哲学科研为导向,收录哲学科研相关的各类文献资源。可以说,哲学专业书库的服务方向,从建所开始就是以哲学专业的学科馆员为核心的学科服务。

不论科技如何发展,学科馆员的角色如何变化,馆藏资源建设仍是图书馆学科馆员的重要职责,这一职责并不会随着科技的发展而被削减,而是会继续在专业研究中发挥作用,这点在人文社科领域尤其重要。在人文学科的科研人员中,大多数人仍然主要使用纸本文献,如哲学研究所中国哲学研究室科研人员常用的参考文献来源,包括专著类文献和期刊论文类文献两大类。据统计,专著类参考文献占所有参考文献数量的比例为69.02%,期刊

---

① 杨沛超:《深化体制机制改革 创新专业图书馆服务——中国社会科学院图书馆的实践与思考》,《图书情报工作》2013年第22期。

② 吴冬曼等:《进一步完善图书馆总分馆建设机制的思考》,《图书情报工作》2014年第11期。

论文类参考文献占比为20.53%。除此之外，其他常引用的参考文献类型有：学位论文（0.63%）、丛书和志书（5.67%）、论文集析出文献（2.14%）、报纸（1.01%）和网页文章（1.01%）。从中可知，数量最多的参考文献类型为专著类文献。毫无疑问，专著类（图书类）和期刊论文类的馆藏资源建设是作为专业图书馆的哲学专业书库的最根本的职责所在。哲学专业书库学科服务的第一步即加强馆藏资源建设。

三 学科服务实践

以哲学专业书库为例，其本质上是专业图书馆。1994年以前的藏书是以哲学学科科研为导向建立起来的一套完整的馆藏体系，当时出现所内科研人员因为书库藏书好用而不愿意调离、国内外学者特意来书库借阅书籍的现象，表明馆藏资源得到了很好的建设。原因有二：

第一，馆员具有哲学学科背景，对哲学学科有整体认识，对哲学学科的图书和期刊等文献资料有一定的了解，能够跟踪哲学学科的前沿动态，把握哲学学科科研人员的科研信息需求，从而能够有针对性地建设哲学专业馆藏资源。

第二，馆员与哲学各学科科研人员联系密切，保持良好工作关系，能够借助科研人员的专业知识直接或间接帮助采访馆藏资源。

通过这些服务方式所采访的文献资源绝大部分都是满足哲学科研需求的高质量文献资源，能够符合哲学专业的科研要求。因此，哲学专业书库吸取以前的成功经验，结合现有的条件，在书库进行了以下学科服务实践。

（一）补充哲学学科馆藏

由于历史原因，1994年后不再进新书，馆藏建设出现了一段真空期，藏书出现断档。哲学专业书库通过重新组建专业书库的方式，实施进一步整合，激活原有藏书，恢复服务功能。① 先确定重组方案，补充断档期的文献资源，先投入使用，之后再逐步地完善断档期文献资源、提升整体馆藏资源的质量。

---

① 中国社会科学院哲学研究所：《中国社会科学院哲学研究所大事记·2009》，2017年6月，中国社会科学院哲学研究所官网（http://philosophy.cass.cn/wsgk/dsj/201507/t20150710_2588844.shtml）。

（1）确定方案。补充 1995 年后的图书，剔除非必要的藏书，扩展服务方式和手段，向全院开放。具体做法为将中国社会科学院图书馆哲学 B 类藏书中学术性强且有复本的图书，分流复本至哲学专业书库。这样既方便了读者，又保证了总馆藏书体系不被破坏，哲学专业书库的库容压力也不大，是一个折衷的可实施的方案。

（2）提取图书。请各哲学二级学科的科研人员，按照"学术性强、有助哲学科研、有复本、每种抽一册"的原则，抽取用于调剂入哲学专业书库的图书。

（3）调剂入库。将抽取出的图书入哲学专业书库，向全院开放借阅。

（4）管理和使用。建立专门用于交接和今后清点等日常管理的目录或数据库；调剂入库的图书单独排架，不与书库内原有图书混排，其财产权仍属中国社会科学院图书馆，哲学专业书库的责任是保管好并使之更好地服务科研。通过补充断档期的图书，大致整合哲学类书籍，形成一个完整的专业馆藏资源。自哲学专业书库挂牌始，书库面向全院读者开放，读者量激增。经统计，所外读者比例占 70%，所外读者借书册数占 77.4%，专业书库的作用开始显现。但由于条件所限，有些相关的资源未能补充进来，仍需逐步地完善馆藏资源、提升整体馆藏资源的质量。

（二）联络科研人员，提高馆藏资源质量

由于中国社会科学院采取由总馆负责预算和采访制度，而需要采访的文献资源数量庞大且学科类别繁多，在实际采访中，很难对某一学科进行仔细甄别。而各专业馆的学科馆员，不需要承担综合管理、预算制定、具体图书采访等工作，只专注于哲学学科，通过长期与哲学学科科研人员的交流，熟悉哲学学科的各个二级学科源流、研究动态和课题动向，能够真正地明白科研需求，及时得到科研人员对馆藏资源建设的反馈意见，从而完善馆藏资源建设，提升资源质量。

据此，哲学专业书库与科研人员紧密合作，设立由科研人员组成的顾问小组，协助圈选哲学研究相关书目提供给中国社会科学院图书馆，选书范围包括哲学及其交叉学科的研究类图书，以及新兴学科增长点的专业著作，遵循与哲学研究密切相关、从严从紧的原则，以保证哲学专业书库的专业和特色。中国社会科学院图书馆负责统一采编，编目完成后，凡哲学专业书库建议采购的中文图书直接将复本分流到哲学专业书库，进一步完善哲学专业书库。

(三) 其他学科服务实践

在做好基础馆藏资源建设的基础上,学科馆员可通过其他方式和手段给科研人员提供其他学科服务。

1. 分析信息行为,完善馆藏资源

学科馆员通过分析学科的信息行为,得到学科科研人员科研工作中常用的文献类型、常用期刊分布等,不仅能够完善学科资源,而且也能够提升学科馆员对相关学科的了解,一举两得。中国哲学学科科研工作中主要的文献资源类型是专著(图书)和期刊,其中古籍经典文献是专著(图书)中重要的文献来源;期刊来源多为中国哲学学科核心期刊,其余为一般期刊和港台期刊;此外,中国哲学学科的科研工作与历史、考古学等多个学科均有交叉。通过对二级学科的科研信息行为的分析,可知哲学馆藏文献资源建设不仅需要建设哲学学科专业资源,与哲学研究相交叉的学科,比如历史、考古、宗教等,甚至一些自然科学学科的相关文献资源,也应考虑在内;对于港澳台等海外文献资源,也是中国哲学学科、伦理学等二级学科的文献来源之一,而这些期刊中国社会科学院并不全,仍然需要进一步完善。

2. 参考咨询

哲学学科馆员进行参考咨询的实践主要包括获取文献资源、检索数据库。学科馆员在日常工作中,通过检索数据库和文献传递等方式帮助科研人员和研究生获取资源。另外,学科馆员通过系统梳理学科常用资源,采取电子邮件、数据库使用培训等方式对科研人员和本学科硕士、博士研究生进行信息素质培训。

四 社会科学研究型专业图书馆学科服务的进一步实践

(一) 建设学科资源导航

人文社会学科门类众多,对总馆来说,为每个学科建设学科资源导航是一项近乎不可能完成的任务,而学科馆员具有学科专业知识,兼具图书情报知识,了解学科动态和科研人员需求,最适合完成学科资源导航建设的任务。如果条件允许,利用图书馆学科服务平台,比如 Libguides,将各学科文献资源和服务整合，推送给科研人员和哲学学科博士、硕士研究生，既方便了科研人员获取文献资源，又能够从科研人员那里得到反馈，形成良好互动，进一步完善学科资源导航，真正做到服务于科研。

（二）学科馆员队伍建设

哲学专业书库由所图书资料室管理，但图书资料室人员组成和专业素质仍有待提高。而做好学科服务的关键在于有一支知识结构和专业素质好的学科馆员队伍，以此为前提，才能为中国社会科学院图书馆和科研人员架好一座桥梁，做好沟通的工作，这也必然是中国社会科学院专业图书馆服务发展和转型的方向。

第三篇

改革开放40年主要省市自治区社会科学院图书馆发展历程

引　　言

各省市自治区社会科学院是全国社会科学院系统的重要组成部分，省市自治区社会科学院图书馆，包括图书信息中心、数据中心等相关文献信息机构等，是各省市自治区社会科学院科研工作重要的文献信息支撑。改革开放40年来，省市自治区社会科学院图书馆取得了长足的发展，对推动我国哲学社会科学事业发展，对推动地方经济社会的发展以及促进社会科学图书情报事业的发展发挥了积极作用。

本篇主要对全国30家省市自治区社会科学院图书馆或相关机构进行详细介绍。

第 12 章　北京市社会科学院图书馆

时光荏苒，见证芳华。40 年前在改革开放春风的沐浴下，北京市社会科学院成立了，40 年间，随着国家的快速发展变化，北京市社会科学院也发生了翻天覆地的变化。图书馆作为科研辅助保障部门，40 年的发展，从环境硬件建设到为读者服务的内涵建设都发生了极大的变化，取得了可喜的成绩。

一　机构概述及发展历史

北京市社会科学院图书馆（以下简称"图书馆"）前身是图书资料室，成立于 1978 年，是北京市社会科学院唯一的科研辅助部门。成立之初，图书资料室坐落于北京市西城区车公庄大街 6 号院内，1994 年，随北京市社会科学院搬迁至北京市朝阳区北四环中路 33 号。随后北京市社会科学院机构改革，定名为"北京市社会科学院图书馆"，成为北京市社会科学院直属机构之一。图书馆本着以读者至上、为科研服务、为政府决策服务的宗旨，以繁荣发展首都哲学社会科学研究为目标，提供可靠的、专业的文献资源保障、信息服务。[1]

图书馆现占地总面积约 2000 平方米，一楼为图书收藏借阅区，负责图书馆印刷版图书、古籍的收藏管理工作及图书借阅等读者服务工作。二楼为期刊报纸收藏借阅区，负责图书馆现刊、过刊及报纸、旧报纸的借阅服务和收藏管理工作，另设电子资源阅览室，提供电子资源查询、阅览服务。三层为信息中心与机房，负责全单位及部门信息化建设工作。

经逐年发展，图书馆现有珍贵的馆藏书刊资料及丰富的电子资源，馆藏

---

[1]　北京市社会科学院：《北京市社会科学院院况简介》，2018 年 10 月，北京市社会科学院官网（http://www.bass.gov.cn/info/cn/bygk/ykjj/）。

书刊资料约35万册,其中线装书1.6万余册,镜像电子图书50万余册;另外购买了中国知网、维普、超星读秀、SSCI(社会科学引文索引数据库)等21个国内外电子数据库。

图书馆设有采编、流通、资源建设、信息中心等部门,现有在编(岗)人员11人,其中副研究(馆)员1人、已评未聘副研究(馆)员3人、馆员4人。

图1 北京市社会科学院图书馆线装书库

二 主要业务

改革开放以来,北京市社会科学院图书馆不断改革创新,确立了以读者为中心的服务理念,以保障科研服务为目标,从以"藏"为主转变到以"用"为主;确立了服务与研究并重的发展方向,从单纯的传统服务型图书馆发展到服务与研究并行的图书馆。

随着图书馆发展理念和方向的改变,核心业务工作也随发展和服务的需要进行过多次调整,基础的文献资源管理业务经历了从传统图书采访、编目工作到图书馆资源数字化建设的转变,文献服务也从资源服务演变到专业化、自动化的信息服务，在此基础上，又逐步开展了情报服务研究。文献资源管理和服务方式的改变，更好地满足了用户的需求，为首都哲学社会科学发展做好了图书资料服务工作。图书馆现有主要业务为：文献资源管理、文献信息服务、信息技术服务、图书情报研究服务。[①]

（一）文献资源管理

图书馆是搜集、整理、收藏图书资料，提供阅览、参考的机构。收集、加工、整理和科学管理各类文献资源，服务广大的读者借阅使用，是图书馆的主要职能。北京市社会科学院图书馆文献资源管理包括传统纸质文献资源管理和文献资源数字化建设两部分。在建馆的40年间，文献资源管理业务在原来单纯的传统图书采编、流通、典藏的基础上，发展了更重要的业务，即资源的数字化建设。

传统文献资源管理，主要涉及纸质图书、期刊报纸、古籍等文献资源的采编、签到验收等。具体业务包括：在了解国内书刊出版发行的最新信息和本院科研人员需求基础上，订购中文书刊，协调图书馆书刊经费预、决算等，对已订购书刊进行集中编目，对新书刊进行统一分编以及编制新书刊通报。

文献资源数字化建设，主要涉及电子图书、期刊报纸的订阅和现有古籍的数字化保存管理等。具体业务为：向全院科研人员介绍国内书刊数字资源更新情况，调研科研人员所需资源，为北京市社会科学院科研人员订购需求度相对较高的数字资源，完成期刊全文数据库、论文数据库、电子图书数据库、财经类事实型数据库的遴选、订购和运行维护工作。

（二）文献信息服务

北京市社会科学院图书馆从建馆初期以传统文献服务为主，发展到今天包括传统文献服务、信息检索服务、情报研究服务等方式的文献信息服务。

传统文献服务是指提供一次文献为主的信息流通服务，如传统图书期刊文献的查询、借阅归还、上架排架等基础服务，借阅情况统计分析等。

信息检索咨询服务是指提供二次文献为主的信息检索服务，如在全院开展电子资源库检索使用培训讲座、为科研人员提供某主题或某课题相关文献

---

① 刘细文：《谈现代图书馆业务工作演变和业务组织》，《图书情报工作》2005年第10期。

信息检索结果等服务。①

情报研究服务是指对文献进行深加工为主的信息咨询服务，运用各种情报研究方法、工具和软件，结合科研人员、院领导及政府的需求，对馆藏资源和网络信息资源进行加工处理；采用聚类分析、数据挖掘技术、可视化分析等方法进行数据分析，以挖掘出更多有价值的知识。情报研究服务在为决策提供支撑服务方面，可以分析某学科或主题的发展态势，可以信息检索和信息筛查某学科或主题领域内的国内外优秀专家学者，也可以预测某学科或主题领域未来研究热点等，还可以跟踪国内外相关研究政策和研究热点，掌握最新发展动态。

（三）信息技术服务

北京市社会科学院图书馆除具有提供基础文献资源保障、提供文献信息服务职能外，还具有负责院网站、办公系统、图书馆业务系统的正常运行的职能。

信息技术服务主要包括以下几个方面。

（1）规划、建设和管理全院基础网络环境，保障网络信息化建设中心机房工作的正常运行和安全，解决全院工作人员计算机软硬件问题。

（2）建设、管理全院各网站系统，负责各网站版本升级更新、后台数据管理、新闻发布等。

（3）做好防病毒入侵等信息网络安全维护工作，为北京市社会科学院信息安全保驾护航。

（4）保障北京市社会科学院图书馆资源一体化平台、书目检索系统、已购数字化文献资源数据库平台等系统正常运行。

三 主要作用和影响力

北京市社会科学院图书馆属于科研机构专业图书馆，以社会科学为主、全学科为辅，建立了以印刷出版和数字资源相结合的文献保障服务体系，其主要作用和影响力体现在以下四个方面。

---

① 万亚萍：《基于 Living Library 的社会科学专业图书馆的服务创新探究》，第十七次全国社会科学院图书馆馆长协作会议论文，广州，2013 年 11 月，第 16 页。

1. 知识传播

北京市社会科学院图书馆为科研工作人员搭建了不同形式、不同层次的学术交流平台和知识传播平台，帮助他们了解科研信息，掌握最新发展动态，同时传播和运用科研知识，服务北京经济社会发展，服务首都哲学社会科学发展。

2. 文献信息资源使用导航

通过对各领域的网络信息资源进行调研、搜集和加工整理，介绍各学科领域各类型信息资源的获取途径、使用方法、更新情况，引导和辅助科研人员以最快捷的方式获取文献资源，从浩瀚的信息中检索出所需的文献信息，很好地起到了图书馆文献信息资源导航的作用。

3. 提供科研情报

在了解科研人员需求的基础上，通过使用情报研究方法、工具和技术，直接为科研人员提供科研情报服务，辅助科研人员构建学科发展知识体系，使科研情报工作成为支持科研工作的重要基础。

4. 提供学术交流和文化建设

图书馆提供的文献资源和阅读资源，在一定程度上满足了科研人员学术交流、文化娱乐的需求，丰富和活跃了科研人员的文化生活，促进了精神文明建设。

四 主要成绩、发展经验与规划

（一）改革开放40年发展成绩

改革开放40年来，北京市社会科学院图书馆紧跟改革开放的步伐，从环境、设备等硬件建设到为读者服务的内涵建设都发生了巨大的发展变化。

1. 馆舍环境日新月异，为科研服务提高质量

40年来，北京市社会科学院图书馆不断发展完善，丰富了馆藏图书资料，扩大了建筑面积，改善了馆舍环境，更新了软硬件设备。

图书馆建立之初，与北京市委党校共同坐落于西城区车公庄大街6号院内，图书资料室藏书场所受限，馆藏资源极为缺乏。1994年，图书馆从狭小的空间搬至现北京市社会科学院大楼，分布于大楼的一层、二层、三层，分别设图书阅览区、期刊报纸阅览区、电子阅览区，总建筑面积达到2000平方米。

同时，图书馆改善了阅读和研究环境。图书馆由于馆藏书籍丰富，相对面积较小，存在尘土多、空气不流通、酸度高、冬夏温差大等多项不利条件，导致空气质量问题非常严重。近几年，为改善读者和工作人员的环境，图书馆相继为一层、二层书库区安装通风系统，并配备专业的保洁人员定期进行全面清洁。

图2　北京市社会科学院图书馆一层借阅室

2. 馆藏古籍日益丰富，走向专业化管理

经过多年发展，北京市社会科学院图书馆馆藏古籍不仅在种类上日益丰富，在管理和保存上也通过合作的方式逐步走向专业化。

图书馆自建立以来，便注重古籍收藏工作，即使在经费拮据的年代也腾出大量经费用于古籍购买。现馆藏古籍主要为抄本、刻本、石印本、铅印本等，从内容上分经部86种、史部609种、子部251种、集部449种、新学17种、类丛53种。另藏有清末、民国时期的房契、地契，若干份有朱笔御批的清末奏折等。

藏书之初，北京市社会科学院图书馆无专业人员进行整理和保管，古籍保存和管理相对薄弱。2010年开始，图书馆通过合作方式，采取了多项举措来对馆藏古籍进行保护和管理。图书馆与北京市古籍保护中心、古籍修复机构合作，对馆藏古籍进行梳理、保护和数字化管理。（1）改善馆藏古籍环境，配备古籍藏书专用密集架，进行封闭式管理。（2）制作无酸函套，加强古籍保护，委托古籍修复机构依据不同版本价值和书籍装帧形制，为善本古籍与普通古籍分类制作了无酸函套。（3）通过金盘管理系统对馆藏古籍书目进行编目，完成自动化管理。（4）扫描所有善本古籍，完成数字化存储工作。

3. 文献资源管理自动化，打开信息技术大门

随着计算机技术的发展及其在图书馆领域的应用，文献资源管理手段从传统的手工编目、卡片式标引和检索，逐步走向自动化和系统化。北京市社会科学院图书馆与北京金盘鹏图软件技术有限公司合作，根据图书馆的社科特色，引入金盘图书馆集成管理系统，完成对图书馆书刊和非印刷资料（视听资料、光盘、文献等）的采访、编目、典藏、流通、公共查询、馆际互借、参考咨询等业务工作的自动化管理，提供在 Internet 上进行书目查询、期刊篇名与图书目录查询、读者外借查询、续借、预约、修改读者密码、超期公告、网络征订、情报检索、查询新书或热门图书等工作。[1] 文献资源管理的自动化，解决了传统文献资源管理中编目、索引、借阅归还关键环节的问题，大大提高了工作效率。

4. 数字资源日益丰富，迈向数字化阅读新时代

随着计算机技术的发展，北京市社会科学院图书馆逐步加强数字资源购置。2005 年起，图书馆结合科研人员的需求，开始购置各项网络有偿数据库资源。

目前图书馆可供检索使用的数字资源包含全文、文摘索引、题录、视频、事实型等 21 个数据库（含免费试用数据库）。其中中文期刊全文数据库 5 个、外文期刊全文数据库 1 个、中文电子图书数据库 2 个、外文电子图书数据库 1 个、财经统计等事实型数据库 4 个、外文引文索引数据库 2 个、法律等专业数据库 2 个、经济论文数据库 1 个，还有部分免费试用数据库及 2 个自建数据库。

总体来说，图书馆形成了以北京市社会科学院专业为主、全学科为辅的电子文献资源保障体系，使得科研人员迈向了数字化阅读新时期。

---

[1] 金盘图书馆集成管理系统（http：//www.goldlib.com.cn/show.asp？id＝86 2018－10－11）。

5. 情报服务有序开展，走向信息化服务

2013年图书馆开始开展情报服务工作，并以社科数据库工程项目作为切入点，完成三大数据库购置和两大系统建设。

三大数据库包括社会科学引文索引数据库（简称SSCI）、艺术与人文索引数据库（简称A&HCI）、Springer电子期刊和电子图书数据库。

两大系统包括：北京市社会科学院机构知识库系统，用于本单位科研成果保存、推广和传播；国内外社科热点追踪及分析系统，根据用户关注关键词、信息源等，采用人工参与和智能信息采集结合的方法完成信息收集任务，并对采集的信息进行抽取和清理工作，最终将清理过的有效信息呈现在前端网页。

图书馆在三大数据库和两大系统的支撑下，运用情报研究方法、技术和工具，通过聚类分析、数据挖掘技术和可视化技术等，对多个学科领域的文献资源数据进行加工分析，得到这些科学领域发展态势及国内外竞争状态。实现了北京市社会科学院社科领域情报信息服务从传统到知识化、网络平台服务的跨越式发展。

（二）主要经验

第一，必须坚持发展是第一要务，要有宽广的视野，更高展位的目标。我们从一个图书资料室，发展到今天现代化的图书馆；从馆藏资源极为缺乏到馆藏古籍日益丰富，成为社会科学的专业图书馆；从以传统文献服务为主，到逐步走向自动化、数字化和个性化的服务，靠的就是抓住机遇，改革发展。

第二，必须坚持以用户为中心、以读者为上的服务理念。40年来，图书馆每一步发展都是坚持以用户的需求为第一的原则。随着社会、技术的发展，用户的需求在不断的变化，要求图书馆适时升级软件和硬件的功能，提升服务能力，在为用户服务中发展图书馆自身。

第三，必须加强广泛的交流合作。正是在与北京市古籍保护中心合作、多次参观、交流、调研等过程中，图书馆馆藏古籍的整理和数字化保存、情报服务、各种现代化服务和管理手段，才得到了长足的发展。

（三）发展规划

第一，加强人才队伍建设。图书馆队伍建设要以建设学术研究和辅助研究型人才队伍为导向，采取培养和引进相结合的方法，打造一批适应馆藏保护、开发、利用以及大数据时代学术研究所必需倚重的高质量专业人才队伍。

第二，调整图书馆机构体制、机制。积极争取图书馆申请研究课题的权利，充分发挥工作人员的科研潜能，实现以科研带动业务和服务的功能。

第三，积极争取采购经费，完善数字化文献资源体系建设。借助网络化信息服务手段为科研人员提供"一站式"的便捷文献保障服务。

第四，提升情报服务质量。利用现有的文献资源平台，发挥情报工作人员的专业技能，为科研人员、院领导及政府提供高质量的情报服务。

第五，开展个性化服务。结合人员的个性化服务需求，开展个性化服务，如建设移动图书馆、个性化信息推送服务等。

五　其他

历经四十载，北京市社会科学院图书馆得到了极大的发展。从狭小的藏书室到拥有两层藏书空间，从资源匮乏到软硬件设施日益完善，从传统手工编目到信息化管理，从纸质藏书到数字化文献资源的丰富，从传统文献服务到个性化情报服务等，这些都是改革开放给图书馆带来的新思想、新发展、新变化。未来，北京市社会科学院图书馆将再接再厉，开拓创新，在新的起点上再创辉煌。

第13章 天津社会科学院图书馆

一 机构概述及发展历史

天津社会科学院图书馆（以下简称"图书馆"）源于1958年10月成立的中国科学院河北省分院天津历史研究所的图书资料室，办公地址在天津市和平区马场道128号（原历史研究所旧址院内）。

1966年，"文化大革命"开始后，天津历史研究所被撤销，所属图书资料室同时撤销，收藏的图书资料遭遇浩劫，散失、损坏严重，资料室人员基本流失。

1972年，天津历史研究所正式恢复，图书资料室同时恢复工作，继续搜集、整理、保存研究所需的相关文献资料。

1976年7月，唐山大地震波及至天津，马场道128号主建筑受损严重，资料室的图书资料暂时借天津体育学院的运动馆存放。

1979年3月，经中共天津市委批准，天津社会科学院成立，天津市历史研究所整建制划归天津社会科学院，在图书资料室的基础上扩建为图书馆，其时共收藏经典著作、军事、教育、政治以及文、史、哲、经等中文书籍10万余册。日、英、法、俄等外文书籍5万余册。杂志180余种，报纸38种。

1987年，天津社会科学院新址落成，位于南开区迎水道7号，图书馆随之搬入一座专门设计的独立三层小楼，总面积达4600平方米。共分为三部分，一楼为阅览大厅、工作区和阅览区。阅览区面积为1300平方米，按功能分为综合报刊阅览室、中外文工具书阅览室、经济阅览室、日本研究阅览室、天津地方史资料阅览室和台港图书报刊阅览室。二楼以上是书库区，书库区面积为2800平方米，可容纳近百万册藏书。分为平装书库、期刊库、报纸库、外文书库和线装书库等。

图1　天津社会科学院图书馆

图书馆致力于围绕天津社会科学院中心任务和科研人员的专业需求，系统、完整地收集、整理和保存国内外的文献信息资料，形成独具特色的文献信息资源体系。同时，围绕天津社会科学院承担的国家和地方的政治、经济、社会、文化发展中的重大理论课题和应用课题，开展多方位的信息服务，并积极采用先进的现代化技术，搜集、开发、整合信息资源，为科研人员提供专业化、学科化、知识化的信息服务和信息产品。

图书馆从1979年设立馆长、副馆长，至今负责图书馆工作的馆长共计7位，副馆长10位。现任馆长郭登浩。

表1　图书馆历任馆领导信息

馆长	任职时间	副馆长	任职时间
杨思慎	1979.12—1981.9	关立信	1979.11—
梁国栋	1987.2—1990.1	李世昆	1981.5—
佟飞	1990.2—1993.12	梁国栋	1982.11—
于铁丘	1994.3—2005.10	佟飞	1986.12—

续表

馆长	任职时间	副馆长	任职时间
刘志强	2005.11—2011.10	文牪	1986.12—
周俊旗	2011.11—2014.10	于铁丘	1988.1—1994.2
郭登浩	2014.11 至今	黄玉淑	1993.12—2005.10
		刘志强	2004.12—2005.10
		郭登浩	2005.11—2014.10
		徐晶	2016.11—2017.12

二 主要业务

(一) 图书馆管理

图书馆在成立初期，主要工作是服务于各研究所的学术研究，积极从各种渠道购置大量的图书、报刊，这些书籍具有很强的针对性和地域性，同时兼顾一些版本和文集，进而形成独具特色的藏书体系，为以后的进一步发展奠定了基础。

1982 年，图书馆确立了中文平装图书的分类标准，制定了索书规则，图书馆初具雏形。图书馆在机构设置和人员配置方面更趋科学合理：由原来没有机构设置和明确分工的基本"一揽子"工作，变为有采购、编目、典藏出纳、期刊、复印等五个分工明确的部门，还有一人专职负责全市刊物社科论文的索引工作。图书馆工作人员由原来的 9 人增加到 24 人。

1987 年，图书馆迁入天津南开区迎水道 7 号新馆址，工作条件与工作环境发生了很大变化，图书馆的整体服务水平达到新的层次，形成完善的图书检索体系，提供开架阅览服务，引进微机管理系统，在从传统图书馆向现代图书馆转型方面迈出坚实的步伐。

为进一步深化改革，加强图书资料专业人员队伍建设，充分发挥图书、资料人员的积极性、创造性，不断提高图书资料专业人员的业务学识水平及现代化科学管理水平，1998 年，图书馆建立健全了工作考核制度，实施《天津社会科学院图书资料人员工作量考核办法》，考核每年度进行一次，按四个等级评定。

党的十八大以来，随着图书馆工作的日益稳定和信息化程度的不断提高，部门设置更加精简，岗位职责分明，图书馆现设采编部、科研服务部和办公室三个部门，工作人员13人。现代化技术手段的应用，改变着图书馆传统工作方式和思维。图书馆逐步由以服务科研为中心向注重科研与服务并举的研究型图书馆过渡。

（二）资源建设

图书馆注重将馆藏建设指导方针、选书原则与天津社会科学院办院方向、院中心任务和院学科发展结合起来，同时遵循图书馆自身发展规律。图书馆主要收藏社会科学专业学术类图书、中外文期刊、报纸、文件等。经过多年的建设发展，馆藏内容丰富，体系相对完整，并具有一定的历史延续性，能很好地支持院内外专家学者开展各种重大理论课题研究和应用对策研究。特色馆藏主要有明清两代关于天津的笔记和清乾隆年间直隶省部分县志，近、现代天津地方历史文献，民国时期的中、外文报刊，日本历史资料，港台地区出版的民国史图书资料等。

从20世纪90年代末开始，图书馆综合分析院内各所科研人员的需求特点，有针对性地购买了《中国学术期刊（光盘版）》《人大复印报刊资料（光盘版）》等。至今仍一直致力于收集工具书（尤其是年鉴）等光盘资源。

近年来，图书馆根据科研人员阅读习惯的改变，加大对电子资源的采购力度。目前主要使用的数据库资源有中国知网数据库、万方数据知识资源系统、中国经济信息网、人大复印资料、塔塔统计数据库、维普知识资源系统、大成老旧刊全文数据库、中经网统计数据库、中国共产党思想理论资源数据库、《大公报》全文检索数据库、《民国期刊网》等。

自2012年始，图书馆积极响应国家古籍保护号召，有针对性地调整馆藏建设方向，加大了古籍珍本的采买力度，在甄选原则上既保持原有的馆藏重点方向，又适当地扩大了范围。即选购的古籍珍本，其内容在地域上以华北区域为主，同时增补一些其他地区的，覆盖经济、政治、社会、文化、历史、交通、海关、民族等学科领域。馆藏古籍珍本规模逐步扩大，并初具特色。

（三）图书馆服务

1987年，图书馆迁入新址后，形成完善的图书检索体系，为科研人员提供中外文图书、期刊报纸目录卡片索引服务，对馆藏实行开架阅览，图书采购实行科研人员—采购人员—书店三位一体的服务方式，满足科研人员的资料需求。

1992年，随着现代化信息技术的应用，图书馆为科研人员提供计算机机读目录检索服务、光盘资源检索服务、参考咨询服务、网络导航服务以及学科馆员定题服务等。2005年，图书馆进行信息化工程改造，图书馆全部馆藏资源实现网络检索，根据科研人员阅读习惯的改变，逐年增购电子数据库资源。

2017年，图书馆提出"深化服务手段，完善服务措施，提高服务层次"的工作思路，开展"走进科研所，服务前移"的"一对一"服务活动。并引进数字资源远程访问系统，开展延伸服务，扩大图书馆服务的领域与范围，科研人员可以不受时间、地点的限制，随时随地检索利用图书馆馆藏资源，极大地方便了科研人员的研究工作。

三　国内外业务（学术）交流与合作

（一）举办港台书展

从1985年起，图书馆联合中国人文科学发展公司、香港千岛贸易公司连续五年在天津举办了五届大型"港台书展"。书展的宗旨是为了弘扬中华传统文化，加强海峡两岸及香港之间的学术交往与交流，了解台湾在人文社会科学领域的研究成果、动态及其研究方法，吸收一些有益的资料，更好地为祖国的现代化和两个文明建设服务。

五届书展展出的书籍内容非常广泛，包括文学、艺术、小说、历史、哲学、社会学、心理学、伦理学、宗教、法律、教育、财政、金融、贸易、会计、统计、企业管理、儿童读物、建筑、园艺、新兴学科、工具书等近万册，此外，还有陈列书目一万多种，特别是部分图书为大陆所少见。来自东北、华北、西北等省市的图书馆、科研单位和大专院校的代表纷纷前来订购。五届港台书展不仅为科研单位、大专院校提供了港台新的出版信息、研究动态和比较丰富的图书资料，而且加强了海峡两岸及香港之间的学术交往与交流，增进了相互间的了解与沟通，同时也丰富了天津社会科学院图书馆的馆藏，港台书成为图书馆特色馆藏之一。

（二）承办2005年全国社会科学院系统图书馆协作会议

2005年9月，图书馆承办的"全国社科院系统图书馆第十次协作及学术研讨会"在天津社会科学院召开。这次会议是全国社科院系统图书馆（信息中心）的一次专业性的工作交流和学术研讨会。来自全国 26 个省、市、自治区的 50 多名代表与会，围绕全国社科院系统图书馆文献信息资源共建共享及各馆之间关于进一步开展联机联合编目工作的设想及进展情况展开研讨。大家认为图书馆的信息化建设是一项极其重要的基础性工作，特别是在社科院系统，图书馆文献信息工作提供优质高效的服务，实现文献信息资料的高度共享、便捷查阅，不仅能够使广大科研人员进一步开阔视野，系统把握科研领域的最新进展，而且能够有力地推动理论创新与学术创新，从而促进我国哲学社会科学研究事业的繁荣和发展。图书馆应邀介绍和演示了采用的韩国 ECO 公司图书管理软件和硬件配套系统的安装及运行情况，展示了图书馆通过信息化建设，在新的平台上为科研服务的能力和水平。

四 重要出版物及学术成果

（一）重要出版物

主要有：《趣谈中国藏书楼》、《天津史研究论文选辑》（上、下编）、《明实录天津史料汇编》（上、下卷）、《建筑 名人 城市》、《清实录天津史料汇编》、《图书馆馆藏满铁华北文献资料选编》、《天津史研究论文选辑：续辑》（上、下编）、《日本占领天津时期罪行实录》、《天津县乡土志辑略》。

（二）学术论文

主要有：《如何认识孙中山"让位"问题》《地方社科院的图书情报一体化问题》《论网络环境下地方社会科学院图书馆的信息服务》《论阮冈纳赞的图书馆学五定律对地方社会科学院图书馆工作的指导意义》《论图书馆细节服务》《日本公共图书馆商务支援服务的成果及存在问题》《地方社会科学院图书馆在学习型政党建设中的地位和服务作用》《韩国版〈燕行录全集〉对中国史研究的史料价值》《基于 Living Library 的社会科学专业图书馆服务创新》《浅析图书分级对儿童阅读的影响》《科研图书馆高密度存储空间紧张问题与对策研究——以图书馆为例》《基于智库理念的社会科学院图书馆决策信息服务研究——以图书馆为例》《新型智库建设视域下社会科学院图书馆信息服务与创新》。

五　重大事件及活动

1979年3月，天津社会科学院成立，原天津历史研究所图书资料室扩建为院图书馆。历史研究所的特色藏书比较完整地保存下来，图书馆成立之初就拥有图书资料20万余册，这在当时各地新建社会科学院的图书馆中，几乎是绝无仅有的。

1987年，图书馆迁入新址后，通过合理布局，对不同区域进行了功能区分，各种纸质文献资源得到了很好的收藏。图书馆陆续编制了中外文图书分类、书名、著者三套目录，新中国成立前及新中国成立后期刊、报纸目录，工具书分类、书名目录和线装古籍书书名目录、港台书分类目录，初步形成了馆藏资源的检索体系。

1992年，在天津市财政的大力支持下，图书馆获得专项拨款购买计算机设备，与院属计算机房合作承担完成了院课题"港台图书微机管理系统"，该系统的投入使用，将馆藏港台哲学、经济学、伦理学、心理学等学科约2000册图书录入了计算机，科研人员可利用书名、著者、分类号、出版者、出版时间等进行快速、精确的检索。该系统的成功运行，标志着图书馆朝着现代化管理目标迈进了一大步。

2004—2005年，图书馆进行了信息化改造工程建设，采用韩国公司与中国社会科学院图书馆合作开发的ECO图书馆管理集成系统，以及与之相匹配的网络系统。设立图书馆局域网中心控制机房和具有8个检索终端的电子阅览室，配备8台计算机和1台激光打印机以及电子大屏幕。在院域网的支持下，图书馆的电子数据资源延伸到各个研究所内，建立了全年全天24小时运行的互联网信息服务系统，科研人员足不出所就能利用图书馆提供的网上导航服务，方便快捷地查阅图书馆提供的信息资源。

2006年，图书馆确立采用中国国家图书馆图书分类法（简称"中图法"），替代以往使用的中国科学院图书分类法（简称"科图法"），图书馆陆续将全部馆藏图书回溯建库。图书分类法的成功转轨，大大提高了图书馆对社会资源的利用率，提高了图书分编工作的效率，改变了传统的手工卡片检索方式，实现了馆藏资源彻底的计算机管理与检索，更方便、快捷、精准地为科研人员提供馆藏资源检索服务，同时为图书馆的数字化建设和全国社科院系统图书馆联机联合编目的实现奠定了基础。

党的十八大以来，图书馆由注重服务科研向科研与服务并举的研究型图书馆转型，鼓励馆员积极参与科研、参与课题、撰写专业研究论文，不断提升科研能力与服务水平，全馆人员参与多项课题的撰写与研究。2017 年，在院"科研人员想智库，管理人员想服务"的新理念指导下，图书馆广泛征求科研人员的意见，引进了数字资源远程访问系统，科研人员利用手机、ipad、手提电脑，可随时随地检索馆藏资源。同时，又推出了图书馆员"走进科研所，服务前移"的"一对一"服务新举措，每位馆员分别为一个专业部门提供服务，主动走进研究所，征求科研人员对图书馆服务工作的意见和建议，图书馆根据科研人员的意见和建议进行整改，逐步满足科研人员的需求，同时密切图书馆与科研部门的联系，逐步实现图书馆员融入全院学术团队，嵌入研究过程的全方位、多层次服务。

六　主要作用和国内外影响力

（一）服务科研，提供人文社科基础文献保障

天津社会科学院是为天津经济社会发展服务的研究机构，图书馆作为社科院的一个重要部门，其任务是主动为科研工作提供服务、支持和保障。天津社会科学院图书馆的收藏范围较广，涵盖哲学、社会科学及人文科学的一些分支学科，包括古籍善本、图书报刊、声像资料和电子资源等多种类型。经过近 40 年的发展，天津社会科学院图书馆在某些学科领域的文献信息资源丰富，基础雄厚，形成了专业性强、门类齐全的馆藏特色，为学术科研提供基础文献资源保障。

（二）助力地方文献建设，注重天津地方文献的收藏与整理

图书馆在为学术科研提供基础文献资源保障的同时，在地方文献建设方面也发挥了重要作用。建馆以来，一直致力于天津以及华北地区文献资源建设和开发整理工作。2012 年后，图书馆加大馆藏资源的开发力度，根据馆藏特点，有重点、有选择地组织馆藏文献信息资源的开发利用，根据馆藏满铁资料中华北地区资料相对集中的特点，开展"馆藏满铁资料华北文献研究"，最终成果为《天津社会科学院图书馆馆藏满铁华北文献资料选编》。图书馆还联合南开大学图书馆、天津市图书馆、天津商业大学图书馆共同申报完成《现存满铁及日伪时期天津地区馆藏近代天津文献的综合考察》的

课题。

(三) 重视对外学术交流与合作,提升自身影响力

天津社会科学院自建院伊始就非常重视与国外学术研究机构开展合作研究,举办过研究天津经济社会发展问题的学术研讨会。一些国外学术团体到天津社会科学院进行学术交流时,均到图书馆参观、考察、查阅馆藏资源。美国、韩国、日本的一些专家学者专程到图书馆查阅有关天津的资料。图书馆先后接受了国外学术机构捐赠的资料,包括美国德雷克大学、哈佛大学、福特基金会、新加坡作协、日本国际交流基金及日本友人、韩国圆光大学及韩国友人等捐赠的图书、杂志。图书馆的研究人员也应邀到韩国、日本、以色列等国家的大学、图书馆进行学术交流。

七 主要经验及发展规划

改革开放40年来,各个领域都在发生着重大的转变,天津社会科学院图书馆也不例外,经历了从无到有、从杂乱到有序、从小到大、从传统到现代的转变。在40年的发展历程中,图书馆积累了丰富的馆藏,留下了宝贵的经验,同时在天津图书馆界确立了自己的地位。

(一) 主要经验

1. 服务理念逐步提升,服务模式不断创新

服务是图书馆工作永恒的主题,是贯穿图书馆发展的主线,天津社会科学院图书馆围绕为读者服务、为科研服务、为学科建设服务的核心理念,不断转变服务模式,根据不同科研人员的需求,提供有针对性的个性化服务方案。

2. 服务机制逐步健全,馆员素质不断提高

在为科研服务的同时,不断提高馆员的整体素质,强化馆员队伍建设,积极改进服务方式与方法,拓展服务领域,提高服务效率,努力提高为科研服务的水平与层次。

3. 馆藏体系逐步完善,馆藏资源不断优化

数字资源以其便捷性和高效性,成为科研人员利用的主要对象,在馆藏体系中所占比例呈增长的趋势,天津社会科学院图书馆适应现代化科学技

的飞速发展，依据科研人员的需求，优化资源配置，逐步形成完善的资源体系，提高信息存储与信息服务能力。

（二）发展规划

在加强中国特色新型智库建设的背景下，建设一流的社会主义新型智库成为天津社会科学院发展的重要目标，作为文献资源保障机构的图书馆迎来了新的发展机遇。

1. 加强应用型研究支持，助推社科院应用型研究

基础型研究和应用型研究是天津社会科学院主要的日常研究工作。在建设有中国特色新型智库的时代背景下，更加重视具有决策支撑功能的应用型研究。作为文献信息保障机构的社会科学院图书馆根据这一变化，从馆藏资源建设、人力资源管理和服务形式方面围绕应用型研究的特征进行相应地转变，提供必要的政策倾斜，从而为天津社会科学院各研究所进行的应用型研究从资源、人力和服务内容方面提供最大的支持。

2. 形成自主决策信息产品，直接推送相关部门

依据智库理念，在参考咨询和知识服务这两个图书馆传统服务的基础上，天津社会科学院图书馆围绕院、所乃至天津经济社会发展的相关问题进行长期动态跟踪研究，通过对大量第一手资料进行分析整理，形成由图书馆主办的、具有自主知识产权的决策信息产品，如各种纸质或电子版简报、网页专栏、微信公众号等，直接推送给有关部门。

3. 积极参与应用型研究，提高研究型馆员能力

天津社会科学院图书馆研究型馆员的内在要求，为其馆员嵌入到应用型研究中提供了可能。由实践可知，除从外围提供科研人员所需的各种文献信息资源外，馆员参与到各应用型研究课题中，能更好地促进课题的研究和发展。

天津社会科学院图书馆作为新型智库建设的重要组成部分，必须尽快实现转型，以适应新形势发展的需要，在加强图书馆数据库建设的同时，进一步完善服务手段，提升服务水平，使信息服务工作朝着服务手段多样化、服务方式人性化、服务内容个性化的方向发展。

第 14 章 上海社会科学院图书馆

时值改革开放 40 周年，也是上海社会科学院建院 60 周年，"花甲干支逢胜纪，杖乡智慧壮雄程"。60 年来，上海社会科学院以习近平新时代中国特色社会主义思想为引领，不断地在发展中探索新路，为构建国内一流、国际知名的社会主义新智库而努力。为了响应上海社会科学院智库建设和学科发展的双轮驱动发展战略，上海社会科学院图书馆（以下简称"图书馆"）勤于国内国际的交流合作，不断将馆内有价值的馆藏研究出版，持续发布科研成果。努力协助上海社会科学院成为哲学社会科学创新的重要基地，成为马克思主义中国化的坚强阵地，成为国内外学术交流的主要平台，成为具有国内外重要影响力的国家高端智库。

一　机构概述及发展历史

上海社会科学院图书馆的前身为圣约翰大学图书馆，其历史最早可以追溯到 1888 年，当时的圣约翰大学在中学部二楼一小房间内设立图书馆，仅有几部中文书和圣经之类的宗教书籍。1904 年，中学部拆除重建，迁至思颜堂（今华东政法大学 40 号楼），该建筑由曾任美国纽约市长和哥伦比亚大学校长的威廉·罗及其弟捐赠，罗氏兄弟同时还捐赠了大批书籍，图书馆遂命名为罗氏兄弟图书馆。不久，两江总督学务总理处将作为西学东渐前驱的江南制造局出版的一批书籍也捐赠给罗氏图书馆。辛亥革命后，罗氏图书馆藏书已达 5000 册左右。

1914 年，圣约翰大学 25 周年校庆，校长卜舫济及教职员工募集白银两万余两，历时两年，建成罗氏图书馆新馆，即著名的红楼。同时，卡内基国际和平基金会决定逐年将历史、经济、国际法等方面的出版物馈赠给罗氏图书馆，校内人士也不断捐入珍贵图书，以曾任英国公使的施肇基所捐赠的西文书籍最为可观。此后，当时上海及附近的大藏书家纷纷将所藏宋、元、明版珍贵古籍捐入，以充实馆藏，馆舍已不敷使用。1936年，红楼二楼南大间增筑阁楼，与楼下教室一起辟为书库，以备扩容。新中国成立前夕，罗氏图书馆藏书规模已相当可观。

新中国成立后，圣约翰大学改为华东政法学院，罗氏图书馆遂更名为华东政法学院图书馆。1952年院系调整，华东政法学院与上海财经学院、复旦大学法律系、中国科学院上海经济研究所和历史研究所等单位合并，1958年成立上海社会科学院，同时在华东政法学院图书馆和上海财经学院图书馆的基础上成立了上海社会科学院图书馆，虽然原藏多种宋、元古籍移交他处，但同时各处藏书汇集归并，藏书量急剧扩增，斐然可观。图书馆接管的图书约有70万册，而原馆员、著名藏书家杨康年老先生对珍贵图书有很深的感情，他长达30年的采访搜购，更是为图书馆藏书建设作出了很大的贡献。图书馆馆舍也随之从红楼扩展到六三楼、八一楼等处。建馆时的大规模合并调整，及此后的逐年访购补充，上海社会科学院图书馆藏书体系已经颇具特色，特别是经济、法律、历史类文献收藏较为齐全。

图 1　上海社会科学院图书馆馆舍

1996年，包括科研行政信息管理系统和图书馆管理系统的计算机网络一期工程正式开通，在上海社会科学院范围内实现了信息共享，图书馆开始进入现代信息技术的快车道。1999年2月，上海社会科学院图书馆从饱经沧桑的红楼搬出，迁入中山西路上海社会科学院分部大楼新址，2009年11月，又搬迁至上海国际社会科学创新基地新馆，新馆总面积达6000多平方米。2010年至2011年，图书馆先后被国务院和上海市人民政府设为"全国重点古籍保护单位"和"上海重点古籍保护单位"，图书馆开始了全新的历程。

二 主要业务

（一）流通和阅览

上海社会科学院院址分设两处，淮海中路上的总部和中山西路的分部。因此，图书馆也在总部和分部分别设有办公区域。总部一楼设有中外期刊阅览、杂志阅览以及年鉴阅览等多个区域。分部一楼为期刊报纸阅览室，二楼陈列中文书目以及过刊合订本，三楼陈列古籍、民国平装、民国报纸期刊以及港台书目，四楼则陈列包括英语、俄语、日语等多语种在内的西文书目。截至2018年9月，图书馆有藏书近百万册。

由于馆舍分两地的特殊性，为了免去读者奔波劳累之苦，图书馆很早就开通了预约服务，即读者可在网上或窗口预约需要的书目，并指定在总部或者分部自取。

另外，图书馆与上海地区图书馆以及国家图书馆也保持着长期的合作关系。在馆际合作上，上海社会科学院图书馆开通了上图"馆际互借"与国图的"文献传递"服务，读者在本馆未能找到的书籍，均可通过上述服务索取到相应的书目和资料。自"馆际互借"开通以来更是得到了读者的一致好评，取得了良好的服务效果，上海社会科学院图书馆也连续多年获得"上海市文献资源共享协作网——馆际互借第一名"的荣誉称号。

（二）文献编目

编目部是图书馆的技术部门，专门负责全馆的中西文、港台图书及期刊的分类、编目工作。[①] 1958年图书馆成立时，由于图书来源广泛，使用的分

---

① 上海社会科学院图书馆：《组织机构》（http：//shsk.mh.libsou.com/templates/shsky/pageinfo.cshtml? cid=16&pid=2）。

类法不同，图书系统不统一，对科研服务造成极大的不便，因此次年图书馆就自编了社科分类法进行使用。由于该馆是哲学、社科研究单位的图书馆，因此哲学社会科学类图书就占了 22 个大类中的 18 个，类目虽然制定的较为详细，但分类号码仍然简短，基本符合易记、易写、易排的原则，对图书的排列与流通都较为方便，有利于为科学研究服务。当时上海社会科学院图书馆编制出版发行《汉字拼音著者号码表》，除西藏以外，向全国发行了 3000 多本，全国各地基本都有使用。

1997 年，为了紧跟时代的步伐，与全国接轨，图书馆开始采用《中图法》进行编目分类。2017 年，新的图书馆系统在上海社会科学院图书馆落地。图书馆需要与时俱进，就一定要不停地创新，保持最优工作效率。为了适应最新的技术和标准，本馆编目部门经历了多次改革"阵痛期"。改革不可能一帆风顺，螺旋式上升、波浪式前进本来就是事物发展的规律。为了完成旧系统向新系统的转换，编目部工作人员齐心协力，多次克服各种编目技术上的困难，推动图书馆发展走上又一个新台阶。采用《中图法》后，上海社会科学院图书馆与上海图书馆以及全市图书馆实现了统一联网，各馆书目一键可查；改用新系统后，编目部编目工作的效率得到了提高，与其他业务部门的对接也更为顺畅。

（三）文献采访

上海社会科学院作为国家高端智库之一，研究人员对书目的专业性要求比较高。因此，图书馆根据上海社会科学院重点学科建设、重点科研项目、学科拓展的需要，以"确保重点，兼顾一般"的工作原则，优化资源结构，凸显资源特色，加大文献资源建设力度，逐步形成了以主要学科发展为重点、覆盖其他人文社会学科的文献资源体系和以纸本文献为基础、网络电子资源为补充的不同载体文献体系，最大限度地保障科研、教学和学科发展的需要。另外，图书馆坚持每个月向各研究所征询采购书目，急用先买，尽可能地满足科研人员的需要，为科研做好服务工作。读者需要的外文书籍，基本能在半个月内从国外买回，送到读者手中。不断提升服务科研、服务智库建设的能力和水平，体现了图书馆为科研服务的诚心。

（四）网络建设

为了更好地迎接网络时代，图书馆于 1998 年设立了网络部。主要负责数字资源建设（含采购和开发）；负责网站新闻和资源动态的信息发布；承担参考咨询、文献传递及读者培训工作；协调各平台数据事宜。[①] 经过多年的发展，网络部已成为图书馆不可或缺的部门之一。

为了能更好地依托图书馆馆藏资源和互联网虚拟数字资源，为上海社会科学院的广大科研人员和研究生提供翔实的数字化文献信息的远程服务，网络部在近几年中陆续采购了中国知网、读秀、超星等中文数据库，以及开世览文、昆廷、Lexis等外文数据库。现在上海社会科学院图书馆拥有33个数据库，2个自建数据库。网络部主要负责对这些数据库进行维护工作，以及对远程访问系统、手机图书馆系统和门户网站的数据更新、备份等系统的维护工作。

2017年6月，对图书管理系统进行了升级。图书馆将图书数据进行了整体迁移，并对图书馆网页也进行了更新。采用了新系统后，图书馆各部门的工作效率大大提高，图书采编过程和上架流通周期缩短，使科研人员能够第一时间看到市场上的新书。

（五）图书馆业务发展与研究

1. 《内部资料索引》

《内部资料索引》的前身是剪报组。1958年建馆后，即设立总资料室，每天圈选剪贴35种报纸，每天积累数为100—200条，每年分两次装订成册。1988年剪报组撤销，剪报工作停止。

《内部资料索引》原为不定期油印刊物，收录国内29个省、市、自治区内部交流与内部发行的社会科学刊物五六百种，主要用于院内外社科学术资料交换，1982年改为铅印，订户最多时达到1800户。1990年《内部资料索引》被列为全国报刊的四大检索工具之一，是全国社会科学内部刊物的唯一检索工具，当年荣获中国图书馆学会成立10周年"二次文献成果奖"；1994年获中国索引学会"索引成果奖"；2005年获中国索引学会"优秀索引成果奖"。随着网络信息技术的突飞猛进以及在新媒体时代的冲击下，纸质二次文献销量逐年下降，2013年《内部资料索引》停刊。

2. 文献部

2013年《内部资料索引》停刊后成立了文献部。文献部的主要职责是

---

① 上海社会科学院图书馆：《组织机构》（http://shsk.mh.libsou.com/templates/shsky/pageinfo.cshtml? cid=16&pid=2）。

根据院图书馆整体发展要求与馆藏特色，有计划地开发文献资源，争取每年开展1—2项特藏文献的整理与研究；按季度及时推介与公布新购大型图书（撰写相关内容提要等）；积极申报国家、市、院各级课题，参与合作项目，如《上海通史·图表卷》（新修）等；参与本馆古籍保护工作，协助图书馆古籍与民国文献参考咨询与阅览工作；参与馆藏文献数字化工作等。文献部参与多项上海、国家级重点课题的研究，在扩大图书馆影响力，打响图书馆品牌方面发挥了一定作用。2014年图书馆成立了上海社会科学院典藏文献整理编辑委员会，持续开展馆藏古籍善本目录信息的普查登记工作，为文献开发的顶层设计、全面协调、整体推进奠定了基础。

（六）微信公众号的开通和运营

随着微信的日益普及，它已经不仅是一个交流的工具，更是一个集社交、金融、娱乐等功能的大平台。近年来，阅读推广作为一个新兴的服务模式，受到了许多图书馆的青睐。"酒香不怕巷子深"的时代已经过去，图书馆作为一个提供服务的主体，即使馆藏再丰富，条件再优秀，也要主动向公众推介，打响自身品牌。

在这样的大环境下，为了能更好地为科研人员和师生服务，图书馆于2018年上半年开通了微信公众平台服务号：逸思悦读。该服务号包含三大板块：图书服务、电子资源和证件服务。这三大板块较为全面地覆盖了图书馆的业务，并且针对手机和微信的特点，推出了包括"我的电子证"、"借阅状态推送"等功能，让读者能更方便地访问图书馆。

微信公众平台每周更新，为图书馆服务打开了新的宣传通道，用户可以及时了解图书馆的最新动态；同时，为了让用户能更有针对性地选择所需书目，邀请社会科学院各研究所提供本专业的推荐必读书目。未来图书馆还会进一步邀请社会各个领域的专家在微信公众号上发布书评，使微信用户获取更多的专业领域前沿知识。

三 国内外业务交流与合作

（一）参与上海及长三角地区图书馆之间的区域协作交流

2005年1月，图书馆参加上海社会科学院与上海图书馆商量合作项目的会议，会议商定上海社会科学院图书馆加入"上海市中心图书馆"，成为其"分馆"。2006年8月，由上海社会科学院和上海图书馆联合发起的上海市社会科学文献中心揭牌并开始运行。这是全国首家经过整合的社会科学文献资源共享联合体，标志着上海市在社会科学研究方面推动社会化协作、走专业分工和社会协作之路有了新的进步。

（二）参与和承办社会科学院系统图书馆（馆长）协作（会议）

上海社会科学院图书馆积极参与社会科学院图书馆馆长协作会，承办了1993年、2015年的社会科学院图书馆馆长协作会。第十九次全国社会科学院图书馆馆长协作会议暨地方社会科学院新型智库信息化建设论坛于2015年11月在沪举行。会议主题为"地方社会科学院新型智库信息化建设"。会上时任上海社会科学院院长的王战致欢迎词并发表主旨演讲，介绍建设国家高端智库的思路。中国社会科学院图书馆副馆长蒋颖介绍了中国社会科学院图书馆信息化建设现状。

（三）筹备组织世界中国学论坛

世界中国学论坛由国务院新闻办公室和上海市人民政府共同主办，上海社会科学院和上海市人民政府新闻办公室联合承办，是一个高层次、全方位、开放性的学术论坛。论坛旨在为海内外中国学研究界提供对话渠道和交流平台，建设具有世界影响力的中国学学术共同体，反映中国学研究的动态与趋势，鼓励观点创新，推动学派共荣，增进中国与世界的相互了解。本论坛每两年在上海举办一届主论坛，自2004年以来，已连续成功举办6次。图书馆参与会议的部分筹备和组织工作，并多次接待与会专家同志考察本馆。

（四）成为世界银行的托存图书馆

为了保存、传递、宣传和利用世界银行的文献资料，世界银行在其成员国内设立了托存图书馆或地区性图书馆，通过这些图书馆向世界各地分发其有关重要文件和普通出版物。各成员国通过这些图书馆可免费获取世界银行的出版信息，共享世界银行的研究分析成果。1986年9月，上海社会科学院图书馆与世界银行签订协议，正式成为世界银行的托存图书馆。截至2018年，图书馆与56个国家20多个单位建立了国际交换关系。

（五）与德国纽伦堡—埃尔朗根大学孔子学院进行交流访问

2007年，赴德国纽伦堡—埃尔朗根大学与该校孔子学院进行业务交流。由于该校孔子学院刚成立不久，许多基础方面亟须完善，其中就包括建立一个中文的图书馆管理系统。为了让该院的学生能最大限度地接触中国文化，了解东方的思维方式，德方希望能按照"中国图书馆分类法"的方式来对现有书目进行编目和排架。本着弘扬中华民族文化、传承历史文化经典的精神，图书馆协助德方从零开始建立了图书馆系统，包括中文图书的采访，中图法的使用以及编目方式等。在中德双方人员的共同努力下，仅仅半年不到，一个较为完善的中文图书馆管理系统就建立起来了。

经过多年的建设，上海社会科学院已成为学科齐全、研究力量雄厚的地方社会科学院之一，而图书馆在社会科学院发展的过程中也起到了不可替代的作用。此次交流合作得到了德方的认可，也展现了国家的文化软实力。

四　近十年重要出版物及学术成果

（一）《中国政略学史》点校本

2009年初，由图书馆文献部同志点校的《中国政略学史》出版。本书汇集了俞诚之所撰《中国政略学史》和《鬼谷子新注》两种著作。该书底本在上海图书馆、复旦大学图书馆、华东师范大学图书馆等均有所藏。

上海社会科学院图书馆所藏之底本，不同之处是经过了作者的全面修订，有很多作者手书的修改和校勘文字，每册背封均可见蓝黑墨水钢笔字"初校讫"，由此可见应是作者的最后定本，最具版本价值。

（二）《上海社会科学院图书馆馆藏精粹》

为了让图书馆馆藏更好地为学者所知为学者服务，图书馆于2011年出版《上海社会科学院图书馆馆藏精粹》，书中收录了包括《刘氏二书三十卷》《崆峒集二十一卷》等国家珍贵古籍，《四书集注三十一卷》《大明律解附例四卷》等上海市珍贵古籍，还有许多近代线装书、域外汉籍、西文珍贵图书等共51种，每种逐一介绍，述其版本，溯其源流，论其价值，释文典雅，品评精当，附以精美图片，力求为读者提供一份有较高学术含量的阅读指南，对于扩大图书馆的影响也有重要意义。

(三)《密勒氏评论报》影印版

《密勒氏评论报》(Millard's Review of The Far East)（以下简称《密报》）是近代上海和近代中国历时较久的几大英文报纸之一，从多个层面反映了20世纪上半叶中国社会的发展情况。旨在让世界了解中国，让中国了解世界，是研究中国近现代史、社会史和远东国际关系史等领域的珍贵资料。其中，1941年太平洋战争爆发后，日军进占租界，《密报》因一贯支持中国抗战立场而停刊，直至1945年10月抗战胜利后方复刊。1949年5月上海解放，该刊继续出版，成为新中国建立后唯一仍在中国大陆发行的美商媒体。1950年朝鲜战争爆发后，由于美国政府实施禁邮，《密报》缺少经济来源，不得不于1953年6月停刊。2013年，上海图书馆徐家汇藏书楼所藏《密报》原刊，收录了自创刊至1941年12月停刊期间第1卷第1期到第99卷第1期的刊物，被分装为98册影印出版。2014年，上海社会科学院图书馆馆藏的1945年10月复刊至1953年6月终刊期间第99卷第2期到第124卷第6期的刊物，被辑录为"续编"，分装成24册，于该年年底出版。至此，所有《密报》原刊共计124卷全部影印出版，完整呈现了该文献的全貌。

(四)《〈密勒氏评论报〉总目与研究》

上海社会科学院图书馆在国家社科基金重大项目"外语文献中的上海(1843—1949)"的资助之下，组织力量编译了《密报》全刊的目录，终于2015年付梓。本书共包括三个部分：(1)全刊总目录、《中国名人录》细目；(2)研究篇；(3)译文选摘。总目录包含了全124卷的目录，以卷期时间为序，详细注明各期文章与栏目的原文、作者、时间、原刊卷期等，并增补了大量原刊目录中遗漏的篇章，以便读者查询。

从1918年起，该报陆续编辑、出版的一系列用英文撰写的《中国名人录》是该刊最具特色的固定栏目。该栏目主要介绍中国政治、经济、社会、文化、军事及其他专业重要人物，至1950年止，先后出版近6版，收录人物近3000人，为西方了解中国打开了一扇窗口，也为历史研究积累了宝贵资料。

在"研究篇"和"译文选摘"中，为了让读者对《密报》有更多的了解，上海社会科学院图书馆特邀请来自上海社会科学院、复旦大学的部分青年研究人员，或撰写论文，或选译文章，以求更好地将该刊之精粹呈现给读者。

（五）《上海社会科学院图书馆馆藏张仲礼学术收藏目录》

张仲礼历任上海社会科学院经济研究所研究员、研究室主任、副所长，上海社会科学院常务副院长、院长等职，曾被选为第六届至第九届全国人大代表，并成为提出议案最多的人大代表，1982 年获美国卢斯基金会中国学者奖。

2018 年，为纪念上海社会科学院建院 60 周年，图书馆组织馆员整理并编写该书。该书也是为了纪念张仲礼先生，并为便利相关学术研究而编撰的专题工具书之一。

五　重大事件及活动

（一）筹建长三角信息资料中心

2006 年，图书馆向由长江三角洲 16 个城市组成的"长三角城市经济发展协调会"申请，筹建一个覆盖长三角 16 市，旨在整合各城市可利用的信息资源，为各城市管理部门提供有针对性的决策咨询服务的"长三角信息资料中心"。在同年"长三角 16＋13 城市泰州会议"上 16 市联名签字的"泰州协议"使该项目得到确立。2007 年，图书馆推出了面向 16 市市政府、企业和专家、社会公众三层面的"长三角信息网"，出版《长三角观察》，以及专供 16 市市长和政府部门的《市长专报》。

随后，该馆陆续建立社会经济信息共享协调机制、设立信息库和运作体系、组建专家系统，组织信息深度开发，逐步完善信息资料中心，使该中心真正起到支撑和保障长三角经济协调发展的作用，成为一个在长三角地区具有一定影响力的权威信息资料库。

（二）成为国家古籍重点保护单位

2010 年 4 月，图书馆顺利通过国家组织的专家评审小组的考察，获得了"国家重点古籍文献保护单位"的殊荣，并有 2 部古籍入选"全国珍贵古籍保护名录"。在上海市古籍保护中心的关心和帮助下，2011 年 5 月，图书馆有 8 部古籍入选第三批"上海市珍贵古籍名录"。2011 年 6 月又成功入选"上海市古籍文献保护单位"。为了培养古籍保护的专门人才，积极推动古籍专业人员的培训工作，一方面积极派人参加国家级的古籍保护培训；另一方面也积极参加上海市古籍保护中心举办的各类古籍保护培训。

为了能更好地修复古籍，让更多的善本为研究人员利用，图书馆在古籍保护和修复设备仪器配置方面也加大了工作力度，为特藏书库配备安装了智能环境控制系统、古籍修复压平机等设备。国家古籍保护中心专家小组到图书馆考察时，对该馆古籍存藏、保护工作给予了肯定和好评。

（三）上海市委、人大常委会领导考察图书馆

2013年2月，时任中共中央政治局委员、上海市委书记的韩正，上海市人大常委会主任殷一璀等领导专程到上海社会科学院调研。在参观图书馆时，韩正同志饶有兴趣地观摩了古籍的修复以及该馆特藏的古籍善本。他强调，上海社会科学院图书馆所藏珍贵典籍是上海的宝贵财富，这些典籍应该为更多的研究者所利用。图书馆将以此为契机，不负重托，努力以更加专业、周到的服务，将上海社会科学院图书馆建成真正的知识宝库，为学者和社会公众提供高质量的文化服务、精神产品和核心价值。

图2 2013年2月，上海市委书记韩正考察上海社会科学院图书馆特藏室

(四) 举办馆庆 60 周年研讨会

为了更好地应对大数据、新技术对专业图书馆带来的挑战，探讨专业研究型图书馆服务能力提升机制及转型路径，交流各图书馆新做法和好经验，上海社会科学院于 2018 年 6 月召开了"'互联网+'大数据环境下专业图书馆的创新与发展"学术研讨会。2018 年也正是院庆 60 周年暨院图书馆建馆 60 周年，恰逢改革开放 40 周年，在研讨会上，来自全国各地的图书馆馆长以及专家们也热烈讨论了改革开放给社会科学院的发展所带来的机遇与挑战，图书馆在社会科学院发展中不可或缺的作用，以及在"互联网+"的大环境下专业图书馆应该如何"突围"，寻找更好的发展趋势与创新路径。

六 主要成绩及未来展望

40 年来，改革开放使中国一直走在时代发展的前列。上海社会科学院也在努力建设成为"国内一流、国际知名的社会主义新型智库"。图书馆作为社会科学院的一个重要组成部分，必须将改革开放的旗帜举得更高，以更高的标准、更宽的视野、更实的举措、更大的力度，坚定不移地做深做透改革开放这篇文章。

在网络化大潮的背景下，上海社会科学院图书馆必须坚持提升图书馆的核心竞争力，更主动地服务全院乃至来自全国各地的科研人员；必须加快建设数字图书馆，更好地服务于经济社会发展；必须要持续改革创新，为加快构建中国特色哲学社会科学，加强中国特色新型智库建设起到新的重要推动作用。

《上海市城市总体规划（2017—2035 年)》明确提到，到 2035 年，每 10 万人拥有的图书馆要从现在的 2 座提升到 4 座。这一数据比例虽然是针对公共图书馆而言，但是对于专业图书馆亦有借鉴作用。上海社会科学院图书馆不但要提升馆藏的数量与质量，更要把图书馆建设成科研人员集休闲、研讨等多功能于一馆的"第三空间"。

奏响改革最强音，任重道远；挺立改革最前沿，使命在肩。上海社会科学院图书馆决心在以习近平同志为核心的党中央领导下，以习近平新时代中国特色社会主义思想为引领，坚持执行党中央改革开放的决策和部署，满怀激情，富于创新，勇于担当，将改革进行到底。

第15章　重庆社会科学院图书馆

一　机构概述及发展历史

重庆社会科学院图书馆（以下简称"院图书馆"）是为院科研、智库服务的学术辅助机构，是院信息化建设的职能机构。院图书馆成立于1987年3月，其前身是1982年成立的重庆市哲学社会科学研究所图书资料室。1998年2月院成立网络技术中心，与院图书馆合并组成院文献信息中心。2005年10月重庆社会科学院调整内设机构，再次更名为院图书馆。现办公地址坐落于重庆市江北区嘉陵江畔，馆舍位于重庆社会科学院科研大楼一层及负

图1　重庆社会科学院

一层，馆舍面积约 800 平方米。馆藏数字资源上百种，纸质图书近 8 万册，纸质报刊约 110 种，过刊合订本 1 万余册。

（一）起步发展阶段（1987—1996 年）

重庆社会科学院成立之初，首任院长蒋一苇先生高度重视院图书馆的建立和发展。在他的大力支持下，建馆资金、馆舍、人员、设备迅速落实到位，院图书馆很快建立起来。建立之初的馆藏文献数量极少，仅原社科研究所图书资料室留存几千册文献，因此藏书建设成为这一时期的发展重点。

10 年来，院图书馆本着谦虚、好学、勤奋、刻苦的态度，积极向全国社会科学院图书馆学习经验，不断加强藏书建设，抓好队伍建设。到 1996 年馆藏图书近 4 万册，其中港台图书约 1 万册。工作人员增至 6 名，其中图书情报等专业人才 4 名。院图书馆如一个蹒跚学步的婴儿，慢慢起步成长，逐步向前发展。但因起步较晚，与全国社会科学院图书馆相比，院图书馆在各方面仍然存在一定差距。

（二）改革发展阶段（1997—2012 年）

1997 年重庆建立直辖市，对院图书馆而言既是机遇也是挑战。当时的院图书馆存在很多问题，基础薄弱、管理不规范、制度不完善、思想观念存旧、服务意识淡薄、现代设施欠缺、管理手段落后，读者日益增长的服务需求与落后的管理服务之间的矛盾日益突出，院图书馆的改革创新之路势在必行。

1. 改革创新，制度先行

自 1997 年起，院图书馆陆续制定完善了书刊管理、书刊借阅、阅览室管理、资料复印等读者服务管理制度，以及图书采访、文献著录、参考咨询等工作细则。随着信息化建设和自动化建设的开展，逐步制定了计算机管理、网站管理、网络安全等信息化管理制度。一系列规章制度的制定和完善，使院图书馆逐步走上规范化、标准化、科学化的发展轨道。

2. 转变落后观念，创新服务模式

院图书馆积极探索创新服务模式，采取了一系列改革措施：转变"重藏轻用"的落后观念，1997 年实行书刊开架借阅，以提高文献资源的利用率；积极开发文献资源，1998 年创办编印首份二次文献《信息大视野》，主动开展信息服务；2004 年尝试开展有偿服务，对院内外课题实行有偿咨询服务，对外开放打印、复印服务，以激发院图书馆员工作的积极性；2009 年实行科研图书自主采购办法，将部分购书经费划拨到科研部门，根据实际需求自行采购专业图书，以提高图书采购的准确性、针对性。随着服务工作的不断创新，院图书馆逐步打破被动局面，服务意识逐渐增强。

3. 改革管理手段，推进信息化建设

20 世纪 90 年代，信息技术、自动化技术已在全国各类图书馆广泛应用，而院图书馆尚未配置电脑等现代设备，所有管理服务工作还处于手工阶段。滞后的硬件建设和落后的管理手段已完全不能适应现代图书馆的建设和发展。1998 年改革开放二十周年之际，重庆社会科学院顺应改革发展的新要求，成立院文献信息中心，将信息化建设提上日程。终于在 2000 年建成局域网络，接入国际互联网，随后陆续启动图书馆自动化建设、数据库建设，完成书目回溯建库，建成网站及各类业务系统。随着信息化建设的推进，现代技术逐步得到应用，院图书馆从传统逐步走向现代，管理手段和服务方式都发生了巨大变革。

（三）转型发展阶段（2013—2018 年）

党的十八大以来，我国进入全面深化改革新阶段，党中央和国务院高度重视智库建设。在中国特色新型智库建设新格局下，院图书馆要想长远发展必须转型。

1. 向数字图书馆转型

随着信息技术和数字信息的迅速发展，传统图书馆的管理服务方式已经无法满足当代读者的需求，更无法适应智库服务对图书馆的新要求，院图书馆必须向数字图书馆转型。早在 2011 年文化部、财政部共同推出"数字图书馆推广工程"之时，院图书馆就开始为数字图书馆建设打基础，2013 年院数字图书馆建设终于正式全面展开。将数字资源建设作为工作重点，采取资源共享、外购、自建相结合的方式，积极拓展资源建设渠道，丰富数字资源种类和数量。党的十八大以来，重庆社会科学院十分重视信息化建设，陆续启动 OA、科研管理、财务管理等多个信息化建设新项目，为数字图书馆建设创造了有利条件。院图书馆以此为契机，先后建成重庆大学共享资源 CDISS 平台、数字资源平台、移动图书馆三个资源服务平台，将院数字图书馆推上快速发展的道路。

2. 向智库服务转型

党的十八大以后，院图书馆调整目标定位，停止一切对外服务及有偿服务，将工作重点逐步转移到为智库服务上来。近年来，院图书馆积极主动探索新的智库服务模式，推动服务转型以适应智库建设的要求。在文献资源建设方面，根据智库课题具有专业性、前瞻性、时效性强的特点，加强对智库成果、预测分析、发展报告、统计分析、统计数据等方面文献资源的搜集，逐步调整馆藏体系，为智库提供可靠的文献资源保障体系。但由于相关技术、人员、经费等条件尚未成熟，还有多项服务工作目前仅在筹划过程中。下一步院图书馆将积极开展信息主动推送服务，逐步向嵌入式服务方式转变，积极推进智库服务支撑平台建设，逐步向智能化服务模式转变。

二　主要业务

院图书馆主要任务是围绕重庆社会科学院发展规划目标，为科研发展、智库建设提供文献信息保障服务和网络信息安全服务。主要业务有四项：一是文献信息资源建设。紧紧围绕院学科建设、课题研究开展图书、报刊、学位论文、会议论文、专题数据库等各类资源建设，为院科研发展和智库建设提供文献信息保障。二是文献信息资源管理。负责各类文献信息资源加工整理，包括纸质书刊的分编与流通，数字资源的整合与管理等。三是信息资源开发利用。依托馆藏优势，对文献信息资源进行开发利用，以二次文献、课题跟踪等方式开展信息服务，积极主动向有关领导及科研人员提供所需信息。四是网络安全与信息化建设。负责院信息化建设的规划和具体实施，包括院局域网络、网站及各类业务系统的建设，维护院各类信息化系统正常运行，加强网络安全风险防范。

三　主要成绩

院图书馆自成立以来，在改革开放大浪潮中把握机遇，勇立潮头，砥砺前行。回顾 31 年的改革和发展，在文献资源建设、数字图书馆建设、信息化建设、读者服务等方面取得了令人鼓舞的成绩，为重庆社会科学院的学科建设、科研发展、智库建设作出了积极的贡献。

（一）文献资源建设成绩突出

文献资源建设是院科研发展和智库建设的物质基础，院图书馆经过 31

年的发展，文献资源建设成绩突出，为院科研和智库发展提供了强有力的文献信息保障。主要体现在文献数量持续增加、资源种类日益丰富、馆藏结构日趋合理等方面。

自建馆以来，院图书馆文献资源几乎是从无到有，数量逐年增加，纸质文献从几千册增长到9万册，报刊数量最多达到580种/年。随着数字资源的普及，院图书馆对数字资源建设越来越重视。尤其在党的十八大以来，数字图书馆建设项目的启动使得数字资源建设飞速发展，可用中外文数字资源已达100多种。文献资源种类日益丰富，包含纸质、光盘、硬盘、网络等多种载体的中外文资源，专业配置以社科资源为主体，学科范围几乎覆盖了社会科学和自然科学的各个领域。

2000年以来，院图书馆结合地方经济文化发展特点，开展以三峡库区、抗战文献、重庆地方文献为重点的特色馆藏建设。虽然目前馆藏特色尚未形成，但院图书馆从未放松努力。在经费短缺的情况下，每年持续不断地从网络搜集大批经典数字图书，并将部分已经停版或不易购买的数字图书打印装帧成册。馆藏特色的形成并非一蹴而就，相信只要坚持不懈地努力，经过长期持续建设积累，馆藏特色定将逐步形成。

（二）数字图书馆建设取得成效

党的十八大以来，院图书馆积极推进数字图书馆建设，经过多年坚持不懈努力终于取得一定成效。主要体现在数字资源规模不断扩大、建设渠道不断拓展、服务平台初步搭建等方面。

近年来，院图书馆加强信息资源共建共享，积极拓展资源建设渠道，资源规模不断扩大。目前可用数字资源包括重庆大学图书馆大量的中外文共享资源，院图书馆补充购置CNKI、国研网、Wind、经济社会大数据研究平台、超星移动资源等各类专业数据库，以及自建的年鉴数据库、申请的各类试用数据库、搜集的国内外开放数据库。为整合海量数字资源，院图书馆逐步搭建起应用于不同网络环境、不同网络终端的数字资源服务平台。一是重庆大学共享资源CDISS平台，整合了重庆大学图书馆所有数据库；二是院数字资源平台，整合了全院购置的各类数据库以及试用、开放数据库；三是移动图书馆平台，该平台专用于手机等移动终端，可以随时随地为读者提供各类资料、馆藏信息、借阅信息等查阅服务。三个数字资源服务平台的搭建，使资料查阅打破了时间和空间的限制，有效地提高了资源利用率。

（三）信息化建设得到迅速发展

在历任院领导的重视和支持下，院信息化建设从配置第一台电脑开始，至今已发展20年。本着"稳打稳扎，徐徐图之，逐年推进"的建设理念，重庆社会科学院逐步建立起中心机房、局域网络、门户网站、业务网站以及图书馆管理系统、科研管理系统、安防系统、会议系统等一系列网络信息化系统，特别是党的十八大以来，随着对网络安全建设的日益重视，院信息化建设进入快速发展时期。

随着网络和信息技术的飞速发展，网络安全形势越来越严峻。近几年，重庆社会科学院采取了一系列措施着力提升网络安全防范能力。在院网络技术人才短缺的情况下，2015年起采取网络服务外包，借助网络公司的专业技术为院网络安全保驾护航；2016年建设保密网络机房，提高机要、财务、人事等保密网络系统安全防御能力；2017年重建院门户网站，开展网络等级保护测评，提高网站等级保护级别。多年来，院网络信息系统安全运行，从未发生重大网络安全事件。

党的十九大报告提出，要善于运用互联网技术和信息化手段开展工作。重庆社会科学院积极推进信息技术在管理和服务方面的应用。2017年启动了办公自动化、财务管理、科研管理等多个新的建设项目。2018年出台的《重庆社会科学院 重庆市人民政府发展研究中心2017—2021年发展规划》及《重庆社会科学院 重庆市人民政府发展研究中心新型综合高端智库建设实施办法（试行）》提出，未来五年重庆社会科学院将逐步建设智库综合服务平台和咨政研究平台，院信息化建设呈现出一片欣欣向荣的发展趋势。

（四）信息服务工作成果丰硕

院图书馆历来重视信息服务，积极推动文献资源开发利用，在1998—2016年期间，先后创办编印多份内部资料，以二次文献形式为有关领导及科研人员提供信息服务。其中《信息大视野》以二次文献摘编为主，紧紧围绕重庆社会科学院科研动态及社会热点难点问题，积极主动为有关领导及科研人员提供专题文献资料；《媒体信息简报》及时跟踪反映重庆社会科学院为社会服务、为政府决策服务的媒体宣传成果；《国际国内要情概览》全方位搜集国际国内政治、经济、社会、文化、军事等方面的热点信息，专送市相关领导及部门参阅。

院图书馆积极参与科研课题研究，主动开展课题跟踪服务。其中参与完成的国家软科学课题"后移民时期三峡库区社会发展战略和重大社会问题前瞻性研究"（项目编号：2010GXS5D257）获得2014年重庆市科技进步三等奖；参与完成国家"八五"重点项目"中国国情丛书——百县市经济社会调查：沙坪坝卷"[①]调研并撰写文章；参与完成国家社科基金项目"进城农民社会生活研究——'山城棒棒军'调查"（项目编号：96BSH015）调研并撰写文章；独立申报完成重庆市社会科学规划课题"重庆市精神文明载体建设研究"。

四　发展经验

（一）坚持走合作共享发展之路

党的十九大报告指出："发展是解决我国一切问题的基础和关键，发展必须是科学发展，必须坚定不移贯彻创新、协调、绿色、开放、共享的发展理念。"在科研系统图书馆经费投入普遍偏低的情况下，仅凭一己之力难以得到高质量发展，只有坚持走开放合作共享之路才是科学发展道路。

院图书馆信息资源共建共享始于2007年。当年文献资源建设经费只有10万元，文献资源根本无法满足科研人员的实际需求，数字资源更是匮乏，院图书馆因而倍受质疑。面对困难，院图书馆转变"等、靠、要"的思想观念，走出院门，走向高校，寻求资源合作共享。2007年成功与重庆大学图书馆展开合作，实现数字资源初步共享。党的十八大以来，院图书馆继续深化交流合作，积极拓展资源渠道。与重庆大学图书馆在文献传递、课题查新、信息咨询等多方面开展深入合作，与重庆图书馆在图书借阅、数字资源等方面开展共建共享，从而在资源建设方面取得突出成绩。事实证明，合作共享发展之路无疑是一条互惠互利的科学发展道路。

（二）借助外力弥补人才短板

党的十八大以来，党中央和国务院高度重视信息化工作，各行各业都在积极推进信息化进程，推进信息化人才建设。但因机构编制、工资待遇等多方面原因，院图书馆至今未能成功引进信息化专业人才。为了不影响院信息

---

① 李慎：《中国国情丛书——百县市经济社会调查：沙坪坝卷》，中国大百科全书出版社1994年版。

化工作开展，院图书馆积极借助外力，采取网络服务外包的方式，从信息化建设项目到日常网络维护全面实行服务外包，借助网络公司专业技术团队力量保证了院信息化建设项目顺利实施，确保了院网络信息系统安全稳定运行，有效弥补了院图书馆的人才短板。科研院所图书馆普遍存在人才短缺现象，在此情况下借助外力不失为一项行之有效的措施。比如信息化人才短缺的图书馆可以将网络服务外包，年购书数量较多的图书馆可以将图书分编加工整理工作外包，馆舍面积较大的图书馆可以将保洁工作外包，这些措施必将有力缓解人才短缺问题。

五 发展规划

根据院五年发展规划，院图书馆同步编制了《院图书馆 2017—2021 年发展规划》。力争到 2021 年，数字图书馆建设取得显著成效，馆藏特色初步显现，人才队伍建设取得突破性进展，信息服务能力得到明显提高，为院科研发展和智库建设切实发挥文献信息保障作用。未来五年将继续深化信息化建设，并按照"一网两平台"建设格局，整合建设重庆社会科学院门户网站，分期建设智库综合服务平台、重庆资政研究平台，从而提高管理与服务效率，帮助智库建设发现人才，促进智库成果应用转化，为政府科学决策提供强大的数据研究与分析。

第 16 章　河北省社会科学院社会科学信息中心

中国实行改革开放 40 年来，春风化雨，改变了中国，影响并惠及了世界，这 40 年是中华民族伟大复兴史上浓墨重彩的 40 年。党的十八大以来，以习近平同志为核心的党中央团结带领全国各族人民，承前启后，继往开来，奋力推进改革开放伟大事业，中国特色社会主义发展进入新时代，中华民族迎来了从站起来、富起来到强起来的历史性飞跃，开创了中国特色社会主义事业新局面。四十载波澜壮阔的改革开放，改变了我国社会生活的方方面面。在这个过程中，河北省社会科学院社会科学信息中心沐浴着改革开放的春风和阳光，也呈现出繁花似锦的景象。在此，就以河北省社会科学院社会科学信息中心改革开放以来的建设发展为线条，进行简要回顾和思考。

一　改革开放推动河北省社会科学院社会科学信息中心蓬勃发展

改革开放以来，河北省社会科学院社会科学信息中心进入了一个快速发展的时期，为社会科学事业的发展作出了积极的贡献。

机构概述及发展历史的变迁

河北省社会科学院社会科学信息中心（原院图书馆，以下简称"社科信息中心"），是为院科研人员及干部职工的科研活动提供文献信息服务的综合性学术机构。负责社会科学文献的搜集、存储、开发、利用与整合；负责河北省社会科学院局域网络和网站的建设、维护和管理；为省委、省政府及省直有关部门提供信息咨询服务；为满足社会广大读者的需要，向社会开放，为社会公众服务；为领导机关、研究部门和社科研究人员提供省内外社科界研究情况，开展国内外学术交流活动。社科信息中心的主要工作任务，是立足本院、面向全省及全国，为发展社会科学研究工作和繁荣社会科学事业提供及时可靠的文献信息支持。社科信息中心的发展历程大致分为四个阶段：

1. 图书资料室阶段

1963 年 11 月在天津成立河北省哲学社会科学研究所，同时建立图书资料室。1966 年 5 月该所由天津迁往保定。"文化大革命"期间停办。1977 年恢复河北省哲学社会科学研究所，图书资料室随之恢复（办公地点设在河北省革命委员会警卫连驻地的十间房内，现为石家庄市维明南大街 31 号）。1980 年搬到石家庄市南马路 244 号（现裕华西路 90 号，2008 年底拆除），当时资料室的使用面积为 220 平方米。

2. 图书馆阶段

1982 年 9 月由图书资料室改建为图书馆。在图书资料不断增多、管理需要完善的情况下，1986 年院党组决定，图书馆设图书采编部、期刊阅览部、图书流通部。馆舍面积增至约 460 平方米。1989 年图书馆随院搬入新竣工的综合办公大楼（石家庄市裕华西路 67 号）。办公大楼的一楼为图书流通部；二楼为采编部和新增设的参考咨询部；五楼为馆长办公室、期刊阅览部。图书馆的使用面积增至约 1800 平方米。

3. 图书情报中心阶段

1991 年 6 月情报研究所并入图书馆，组建"河北省社会科学院图书情报中心"，下设采编部、流通部、期刊部、参考咨询部、情报室，另设文印室，有计算机两台。1993 年增设办公室、开发部（1994 年撤销）。1998 年 7 月，局域网覆盖到各处所，图书情报中心成立网络部。2000 年 2 月，撤销情报室，增设技术部。同年 4 月，图书情报中心着手进行图书馆管理自动化建设，购置丹诚 DT1000 图书馆集成化管理系统，以技术部牵头，抽调中心主要力量，对馆藏书刊进行回溯建库。2001 年 3 月，完成了除线装书以外的书目数据录入，建立了书目数据库检索系统。2001 年 4 月，社科信息楼竣工。5 月 1 日开始图书情报中心由综合办公楼向信息楼搬迁，5 月 10 日搬迁工作全部完成，及时对读者开放。

4. 社科信息中心阶段

2001 年院内机构调整时，在原"图书情报中心"的基础上成立"社科信息中心"，作为科研服务综合性学术机构。信息中心一楼设有社科成果库，二楼设有图书流通部、采编部；三楼设有期刊部；四楼设有中心正、副主任办公室；网络部、技术部（2002年4月更名为信息开发部）、参考咨询部。2004年6月，撤销参考咨询部、信息开发部；成立多媒体编辑部、综合数据部；流通部更名为图书部。此时，中心一楼为社科成果库；二楼为图书部流通借阅室、采编部；三楼为期刊部、中心主任办公室；四楼为中心副主任办公室、中心秘书办公室、图书部古籍和工具书借阅室、计算机信息检索室、网络部、多媒体编辑部、综合数据部，2008年7月后，多媒体编辑部、综合数据部撤并为信息开发部。整体布局合理，功能齐全，为读者提供了舒适、安静的借阅环境，可提供参考咨询、阅览、外借、情报检索、用户培训、馆际互借、文献复制等多类型、多层次的服务。

二 文献信息服务与时俱进 业务范围不断拓展

改革开放40年，是社科信息中心各项服务功能逐步完善、服务设施不断更新、文献资源逐步丰富的快速发展时期。

（一）读者服务水平显著提高

改革开放迎来了社会科学研究的春天，科研人员对文献的需求与日俱增，而社科文献又具有数量庞大、类型复杂、文种多样、内容交叉、更新期长短不一、信息量极大等特点，信息中心的读者服务工作，秉承"读者第一，服务至上"的理念，对传统的服务方式不断地改进和发展。图书阅览采取开放式服务，文献全部开架，读者直接取阅，实现了读者和文献的零距离接触。社科信息中心工作人员全部掌握计算机基础知识，具备了应用图书馆自动化管理系统的基本技能，自1991年只有两台计算机起至今，逐步完成了由传统服务方式向现代服务方式的转变，从纸本手工检索服务转入网络信息资源服务，信息检索与利用作为必修课纳入社科信息中心业务培训内容，进一步拓展读者信息服务形式，这些举措使得社科信息中心的业务、管理、服务层次和水平迈上一个新的台阶。

（二）信息中心的服务方式更加规范

1. 馆内阅览；
2. 书刊外借；

3. 馆际互借；

4. 缩微阅读和文献复制服务；

5. 文献检索和参考咨询服务；

6. 社会科学信息研究与开发；

7. 社会科学成果管理与开发；

8. 光盘信息检索；

9. 多媒体阅览及制作；

10. Internet 浏览；

11. 河北省社会科学信息资源的开发、建设和利用；

12. 计算机和网络技术服务。

（三）部门职能更加完备

截至 2018 年底，社科信息中心设有采编部、图书部、期刊部、网络部、信息开发部等 5 个业务部门。各部门职能如下：

1. 采编部：负责中外文图书（含电子版及其他形式）的采编工作，负责新书通报的发布，管理河北省社会科学成果库。

2. 图书部：管理图书借阅室、工具书和古籍阅览室，负责中外文图书的外借和阅览工作并承担相应的参考咨询工作。

3. 期刊部：管理期刊借阅室，负责中外文报刊的外借和阅览工作，负责中外文报刊的采编、记录和催补工作，并承担相应的参考咨询工作。

4. 网络部：维护网络运行安全，负责网站的维护和管理；负责院网站部分栏目的信息采集和更新工作；负责图书馆自动化管理系统的维护；负责维护信息中心内部计算机设施。

5. 信息开发部：制作经济、社会、法律等应用学科的基本统计数据、制作本院科研论著、河北省社会科学成果库论著、马列主义基础理论、文史类论著索引及全文文本；负责院网站社科院概况、社科院领导、专家学者、机构设置、政策法规、规章制度、社科成果、推进农村小康社会建设专题、社科信息中心学术探讨等栏目的信息采集和更新工作；负责院数字资源与管理系统、院互联网信息资源整合系统。搜集、整合网络资源的专题数据。承担相应的参考咨询工作。

三 社科信息中心的文献服务资源日趋完善

（一）馆藏情况及特色

截至2018年，社科信息中心收藏文献总量（纸质文献与电子文献之和）已达65.05万种，82.90万册。其中，中文纸质图书8.3万种，20.2万余册；外文图书3044种，3799册；线装书1319种，其中包括古籍600种，计2.1万册；中文期刊2944种，2.68万册；中文报纸约100种，1.3万册；外文期刊约100种，3000册；2008—2018年加大了电子文献的收藏，现拥有声像资料、电子文献56.7万种，56.7万余册。

经过多年的积累，中心已建立了适合社科研究需要的有特色的藏书体系，以文、史、哲类图书资料较为丰富，藏有文渊阁《四库全书》（影印）、《续修四库全书》（影印）、《古今图书集成》《宛委别藏》《丛书集成初编》《丛书集成续编》《近代中国史料丛刊》《近代中国史料丛刊续编》《四部丛刊》（初编、续编、三编）、《四部备要》《民国丛书》（一、二、三、四、五编）、《历代笔记小说集成》等大型类书；有《畿辅丛书》《中国方志丛书》（华北地方）等河北地方文献和燕赵文化研究资料；还有《申报》《大公报》《前锋》《战士》《解放》《盛京时报》《民国日报》《晋察冀日报》《新青年》《东方杂志》等影印报刊；藏有称为背书的《宋人轶简》影印本，以及河北高阳碑刻拓片238通360余张等。包括中外文图书、期刊和报纸合订本、音像制品以及计算机文档等在内的多种类型、多种载体的特色馆藏。形成了以古籍、地方文献为特色的多个学科并藏不悖、交叉有序的社科文献资源集散地，以及集思想性、科学性、学术性、综合性于一体的丰富馆藏体系。

（二）基础建设

社科信息中心设施、设备不断更新，得益于改革开放的成功。对社科信息中心的事业来说，社会经济的腾飞最显著的影响是促进了社科信息中心基础建设的投资，在馆舍的建设上也有了更多的资金。2001年5月，是社科信息中心发展历程中的一个新的里程碑——建筑面积6581.91平方米的新址正式启用。新馆舍的建设是百年大计，它不仅是馆舍的新旧交替，也是对包括服务、管理在内的社科信息中心各项工作的全方位变革。改革开放后的社科信息中心（图书馆）使用面积由原来的1800平方米扩展到3600平方米，各种设备随之增加并趋于完善。到2018年底拥有5层层高32厘米的双柱单、双面书架473组；6层层高35厘米密集架265.5组；期刊架32组；书柜158个。从20世纪90年代起，图书馆的自动化、网络化建设取得了重要进展，经过20年的发展，逐步建立起比较先进、完备的信息基础设施。社科信息中心增设了电子阅览室，增添了服务器、激光打印机、投影仪、扫描仪、门禁系统、光盘网络查询系统，先后引进了丹城、ILIS图书馆集成管理系统等设施。

（三）经费

改革开放40年来，河北省社会科学院各级领导都非常重视社科信息中心的建设和发展。尤其是近些年，在经费紧张的情况下，尽量保障图书购置和网络维护经费的使用。社科信息中心对经费的使用，本着精购、购好文献资料的原则，最大限度地围绕科研所需用好每笔钱。为此采取了一些措施，如：请科研人员参与选书、精心筛选报、刊，等等。2018年信息中心的经费85万余元，为历史最高额。

（四）人员结构

社会科学工作者肩负着繁荣和发展哲学社会科学理论的艰巨任务，他们十分需要社科信息中心为其科研提供专业深层次的现代化服务。改革开放后，在社科信息中心基础建设快速发展的同时，专业技术队伍建设、学科研究建设也同时跟进。虽然社科信息中心在各方面都有了长足发展，但人才匮乏仍然是当时社科信息中心发展的瓶颈。各级领导意识到专业人员的匮乏阻碍了社科信息中心的事业发展，于是人才储备先行的理念油然而生。针对社科信息中心人员的实际情况，走出去、请进来，举办多形式、多学科、多内容的业务学习和培训，这些举措的实施，极大地鼓舞了社科信息中心工作人员积极向上的工作热情和学习劲头。社科信息中心服务也随着人员素质的提高而深入。经过多年的自身培养与人才引进，社科信息中心人员的学历、职称结构发生了巨大的变化。截至2018年底实有人数21人。

表1　　　　　河北省社会科学院社会科学信息中心人员构成一览表

类别		人数	占总人数的比例
性别	女性	13	57%
	男性	8	43%
学历	博士研究生	2	10%
	硕士研究生	3	14%
	大学本科	16	76%
职称	正高	3	14%
	副高	5	24%
	中级	8	38%
	初级	3	14%
	其他	2	10%
合计		21	100%

四　现代化网络及数字资源建设

（一）现代化网络建设

社科信息中心网络建设乘着改革开放的东风，于1996年开始逐步加大了对多媒体服务设施和资源的投入。1997年7月，第一批加入河北互联网，1998年8月，局域网覆盖到各处所，购置DELL服务器1台、计算机4台，建成社科院首期局域网。该网是河北省政府网二期工程单位之一，实现了与省直入网单位、省人大、省政协和全省各市的网络互联和资源共享，并可以访问国内、国际网站。当时网络传输媒介是微波，微波的转发器在科研楼的楼顶，5家单位共享0.5M宽带。经过1999年的再次网线改造和2001年信息楼局域网的建设，信息中心网络分为内网和外网两部分，内、外网之间实行完全物理隔离。有7台服务器，1台中心交换机，8台分组交换机，400个接入点。这一年以丹诚DT1000图书馆集成化管理系统为基础的社科信息中心计算机局域网已经建成开通，实现了采访、编目、流通、公共查询的计算机管理和文献信息网络化服务。2003年又一次实施网线改造，同时进行院局域网内、外网新网建设（包括网络工程设计、施工、安装、调试和系统软件设计、安装、调试及网站主页编辑、调试等），增加网络接口366个，实现了全院自由接入院局域网。到2004年底，社科院互联网的接入介质改为光纤，带宽10M，是1998年的100倍，网络的接入容量有了大幅度提高。

2005年，为了解决设备老化和技术问题，信息中心投入了相当的财力，更换了一批有问题的交换机以及UPS主机和电池，保证了局域网的通畅；购买了7台计算机，解决了技术人员缺少供设计使用的较高配置计算机的问题；新增磁盘阵列，完成数据存储设备的扩容，使全院数据存储能力提高了1倍，由原来的1T增加到2T，及时对全院数据资源进行了更新，保证了对科研人员的信息服务。2006年，先后更新防火墙1个、交换机6台、江民公司KV网络版杀毒软件（300点），保证了院局域网的正常运行。同年，为进一步加强院网站的功能，信息中心委托国能科诺公司对院网站进行了重建。2007年底，实现了在全国各社会科学院图书馆相同或不同类型数据库间均可进行数据的实时检索、实时下载和上传功能，可以共享中国社会科学院的143万多条书目数据。全国社会科学院联合编目中心的BBS论坛，现开设在社科中心服务器上。2008年利用10万元设备更新专款，更新了图书馆自动化系统服务器，实现了图书馆自动化系统及数据的顺利移植，保证了所有图书数据的安全。对清华同方CNKI数字期刊及重要报纸数据库资源进行了多次数据更新，同年11月开始使用"趋势科技网络版杀毒软件"，保证了网络安全。2015年使用ILAS现代图书馆系统，管理中文图书16万余种与大量中文期刊、外刊、外文图书。在数据库的使用上，实现了在院局域网上免费使用信息中心引进的各种数据库资源。全院由2000年只有科室有上网电脑，到每位工作人员都有台式机，副高职以上人员配置笔记本，全院接入上网电脑600余台。为方便科研人员在外使用院内数字资源，购置了远程访问系统，即使不在院内也可通过该系统使用本院内部数字资源。网速由2000年的512K增加到2008年的10M，再到2018年100M，带宽多增加200倍，上网速度发生了质的飞跃。新的技术设备，特别是计算机的引进和现代化网络的建设，改变了传统的管理方式和服务手段，使社科信息中心在网络化、现代化建设方面有了长足的进展。

（二）数字文献资源建设

随着社科信息中心内部业务操作的自动化和图书资料内容的数字化，社科信息中心文献收藏逐步向电子化迈进。近年来，社科信息中心不断增大购置电子资源经费投入的力度，加强数字资源的建设，截至2018年年底，信息中心数字资源的数据量达到了3.5T。

1. 外部数字资源的引进

1998年购买了《中国学术期刊全文数据库》1997—1998年的数据，1999年补购1994—1996年的数据。现拥有《人民日报》《中国法律法规大全》等一批光盘资料和读物。2003年，购置了清华同方TPI数字资源建设系统，并着手建设有本院特色的专题数据资源。2004年4月购进了北大方正Apabi数字图书馆管理平台；下半年，又引进清华同方的《中国重要报纸全文数据库》，至此，清华同方CNKI的两大重要产品《中国期刊全文数据库》和《中国重要报纸全文数据库》在社科院都有了镜像站点，为用户利用网络电子信息资源提供了便利。读者通过这些平台，可以查阅下载国内重要报纸，自2000年始的文史哲、政治、军事法制、经济、教育、社会类的文章230多万篇。购进3000余册的电子书，建成了河北省社会科学院数字图书借阅首期工程，迈出了中心数字图书馆建设的第一步。2005年购进了金报兴图电子年鉴全文检索系统和电子年鉴数据73种、633卷，实现了年鉴的电子化；并购置了《人民日报》（1946—2004）网络版全文检索数据库以及3500册的电子书。2006年续订了《中国学术期刊全文数据库》（CNKI）回溯数据，范围由所收期刊的创刊号至1996年的数据，中心购入回溯库以后，加之2007年、2008年续订的、每月更新的《中国学术期刊全文数据库》（CNKI）数据，用户可以查到所收期刊由创刊号始的后续全部数据。2008年调整后的电子年鉴数据72种、776卷。多年来，数字资源的不断引进，扩展了院数字信息资源，大大增加了院网的数据量，为全院各单位利用网络电子信息资源提供了更多的便利。2008—2018年购置56.7万册电子书，更新和补充了北大方正电子年鉴数据，进一步丰富了图书信息资源。

2. 内部数字资源的建设

1998年，可提供光盘数据检索、因特网检索、多媒体光盘阅读的电子阅览室建成并投入使用。2000年集中力量进行馆藏书目数据库的回溯建库，建成《河北省社会科学院馆藏书目数据库》，有各类馆藏书目数据8.76余万种。社科信息中心积极建设有自主知识产权和本院特色的专题数据资源，2004年建设了《河北省社会科学院学者电子文库》和《马克思主义理论研究专题数据库》。2005年建成《河北省"一线两厢"战略决策基本数据库》，收录综合数据287万字；《河北宗教研究专题数据库》20万余字。2006年建成《馆藏拓片全文数据库》16万字，图片270多幅；《党的三代领导人文集全文检索数据库》200万字；《畿辅丛书目录》的电子表格化，古籍电子文本《续资治通鉴长编拾补》。2007年《畿辅丛书》（部分内容）电子数据。2008年建成《沧州渤海新区专题数据库》，汇集各类相关信息约计26万字。2008年至2018年对"河北省社会科学院学者文库"不断进行完善、整理和更新，更新数据900万余字。

五　学术研究与科研创新硕果累累

作为综合性学术机构的社科信息中心，无论是在图书馆时期、图书情报中心时期，还是社科信息中心时期，历来重视学术研究和学术交流，鼓励大家积极参与科研活动。学术研究所涉及的学科多样，如：图书馆学、情报学、信息技术、网络技术、历史学等学科，在不断的研究和探讨中取得了丰硕成果。

（一）科研成果

表2　　河北省社会科学院社会科学信息中心历年科研成果一览表

单位：万字

项目年份	单位名称	著作	字数	书稿	字数	论文	字数	调研报告	字数	其他	字数	合计	字数
1977—1984	图书馆	0	0	0	0	1	0.59	0	0	0	0	1	0.59
1985	图书馆	0	0	0	0	2	0.69	0	0	1	0.37	3	1.06
1986	图书馆	0	0	0	0	1	0.47	0	0	3	2.79	4	3.26
1987	图书馆	0	0	0	0	2	0.5	0	0	4	16.6	6	17.1
1988	图书馆	0	0	0	0	3	1.6	1	0.9	4	10	8	12.5
1989	图书馆	0	0	0	0	7	3.1	0	0	3	1.8	10	4.9
1990	图书馆	0	0	0	0	8	3.43	0	0	3	1.2	11	4.63
1991	图情中心	1	13	0	0	8	3.86	0	0	13	2.95	22	19.81
1992	图情中心	1	89.8	2	2.5	4	1.33	0	0	2	0.18	9	93.81
1993	图情中心	0	0	0	0	4	1.8	0	0	2	2.2	6	4
1994	图情中心	0	0	0	0	8	2.97	2	1.1	3	9.8	13	13.87
1995	图情中心	0	0	1	18	4	1.88	0	0	9	19.74	14	39.62
1996	图情中心	0	0	1	12	9	3.58	1	0.27	4	3.48	15	19.33

续表

项目 年份	单位 名称	著作	字数	书稿	字数	论文	字数	调研报告	字数	其他	字数	合计	字数
1997	图情中心	0	0	0	0	4	1.13	0	0	6	2.74	10	3.87
1998	图情中心	0	0	1	1.10	0	0	0	0	0	0	1	1.10
1999	图情中心	0	0	1	4.50	6	3.92	1	0.60	3	2.44	9	9.49
2000	图情中心	1	43.3	1	5	4	1.50	0	0	2	1.09	8	50.44
2001	社科信息中心	0	0	0	0	4	0.97	0	0	8	65.82	12	66.85
2002	社科信息中心	0	0	0	0	5	1.17	2	0.43	0	0	7	2.14
2003	社科信息中心	0	0	0	0	3	0.63	0	0	6	7.95	9	9.58
2004	社科信息中心	0	0	0	0	12	6.06	1	0.41	0	0	13	6.47
2005	社科信息中心	1	22	0	0	11	5.56	0	0	1	0.17	12	27.73
2006	社科信息中心	1	21	0	0	9	4.60	0	0	0	0	10	25.60
2007	社科信息中心	0	0	0	0	10	4.08	0	0	0	0	10	4.08
2008	社科信息中心	1	40	0	0	6	2.54	0	0	0	0	7	42.54
2009	社科信息中心	0	0	1	2.40	11	5.11	2	2.45	3	1.76	17	11.72
2010	社科信息中心	0	0	0	0	16	7.90	0	0	0	0	16	7.90
2011	社科信息中心	0	0	1	15	12	6.51	1	1.31	0	0	14	22.82
2012	社科信息中心	1	18.00	0	0	10	5.33	2	3.36	3	8.94	16	35.63
2013	社科信息中心	0	0	0	0	15	11.50	1	0.40	0	0	16	11.90
2014	社科信息中心	0	0	0	0	13	8.40	0	0	0	0	13	8.40
2015	社科信息中心	1	110.0	0	0	3	1.42	0	0	0	0	4	111.4
2016	社科信息中心	0	0	0	0	2	0.93	0	0	1	5.20	3	6.13
2017	社科信息中心	1	8.20	0	0	3	2.37	0	0	0	0	4	10.57
合计		9	365.3	9	60.5	220	107.43	14	11.23	84	167.22	333	710.84

(二) 科研活动

改革开放以来,在图书馆界、社科情报界,学术交流蔚然成风,有力地推动了行业内的学术交流,学科的整体学术水平突飞猛进。作为省级社科信息中心,坚持内外并举,加强与图书馆界、社科情报界等跨区域学术组织的联系与协作,组织参加各种形式的学术研讨会、征文活动。在全中心创造了浓厚的学术研究氛围,改革开放至今,参加国际学术交流10余次;国内学术活动40余次;本地区学术会议15次;由社科信息中心主办的跨区域大型学术研讨会共 4 次。

结　语

改革开放 40 年来，无论是在图书馆阶段、图书情报中心阶段，还是如今的社科信息中心时期，河北省社会科学院社会科学信息中心的工作人员，甘守清贫和寂寞，辛勤工作，无私奉献，在财力、物力、人力资源有限的情况下，历经几代人的开拓创新，建设了今天服务范围广、服务网络健全、在全院具有不可或缺之作用的科研信息服务体系，极大地满足了院内外社会科学研究人员的需求，为河北省社会科学研究事业的繁荣与发展作出了应有的贡献。

第 17 章　山西省社会科学院图书馆

一　机构概述及发展历史

　　山西省社会科学院图书馆（以下简称"图书馆"）是以服务科研工作为主要任务的院直属部门。其前身为 1959 年成立的中国科学院山西分院哲学研究所（后改称为山西省哲学社会科学研究所）资料室。1970 年撤销，1978 年图书资料室重新组建，1981 年 10 月改为山西省社会科学院图书馆，

图 1　山西省社会科学院图书馆

1986年迁入太原市并州南路116号，馆舍面积4435平方米。2012年山西省社会科学院进行整体改造工作，原图书馆建筑拆除，并开始建设图书馆新馆，新馆建筑面积5769平方米，馆址位于太原市小店区大昌南路14号山西省社会科学院院内。2017年10月，图书馆新馆主体施工完成，进入内部装修及配套设施完善阶段，2018年5月30日，图书馆开始整体搬迁，2018年10月19日，图书馆新馆正式向科研人员开放。

图书馆现设有采编部、文献流通部、期刊部、科技部、谱牒部等5个业务部门。新馆设有中文、外文、古籍、报刊等书库，及现刊阅览室、电子阅览室等。图书馆现有工作人员12人，其中研究员1人，副研究馆员4人，高级职称共5人，中级职称4人，初级职称2人，行政人员1人。首任馆长朱兆瑞（1981—1989年），现任馆长李书琴（2012年至今）。

二　业务工作综述

图书馆以"为科研服务"为中心，坚持"立足当前，兼顾长远，保证重点，照顾一般"的原则开展馆藏建设，现收藏图书文献总量21万余册，其中中文图书106800余册，外文图书5000余册，古籍线装书15000册，合订本报纸期刊16000多册，山西省各版本的地方志微缩胶卷129部，收藏有300多个姓氏、7000多部、4000多盘（每盘3000个画幅）约7万余册姓氏谱牒资料。家谱资料收藏位居全国前列，其研究成果和服务手段也名列前茅，在海内外有较大影响。

作为地方社会科学院图书馆，在馆藏建设方面，图书馆秉承以山西特色的地方文献为主、兼顾社科类重点图书的收藏原则，藏有《山西通志》《山佑丛书》《山西文史资料》《山西年鉴》《山西经济年鉴》《山西统计年鉴》山西各县县志及山西省各种主要报刊、图书；还藏有文渊阁《四库全书》《四部丛刊》《四库珍本》《丛书集成》《古今图书集成》等以及全国各省市自治区的《中国方志丛书》1362种。

近年来，图书馆不断丰富数字资源，充分利用现代化手段，为全院科研工作者快捷、准确地查阅各类数字资源以及国际互联网信息提供了方便和保障，主要的数字资源有清华同方学术期刊、博士论文、重要会议等全文数据库，方正阿帕比数字图书馆资源，《人民日报》光盘、人大复印资料光盘等。结合全院、全馆实际，充分利用馆藏资源，为科研人员提供定题服务和跟踪服务，以及山西地方文献服务，为科研人员开展国家社科基金项目研究及省级重大课题、一般课题研究提供了文献信息保障，极大地满足了科研工作者的需求。同时，图书馆加入了全国文化信息资源共享工程，开展网上信息咨询服务，加强图书馆人员与科研部门的定向定题服务工作，使图书馆人员的信息服务成为科研工作的一个重要环节，让图书馆人员参与到科研工作中，在最终成果中体现图书馆服务的价值。

2012年以来，图书馆受院整体改造工作的影响，难以维持正常的图书借阅，为此，图书馆拓宽思路，另辟蹊径，加大了电子资源的建设力度，先后采购电子图书3.86万册，在订购了中国知网博士、硕士论文数据库的基础上，购买了超星读秀数据库、超星电子阅读机，千方百计满足科研人员特殊时期的文献信息需求。同时，强化与科研部门的合作，及时了解国内外社科研究最新动态，为科研理论创新提供信息支持。采编部门广泛征求科研人员对文献信息收集的意见和建议，用有限的图书经费采购新书、好书，圆满完成图书的采编任务，最大限度地满足科研课题的需求。不断加强家谱资料的收集、整理力度，丰富家谱收藏，家谱数字化工作同步推进，谱牒学研究逐步深入，为把谱牒学打造成山西省社会科学院的优势学科奠定了基础。

三　重要出版物及学术成果

改革开放40年来，山西省社会科学院图书馆事业蓬勃发展，取得了一些成绩。已编印出版的书目成果有：山西省社会科学院家谱资料中心与巴蜀书社联合编辑出版的《中华族谱集成》；参加编写《山西文献总目提要——谱牒类》；山西省社会科学院家谱资料中心主编的《中国家谱目录》；参与中国社会科学院文献信息中心课题《中国社会科学文献题录》，编写《山西省社会科学文献题录》；点校《清凉山传志选粹》；2006年编辑出版了《谱牒学论丛》第1辑，收录论文41篇，共35万字。著名历史学家李学勤为《论丛》作序，并来信称赞："《论丛》印制精好，内容充实，说明你们已成为国内这一学科的中心。"从2006年至2016年《谱牒学论丛》先后编辑出版了7辑。

图书馆专业人员立足科研，紧密结合工作实际，在图书馆改革、图书馆情报职能和情报服务、图书分类学、藏书建设、读者工作、图书馆科学管理、

图 2　山西省社会科学院图书馆重要出版物及学术成果

网络化与数字图书馆、目录学和校勘学以及工具书等方面进行了积极的探索研究。关于图书馆改革的代表性论文有：《试论地方社会科学院图书馆的改革问题》《市场经济条件下地方社会科学院图书馆改革的思路》《新时期地方社会科学院图书馆现状与对策研究》；图书情报职能和情报服务研究的代表作有：《社科研究系统图书馆情报服务探析》《论图书馆的社会科学情报服务》；图书分类学研究的代表作有：《关于中文古今图书统一分类问题初探》；图书馆藏书建设研究的代表作有：《试论社会科学院图书馆藏书建设》《增强信息意识与开发信息资源》《对社科图书馆文献信息开发利用的思考》《论图书馆网络信息资源的整合》；关于数字图书馆研究的代表作有：《近年来我国数字图书馆研究概论》；会议论文有：《论社科图书馆人才队伍建设平台的构建》《论学科建设与社科图书馆创新服务》《大数据背景下社科图书馆创新服务探析》。

四　山西省社会科学院图书馆发展展望

改革开放40年来，在山西省社会科学院党组的领导下，随着哲学社会科学的繁荣发展，图书馆紧跟时代发展的步伐，逐步实现了从传统图书馆到现代图书馆的过渡。回顾图书馆40年来的发展历程，不难看出，图书馆事业的发展与经济社会的发展，特别是各级领导的重视程度密不可分。近年来，图书馆在硬件设施建设上取得了很大的突破，由原来的4000平方米扩展到近6000平方米、由原来与行政办公大楼在一起到单栋独立的现代化建筑，充分彰显了山西省社会科学院领导对图书馆事业发展的重视，图书馆已经成为山西省社会科学院标志性建筑。在图书馆新馆建设过程中，院领导明确表示要把图书馆建设成为能够满足科研需求的信息中心、科研人员的活动中心。目前，山西省社会科学院正处在发展的转型期和重要战略机遇期。在此重要时期，图书馆牢牢抓住这一难得的历史机遇，以科学发展观为统领，围绕全院社科研究事业发展目标及科研需求，以服务科研、服务优势学科建设为中心，以强化信息资源建设为依托，以拓宽服务渠道、创新服务方式为理念，立足本馆实际，坚持自主创新和人才培养战略，为山西省社会科学院社会科学研究提供强大的信息支撑，进一步提升文献信息资源建设质量和文献信息服务能力，为山西省社会科学院哲学社会科学研究作出应有的贡献。下一步图书馆将重点从以下三个方面开展工作：

（一）努力建设现代化的科研信息服务中心

现代化的科研信息服务中心建设，是图书馆"十三五"规划的总体目标，是实现图书馆事业跨越式发展的必由之路。因此，图书馆应顺应时代的发展以及学科建设的需要，实现传统信息服务向现代信息中心的过渡，要在丰富、整合馆藏文献资源的基础上，根据科研工作的需要，不断加大数字馆藏的力度，有针对性地收集适合于社科研究、方便科研人员查阅的电子馆藏，同时要建设、开发、应用虚拟馆藏。要在现有数据库的基础上，增加部分知识容量大、社科信息新的数据库，把图书馆打造成名副其实的现代化的科研信息中心。在未来几年，图书馆将充分开发利用特殊馆藏资源，在家谱特色馆藏数字化建设上下大力气，这是做大做强图书馆事业的一个重要的突破口和重大工程，对谱牒学和民族文化研究以及海内外华人华侨寻根谒祖都有着特殊的意义。同时，图书馆要对现有资源进行有效整合，采取以数字资源为主、纸质资源为辅的信息资源配置方针，要重点收藏科研人员急需的信息量大、信息面广、信息内涵深的数字资源，使科研人员能够及时得到理论前沿的数字信息，同时要突出山西地方特色，兼顾具有宏观性、基础性、实用性、工具性文献的收藏。数字图书馆建设要突出重点、量力而行。积极开展回溯建库工作，将回溯建库作为今后三年的一项重要工作来做。对普通图书、过期报纸和合订期刊的著录，要保证数据的统一、完整，以尽快实现同其他兄弟社科院的文献信息资源共建共享。

（二）逐步实现图书馆"三个现代化"

1. 图书馆硬件设施现代化

新馆投入使用在即，在硬件设施建设上，图书馆要参考其他各馆在图书馆现代化建设中的经验，硬件购置要看得远，目标设置要高，细节处理要严。目前，图书馆已与金盘公司签订购买合同，采用金盘图书馆软件系统来代替 ECO 图书馆软件系统，图书馆馆内硬件配置正在进行中。

2. 图书馆专业队伍现代化

近年来，由于馆内老同志的退休及部分职工的调离，使得图书馆专业队伍出现了青黄不接的现象，再加上图书馆专业队伍年龄普遍偏大，没有形成梯队，各项业务工作的开展难以为继。因此，强化专业队伍建设，增加新鲜血液、实现人的现代化已经成为图书馆队伍建设的当务之急。未来几年，图书馆要把专业人才的引进和现有队伍的培养作为首要任务，要根本改变传统的图书馆服务观念，用现代化图书馆观念武装专业人员，从专业人员的服务水平和业务素养着手，采用馆内培训与馆外培训相结合的方式，力争使专业队伍适应现代化图书馆工作的需求。优化专业队伍结构，积极引进既懂专业知识，又熟悉计算机管理的专业人员，增加图书馆专业技术人员个数，逐步打造一支具有较高业务素养、具备较高服务能力、具有超前服务理念的现代化的专业队伍。

3. 努力实现图书馆服务、管理现代化

图书馆要转变服务方式，提高服务能力，要采取走出去，请进来的方式，变被动服务为主动服务，积极开展一次文献、二次文献、参考咨询和定题检索、课题跟踪等服务，节约科研人员资料收集时间，以服务质量促进科研工作效率，加快科研进度。适时引进学科馆员制度，鼓励有能力的馆员把服务嵌入科研工作，为科研提供全方位的知识服务，真正成为科研工作的一员，并借助图书馆的馆藏优势、电子资源以及自身的知识素养集中为某一领域、某一学科提供资源信息，将服务内容与整个科研过程结合起来，为科研工作作出贡献。同时要加强制度建设，以制度促发展、促繁荣，要从制度管理创新入手，改变传统的管理模式，大胆创新，逐步建立一套能够适应现代化图书馆发展需求、能够调动馆员工作积极性的行之有效的管理机制与内部考核机制。

可以预见，随着图书馆新馆的开放，图书馆的各项工作必将更上一层楼，必将为山西省社会科学院哲学社会科学发展作出新的更大的贡献。

第18章　内蒙古自治区社会科学院图书馆

一　机构概述及发展历史

内蒙古自治区社会科学院图书馆（又叫内蒙古社会科学院图书馆），成立于1979年，是自治区社科研究系统历史最长、藏书最多、特色最鲜明的文献信息机构。该馆是在20世纪50年代的内蒙古蒙古语文研究会、内蒙古历史语言文学研究所、中国科学院内蒙古分院、内蒙古语文工作委员会图书资料室的基础上逐步建立发展起来的。其前身是1953年7月成立的内蒙古语文工作委员会图书资料室。1957年5月22日，在内蒙古语文工作委员会上成立了内蒙古历史、语言、文学研究所，将其图书资料室改成图书资料编译室。1959年下半年，成立中国科学院内蒙古分院，内蒙古历史、语言、文学研究所隶属分院管理。1962年8月撤销分院制度，恢复内蒙古历史、语言、文学研究所。在此期间的单位变动过程中，图书资料编译室一直没有变动，其内部机构分为蒙、汉文书库和特藏室，工作重点放在搜集蒙、汉、藏、满等多民族古籍和文献翻译上。建立初期，有工作人员2名，20世纪60年代增加到4名。

"文化大革命"期间，内蒙古历史、语言、文学研究所所属的图书资料室编译室改为图书资料室。在此期间，图书资料室的工作基本处于停滞状态。

1979年，内蒙古自治区社会科学院成立时，语言、文学、历史研究所成为院属语言、文学、历史研究所，图书资料室改为内蒙古自治区社会科学院图书馆。第一任馆长为布林，副馆长为巴达荣嘎、宝音。到20世纪80年代后，图书馆下设采编部、流通部、蒙文部、阅览部、办公室，在编工作人员有21名。

1992年6月，内蒙古自治区社会科学院内部机构调整，图书馆与院情报研究所合并为内蒙古自治区社会科学院图书信息中心，对其内设机构进行调整，下设采编部、流通部、阅览部、研究部、办公室等。

2006年，图书信息中心又改为图书馆。期间，图书馆管理人员的业务素质有了很快提升。目前，全馆8名业务人员的专业技术职称结构为：正高4名，副高2名，中级2名。

图1　内蒙古自治区社会科学院图书馆

二　主要业务

多年来，特别是改革开放40年来，内蒙古自治区社会科学院图书馆为区内外众多科研机构、大专院校以及社会各界的文化人士、科研人员和广大读者提供了大量的文献资料和信息服务，对自治区的文化建设和科研教学事业的繁荣发展发挥了重要的作用。图书馆以蒙古文古籍收藏丰富而闻名于世，逐渐形成了以蒙古学文献为主的馆藏特色，成为具有民族特色和地方特色的社会科学专业性图书馆。

（一）图书馆管理

在人、财、物和业务工作的管理方面，内蒙古自治区社会科学院图书馆开展了一系列的有效措施。首先，实行馆长负责制、岗位负责制和聘任制，逐步完善的"业务工作规范"、科学的"管理条例"，使业务工作逐渐趋于规范化。同时，不断改进管理工作，狠抓管理制度，建立和健全"古籍书库管理制度"、"古籍阅览制度"、"考勤制度"等各项规章制度，规范各项业务工作细则。通过一系列管理改革，使全馆工作人员明确了自己的职责，从而调动了图书馆工作人员的积极性，加强了纪律性，提高了业务水平和服务水平。业务管理方面，随时调整内部业务工作管理方式，对部分珍贵文献实行"严格管理"制度，同时，多数的文献严格实行藏、借、阅、查询一体化的开架管理模式等措施。这样，馆藏文献的管理实现由以"藏"为中心向以"用"为中心的转变，并建立了适合科研人员需求的具有图书馆特点的管理方法。

（二）资源建设

围绕着内蒙古自治区社会科学院科研工作需要不断地完善藏书结构，形成了具有鲜明地方民族特色、学科特色的藏书体系，成为支撑本院科研工作的重要支柱。图书馆现有各类藏书26万册，以蒙古学文献为特色。其中蒙古文古籍6280种、3万余册，约占全国各图书馆蒙古文古籍收藏种类的50%，其中多为木刻原版或手抄本，如金泥写本《甘珠尔》、北京版蒙古文《大藏经》《阿勒坦汗传》等，均具有极高的学术价值，其中不少是稀世珍本和孤本。此外，还收有相当数量的满、藏等少数民族文字的古文献、经卷等重要资料。这些文献内容丰富，不仅涉及社会科学诸学科，还兼容具有民族和地区特色的天文、历法、医药、绘画和建筑艺术等领域，在国内外学术界具有广泛影响。另外，图书馆收藏汉文古籍3000余部、5万余册，其中多为明清版本；日、俄、英、德、法等外文图书约2万册，其中日文的关于近代蒙古地区的考察报告和调查资料占多数；蒙、汉文普通版图书约 16 万册；期刊合订本约 9000 册，都是专业性和学术性很强的文献。现已有 30 多种蒙汉文古籍入选《国家珍贵古籍名录》。

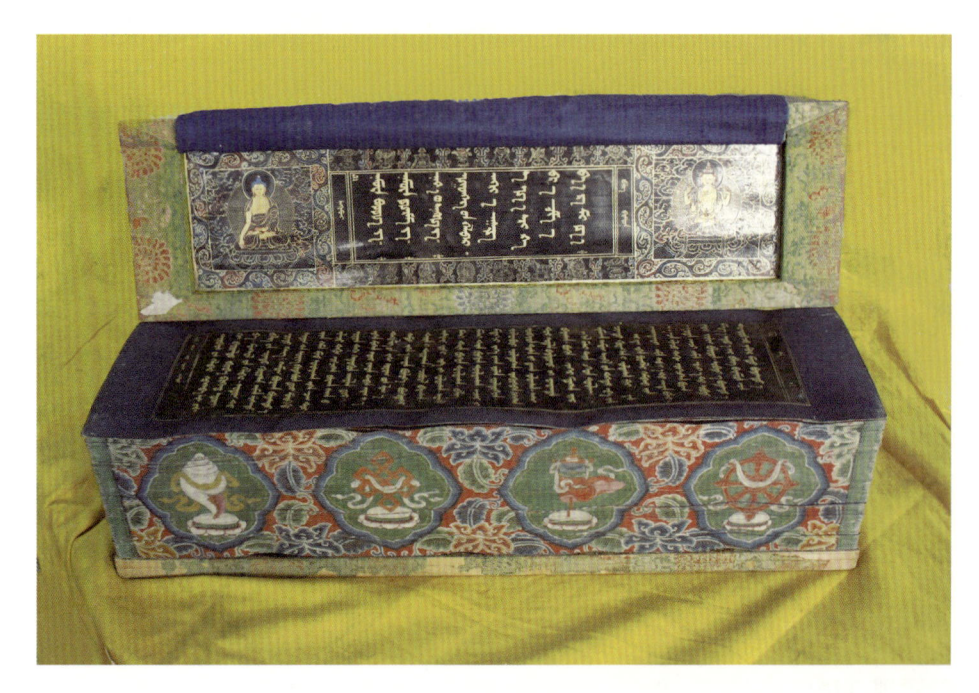

图 2　内蒙古自治区社会科学院图书馆馆藏清代初期蒙古文金字《八千颂》

内蒙古自治区社会科学院图书馆的这些珍贵文献资源是经过几代人的不懈努力收集而形成的具有民族特色的馆藏品。改革开放 40 年来，内蒙古自治区社会科学院科研人员以及图书馆的工作人员在搜集整理方面继承和发扬老一辈科研人员的优良传统，在图书馆文献建设方面坚持开展搜集抢救民族文献资料，不断丰富了馆藏文献建设。在图书馆原有的基础上，加强民族文献资源建设工作，根据社科院学科建设的发展前景，通过各种途径采访文献，确保科研对文献资源的需求，建立了具有本院学科特色的以蒙古学为中心的藏书体系。同时，图书馆文献建设工作重点放在馆藏文献的保护和开发利用上。1999 年 5 月至 2002 年 10 月，图书馆把馆藏的 95 种、6263 张蒙古文古旧破损文献送到国家图书馆修复部进行了修复。2003 年，图书馆对 495 种、1678 册、17730 张蒙古文古籍进行了缩微拍照。2015 年至 2016 年，图书馆对馆藏 5500 种、17000 册、65 万张蒙古文古籍进行扫描，以备妥善保管和数字化的形式被读者利用。对蒙古文《大藏经》等珍贵文献采取更换旧包布、特制书架等一系列古籍保护措施。同时2010年至2015年间对图书馆的书库逐渐配备了新式防火、防盗、防潮等设施，进一步改善了文献资料的收藏条件。

（三）图书馆服务

内蒙古自治区社会科学院图书馆以丰富的馆藏资源、浓厚的民族特色和地方特色以及特有的研究性专业等奠定了在自治区乃至全国社会科学研究系统图书馆中的突出地位，在推进自治区社会科学研究事业的发展和国内外学术交流中发挥了重要作用。改革开放40年来，图书馆一贯坚持以"服务科研，藏以致用"的方针，始终把提高服务质量、拓宽服务领域、强化科研职能和信息情报职能作为首要任务来抓，取得了可喜的成果，积极为本院科研人员和院外的科研和教学研修人员，以及海内外相关学者提供文献信息服务。首先，服务本院的全体科研人员是内蒙古自治区社会科学院图书馆的基本职责。多年来，图书馆为本院科研人员提供了蒙古语言、文学、历史、宗教等学科的大量珍贵文献，科研人员校勘、注释、研究的《俺答汗传》《蒙古源流》《金轮千福》等60多部文献研究著作陆续出版。图书馆还结合本院科研人员的科研任务，先后为历史研究所编写的《蒙古族通史》、文学研究所编写的《蒙古族文学史》、语言所编写的《蒙古语原理》等多部学术专著编纂时提供文献资料服务。同时，内蒙古自治区社会科学院图书馆不仅为本院科研人员提供资料服务，而且为区内外广大读者提供信息资料服务，对来自蒙古国、俄罗斯、德国、英国、日本、韩国等诸多国家的蒙古学学者提供服务。

三 国内外业务（学术）交流与合作

随着内蒙古自治区社会科学院对国内外学术交流的逐步深入，图书馆与国内外学术团体以及个人之间的友好交往、学术交流活动日益增多。

图书馆为把馆藏的蒙古文文献在更大的范围内实现资源共享，在坚持为本院学者提供常规性的资料服务的同时，还为国内外专家学者提供文献信息资料服务。据统计，图书馆每年接待全国各地的专家学者2000余人次，接待国外学者200余人次。

就内蒙古自治区社会科学院图书馆的性质、职责而言，主要服务对象是科研工作人员。改革开放40年来，图书馆积极参与本院举办的各项学术交流活动，开展学术交流。图书馆先后为国家和自治区的重大课题提供文献服务，同时与来自全国各地的科研团队以及知名专家学者进行学术交流，提供文献信息参考。如，图书馆先后为国家社科基金重大委托项目"草原文化工程"的子课题《草原文化概论》《蒙古族文化研究》《草原史诗文化研究》等多项课题的撰写提供了多种文献资料信息。在为"草原文化工程"的各项科研成果的诞生提供资料服务的同时，图书馆工作人员承担完成了"草原文化工程"子课题《草原文化研究资料选编》（1—10辑）。在国际图联资助的国家重点出版计划项目《中国蒙古文古籍总目》、国家民委少数民族古籍整理重点项目《中国少数民族古籍提要——蒙古族卷》、国家新闻出版署重点图书出版项目蒙古文《甘珠尔经》《丹珠尔经》对勘出版工程等课题进行的时候，图书馆提供了大量有价值的参考文献。

除此之外，本院各研究所的研究人员利用馆藏的文献资料先后出版了大量的专著和工具书。如，《蒙古民族通史》（四卷本），蒙古学百科全书编委会编《蒙古学百科全书·文学卷》《蒙古学百科全书·语言文字卷》《蒙古学百科全书·宗教卷》等二十卷本，《蒙古族文学史》（四卷本），蒙古学文献大系编委会编《蒙古学文献大系·蒙古译语》《蒙古学文献大系·纳塔"金曼"》《蒙古学文献大系·医经八支》等三十卷本，《蒙古源流研究》，内蒙古自治区社会科学院和南京大学边疆与民族研究所合编《"元史"汇注》，等等。

内蒙古自治区社会科学院图书馆进一步深化与国外的一些学术团体与个人建立友好往来，合作领域日益扩大。改革开放40年来，图书馆对来自于蒙古国、俄罗斯、德国、英国、日本、土耳其、芬兰、韩国等诸多国家的蒙古学学者，均提供了良好的文献服务。各国的蒙古学专家到内蒙古自治区社会科学院图书馆查阅文献资料，利用图书馆的古籍文献先后编写并出版大量的科研成果，图书馆为诸多研究著作的问世提供了大量的古籍文献资料。

四 重要出版物及学术成果

改革开放40年来，随着社会科学的发展特别是民族地区图书馆事业的发展，内蒙古自治区社会科学院图书馆工作人员在完成本职工作的同时，结合本院的学科建设要求以及各自的专业特长，积极从事科研工作，在蒙古学、草原文化研究、图书馆学等多学科领域进行了研究，并取得了丰硕成果。图书馆工作人员以研究、对勘整理、编辑等多种形式出版的资料和论著有多部。

（一）科研项目

国家重点图书出版规划项目《蒙古文〈甘珠尔〉和〈丹珠尔〉》影印对勘本、国家社科基金项目和国际图联资助的国家重点出版计划项目《中国蒙古文古籍总目》、国家民委重点项目《草原文化研究资料选编》、国家民委少数民族古籍整理重点项目《中国少数民族古籍提要——蒙古族卷》、国家社会科学基金项目《蒙古文出版史》、国家社会科学基金项目《国外收藏蒙古文版刻综录与研究》、内蒙古自治区抢救保护项目《格斯尔》课题《国内外格斯尔研究论著索引》、"内蒙古中长期经济社会发展研究工程"子课题《内蒙古自治区社会科学院图书馆收藏蒙古文古籍文献通览》。

（二）专著

《中国蒙古学概论》《蒙古古代书籍史》《蒙古文出版史》《国际蒙古学研究概述》《蒙古文文献与信息研究》。

（三）古籍整理和汇编

《大黄册》《蒙古考察报告》《绥远旗志 绥城 归绥县志》《红云泪》《伊希丹津王吉拉研究丛书·公尼召活佛及其训谕诗》。

（四）翻译

《布里亚特萨满教名词解释》《布里亚特蒙古族传统民俗》《霍林蒙古与布里亚特起源》《心灵的审判》。

据不完全统计，40年来，出版学术专著40多部，文献整理出版500部，发表论文500余篇，译文200余篇，先后获得多项国家级和省级的科研成果优秀奖项。

五　重大节点事件及活动

1. 2004年，草原文化研究兴起，图书馆主动承担了"草原文化研究工程"子课题《草原文化研究资料选编》的编辑出版工作，举全馆之力，历经十多年完成了《草原文化研究资料选编》（1—10 辑共 13 册）的编辑出版工作，为草原文化研究提供了有力的文献支撑，受到广泛好评。

2. 国家重点图书出版规划项目《蒙古文〈甘珠尔〉和〈丹珠尔〉》影印对勘本（1—400 卷），内蒙古人民出版社 2007 年出版。该项目选定内蒙古自治区社会科学院图书馆馆藏《清代北京木刻版蒙古文〈甘珠尔〉和〈丹珠尔〉》为底本。

3. 2008 年起，积极申报国家珍贵古籍名录，现已有 30 多种蒙汉文古籍入选。

4. 2014 年，图书馆被文化部评为"全国古籍保护工作先进单位"。

5. 2015 年，图书馆领导经多方努力争取到财政资金支持，对图书馆进行了建馆以来的首次装修改造工程，新增了消防、监控系统，确保了文献安全，馆藏条件和阅览环境也有了较大改善。

6. 2015—2016 年，图书馆争取到专项资金，对馆藏 5500 种、17000 册、65 万张蒙古文古籍进行了扫描，对古籍文献的保存使用创造了良好的条件，为图书馆蒙古文古籍数字化建设打下了基础。

7. 2017 年，图书馆珍藏的《阿勒坦汗传》《金字甘珠尔经》《蒙古源流》《大藏经·丹珠尔》等 12 件蒙古文古籍参加"民族遗珍　书香中国——中国少数民族古籍珍品暨保护成果展"全国巡展（北京站），在国家博物馆展出。

8. 2014 年度、2016—2017 年度，图书馆被内蒙古自治区图书馆学会评为先进集体。

六　主要作用和国内外影响力

内蒙古自治区社会科学院图书馆是自治区社科研究系统历史最长、藏书最多、特色最鲜明的文献信息机构。经过四十多年的发展建设，已成为自治区社会科学研究的重要基地，特别是蒙古文古籍的收藏在全国独占鳌头，约占全国的 50%。这些珍贵馆藏蒙古文古籍具有极高的文物价值、学术价值，在内蒙古自治区、全国乃至国际上有着广泛的影响，每年吸引了国内外大批的专家学者前来查阅。2017 年参加了"民族遗珍　书香中国——中国少数民族古籍珍品暨保护成果展"全国巡展（北京站），进一步扩大了内蒙古自治区社会科学院图书馆的影响力。图书馆现已形成了以蒙古学文献为特色的藏书体系，在全国蒙古学研究领域具有重要地位，有较高的声誉。

七　主要成绩、经验及发展规划

40年来，内蒙古自治区社会科学院图书馆从一个图书资料室发展成为在全国有一定影响的以蒙古学为特色的图书馆，这是上级领导重视、关心和全馆工作人员共同努力的结果。图书馆从建馆之初就紧紧围绕本院学科重点做好文献资源建设工作，经过几十年的努力，形成了自己的馆藏特色，并在蒙古学研究领域占有重要地位。从多年的发展来看，作为一个单位图书馆，只有在馆藏特色上下功夫，积极发挥优势，努力为社会服务才能占有一席之地。

随着网络信息技术的快速发展，内蒙古自治区社会科学院图书馆今后的发展方向是要尽快建立数字图书馆，实现网上查询、借阅、咨询、下载等服务。首先，要为内蒙古自治区社会科学院的科研工作提供有力的文献支持，做好服务。其次，发挥馆藏优势，扩大影响，努力为社会提供文献服务。古籍数字化是保护和传承古文献最有效的形式，也是古籍整理工作的必然趋势。为了达到长期有效保护珍贵古籍和提高资源利用率的目的，图书馆近几年计划重点以蒙古文古籍数字化建设为突破口，逐步实现全部馆藏文献的数字化建设。

1. 对馆藏蒙古文古籍文献进行数字化处理，建立蒙古文古籍数字化数据库。

2. 争取经费，完善古籍书库恒温恒湿等相关设备，达到国家古籍保护的要求。

3. 修复部分破损古籍。

4. 对具有学术价值的部分文献进行整理、研究、出版。

5. 逐步对汉文古籍、精平装书、期刊等文献进行回溯建库工作。

第19章 辽宁社会科学院文献信息中心

辽宁社会科学院文献信息中心（以下简称"文献信息中心"）是集中收藏保护哲学社会科学文献资料、为辽宁省委省政府建言献策提供文献保障的服务机构，是习近平新时代中国特色社会主义思想的传播者与拥护者，是繁荣哲学社会科学、传播中华传统文化的前沿阵地。

一 机构概述及发展历史

文献信息中心自1963年从一个图书资料室起，至今已53年的历史。历经数次变动，现已小有规模，目前已经形成了社会科学文献与自然科学文献、纸质文献与电子文献协调发展的馆藏体系。

（一）机构沿革

1962年，经辽宁省委批准，成立了辽宁省哲学社会科学研究所，即辽宁社会科学院前身。并于半年后，即1963年3月正式成立，同时设图书资料室。到1965年底，初步建成图书馆资料室，共收藏图书资料5万余册。经历"文化大革命"后，直至1969年，图书资料室所藏图书移交到辽宁省图书馆。

1977年恢复辽宁省哲学社会科学研究所时，筹建资料室，逐渐购入英、俄、日、朝、蒙文种的报刊、学刊、年鉴和理论书籍。中文文献在学科和学术档次上有了较大的提高和发展，各学科中文图书5万余种，计10万余册；外文藏书8000余种，2万余册；报刊20余种，共计2000余册（合订本）；报刊、学刊共200余种。

1978年辽宁省哲学社会科学研究所改为辽宁省哲学社会科学研究院，

并成立外国社会科学情报研究所，图书资料室更名为图书馆统归该所管理。

1980年，开始购买书架，成立采编部，开始分采、编、典、流的流程。

1981年购买原版《清实录》。图书馆日渐走上正轨，开始大量收藏文献。

1985年3月22日图书馆与外国社会科学情报所合并成立文献情报中心。7月20日又经院党组扩大会议决定，撤销文献情报中心，恢复情报所和图书馆。

1988年11月14日，院党组决定将图书馆改为文献情报中心。

1990年，院里开展网络、信息工作，并由文献情报中心负责。

1992年，图书馆楼落成使用，建筑面积2200平方米。1993年搬入西楼新馆，从此有了正式馆舍。

1995年底，图书馆网络扩展到全院各部门，使院各部门内网计算机互通，由此建立了院内计算机网络。

1996年文献情报中心自行研发中文图书管理软件系统，并实际应用于工作中，同年在无锡召开的全国社科院系统图书馆馆长工作会议上作了演示，反响很好。依托这个软件，文献情报中心将馆藏10万余种中文图书书目输入计算机，完成电子化、自动化管理，形成了建馆20年来第一套书目检索数据库。至此，文献情报中心的工作实现了质的跨越，翻开了新的篇章。

1999年3月，文献情报中心更名为文献信息中心。

2004年，更新改造工程启动，具体包括：更换书库书架、塑料钢窗、做防火墙、更换灯具及开关、粉刷墙壁等。同时，安装了消防烟感报警系统，利用惰性气体灭火原理来保障库房与文献双重的安全。

2007年6月8日，院党组发文决定：信息网络工作室由科研处划出，隶属于文献信息中心；文献信息中心主任兼任信息网络工作室主任职务。同年，更新了符合新技术标准的文献信息管理系统，为文献共享提供了技术上的准备。

2010年12月，文献信息中心网络室划归信息办，文献信息中心只保留纸质书刊和电子图书业务。

（二）机构现状

1. 人员构成

目前文献信息中心设主任1名、副主任1名，共有人员7人。其中，研究馆员 1 人，副研究馆员 1 人；硕士研究生 2 人，大学本科生 4 人；1 人获辽宁省第十一批"百千万人才工程"万人才层次人选。

2. 机构设置

文献信息中心秉承全心全意为科研服务的基本点，为广大科研人员提供优良的科研环境，在馆内设有采编部、流通部、外文部等。

二　主要业务

辽宁社会科学院文献信息中心是社会科学研究专业图书馆，读者群是辽宁社会科学院科研人员，文献信息中心作为广大科研人员的后援力量，其主要职能是结合本院科研人员的研究方向与实际需求，搜集、整理、保管和提供文献资料，并开展信息咨询和服务工作，为科研人员学术研究提供良好氛围和文献资源保障。几十年来，文献信息中心围绕这个核心，以保存优质文献、为科学研究服务、为党政决策服务为宗旨，充分突出地方特色、社科特色、学术特色，积累了丰富的纸质藏书资源及电子图书资源。在此基础上，充分利用现有条件，最大限度地为科学研究创造条件。特别注重强调文献资源快速反应的时效性、跟踪课题的连续性、学术思想的深刻性、研究理论的新颖性，最终形成了品类齐全、学科多样，且具有史料价值、研究价值及典藏价值的藏书体系。

图书馆总建筑面积近 2000 平方米，藏书 20 万册。其中中文普通图书 13 万册，古籍、特藏文献 3.5 万册，外文图书 2.5 万册；外文期刊 18 种，中文期刊 132 种，中文过刊 2.5 万册；电子图书 20 万种。

馆藏文献涵盖了《中图法》所有 22 个大类，社会科学文献为主，自然科学文献为辅，在 20 万册藏书中，社会科学文献为 17 万册，充分体现了该中心的服务宗旨和服务对象的特点。

（一）古籍特藏

特藏室分为古籍和老刊两个部分，所藏图书包括古籍文献、港台文献及新中国成立前的期刊报纸等。特藏室所藏文献不予外借，设有阅览室，可在室内阅读。

辽宁社会科学院在全国清史研究方面有着举足轻重的地位，文献信息中心在藏书建设方面，充分展现了这一特色。其中包括《古今图书集成》《四库全书》《四库禁毁书丛刊》《四部丛刊》《明清善本小说》《清代起居注册》《清代传记丛刊》《嘉庆重修一统志》等诸多珍贵文献，是辽宁社会科学院学者学术研究的灵感源泉和学术依据。新中国成立前的报纸、期刊是辽宁社会科学院文献收藏的另一突出之处，如《盛京时报》《大公报》《申报》《国风报》《东方杂志》等，这也从一个侧面展示了辽宁社会科学院文献收藏的历史积淀和文化底蕴。

（二）电子信息

数字资源建设是文献信息中心重点关注的对象之一。其一，为丰富数字图书资源，满足科研人员的科研需求，文献信息中心开展了电子图书业务，全部电子目录都采用了由读者挑选的方式，并随时采纳科研人员的意见，实现了选书与用书需求的全契合。几年来通过镜像的方式采购了20余万册电子图书资源。其二，纸质图书数字化是大势所趋，为进一步扩大全院数字资源的建设规模，文献信息中心将馆藏部分纸质图书进行电子化处理，这项工作是文献信息中心数字化建设上的一次质的飞跃。其三，通过院网站VPN，即可足不出户地进行图书、期刊、数据库访问、查询、阅读等。

（三）采访分编

采编部是图书馆藏书建设的主要业务部门，主要有以下几方面工作：第一，也是主要业务，负责馆内各类中、外文纸质图书的采集、归类、加工、整理、分配及典藏工作。第二，负责电子图书的采购工作。第三，负责同其他地区或机构进行书刊交换业务。第四，针对本院科研人员及外部作者、机构赠送的图书进行接收及加工处理。第五，承办文献征集工作，面向全院学者征集学术著作并捐赠给各大图书馆，扩大院社会影响力，展示院学术成就。第六，定期做学术重点专题图书推荐，开展新书推荐及定题书目推荐，实现时效性与专题性兼顾，方便读者查阅。第七，新书通报工作，主动使读者及时了解文献资源的更新情况。第八，向科研人员推荐免费网络学术信息资源，拓展资源来源。

（四）流通部

流通部是图书馆的主要窗口部门，主要的业务是负责馆内中文书库、外文书库图书的外借工作。另外，还负责借书证的办理、更换、图书赔偿等方面的业务。通过网络载体为科研人员提供一对一的在线咨询、在线查询、在线预约、在线续借等服务。科研人员通过远程，即可及时、准确、完整地了解文献更新，掌握学科及主题文献的相关信息。

（五）阅览室

阅览室分为外刊阅览室和电子期刊阅览室。外刊阅览室主要工作是外文期刊的征订、借阅，且定期将外文重点期刊目录索引进行翻译并推荐给读者，内容以院内学者的研究方向为参考。电子期刊阅览室，配有计算机，为科研人员提供电子图书的在线阅读和下载，以及中文期刊的借阅、征订工作。

三　业务（学术）交流与合作

文献信息中心为了把图书馆建设成具有一流资源保障、一流服务水平、一流科研能力的现代智慧型图书馆，积极参加每年的全国社科院馆长会议，吸取最新的业内资讯，鼓励中心全体馆员与国内多家优秀图书馆进行学术交流，加强馆际互动，扩大文献信息中心的影响，拓宽读者服务渠道。

先后多次到辽宁省图书馆、沈阳市图书馆、辽宁大学图书馆、沈阳大学图书馆、沈阳师范大学图书馆、沈阳建筑大学图书馆、中科院生态所文献中心、福建社会科学院文献信息中心、吉林省社会科学院图书馆、湖南省社会科学院图书馆、江西省社会科学院图书馆等单位进行参观考察，并与相关工作人员进行业务交流，学习到许多先进的经验和细节，拓宽了工作视野，打开了工作的新思路。

建院以来，文献信息中心先后接待过中国社会科学院图书馆、上海社会科学院图书馆、福建社会科学院文献信息中心、湖南省社会科学院图书馆、宁夏社会科学院社科图书资料中心、黑龙江省社会科学院文献信息中心、吉林省社会科学院图书馆、中国劳动和社会保障科学研究院等单位领导及专家学者来访。通过召开业务座谈会、参观浏览等方式，向外省兄弟单位介绍了文献信息中心开展的工作情况和取得的成效。特别是在纸质文献的收集与整理、古籍特藏的保存与保护、数字资源的开发与利用等方面的问题进行了学术交流。

四　重要出版物及学术成果

文献信息中心在保障基础工作的同时，积极组织中心成员开展图书馆理论学习和科学研究，参与各种学术交流活动。

著作：文献信息中心的同志先后出版《民俗风尚》《商中之商：中国经纪人史》等6部著作。

课题研究：主持辽宁省社会科学规划课题、辽宁社会科学院课题多项，如《辽宁省辖各市地域文化标志性称谓研究》《我国不同地区图书馆公共文化服务体系建设比较研究》《公共图书馆服务标准研究》《公共图书馆建设研究》等。

论文：共发表论文数十篇，十余篇论文发表于《情报资料工作》《图书馆理论与实践》等核心期刊，如《图书馆在关注老年群体网络信息素养中的作用与作为》《机构知识库相关著作权法律问题探析》《图书馆特色数据库建设的著作权分析》《网络传播中著作权的保护与合理使用论析》《晚清以来报刊图画的社会生活史意义》《关于发展信息经纪业的思考》等。

社会影响：《关于发展信息经纪业的思考》被人大复印报刊资料全文转载；《机构知识库相关著作权法律问题探析》等多篇论文被人大复印报刊资料索引；辽宁省社科规划基金项目《辽宁省辖各市地域文化标志性称谓研究》成果发表于《舆情专报》，并获省级领导批示；《锡伯族民间故事类型探析》被中共辽宁省委办公厅采用。

奖项：文献信息中心的同志多次获得中国图书馆学会年会、辽宁省图书馆学会年会、辽宁省哲学社会科学学术年会等一、二、三等奖若干。

五　重大事件及活动

文献信息中心自建立以来，多次组织或参加各类活动。在活动中取得成长与进步，一些活动有着重要的意义和价值。

1. 1997年12月22日，图书馆召开了首届辽宁省科研单位图书馆实践研讨会。辽宁省驻沈科研机构（包括自然科学）和大专院校图书馆的领导和专业人员参加了会议。

2. 2003年4月26日，院人事处、文献信息中心、《要报》编辑部联合举办计算机网络培训班。

3. 2005年7月1日，接待朝鲜社会科学院院长泰亨泽一行，并陪同来访客人到图书馆参观。

4. 2013年10月，文献信息中心馆员参与第30届国际盲人节"对面朗读"特别活动，撰写的文章及活动照片刊登于《辽宁日报》，引起社会对盲人孩子的广泛关注。

5. 连续多年同朝鲜驻沈阳领事馆、朝鲜出版物交流协会协作举办"朝鲜图书图片展"。

6. 连续多年同日本驻沈阳领事馆进行图书交流。

7. 多次到村镇学校开展助学活动，捐赠图书、期刊、学习用品等，并对当地图书文献的保存、保护与使用进行指导、提供意见。

六 基层党建工作

文献信息中心党支部把党建工作自觉融入中心工作中，坚持统筹兼顾，合理安排，在日常工作中，全体党员立足本职，转变作风，服务科研，取得了很好的效果。由于工作突出，连续六年被评为院先进党支部，2018年还被评为辽宁省直机关党支部规范化建设示范点之一。

多年来，文献信息中心在省直工委和院党委的领导下，认真学习领会党的纲领、政策、十八大、十九大精神等，贯彻习近平新时代中国特色社会主义思想，坚定不移地围绕在以习近平同志为核心的党中央周围。通过学习深刻领会党的各项方针政策，切实增强政治意识、大局意识、核心意识、看齐意识，提高理想信念的坚定性、政治敏锐性和政治辨别力。在思想上、政治上、行动上同以习近平同志为核心的党中央保持高度一致，廉洁自律、立德修身、勇于担当，自觉践行共产党人道德观和社会主义荣辱观，充分发挥了基层党支部的政治核心和战斗堡垒作用以及全体党员的先锋模范带头作用。

文献信息中心立足岗位，为科研工作服务。积极响应号召，深入开展群众路线教育实践活动，扩大辽宁社会科学院服务的辐射半径，为基层群众服务，创造更大的社会效益，树立辽宁社会科学院良好的社会形象，扩大辽宁社会科学院的社会影响。连续数年到乡镇学校为孩子们送温暖送爱心；到儿童福利院慰问残障儿童；到患重病的群众家中探望；每年多次到定点帮扶对象家中慰问，把组织的关怀和温暖送到群众中去。

七 主要作用和国内外影响力

辽宁地区是东北唯一的既沿海又沿边的省份，是东北及内蒙古对外开放的门户，是清朝文化的重要发源地之一。辽宁社会科学院文献信息中心将藏书的侧重点集中在清朝文化、东北亚经济、党史党建等方面。在工作中，结合实际积极探索为科研服务的新方法、新理念，强化科辅的服务功能，积极主动地为专家学者提供文献信息服务。经过数年的努力，现已成为重要的专业型科研机构图书馆，为全院专家学者进行科学研究、提升科研实力和竞争力提供了有力的文献支持和保障，是科研工作的重要支撑，在相关领域已具有一定的知名度，吸引海内外专家学者来访。

八 未来发展方向

改革开放40年来，辽宁社会科学院文献信息中心通过孜孜不倦的努力，取得了些许的成绩、积累了丰富的经验。

为科研服务是辽宁社会科学院文献信息中心一直以来的服务根本，围绕辽宁社会科学院的社会科学研究事业现代化建设的发展方向、重点学科发展需要以及智库建设的总体要求，文献信息中心积极储备社会科学文献资源，提高文献保障能力。积极改变服务模式，加强与科研工作的沟通，变被动为主动，拓宽了服务领域，最大限度地满足智库建设的需求。

未来的日子里，辽宁社会科学院文献信息中心，要在保持优良传统的基础上，不断自检自改自我完善。强化对党章、党规、习近平总书记系列重要讲话和党的十九大精神的理解、贯彻和执行，领会并掌握精髓，坚定理想信念，做到知行合一。努力做到传统纸质文献与现代数字化资源的优化配置、互补互助，加大发掘力度，开拓进取，把辽宁社会科学院文献信息中心建设成独具特色的哲学社会科学专业型智慧图书馆，成为支撑科研工作的重要支柱。

第 20 章　吉林省社会科学院图书馆

一　机构概述及发展历史

（一）机构概述

吉林省社会科学院（社科联）图书馆是隶属吉林省社会科学院（社科联）的科研系统图书情报机构，位于吉林省长春市自由大路 5399 号——吉林省社会科学院（社科联）楼内。图书馆集收藏图书文献资料，为社会科学研究提供文献服务于一身，主要任务是紧密结合本院科研方向与任务，收集、整理、检索和提供国内外社会科学文献资料，为本院人员和省委、省政府有关部门提供文献信息服务。图书馆内设办公室、采编部、借阅部、期刊部、古籍部、信息部 6 个部门；现有人员 14 人，其中研究馆员 3 人、副研

图 1　吉林省社会科学院（社科联）

究馆员5人、馆员5人、助理馆员1人。2000余平方米的馆舍分为中文平装书库、样本库、期刊阅览室、过刊库、线装书库。50余万册藏书，门类齐全，且颇具特色，学术价值亦高，初步构成了能反映当代社会科学发展水平的藏书体系，形成了能够支持多个研究级学科建设与发展的稳固的图书文献基地。图书馆从初创至今，已随同吉林省社会科学院走过六十载春秋。

（二）为起文风一甲子，两所合一奠基础

吉林省社会科学院图书馆是在吉林省哲学社会科学研究所、东北文史研究所图书馆的基础上建立起来的。

1958年，中国科学院吉林分院哲学科学学组（1961年改为吉林省哲学社会科学研究所）资料室创建，从吉林师专图书馆接收图书5万余册。这批图书是吉林省社会科学院图书馆最早之藏书。1961年，更名为吉林省哲学社会科学研究所图书馆，时馆藏总量达11万余册。

1962年东北文史研究所成立，它是承载着改变"东北文化落后，文风不盛，人才甚少"的重任而建立的。"工欲善其事，必先利其器"，图书文献是改变这一切的"利器"，因此，图书馆与之同时筹建。建馆之初，所长佟冬亲自指导，根据办所方针、科研方向，集中人力、物力大量购买科研所需图书资料。恰值古旧书籍被束之高阁、无人问津的时期，首任馆长张复等人远赴北京、上海、杭州等地选购图书，一两年内购得图书10多万册。到1966年底，东北文史所图书馆的藏书已达20万余册，订阅报纸几十种，刊物200多种，还收藏了一批新中国成立前的刊物。正是这些经典文献奠定了图书馆的馆藏基础，也滋养了吉林省社会科学院一代又一代专家学者。在吉林省社会科学院学者开启东北文风之行时，图书馆人自此也担起铺路筑基之责。

未经几年的发展，史无前例的"文化大革命"开始，在极"左"思潮的冲击下，吉林省哲学社会科学研究所和东北文史研究所的各项科研工作都处于停顿状态，图书馆的工作不仅没有发展，反而遭到一定程度的破坏。几十万张著录卡片全部作废，散失殆尽，部分书刊丢失。当时，张复、叶幼泉等前辈冒着生命危险，护卫着这些图书资料，使损失降到最低程度。这种珍爱图书、勇于奉献的担当精神影响后世，由吉林省社会科学院图书馆人传承至今。1968年9月，研究所被撤销，两所图书馆的34万余册藏书全部移交至吉林省图书馆。

1972年原吉林省哲学社会科学研究所和东北文史研究所合并，重新成立

吉林省哲学社会科学研究所。两所的图书合而为一，归新组建的吉林省哲学社会科学研究所图书馆。其中，10多万册线装书大部分来源于东北文史研究所图书馆，20多万册平装书刊大部分来源于吉林省哲学社会科学研究所图书馆。馆址设在长春市延安大路5号，原吉林工学院第三宿舍楼。1972年10月至12月，吉林省图书馆移交回原两个研究所的图书30万余册。从1972年末至1978年9月，图书馆的主要工作是对散乱无序的图书进行整理、登记，并根据原有分类号排序上架，极力挽回因遭受破坏所带来的损失。

二 服务科研为宗旨，改革开放谱新篇

1978年10月，沐浴着改革开放的春风，吉林省社会科学院在吉林省哲学社会科学研究所的基础上正式成立，吉林省哲学社会科学研究所图书馆也随之更名为吉林省社会科学院图书馆。1979年8月，吉林省社会科学院由延安大路5号迁回原东北文史研究所旧址——长春市建设街16号，图书馆也一同迁往。恢复后图书馆馆舍面积1200平方米，其中书库面积约1000平方米，阅览室面积200平方米。当时图书馆设有采编部、借阅部、古籍部、期刊部和一个复印室。1979年以后，图书馆人再次对几经周折后回归的图书进行分类整理，编目上架，同时陆续购进新书充实馆藏，以满足科研工作的需求。

改革开放20年后，国家各项事业迅速发展，1998年吉林省社会科学院在社科事业不断发展中乔迁新址，图书馆也随之迁入。新建办公楼里的图书馆不仅面积增加一倍之多，藏书环境和办公条件都得到极大的改善。同时，图书馆事业也进入了新的历史发展时期。

（一）加强馆藏建设，资源丰富颇具特色

馆藏量应是衡量一个图书馆服务功能的重要标准之一，馆藏特色资源更是满足本单位科研之需的根本保障。图书馆藏书建设的原则是：面向科研，着眼当前，考虑长远，保证重点，兼顾全面。藏书范围以人文、社会科学各门类图书期刊为主，兼收部分自然科学、边缘学科和新兴学科的文献资料。历经60年的发展，图书馆藏书已达50万余册，初步形成了具有本馆特色的藏书体系。

现馆藏中文平装图书18万多册，从基本大类统计分析来看，居种数第一位的是文学，依次是历史、经济、政治、法律、哲学、语言文字等。社会

科学藏书门类齐全，数量丰富，学术价值较高，特别是1949年以前及20世纪五六十年代出版的文史哲方面的学术著作基本完备。而随着20世纪八九十年代西方文化思潮的大量涌进，图书馆根据本院科研需求，对图书馆的文献收藏进行了调整，优化馆藏图书资源结构，引进了大量能反映当代西方文化思潮的出版物，同时也回溯补充了一些重点学科的文献，基本能够满足本院科研所需。

馆内线装书是馆藏一大特色，其藏量丰富，种类齐全。近15万册线装书分经、史、子、集、丛、善六部分庋藏，其中不乏具有历史文物性、学术资料性和艺术代表性的古籍善本，如清雍正十三年和硕果亲王府刻四色套印的《春秋左传》、明内府刻《资治通鉴纲目发明》等9部善本入选国家珍贵古籍名录，21部入选吉林省珍贵古籍名录。同时，还收藏有名人手稿遗墨、珍稀孤本、拓片，如著名历史学家金毓黻先生《静晤室日记》手稿、清人隋汝龄纂《辽海志略》抄本、《好太王碑》拓本等，这部分东北历史文献，是极其珍贵的特色馆藏。

馆藏期刊也别具特色，不但有抗日战争时期的《解放日报》《新华日报》，苏联1912年创刊号起的《真理报》等，还存藏着一批珍贵的影印精装报刊如《盛京时报》《申报》《伪满洲国政府公报》等。

丰富的馆藏之宝，既彰显着图书馆前辈的收藏之功，也启迪着后人的思想智慧。

（二）顺势而为，实现管理服务现代化

40年来，图书馆事业最大的发展变化，是现代化技术在图书馆各项工作中的应用，极大地提高了图书馆的工作效率及服务效率。

未雨绸缪，全员培训。1995年至1997年，连续3年开展了图书馆基础理论和现代化技能培训，全馆人员基本掌握了计算机使用方法，为图书馆实行现代化管理和服务做好了充分的人力资源储备。

2007年，是图书馆发展历史上一个重要的时间节点。2005年，图书馆参加了由中国社会科学院领衔的全国地方社会科学院图书馆系统联机联合编目工作。2007年，本馆正式投入数字图书馆建设工程，其中"中文图书回溯建库"一期工作全面启动。馆内参与此项工作的人员争分夺秒，历时一年多时间顺利完成了中文数据库建设，启用了ECO管理系统。从此，图书馆结束了几十年之久的手写著录、编目、排片工作，正式步入了图书馆现代化

管理的行列。

2016年，图书馆现代化管理再度升级。由于计算机技术的迅速发展，面对原图书馆集成管理系统某些功能相对新技术略显滞后的问题，2016年图书馆原有ECO工作系统调整为汇文系统，进一步提高了图书馆的工作效率及读者检索效率。

（三）提高服务质量，满足科研需求

图书馆的工作皆以服务科研为宗旨，首先从购书源头把关，每年根据本院科研方向采购图书、订阅杂志，再结合各所科研项目需要调整购书比例，以保障科研所需图书资料。在藏书建设上，采用科学标准和规范的分类方法对所有馆藏文献进行分类入库，有序上架，分库管理。中文平装书按《中图法》分类排序，分别入藏样本库及普通平装书库；古籍线装书按四部分类法分类排序，入藏线装书库；期刊按《中图法》分类排序，入藏期刊库及过刊库。为方便读者查询，除提供网上馆藏书目检索，同时采取开架阅览与协助查找的方式相结合，并不定期介绍到馆新书，尽量使馆藏文献资源发挥最大效益。在书库管理上采用藏阅合一的开架方式，供本院研究人员阅览。

文史哲及东北地方历史与文化研究始终是本院的基础学科，因而也是图书馆服务的主要对象。图书馆针对不同项目和学者特点实行个性化服务，如为了保证本院音韵学专家宁继福的国家社科基金项目、先秦哲学专家张秉楠的国家社科基金项目"儒商研究"的顺利完成，图书馆特设为他们查阅古籍善本的方便条件，古籍部的馆员随时协助查阅所需文献资料；在"东北工程"项目的完成过程中，图书馆外借部馆员曾协助查阅资料不计其数；《静晤室日记》整理出版前，图书馆抽调三四名馆员协助校对；电话咨询服务，更是随时随地，等等，类似的服务工作，不胜枚举。院里许多重大研究项目和精品力作的完成，无不凝结着图书馆人的辛勤汗水。

为了进一步揭示馆藏，方便科研人员查阅，图书馆还组织人员编印了馆藏善本书目、馆藏报刊目录、中文工具书目录、外文工具书目录、外文报刊提要目录，与吉林省图书馆、东三省图书馆合作编辑了《东北三省地方报刊联合目录》《东北地区古籍线装书联合目录》，2009年馆里组织人员编辑了《吉林省社会科学院图书馆馆藏特色文库》。另外，结合院科研工作需要，2003年订购了中国学术期刊中国期刊全文数据库的文史哲辑、经济政治与法律辑、教育与社会科学辑、电子技术及信息科学辑和中国重要报纸全文数据库，为院承担的各类科研课，为院科研人员提供文献检索服务，为省委、省政府及院领导和有关部门提供专题查询服务。同时，积极开展馆际互借，与国家图书馆、东北师范大学图书馆、省市图书馆等建立了馆际互借关系，以多种服务方式满足科研需要。

（四）加大古籍保护力度，成绩斐然

图书馆线装书藏量较多，在吉林省图书馆界位居第四，在全国社科院系统图书馆也是屈指可数。古籍不仅是吉林省社会科学院图书馆的宝贵财产，更是国家不可再生的历史文化资源，为保护好这些珍贵的图书文献，图书馆做了大量艰苦细致的工作。

改革开放后，随着国家对古籍保护的重视，图书馆对古籍保护的力度不断加大，馆藏线装书的存藏条件得到了较大程度的改善。古籍历经千百年传承至今，不少书籍老化损毁严重，急需修复和改善存藏环境。在资金有限的条件下，2000年，图书馆几乎倾全馆之力，学习制作函套，为馆藏没有函套的线装书全部配置上了函套，以防光防尘；2009年，再度申请专项经费，为线装书库书柜、书架垫置樟木板，以防虫防蛀。在数量达标、存藏环境改善的情况下，2010年图书馆被评为第三批"全国古籍重点保护单位"，2015年被评为第一批"吉林省古籍重点保护单位"。

图2　2010年吉林省社会科学院图书馆被评为"全国古籍重点保护单位"

图3　2015年吉林省社会科学院图书馆被评为"吉林省古籍重点保护单位"

图书馆在对古籍存藏环境改善的同时，对馆藏古籍的管理也逐步规范化。除线装书库独立外，又对几经转藏的线装图书重新登记建账，以进一步加强对馆藏资源的管理。2012年至2017年，在原有部分古籍已分类的基础上，重新按东北地区线装书分类规则，完成了馆藏全部古籍的分类工作；同时，积极参与全国古籍普查工作，完成了馆藏400余部善本书在全国古籍普查平台上数据的录入及7000余部古籍普查六项数据的登记录入工作。目前，图书馆古籍普查数据已全部录入完毕，并进入审核阶段。

为让古籍流传久远，图书馆于2016年启动了古籍再生性保护工作，对涵盖经、史、子、集各类及有关东北历史文化的文献148部近1500册进行了数字化加工，以便于科研人员的阅读与利用，充分发挥古籍的使用价值。

（五）重视人才培养，馆员素质提升

人才是事业发展之本，提高馆员素质是事业发展之需。为了更好地开展工作，提高馆员业务水平，图书馆多年来数十次派人参加国家、省里举办的各类学习班。通过参加中国图书馆学会举办的《中图法》第四、五版及主题标引的学习，使本馆图书分类编目更加规范，馆藏查询准确率不断提升。2005年，派馆员参加中国社会科学院举办的"全国社科院系统联机编目"

的学习，提高了学习人员的计算机与图书馆应用技能，为图书馆藏书管理现代化储备了人才。通过多次派馆员参加全国古籍保护中心及省古籍保护中心组织的学习与培训，进一步细化了图书馆古籍普查工作的流程，使录入数据更为规范标准，同时也提高了馆员的古籍知识水平。

40年来，图书馆除派人参加各种学习培训之外，极为重视人员队伍建设。从最初的对馆内人员送出学习提高学历，至引进图书馆专科、本科学历人员，再到如今招聘人员皆为图书情报、文献学等专业硕士学历，使图书馆人员的学历层次明显提升。图书馆人员队伍素质的提高，受益于改革开放教育事业大发展所带来的红利。

（六）合作交流，互通有无促发展

2007年，图书馆成功承办了第十一次全国社会科学院图书馆馆长协作会议，极大地增进了社科院系统图书馆之间的合作交流。

改革开放40年，图书馆常会为所取得的某些成绩而兴奋，更为一些意外收获而惊喜。图书馆所藏清人隋汝龄纂《辽海志略》抄本60册，其内容记载了东北古民族的起灭分并、所建政权的盛衰兴亡，以及地理、风俗、人物，等等，对东北历史与文化研究具有极重要的史料价值。此书虽是目前大陆所藏该书最全版本，但因缺失3册，也令人甚感缺憾。故补全该书，是图书馆古籍部工作人员始终耿怀于心之事。由于改革开放，海峡两岸经济、文化交流不断深入，在得知台湾傅斯年图书馆有此书全本之后，图书馆遂与该馆取得联系，通过合作交流，本馆此书缺失内容得以补齐，也了却了图书馆人多年以来的一桩心事。

继2008年图书馆接待来访的美国当代著名历史学者、中国史研究专家、金毓黻先生孙女金安平的丈夫史景迁先生之后，2015年图书馆得到金毓黻先生的后裔家人捐赠的留有金毓黻先生亲笔题识的《中国史学史》等3部著述及先生生前画像1幅。这些赠书，再次丰富了馆藏特色文献资源。

加强馆际交流合作，增加文献资源获取渠道。2007年图书馆加入吉林省图书馆联盟，与东北师大及相关数据库公司合作，使用并试用数据库数量达62个，进一步增加了科研人员获取文献资源的渠道。同时，积极开展馆际互借，陆续与国家图书馆，东北师范大学图书馆，省、市图书馆等建立了馆际互借关系，以多种服务方式满足科研需要。

（七）服务科研两兼顾，辛苦付出获佳绩

40 年来，全馆人员除做好图书馆本职工作外，还积极开展对图书馆学和其他相关领域的研究和探讨，开发利用馆藏资源。据不完全统计，参与完成国家级、省级课题及院课题和院青年课题数十项，在各类期刊发表论文百余篇，参加编辑出版图书 30 余部，多项成果获省学会级、院级奖励。

为揭示馆藏，方便读者利用馆藏资源，图书馆组织人员编辑出版《吉林省社会科学院图书馆馆藏特色文库》，2009 年 1 年内编辑出版《〈近代中国史料丛刊〉分类目录》《吉林省社会科学院图书馆线装书特藏书目》《吉林省社会科学院图书馆建国前报刊检索目录》《东北现代作家作品检索目录》等多部目录类书籍。

图书馆员在服务的同时，不断关注本院科研方向及地域文化研究，先后编撰出版了《吉林省少数民族古籍资源保障体系建设研究》《马占山文集》《金毓黻〈静晤室日记〉诗词汇编》等书，并于《社会科学战线》《现代情报》《古籍整理研究学刊》等核心期刊发表相关论文若干，主持、参与多项省级、院级项目。

在对图书馆古籍的整理与保护过程中，积极开发利用古籍资源，将多部有价值的古籍进行标点、整理出版，以供人们深入研究与广泛利用，如对馆藏抄本《辽海志略》的标注与整理，为国家清史纂修工程文献整理类项目；《漠矿录》稿本的整理出版对于研究黑龙江流域史、东北地区中俄关系史，特别是对黑龙江漠河金矿史研究极具参考价值；《思恩太守年谱》抄本的整理出版，为学者研究晚清沙济富察氏族史提供了较为翔实的历史资料。

多年来，图书馆人员还积极参加国家、省里举办的图书文献情报类学术研讨会及征文活动。如 2015 年 5 月，国家古籍保护中心组织的面向全国举办的"抗战时期古籍抢救保护重要事例征集"活动，图书馆人员撰写论文与会发言，并被收入北京大学出版社出版的《抗战时期古籍抢救保护史迹文集》。

成绩与付出同在。图书馆曾被省图书馆学会授予先进集体称号，多次被院授予先进集体称号，馆党支部曾被省直机关党委授予先进党支部，多人获院表彰及被中国图书馆学会、省图书馆学会评为优秀会员。

三 铺路无悔承远志，继往开来续华章

吉林省社会科学院图书馆经过几代图书馆人恪尽职守，薪火相传，特别

是历经改革开放 40 年，院兴馆兴，随着吉林省社会科学院的不断发展壮大取得了长足的进步，在院（会）的发展史上留下了图书馆人浓墨重彩的一笔。回顾发展历程，图书馆人始终坚持：宗旨不变，与时俱进；注重特色，保持传统；不负使命，继承发展。

（一）宗旨不变，注重特色，继承发展

宗旨不变，与时俱进。作为吉林省社会科学院图书馆，无论如何发展，万变不离其宗，始终以为科研服务为工作中心，为学术研究提供文献资源保障是其不变的宗旨。"学术研究为立院之本"，服务科研则为立馆之本，所以图书馆的发展一直以提升图书馆服务科研的能力为目标。从原来的卡片目录，至现在的网络书目检索系统；从原来仅有的纸质书籍，到现在的各类电子资源信息，图书馆一直在与时俱进，图书馆服务功能不断提高。

馆藏建设注重地方特色，保持传统优势。文献资源是图书馆之根基，根基牢才能大厦稳。作为地方社会科学院图书馆，有别于公共图书馆、高校图书馆，收藏不可能大而全。服务对象主要是本院科研人员，所以馆藏建设在保持传统优势的同时，主要注重本院科研动态和方向，充实馆藏资源，并不断加强对东北地方资源的搜集和整理，以保持馆藏特色的系统性与完整性。

发展以人为本，提高馆员素质。事业的发展需要人才的支撑，人才是图书馆事业发展的不竭动力。在提高服务能力的同时，不断提高馆员自身素质；在提倡奉献的同时，也关注馆员自身价值的提升。提倡服务与科研兼顾，奉献与收获并举。留得住人才，确保事业发展。

（二）迎接挑战，抓住机遇，面向未来

由于信息技术的迅速发展，互联网的普及，传统图书馆的工作遇到了极大的挑战。习近平总书记在 2016 年 5 月 17 日哲学社会科学工作座谈会上指出："要运用互联网和大数据技术，加强哲学社会科学图书文献、网络、数据库等基础设施和信息化建设，加快国家哲学社会科学文献中心建设，构建方便快捷、资源共享的哲学社会科学研究信息化平台。"这一重要讲话，为社会科学图书情报事业指出了明确的发展方向。这既是社会科学院系统图书馆新的发展机遇，也是图书馆未来工作的目标。

建立特色数据库，提高馆藏利用率。进入数字化时代，各类型图书馆在资源、服务等方面都有各自的发展空间。由于社会科学研究的不同特点，出

现了更多对社科文献和情报的需求，图书馆将根据吉林省社会科学院研究方向、发展趋势和侧重点，对已有特色馆藏文献按一定主题进行加工、整理形成专题馆藏，建立特色数据库，为科研人员提供多维度的文献检索途径，充分提高馆藏利用率。

　　加强馆际合作，实现资源共享。图书馆将进一步加强与本地区联盟馆、社科院系统各地方馆的合作，为信息交流和资源共享提供平台，以促进馆藏资源的优势互补。力争以最少的经费投入，实现最大的服务效益。

　　加强自动化建设，提高服务质量。加强图书馆硬件建设，提高图书馆网络的稳定性，提升检索效率，充分利用现代信息技术为科研工作者提供更优质的服务。

　　目标已定，行动在即，图书馆人将不负使命，为吉林社会科学事业的高速发展铺路架桥续华章。

第21章 黑龙江省社会科学院文献信息中心

黑龙江省社会科学院文献信息中心（以下简称"文献信息中心"）是1995年4月经黑龙江省社会科学院党委讨论决定，由黑龙江省社会科学院图书馆（以下简称"图书馆"）与情报所合并成立的。1960年9月中国科学院黑龙江分院哲学社会科学学部建立，内设处级工作机构情报资料室。1964年4月省委批准建立省哲学社会科学研究所，省委宣传部将学习室的经济学组、哲学组、情报资料组划归省哲学社会科学研究所，10月增设了资料编译室。1978年5月省哲学社会科学研究所撤销党史资料研究室和资料编译研究室，设立图书馆（兼情报研究职能）。1979年3月省委批准成立黑龙江省社会科学院，将原省哲学社会科学研究所资料编译室改为图书馆，为院内机构；组建情报资料研究所，为院直属科研单位。1995年4月在原图书馆和情报学研究所基础上组建文献信息中心。

目前，文献信息中心在编19人，正高级职称3人，副高级职称5人，中级职称8人，初级职称2人。2018年，文献信息中心随黑龙江省社会科学院整体搬迁至新址哈尔滨市松北区世博路1000号，并于9月17日在新址正式开馆。新馆位于院办公楼的五至九层，建筑面积4000余平方米。文献信息中心下设6个部门，分别是：采编部，负责中心图书的采购和编目；流通部，负责中、外文图书及过刊的借阅和管理工作；阅览部，负责中外文现刊、报纸及中外文工具书的在馆查阅；数字文献部，负责订购电子信息资源为院内科研人员提供信息服务；综合信息部，负责加工整理二、三次文献为院内科研人员提供信息服务；《要报》编辑部/信息研发部，负责编辑《要报》，并通过"龙江社科文献信使"微信公众号和"黑龙江农业数据库"等自建数据库为院内科研人员提供信息服务。

图1　黑龙江省社会科学院新址办公大楼

　　文献信息中心40年的历史,既是文献信息中心成长的历史,也是图书馆和情报研究所与国家改革开放步伐相伴,从藏书楼走向专业信息服务机构的历史。

一　从无到有,初具规模(1979—1985)

　　1979年至1985年这段时期,图书馆刚刚起步,一切以手工为主,功能类似以前的藏书楼。

(一)大力收集科研资料及购置图书

　　图书资料是研究工作的重要基础,是图书馆的必备硬件。为了适应科研工作的需要,院领导小组决定节省其他开支,尽可能优先提供收集资料和购置图书的经费。图书馆的领导率领几位同志走出黑龙江到全国各地采集哲学社会科学书籍，并到南方几个有着深厚文化底蕴的历史文化古城采购了部分古籍，为图书馆成为中国国家图书馆《中国古籍善本书目联合导航系统》中黑龙江省仅有的两家专业图书馆之一打下了坚实的基础，使得目前黑龙江省社会科学院古籍藏书在黑龙江省内依然占有一席之地（《中国古籍善本书目联合导航系统》共收录黑龙江省18家图书馆，黑龙江省社会科学院所藏善本古籍在全省排第六）。经过图书馆同志们的努力，截至1980年底，图书馆藏书15万多册。外文图书1万多册，中文期刊700余种，外文期刊400余种，港台报刊30种之多。有1904年出版的《东方杂志》合订本，新中国成立前的《民报》《申报》，苏联的《真理报》《红星报》，美国的《纽约时报》，前南满洲铁道株式会社所收藏的旧籍，20世纪50—60年代出版的人大报刊复印资料，以及目前在俄罗斯都已不多见的俄文原版图书等许多珍贵资料等。

图2　黑龙江省社会科学院文献信息中心期刊阅览室

(二) 加强图书馆科学管理

在国家尚未发布普通图书标准著录规则的情况下，时任馆长带领图书馆工作人员为每一本图书手工抄写书袋卡，记录每本图书的书名、作者、馆藏编号，借书者姓名、借书日期和还书日期等信息，并在每本图书的封三粘贴卡片袋放置书袋卡，同时在图书书名页盖章编号，在最后一页写上分类号，书标是口取纸形式的，先采用糨糊粘贴后改为口取纸，这些虽称不上标准规范，却为以后图书馆的标准著录打下了基础。

(三) 以学术信息刊物服务科研

1979 年成立的情报资料研究所属副厅级单位，由于种种原因，正职一直空缺，历届均由一名副所长主持工作。设有国外社会科学学术情报研究室、国内社会科学动态研究室、情报资料编译室，开展必要的社会科学情报信息的理论研究工作。该所创办了学术信息类刊物《学术情报》（双月刊），以图书馆收藏的大量外文书刊为主要信息来源，收集、整理、加工、筛选有利于国家和黑龙江省"四化"建设的国外（以苏联和东欧各国为主，兼顾其他国家）社会科学基础理论研究、应用研究的信息与情报，设有经济学、社会学、政治学、教育学、情报学、书评、书介、学术动态等栏目。其中 50% 的稿件来自本院、本所，其余来自全国各地。仅 1981 年就完成译文 177 篇，综合性文章 4 篇，共计 113 万字。

二 标准化专业图书馆建设(1985—1994)

1985 年至 1994 年，是图书馆藏书结构日趋合理、图书管理日趋完善、图书著录真正实现标准化的时期。以铅字打印、刷卡代替手工抄卡，以标准著录代替手写书袋卡，图书馆逐步走向正规化、科学化、标准化、专业化。

(一) 馆藏专业化

图书馆根据社会科学院科研用书特点，及时准确购进了大量的社会科学研究所需图书，为使图书馆真正成为专业图书馆，图书馆通过几次回收与剔旧工作，合理调整藏书结构，确立了黑龙江省社会科学院图书馆社会科学类藏书在省内的绝对优势地位，省内许多高校老师都来社会科学院图书馆查找资料。到 1988 年末，馆藏图书达 18 万册。其中港台书籍、人大报刊复印资料、外文原版书刊的收藏在省内均名列前茅，俄文书刊更是在全国同类专业图书馆中处于领先地位。为配合学科建设，图书馆确立了以西伯利亚学、东北边疆史、中俄关系史等 3 项国家级藏书和文化学、政治学、地方经济学、社会学（生活方式）、东北亚学 5 项省级藏书为主的藏书体系。不仅保证了院里的科研用书，更对图书馆藏书建设作出了突出贡献，使图书馆真正步入了专业图书馆的行列。

（二）编制标准化的《馆藏总目录》

1987 年，为方便图书馆管理和科研人员的使用，图书馆以 70% 的人力参与了本馆重点课题《黑龙江省社会科学院图书馆馆藏总目录》的工作。严格按照国家制定的《中国图书馆图书分类法》（第三版）、《普通图书著录规则》《西文普通图书著录规则》等一系列国家标准对馆藏中外文图书进行分类、典藏和著录，并在已有的书名目录的基础上，增设了分类目录和著者目录，完善了读者目录体系。1992 年 5 月完成了本馆重点课题《馆藏总目录》中文部分的工作，通过了专家验收。1993 年，完成了《馆藏总目录》的外文部分。课题完成后，全部馆藏实现了标准化著录。为文献信息中心由传统图书馆向现代化图书馆的发展打下了坚实基础。课题验收时专家的鉴定是"成果显著，具有高水平，是标准化建设的良好范例……在国内也不多见"。

（三）古籍整理

1985 年，编制了《黑龙江省社会科学院图书馆馆藏古籍（线装）书目》，对馆藏 3000 余种近 5 万册古籍考订了作者、年代、版本，按四部进行了著录，于 1986 年 4 月油印成书。通过整理，向国家图书馆报送馆藏珍贵古籍 16 部，被国家图书馆《中国古籍善本书目联合导航系统》收录，其中，两部全国只有黑龙江省社会科学院图书馆有收藏，7 部全省只有黑龙江省社会科学院图书馆有收藏。

（四）以信息服务科研

为了开发和利用港台资料，图书馆从 1985 年起定期编印了《新书目录》《专题资料索引》《港台报刊研究参考篇目索引》。并于 1985 年秋创办了

图3 黑龙江省社会科学院文献信息中心特藏库

《港台社会科学文摘》，1987年更名为《社会科学参考》（全国发行的内部刊物），内容主要反映我国港台学者及外国汉学家在社会科学方面的研究成果和学术动态。《港台社会科学文摘》每期11万—12万字，《社会科学参考》每期15万字，首次在社会科学领域打开了一个了解港台学术状况和信息的窗口，建立了一条大陆与港台在社会科学方面进行学术沟通和联系的纽带，有助于开阔社会科学工作者的胸襟和视野，有利于学术理论的研究和提高。1988年因经费不足停刊。1990年，图书馆完成了全馆文献资料调查报告。为方便读者了解馆藏，健全了图书借阅制度，办起了新书介绍橱窗。情报所内部刊物《学术情报》，其影响不断扩大，发行量逐年增加，在全国社会科学情报刊物中占据了一定的位置，并产生了积极影响。

（五）制定业务守则及考核标准

为了使图书馆的工作规范化、有序化，从1985年起，设置了采编、流通、期刊、技术等部门。在馆里原有一些规章制度的基础上，制定了一套比较可行的涉及全馆各个专业工作的、比较详细而完备的岗位责任制和考勤制。提出了图书馆的业务工作"五字守则"：和（服务态度）、静（阅览环境）、通（熟悉馆藏）、严（执行规章制度）、洁（卫生）。1991年，参照科研系列的考核标准，联系本馆各岗业务，图书馆制定了有科研图书馆特点的业务考核标准，较好地推动了图书馆的服务工作和科研工作的开展。

（六）加入哈尔滨地区馆际互借协作网

1988年，图书馆加入了黑龙江省图书馆学会组织的哈尔滨地区馆际互借协作网，与黑龙江省图书馆、哈尔滨市图书馆、黑龙江大学图书馆、哈尔滨师范大学图书馆等单位进行了有效的馆际协作与互借。

（七）与国外图书馆建立资料交换

为方便院科研人员用书，图书馆与苏联科学院西伯利亚分院图书馆、远东分院历史考古民族研究所、苏联科学情报所，以及美国斯坦福大学、哈佛大学、夏威夷大学图书馆、日本亚洲太平洋研究中心，环日本地区经济研究所等机构建立了学术交流与资料交换关系。接受了我国香港、台湾地区，以及日本等国外科研教学单位和著名学者、教授赠送的图书资料。

（八）加强队伍建设

工作人员由建馆初期的13名增加到23名，并有了一定数量的高级人才。除了招收图书馆专业本科及大专毕业生外，图书馆还结合工作实际，采取送出去旁听、进修，鼓励和支持报考函大、夜大和电大等措施，鼓励在职人员进行业务学习，全馆近90%的人员都接受过专业训练，图书馆队伍的文化素质和业务素质都有显著提高。图书馆年轻人还根据自己工作实践发表了论文《丛书著录实践中的几个问题》《前人成就要继承——对现行著录规则中几个问题的看法》等。

（九）以人为本，方便科研人员阅读

为便于科研人员利用图书资料，馆长亲自用毛笔小楷为报纸、杂志及古籍书写标签；图书馆内陆续设立了历史、俄文、英文、内限、旧书、工具书、线装古籍、古籍善本、文学、政治经济、标准著录等11个书库；新开设了工具书室、特藏阅览室、中外文新书展览室等；改革了港台室阅览制

度；同时也改革了内限制度（内部刊物限制阅读的制度）。

三 传统图书馆向现代化图书馆转型(1995—2011.10)

随着计算机的普及，图书馆与时俱进，开启了传统图书馆向现代化图书馆转型的新篇章。

（一）组建院文献信息中心

1995年4月，根据院党委决定，原图书馆和情报资料研究所合并为文献信息中心。建立文献信息中心既是黑龙江省社会科学院实施改革的一项重要举措，也是黑龙江省社会科学院图书馆职能的重要转换。院里对建立文献信息中心的总的要求是调整方向，充实力量，转换机制，提高效能。其职能一是强化文献信息中心的主动服务功能，增大信息服务的工作比重，以为黑龙江省社会科学院科研工作，为省委、省政府决策和为有关部门的工作需要提供资料为主，以情报学研究为辅。二是紧密围绕院科研中心任务与重大科研课题需求，搜集、整理、编辑资料，为科研服务；选择、整理重要资料或专题资料、基础性资料报送省委、省政府领导或有关部门，为决策服务，为实际工作部门服务；对院图书资料进行科学管理，面向社会，开展信息资料和技术服务。三是制定规划，创造条件，努力改变文献信息工作主要依靠手工操作的状况，不断增加现代管理方法和管理手段。文献信息中心健全了领导班子，配齐了中层干部，组建了内设机构，强化了管理机制，建立了正常的工作秩序。设采编部、流通部、《要报》编务办公室、综合信息部、阅览部、数字文献部共6个部门；在编人员27名，其中研究馆员3名，副研究馆员（含副研究员）10名，馆员7名，助理馆员6名，未定职1名。中心制定了岗位责任制，实行了全员定岗，调动了职工的积极性，提高了工作效率和质量。

（二）《要报》成为学者与省领导对话的平台

1995年，《信息与建议》更名为《要报》，编辑部设在文献信息中心，由黑龙江省社会科学院副院长（兼文献信息中心主任）直接负责。1999年，《要报》由院长直接负责，定义为联系黑龙江省社会科学院科研人员与省领导的桥梁，是专家学者与省领导对话的平台，院领导希望通过《要报》使社科院成为省委省政府不可或缺的决策咨询机构，成为省委省政府的智囊团和思想库。刊发在《要报》上的科研人员的决策建议被列为科研考核的成果，对其中受到省领导重视和批示的文章作者院里给予奖励。为进一步加强《要报》对省委省政府决策咨询的服务，2009 年院党委成立了《要报》编委会。由院党委书记任编委会主任，院长任编委会副主任，主管副院长任《要报》编辑部主任，其他院党委成员任编辑部副主任，编辑部设在文献信息中心，由专人负责。大家团结一致，精诚合作，重新制定了《要报》的审稿和编辑流程。自1995—2012 年，通过《要报》，促成了黑龙江省社会科学院犹太人研究中心及省反邪教研究中心的建立；科研人员所提分户供暖和哈尔滨市在国耻日 9 月 18 日拉响警报等建议也得到有关部门落实，并一直延续至今；省委省政府领导还在黑龙江省社会科学院批准设立了"县域经济研究"等一系列重要课题。文献信息中心人员通过《要报》向省里报送的《"饶河现象"对县域文化建设的启示》被省委宣传部转发，《当前群众关注的十大问题》中的调研数据被时任省委宣传部长参加 2004 年北京"两会"小组讨论时引用。

（三）完成了传统图书馆向现代图书馆的转型

计算机的应用，为黑龙江省社会科学院文献信息中心实现全面数字化管理提供了保障。文献信息中心近 70% 的人共同完成了 2000 年院重点课题《馆藏书目数据库》（历史库）、2002 年院重点课题《馆藏中文书目数据库》，以及《全国社科院系统图书资料联机联合编目》、《近代中国史料丛刊》专题索引、《完善本院馆藏过刊管理系统充分发挥过刊在科研工作中的作用》等课题。不仅使图书典藏、查询、借阅实现了自动化，而且在查询精度、深度上有了质的飞跃。计算机的配置，也为黑龙江省社会科学院电子阅览室的建立打下了坚实基础。为弥补因经费不足导致的长期不能购买纸质图书的遗憾，文献信息中心购买并安装了中国知网的三个分数据库（中国期刊全文数据库、中国博士学位论文数据库、中国优秀硕士学位论文全文数据库）及超星电子书、中国数字图书馆电子图书的十余万册电子图书。这一时期，文献信息中心还将购买的《黑龙江省统计月报》电子版及由信息中心人员加工的二次、三次文献也挂到了院网，方便了读者查阅。借助于计算机，文献信息中心还建立了社会科学院"读者信息数据库"，实现了磁卡借阅。

（四）重视队伍建设

队伍建设是事业成功的关键，文献信息中心提拔重用一批中青年骨干担任中心中层领导，带领全中心职工扎实开展工作。定期召开党小组和党员大会，加强对年轻人培养和教育工作，使他们积极靠近党组织。针对图书馆年轻人多，专业人员少的特点，多次组织中心老同志讲授图书馆专业课，组织职工参加图书馆学会的学术活动，并通过让年轻人参加课题，提高他们的操作能力和专业理论水平。2008年4月完成的《完善本院馆藏过刊管理系统充分发挥过刊在科研工作中的作用》这一课题，就是以文献中心的青年人员为主体，对黑龙江省社会科学院馆藏中文过刊进行彻底的加工整理。课题的最终成果分为光盘和分析报告两种形式。光盘包括了回溯建库的全部编目信息。文献信息中心还指定一名研究馆员指导课题组成员针对本次课题内容写出分析报告八篇，这不仅使文献信息中心中文过刊的管理由以前的手工管理升级为现在的数字化管理，更重要的是提高了中心青年人的业务水平，提升了他们的科研能力，培养出一支能胜任文献信息服务的青年队伍。2009年，经与院组织部协商，文献信息中心选送9名年轻同志到黑龙江大学学习图书馆学，选送一名同志去太原参加由中国古籍保护中心组织的《古籍维护》学习班学习。

（五）参与"九五"规划重点项目《中国馆藏满铁资料联合目录》的整理和著录

1999年，文献信息中心部分同志受中国近代史史料学学会满铁资料研究分会的邀请，参加了全国哲学社会科学"九五"规划重点项目《中国馆藏满铁资料联合目录》课题组。经一年的艰苦工作，课题组对院里收藏的有关满铁图书资料，如日文《露西亚经济调查丛书》共20册、《苏联邦事情》100册等以及一批俄文图书资料，进行了整理和著录，并将有用数据输入微机。总计3500条，约11000字节（包括日、俄文种）。同时形成《黑龙江省馆藏满铁资料数据库》，并刻成光盘使用。课题的完成得到了中国近代史学会的认可，该学会认为黑龙江省社会科学院的这批馆藏资料对于提高全书质量起到了重要作用。与课题同名的图书《中国馆藏满铁资料联合目录》2007年1月由东方出版中心出版。

（六）承担并出色完成院课题

1. 完成《馆藏古籍丛书子目索引》的编辑工作

2004年文献信息中心完成了《馆藏古籍丛书子目索引》的编辑工作，该索引按《中国丛书综录》总目编排，收录了馆藏63套古籍线装丛书，共4400种图书。填补了黑龙江省社会科学院图书馆没有《馆藏古籍丛书子目索引》的空白，读者可以通过汉语拼音音节和丛书题目两个途径，方便快捷地检索到所需子目图书，受到了科研人员的欢迎和好评。

2. 青年人开始承担院课题

2001—2002年，承担并完成了院重点课题《黑龙江省社会科学信息体系的构建》，撰写了3篇论文，其中1篇发表在国家核心期刊，并获中国社会科学情报学会学术研讨会优秀论文二等奖。2011—2012年承担并完成了院青年课题：《本院藏〈五续疑年录〉版本考》。

（七）完成黑龙江省首个农业数据库的建设

2010—2011年，文献信息中心人员作为第一执行人，完成了省里交办的黑龙江省首个集数据统计与内容检索为一体的农业数据库——《黑龙江农业数据库》的建设，这也是黑龙江省社会科学院首个自建数据库。数据库的建设在以农业研究为主的前提下，兼顾了其他关联学科。不仅有文档信息，还有游离的数据信息；不仅有年鉴数据，还有统计公报、政府工作报告数据；不仅可以进行年度、季度、月度数据的比较，可以同时对N个地区、N个时间段的N项指标进行三维检索；不仅可以进行倍数、平均值、百分比、环比的计算，还可以根据需要作出饼状图、柱状图和折线图等；不仅收录了本院科研人员可能用得上的各种年鉴及相关的含数据统计性质的行业报告，也收录了国内外有关社会科学研究的免费网址及一些大学的网址。数据库2011年底开始在院内网试运行，2012年正式运行。

（八）想方设法丰富馆藏资源

进一步加强馆际互借工作。由于图书涨价和购书经费减少，1992年至2012年，文献信息中心没有购买纸质图书。为弥补纸质图书资源的不足，在原有馆际互借的基础上，2008年8月文献信息中心再度与哈尔滨学院图书馆、哈尔滨市委党校图书馆和黑龙江省图书馆签订了互借协议。至此，黑龙江省社会科学院读者可借阅馆外纸质图书资源达 600 多万册。

（九）馆藏古籍进入国宝行列

在 2009 年《国家珍贵古籍名录》申报过程中，文献信息中心的《分类补注李太白诗》一书经国务院批准列入国宝，被收入《国家珍贵古籍名录》。

（十）加强学术交流

由于加强了黑龙江省社会科学院图书资料专业人员与省内外图书馆界的学术研究和工作交流，2000 年文献信息中心副主任王占国当选为中国社会科学情报学会常务理事，杨玉林任理事；2001 年文献信息中心主任任玲当选为中国社会科学情报学会常务理事，2007 年文献信息中心副主任石宝军当选为中国社会科学情报学会理事；2009 年任玲当选黑龙江省图书馆学会常务理事。2002 年，文献信息中心主持召开"全国社会科学院图书馆第八次协作会议"。此外，文献信息中心成为黑龙江省图书馆学会团体会员，本院有 12 名同志（含研究所资料室人员）成为中国图书馆学会会员。

（十一）服务科研能力进一步提升

1. 开展课题跟踪服务

文献信息中心为更好地服务科研，鼓励具有高级职称的工作人员对全院科研人员进行课题跟踪服务，截至党的十八大召开前，中心人员共参与跟踪课题 80 余项，其中有近 50 项对策建议获省委书记、省委常委及省主要领导批示。

2. 进行二次、三次文献开发

从 1997 年起将《图书资料动态》《资料摘编》作为文献信息中心开发二次、三次文献的载体，对文献信息中心订阅的期刊、报纸及网上大量的信息进行筛选整理，提供给科研人员，并由纸质印刷服务逐步转向网络邮箱服务，搭建起为科研服务与交流的平台。

（十二）科研成果

文献信息中心人员在服务科研人员的同时也发表很多自己的科研成果。不仅有专著，也有发表在核心期刊的论文，有些论文还获得了中国图书馆学会、中国社会科学情报学会、黑龙江省图书馆学会的一、二、三等奖。如，获得中国图书馆学会年会征文一等奖论文《浅论网络技术条件下地方社科院个性化情报服务》等，二等奖论文《树立新型合作理念，为加入图书馆联盟打好坚实基础》等；获得中国社会科学情报学会学术研讨会一等奖论文《入世后中国的文献信息资源共享》《浅论网络技术条件下地方社科院个性化情报服务》《加强哲学社会科学的个性化信息服务》等；获得黑龙江省图书馆学会优秀科研成果一等奖专著《文献信息资源的社会学透视》，一等奖论文《对网络环境下社科情报服务的探讨》《黑龙江省人文社会科学文献信息资源保障体系的构建》《文献信息资源的社会科学透视》等。

四 走进新时代，服务新型智库（2012.11—2018）

党的十八大以来，文献信息中心与时俱进，不忘初心，坚持以现代化手段服务科研、服务智库。

（一）《要报》继续发挥平台和纽带作用

《要报》作为智库载体和科研人员与领导沟通的桥梁与纽带作用进一步显现，年均批示率56%。更有一些院内专家，通过《要报》平台被省委省政府信息部门约稿，有的专家建议被直接报中央，获得国家有关领导及国务院办公厅的关注和批示。

（二）以自建数据平台服务新型智库

1. 继续发挥《黑龙江农业数据库》的平台作用，目前数据库文档库总字数5700多万字（不含年鉴），年鉴千余部，上传数据36万余条，还有4000余个与本院科研相关的免费网址及数据库。

2. 建设《龙江陆海丝绸之路经济带建设数据库》。目前该数据库已经建成，正在进行数据录入。

3. 以微信公众号服务智库。2016年9月，文献信息中心以"关注理论前沿、传播名家观点、反映领域动态、提供信息资源，服务黑龙江哲学社会科学研究"为宗旨，建立了微信公众号"龙江社科文献信使"，每个工作日推出一篇文章，目前已推出540余篇文章。

（三）逐步加大纸质图书购买量

文献信息中心在院里的支持下逐年增加了一些纸质图书的购买经费。采编部以订单式服务征求广大科研人员用书需求，并通过交换、索赠等方式获得一些图书，信息保障更有力度。如通过与上海社会科学院图书馆建立工作关系，获得人文社科类赠书 300 余册；通过索赠获《湖湘文库》700 种。近些年，通过订阅、获赠等方式获取期刊近 300 种。目前文献信息中心馆藏文献约 20 万册（件）。其中，中文图书 10 万余册，外文图书 1 万余册，港台图书 1 万余册，古籍 4 万余册，中外文过刊合订本近 3 万册。

（四）加大数字化支撑

在数字化信息支撑方面，不仅安装了中国知网镜像数据库，还新增了中国经济社会大数据研究平台、大成故纸堆、个人数字图书馆等电子信息资源，添置了歌德电子书借阅机，加大了电子资源服务智库的力度。同时，通过试用书同文古籍数据库、中华经典古籍库、全球智库发现系统、皮书数据库、超星学习通、全球学术快报等数据库，丰富科研人员的信息获取渠道。

（五）科研能力进一步提升

1. 发表专业论文

中心人员在《情报资料工作》《图书馆建设》《奋斗》《求是学刊》《北方论丛》《学习与探索》等杂志发表了数十篇论文。其中获奖的专业论文有：《黑龙江省社会科学用户信息需求特点及服务策略》获第十六届黑龙江省社会科学优秀成果评奖佳作奖；《数字环境下黑龙江省社科文献信息资源保障体系的建设》获中国图书馆学会优秀论文二等奖；《省域公益性数字文化信息资源共享体系建设研究》等获黑龙江省图书馆学会图书馆学优秀科研成果一等奖；《关于建设新型智库的若干思考》《数字环境下黑龙江省社科文献信息资源保障体系的建设》《构建服务东北亚智库的信息联盟》《以信息联盟促进新型智库建设》《关于推进城市社区图书馆建设的若干建议》《多方合作加强非物质文化遗产保护机制研究》《新媒体时代专业图书馆品牌管理探析》《图书馆读者细分研究》《黑龙江地区近现代佛教文献研究》等获黑龙江省图书馆学会图书馆学优秀科研成果二等奖。

2. 承担课题

文献信息中心人员在参与课题的基础上，逐步走向自己申请和承担课题。如，承担国家社科基金课题《文献信息机构服务智库功能与能力研究》；黑龙江省哲学社会科学规划项目《以数字信息资源共享推进我省公益性文化服务体系构建》《习近平总书记治国理政哲学方法论研究》《黑龙江地区近现代汉语系佛教相关问题研究》；黑龙江省艺术科学规划项目《以数字信息资源共享推进我省文化信息资源保护研究》；黑龙江省历史文化工程项目《满铁黑龙江地区文献史料目录》《黑龙江近现代论著引得》；院青年课题《地方社会科学院图书馆参与新型智库建设的服务创新研究》《黑龙江地区近现代汉语系佛教文献考略》；院省情调研课题《服务东北亚智库信息机制研究》等。

3. 参与重点项目

文献信息中心同志积极参与院、省及国家重点项目。如参加院重点项目《中国—东北亚》年鉴（2012—2017 年）、黑龙江省哲学社会科学规划重点项目《赫哲族伊玛堪研究史》、国家重点项目《中国自然资源通典（黑龙江卷）》等及黑龙江省和哈尔滨市系列蓝皮书的撰写。

4. 提交对策建议获反馈

通过院内智库平台，文献信息中心人员向省委省政府递交了多份建议及调研报告。2017 年《要报》刊发《我省应尽快建设服务东北亚智库的信息合作机制》获省委常委领导批示；2018 发表的《以旅游业为突破口重塑我省形象》获省人大常委会副主任批示。2018 年在《信息专报》发表的《采他山之石　助我省抗旱》被省政府办公厅《专送信息》以《国内外抗旱的先进做法及相关启示》为题转发。

（六）建立专题书库

1. 建立专家学者专著书库

为丰富本院文献信息馆藏资源，使馆藏更具特色，文献信息中心建立了"社会科学院专家学者专著书库"，用以集中反映本院的科研成果和水平。

2. 建立伊玛勘研究资料库

开展伊玛堪资料收集整理工作。采取个别访谈方式深入了解伊玛堪文化研究有关资料情况。利用现代信息化手段，通过网上查找收集伊玛堪相关资料信息，共收集下载伊玛堪论文资料百余篇，购买图书40 余种，期刊19 册。

(七) 二、三次文献开发常态化

按照每年年初院下发的省、院重点项目和一些热点问题，编写《图书资料动态》《资料摘编》及其他汇编材料。注重开展互动式服务和文献情报宣传工作，使服务更积极主动、更细致、更到位。

(八) 加强学术交流

文献信息中心是黑龙江省图书馆学会团体会员，中心有12名同志为中国图书馆学会会员。中心副主任有宏宇在黑龙江省图书馆学会第十二次会员代表大会上当选为理事。2018年，中心三级研究馆员刘伟东被选为中国社会科学情报学会理事。

附：文献信息中心班子沿革

由于文献信息中心是由图书馆和情报所合并而成，其沿革我们也必须按照两所合一的顺序来叙述。

1. 原图书馆领导班子历史沿革

馆长：杨致中（1979.9—1980.12）（正处级）；阴兆峰（1981—1982.7）（正处级）；马武祥（1983.12—1985.4）（正处级）；曹惠南（1985.4—1994.12）（正处级）。

副馆长：李永庆（1983.12— ）（副处级）；曹惠南（1983.12—1985.4）（副处级）；马秀英（1985.4—1987.5）（副处级）；李树菜（1986.11—1995.4）（副处级）。

2. 原情报所领导班子历史沿革

所长：（一直空缺）。

副所长：肖扬（1981.6—1984.1）（正处级）；关琦（1983.12—1987.12）（正处级）；宋恩铎（1983.12—1985.4）（正处级）；曹默（1985.4—1995.4）（正处级）；冯庆山（1985.4—1991.3）（正处级）；高文凤（1987.11—1990.9）（正处级）。

3. 文献信息中心领导班子历史沿革（1995年4月由原图书馆和情报研究所合并组建）

主任：步平（兼）（1995.4—2001.2）（副厅级）；任玲（2001.2—

2012.12)（副厅级）。

副主任：张桐（1995.4—2000.2）（正处级）；曹默（1995.4—1996.4）（正处级）；李树菜（1995.4—1995.8）（副处级）；赵立枝（1996.4—1999.9）（正处级）；游江（1996.4—2005.10）（正处级）；王占国（1999.1—2001.2）（正处级）；杨玉林（2001.4—2003.8）（正处级）；石宝军（2005.9—2014年初）（正处级）；关晓娟（2006.7—2010.3）（正处级）；李波（2012.11—2016.5）（正处级）；张慧霄（2010.3—2012.11）（正处级）；白秀丽（2013.5—2014.9）（副处级主持工作）、（2014.9—2016.4）（正处级主持工作）；有宏宇（2016.5—）（正处级主持工作）；刁乃莉（2016.12—）（副处级）。

主任助理：杨玉林（1999.1—2001.4）（副处级）；刘亚莉（2001.2—2007.6）（副处级）；关晓娟（2005.10—2006.7）（副处级）。

鸣谢：感谢黑龙江省社会科学院陈静副院长在本文撰写过程中予以的指导，感谢文献信息中心现任领导有宏宇、各位同事及已退休的任玲、赵玉洁、王秋云和已故馆长曹惠南的女儿曹茜对本文撰写的大力支持。

第 22 章 浙江省社会科学院图书馆

一 机构概述及发展历史

浙江省社会科学院图书馆（以下简称"图书馆"）是隶属于浙江省社会科学院的科辅机构，主要为本院科研人员提供文献信息服务和承担院信息化建设任务。其前身是1958年6月3日成立的中国科学院浙江分院哲学社会科学研究所图书资料室，1984年更名为浙江省社会科学院图书馆。2001年9月成立情报信息中心，与图书馆合署办公。

图1 浙江省社会科学院大楼

浙江省社会科学院图书馆由中外文图书区、古籍区、中外文期刊阅览区三个片区组成，馆舍总建筑面积约600平方米。现馆藏中外文图书17万余册，其中中文图书13.6万册，古籍图书和港台版图书3.5万册，原版外文图书4000余册。订有各类中文报刊近200种，外文和港台期刊20种。现有在编正式职工6人，设馆长、副馆长、中外文图书报刊采购、中外文图书分编加工、古籍图书分编加工、中外文图书流通、中外文（港台）报刊阅览、网站管理与维护等9个岗位。

（一）历史沿革

浙江省社会科学院图书馆的前身是1958年6月3日成立的中国科学院浙江分院哲学社会科学研究所图书资料室，办公室地址在杭州文一路80号浙江省委党校内。"文化大革命"中因机构被撤销，人员解散，图书资料全部交给浙江省委党校。1979年12月，中共浙江省委批准重建浙江省社会科学研究所，所里指定一名同志采购和收集图书和资料，至图书资料室建立时已拥有图书3700册。1980年5月浙江省社会科学研究所党委决定筹建所图书资料室，1981年4月恢复成立浙江省社会科学研究所图书资料室，办公地址仍设在浙江省委党校。1984年3月图书资料室更名为浙江省社会科学院图书馆，1984年办公地点由杭州文一路80号搬入杭州市省府路8号省府二号大楼内。

从1979年到2018年，从图书资料室到图书馆（情报信息中心），浙江省社会科学院图书馆不仅经历了名称的变更、馆址的变动、人员的进出等各种变化，更为重要的是，服务方式、服务手段、服务理念都经历了深刻的变革。

回顾图书馆的发展轨迹，大致可以分为以下三个阶段。

1. 起步阶段（1979年12月至1984年3月）

1980年5月前，浙江省社会科学研究所办公、行政、后勤工作地点设在省府一号楼省委宣传部内，而社会科学研究所的研究室和研究人员、图书室则设在文一路浙江省委党校内，资料室分别设在省委党校和杭州剧院（租用）两地。至1982年底，用房增至4间，面积扩大到270平方米。

成立初期的图书资料室，有工作人员7人。与全国多家相关单位，包括兄弟省市社科院、大专院校、党校、出版社和书店等建立图书资料交流合作等关系。至1984年3月，已和400个单位建立合作关系，图书资料室已拥有藏书 4.7 万册。

2. 发展阶段（1984 年 3 月至 2001 年 6 月）

1984 年 3 月，浙江省社会科学院成立情报研究所，图书资料室正式更名为图书馆。

这一阶段图书馆的人员构成发生了较大变化，院里着眼科研需要和图书馆的专业发展考虑，从在杭的公共图书馆、高校引进了数位专业人员，图书情报专业人员的引入带动了图书馆各项工作的顺利展开，图书馆的发展也上了新台阶。

1998 年 2 月以前，所有图书报刊的采购、分类、编目、流通各个环节均是手工劳动，图书目录以卡片形态保存，所有文献资料都是纸质。1998 年 2 月以后，在院党委的支持下，图书馆开始从手工操作向计算机应用管理过渡，图书采购、分类、编目逐步实现计算机管理；文献采购引入专家咨询制度，更具专业性、针对性；图书目录从过去的卡片转变以电脑为主。

3. 成熟阶段（2001 年 6 月至今）

2001 年 6 月后，图书馆加快了现代化建设的步伐，建成了图书馆内部局域网，引入清大新洋图书馆管理系统，采购、分类、编目、流通均实现自动化操作。同时图书馆开始着手书目数据回溯建库的工作，2005 年 4 月至 2006 年 6 月，完成馆藏 11 万册中文图书回溯建库。

中国期刊论文全文数据库、中国优秀硕士学位论文数据库、中国博士学位论文数据库、超星数字图书馆、人大复印资料、四部丛刊等电子资源的引进，大大地丰富了图书馆的馆藏资源。

2001 年随着互联网的兴起，9 月经院里批准在图书馆现有基础上成立了"浙江省社会科学院情报信息中心"，对外实行两块牌子一套人员，进一步加强院信息化建设。

情报信息中心成立后的首要工作就是承担浙江省社会科学院门户网站建设任务。图书馆克服专业计算机人员缺失的困难，2001 年 12 月 8 日浙江省社会科学院网站正式上线。至今情报信息中心不仅承担着院门户网站的运行维护工作，而且前后共计完成院门户网站的 6 次改版。在浙江省社会科学院党委领导班子的高度重视下，2012 年 2 月院门户网站建设领导小组成立，图书馆以院门户网站领导小组成立为契机，实施院门户网站一期和二期建设方案。2013 年 2 月新版门户网站正式上线运行，不仅对原有网站进行升级改版，而且嵌入内网日常办公协作平台，较好地实现院门户网站对外传播、办公协同、资源共享等信息服务的无缝衔接。2017年7月为响应浙江省人民政府为加快推进浙江省信息资源的整合开放和大数据产业发展的需要，院门户网站外网、内网、科研动态管理系统、观察与思考投稿系统、图书馆管理系统等信息化系统均迁移至浙江省政务云平台。

（二）历任领导

在图书馆的发展过程中，许多同志，特别是历任图书馆领导，为图书馆发展作出了积极贡献。现对曾经在图书馆工作过的馆领导按时间顺序作逐一简要介绍：

张扬，女，1926年生，浙江嵊州市人。1941年参加革命活动，1942年4月加入中国共产党。1980年调入浙江省社会科学研究所负责筹建图书资料室工作，1981年4月—1983年8月任图书资料室副主任（主持工作），1983年8月离休，享受副厅级待遇。

陆京安，男，浙江人，中共党员。1984年从浙江图书馆调入浙江省社会科学院图书馆，1984年6月—1986年2月任副馆长，1986年12月—1991年12月任馆长，1989年聘为副研究馆员，1995年2月退休。

何兆龙，男，上海人，中共党员。1984年6月任副馆长，1992年调浙江省地方志编纂办公室，1995年调浙江省财政厅。

马剑秋，女，浙江杭州人，中共党员。1984年从杭州市图书馆调入浙江省社会科学院图书馆，1991年12月—1997年8月任副馆长，助理研究员职称，1997年9月—1999年2月正处级调研员，1999年11月退休。

张耀东，男，1954年生，河南人，中共党员。1980年调入图书资料室，1991年12月任副馆长，1994年9月—1995年11月回馆任馆长，1995年12月调院办公室任主任，1997年8月—2000年1月任图书馆馆长。

王力军，男，1957年生，浙江人，中共党员。1993年从院人事处调入图书馆任副馆长至1996年，1996年7月调入杭州经济技术开发区北方总公司。

潘志良，男，1964生，浙江杭州人，中共党员。1996年由院人事处调入图书馆，1996年3月—1999年8月任副馆长，1999年8月调任院教育培训中心常务副主任；2001年1月任教培中心正处级调研员（主持工作），2002年聘为副研究员；2009年3月回图书馆任图书馆馆长至今。

臧军，男，1962年生，浙江杭州人，中共党员。1999年由浙江省地方志编纂办公室调入图书馆，1999年8月—2000年10月任副馆长，2000年11月至2001年12月任图书馆馆长，2001年12月调中共浙江省委宣传部调研室任副主任，现任浙江省作家协会党组书记、副主席。

徐吉军，男，1961年生，浙江宁海人，中共党员。1983年进浙江省社会科学院，先后任职于历史研究所、《学习与思考》编辑部、《浙江学刊》编辑部，2003年调入杭州出版社任常务副总编，2006年7月调回浙江省社会科学院担任图书馆馆长。后调任《浙江学刊》担任主编，现任浙江省社会科学院历史研究所所长。

徐晓，男，1961年生，浙江杭州人，中共党员。2001年12月主持图书馆工作。2003年11月任副馆长。2009年4月调任人事处副处长。现任浙江省社会科学院机关党委专职副书记。

甘玖，女，1962年生，浙江杭州人。2012年10月任副馆长。

吴育良，男，1978年生，浙江庆元人，中共党员。2017年12月任副馆长，2013年评为副研究馆员。

二　主要业务

（一）图书馆管理

图书馆在成立之初，借鉴公共图书馆的管理模式，设立中文报刊阅览室、外文（港台）报刊阅览室、中文内刊阅览室、古籍阅览室、中文图书流通、外文图书流通、图书采购加工、图书分编、期刊过刊室、基藏书库等部门，并设立分类、著者、书名三套卡片检索目录。计算机等自动化技术引入和书目数据库回溯建库完成后，图书检索通过浙江省社会科学院门户网站内网图书馆书目检索客户端实现，上述三套卡片目录作为图书馆历史资料保存。图书馆业务部门设置也进行了动态调整，目前图书馆由中外文图书区、古籍区、中外文期刊阅览区三个片区组成。

根据图书馆管理需要，图书馆先后制定了《浙江省社会科学院书刊借阅规定》《浙江省社会科学院书刊赔偿规定》《浙江省社会科学院图书购置专项经费管理办法》等制度，提高了图书馆内部管理水平。

图书馆一直没有标准馆舍，随着机构变迁和图书文献资料的日积月累，搬迁也成为图书馆管理非常重要的一项工作。1984年至今前后经历了6次搬迁。

图 2　浙江省社会科学院图书馆期刊阅览室

（二）资源建设

1. 图书馆馆藏基本情况

馆藏侧重文、史、哲、经、社会学、法学等人文、社科领域。

藏书量：至 2018 年 9 月底总馆藏中文图书 17 万余册，其中中文图书 13.6 万册，古籍图书和港台版图书 3.5 万册，原版外文图书 4000 余册。

藏书地点：古籍图书在省政府二号楼七楼，其余均在省政府大院内二层平房。

2. 主要馆藏文献和数据库

（1）特色藏书

文渊阁影印《四库全书》《四库全书存目丛书》《四部丛刊》《四部备要》《明清史料汇编》《民国丛书》《中国近代史资料丛刊》《中国野史集成》《中华大藏经》《频伽大藏经》《道藏》《台湾文献史料丛刊》等，以及较完整的王阳明研究文献。

（2）期刊报纸

民国时期的《申报》《大公报》《民国日报》《东方杂志》等。

(3) 数据库、光盘、网络资源

数据库有：中国学术期刊全文数据库、中国优秀博硕士学位论文全文数据库、中国重要会议论文全文数据库、中国重要报纸全文数据库、汇雅电子图书、读秀中文学术搜索、百链资源共享系统、超星知识发现系统、人大复印资料、国务院发展研究中心信息网、中国经济与社会发展统计数据库、书同文古籍数据库、大成故纸堆、申报、中国共产党思想理论资源数据库等；光盘主要有：《四库全书》《四部丛刊》《古今图书集成》《中国通史（影像版）》《中国大百科全书》《人民日报图文电子版》等。另有图书馆自己制作的"社科虚拟图书馆"，它包括中英文的哲学、经济、法律、历史等类的国内外主要研究机构、学术期刊简介、链接等。

(三) 图书馆服务

1. 服务对象

图书馆是收集、整理、保管、传播和利用图书信息资料，为社会政治、经济、文化服务的专业部门。作为省级社会科学院图书馆，其服务对象主要是本院科研人员。近年来也适度向同处浙江省政府大院内的机关开放，如：省委办公厅、省政府办公厅、省委宣传部、省委组织部、省委政策研究室、省人社厅、省委党史办等对文献信息资源有需求的人员开放。

2. 服务方法

首先，提供中外文图书、报刊借阅，电子数字资源的检索、收藏和下载；其次，对浙江省社会科学院重大、重点课题实行定题委托查询服务，包括图书、期刊、电子数字资源等；第三是和研究所或有关单位开展课题合作，如 2000 年与浙江省农村工作办公室开展"百乡扶贫"课题合作，2004 年和院经济研究所开展"浙江省民营企业调查"课题合作等。

(四) 信息化建设与网络信息安全

浙江省社会科学院门户网站及信息化建设由图书馆负责，门户网站已成为浙江省社会科学院对外展示的重要窗口，同时还嵌入科研动态管理系统、观察与思考投稿系统、图书馆管理系统等日常办公协作平台，较好地实现院门户网站对外传播、办公协同、资源共享等信息化的无缝衔接。日常工作中，图书馆尽力做好院信息化的预决算编制和省委省政府办公厅关于信息化预算的预审工作，同时做好院信息化系统的运行维护工作，确保院门户网站、院科研管理系统、观察与思考投稿系统、地方法治与法治政府评估、院短信平台、院图书馆管理等系统的正常运行和信息安全。

为了强化院门户网站的对外宣传功能，深度报道院情院貌，立体推介科研成果，把院门户网站建设成为浙江省社会科学院的优质对外宣传平台，2001年12月8日院门户网站正式上线至今已进行了6次改版。

2017年按浙江省政府办公厅信息中心的统一部署，院门户网站启动政务云迁移和内外网剥离工作。截至目前，院门户网站外网、内网、科研动态管理系统、短信平台、图书馆管理系统已完成迁移工作。院门户网站外网、内网也已完成剥离，院门户网站内外网的定位更加清晰，外网承担对外宣传功能，内网作为日常办公协作平台。

三 国内外业务（学术）交流与合作

图书馆至今组织承办会议三次，承办大型书展一次。

1. 1984年12月14至18日，图书馆与院情报所组织承办"华东六省一市首届社科图书情报协作会议"。来自上海、江苏、福建、江西、山东、安徽、浙江的社会科学院图书馆、情报所代表出席会议。会上，代表们就开展社科图书情报工作的经验进行了交流，就图书情报机构设置、工作特点、任务和作用等问题展开研讨。

2. 1986年，图书馆在杭州组织召开了"华东地区社会科学院图书馆负责人工作会议"。华东地区六省一市社会科学院图书馆长参加了会议。

3. 1987年，图书馆组织召开了"华东地区社会科学院图书馆采编工作会议"。来自上海、江苏、山东、安徽、江西、福建、浙江及广东、黑龙江、陕西等省份社会科学院图书馆从事采编的人员出席了会议。

举办大型港台版书展一次。1986年6月，图书馆和中国社会科学院人文发展公司在杭州举办"港台图书展览"，这在当时是杭州举办过的规模最大的一次集中展示港台图书的展览，展出香港、台湾出版的图书品种达数千种，来自全国各地的科研单位、大专院校的代表参观、订购图书。

四 重要出版物及学术成果

图书馆在确保日常业务的同时，馆里同志积极参与科研，取得一定成绩。如馆里人员主撰的书籍《浙江文化史》《浙江丝绸志》，参加编写的《黄宗羲资料汇编》《我们与时代同行（论文集）》《浙江人物简志》《浙江在台人物录》等均已正式出版。馆里同志利用业余时间积极参加课题研究，如：院重点课题《网络环境下人文、社会科学虚拟图书馆》研究，通过专家们鉴定，已经实际应用；浙江省规划办重点课题《良渚文化兴衰史研究》《南宋都城临安研究》；浙江省社会科学界联合会课题《基于智库理念的图书馆信息服务研究》；浙江历史文化研究中心重点课题《西湖古版画的整理与研究》等。

著作主要有：《铁马青松》《会稽山革命游击根据地纪要》《解放战争时期路东、路西、路南地区史料汇编》《周芝山纪念文集》《我们与时代同行（论文集）》《长江文化史》《黄河文化史》《中国风俗通史》《中国藏书通史》《中国服饰通史》《五代史书汇编》《中国都城辞典》《当代社会科学文献信息化建设》《海明威》《书里人 书外人》《西湖赏石》。

学术论文主要有：《解放战争时期路东（会稽）地区出版工作》《论宋代火葬的盛行及其原因》《中国古代文化造极于宋代论》《论宋代文化高峰形成的原因》《论长江文化区的划分》《论宋代厚葬》《试论长江文化的发展特征》《论黄河文化的概念与黄河文化区的划分》《吴越的民俗与信仰》《论吴越文化对中华文明的卓越贡献》《关于中国藏书史研究的几个问题》《五十年来吴越文化研究综述》《岳飞研究的新突破》《关于社科情报理论建设的探讨》《论当代地方社科文献信息系统的特色建设》《简论社科信息事业的发展与创新》《我国图书馆形态的历史沿革与未来》《基于智库理念的图书馆信息服务研究——以社会科学院图书馆为例》《国外智库信息服务的分析及启示》。

从 1979 年 12 月浙江省社会科学研究所图书资料室建立至今已近 40 年，这 40 年也正是我国改革开放伟大征程的 40 年。图书馆 40 年的发展变化也正是我国改革开放的一个小缩影，40 年来许多老同志为浙江省社会科学院图书馆的建设和发展付出了辛勤的劳作，贡献了自己的聪明才智。图书馆藏书从无到有，从手工劳动到自动化管理，一步一步脚踏实地，那无数的图书见证了发展的足迹。感谢老同志、激励青年人，总结经验和教训，为图书馆肩负的重任做好准备。

在今天，图书馆的运作与过去已全然不同，以网络为中心的计算机技术、通信技术、信息存储技术、管理软件技术，正在改变着传统意义上的图书馆，从观念形态、馆藏形态到服务方法、管理方式，图书馆都在发生着巨大的变化。但如何以优质、高效的服务面向科研人员这一点是不会改变的。对比过去，图书馆确有长足的进步，人员综合素质、服务水平、管理意识的现代化，办公、管理、信息传递的自动化、网络化，要求图书馆员不仅掌握基本图书馆专业知识，还要具备操作、管理现代化设备的业务和技能，具备多样性、多渠道提供信息、做好参考咨询等方面的服务手段，具备变被动服务为主动服务的意识。

第 23 章　安徽省社会科学院图书馆

安徽省社会科学院图书馆（以下简称"图书馆"）正式成立于 1983 年。伴随着改革开放的历史进程，在院党组的直接领导与关心支持下，积累几代图书馆人的努力与奉献，面向科研提供信息资源保障的制度体系和服务功能逐步完善，已发展成为一所具有显著地方特色和科研特色的社会科学专业图书馆，在安徽省哲学社会科学事业和图书馆事业发展中均占有重要地位，并始终发挥着不可替代的重要作用。

一　机构概述及发展历史

安徽省社会科学院图书馆是为全院哲学社会科学研究服务的学术辅助部门，其前身是安徽省哲学社会科学研究所资料室。1983 年，安徽省社会科学院成立时正式建立图书馆，隶属院情报研究所。1992 年 10 月，安徽省社会科学院学科调整，图书馆与情报所分离，为院直属机构，承担为本院科研提供文献信息资源保障的职责。1998 年成立的院计算机信息中心，隶属于图书馆，是一个机构，两块牌子，承担全院计算机网络技术服务。2012 年，具有先进的 6 类综合布线系统、消防、监控和供电保障系统的新图书馆楼建成使用，图书馆有了独立馆舍，除在院办公楼 4 楼、12 楼仍保留 3 个闭架书库外，其他部分全部迁入新馆，2013 年 4 月 23 日新馆开馆。目前馆舍面积共 820 平方米，馆藏纸质书刊资料 14 万册，采购商业数据库 7 个，自建特色数据库 2 个。图书馆（院计算机信息中心）核定编制 9 人，设采编部、阅览部、期刊部、网络管理部 4 个业务部门。历任馆长：柳庆福、李鹏、万萍，现任馆长：白云，副馆长：张力、王衡。现在岗研究馆员 1 人、副研究馆员 2 人。

二　主要业务

（一）图书馆工作

1. 管理与服务

1999年，图书馆购买了金盘图书馆集成管理系统软件，服务方式开始从传统纯手工操作向自动化阶段转型，2002年初步建成《馆藏中文图书书目数据库》，在院局域网上运行。至2006年，金盘图书馆集成管理系统已在采访、编目、流通、期刊等业务环节中全面使用。迁入新馆后，图书馆为更好地践行"以读者为中心"的服务理念，将工作重心前移，结合馆舍结构特点，改变自建馆以来一直依据传统业务流程设置工作岗位的方式，不论现实工作量多少，均按岗设人，采用一人一岗、甚至一岗多人的业务开展模式。主要做法：一是整合阅览部与期刊部业务功能，将原工具书阅览室与报刊阅览室合并，集合优质资源，建设成为一个藏、检、阅、借一体化的专业阅览室，除古籍书库，其他所有书库实行开架借阅为主的服务方式；二是针对窗口岗位，组织全馆工作人员实行A、B岗制度，实现人员与岗位常态配置基础上的动态匹配，同时调整图书馆集成管理系统应用程序，因地制宜更好地发挥现代化管理工具的作用，并完善制度建设，落实依规章运行、按制度办事的管理原则，先后制定和修订了《书刊采购工作管理办法》《图书借阅办法》《报刊资料借阅办法》《线装书库管理制度》和《计算机信息中心机房管理制度》等多项内部管理制度及业务工作条例。根据新的内部管理方式，重新修订了各部门工作职责。

采编部是图书馆纸质资源建设与加工的业务部门，遵照图书馆《书刊采购工作管理办法》，提出图书馆资源建设规划；负责纸质书、刊、报采（订）购，接受赠书；负责与国内外科研及信息服务机构进行书刊交换；负责对到馆新书进行验收、编目及移送典藏。

阅览部（期刊部）是图书馆读者服务的窗口部门，负责阅览室、中文书库、古籍书库、过刊库以及电子阅览设备的日常管理与利用保障；负责图书馆自动化集成管理系统应用规划；负责参考咨询、内容查新、文献查重工作；负责馆际协作业务的联系及服务项目的实施。

网络管理部是承担院计算机信息中心职能的主要部门，负责落实院信息化建设及网络安全保障工作，负责全院办公自动化设备的应用维护，负责院网站建设及信息发布工作，负责图书馆自动化集成管理系统运行维护，负责图书馆数字信息资源采购和应用保障。

2. 资源建设

"文化大革命"期间，图书资料损失殆尽。恢复并建院、正式建馆后，图书馆先后添置了《续修四库全书》《四库全书补遗》《四部丛刊》《近代中国史料丛刊》（台北文海出版社）一编、二编、续编、《太平御览》《册府元龟》《丛书集成》《丛书集成新编》《北京图书馆古籍珍本丛刊》《中国古籍总目》《中国古籍善本总目》《中国家谱总目》《清代诗文集汇编》《全宋文》《全元文》《安徽省地方志丛书》（省志、市、县志及山水志）、《申报》影印合订本、《民国时期社会调查丛编》《中国近代思想家文库》等大型图书资料，入藏中文报刊533种，其中社会科学核心期刊142种，民国报刊合订本2种，影印民国期刊合订本35种，港澳台报刊46种。党的十八大以来，随着安徽省社会科学院新型智库建设不断深化，图书馆更加重视对中国共产党党建理论及意识形态建设理论研究资料的收藏，同时加强对统计数据检索工具书的采购，现馆藏统计年鉴218种、皮书173种。

进入新世纪，图书馆加强了网络化及数字化文献资源的建设，逐步加大对电子资源的收藏力度，与馆藏纸质资源形成互补，取得了明显成效。图书馆先后添购了《四库全书》（电子版）、《中国法律法规大典》（光盘）、《中国共产党党建百科全书》（光盘）、《中国期刊网数据库》《国研网》《读秀学术搜索》《大成故纸堆》《中国共产党思想理论数据库》《中国经济社会大数据研究平台》《超星发现》等电子文献数据库。图书馆的自建特色数据库，除基本的《馆藏中文图书书目数据库》外，还重点建设了《安徽省社会科学院科研成果数据库》。

在不断丰富实体馆藏建设的同时，图书馆也积极融入文献信息资源的协同开放体系，通过馆际间协作，利用馆际互借、文献传递服务，为安徽省社会科学院读者的科研和学习活动提供更高质量、更大范围的文献保障。2018年9月，图书馆与国家图书馆文献提供中心签订馆际互借协议，根据协议，由国家图书馆文献提供中心为安徽省社会科学院图书馆读者提供纸质文献远程传递服务。

图书馆信息资源建设要求紧贴安徽省社会科学院科研需求，跟踪学术研究的连续性、学术思想的深刻性、研究理论的新颖性，强调入藏资源的针对性与及时性。目前，馆藏纸质图书涵盖了《中图法》所有22大类，社科类图书占比超过90%，其中尤以支持安徽经济社会发展研究、安徽传统文化研究的工具书和大型资料丛书收藏见长。数字资源类型以全文数据库居多，在院局域网内全天24小时向研究人员开放，部分资源提供远程利用服务。初步建成纸质文献和数字文献相结合、以共享资源弥补馆藏不足，服务安徽省社会科学院科研的立体化信息资源保障体系。

3. 古籍与民国图书整理

图书馆馆藏古籍236部、4849册，民国图书218部、11253册，1983年恢复建院时，由安徽省图书馆移交给安徽省社会科学院图书馆。

1991年，图书馆聘请1名专业人员，历时近5年时间，对馆藏古籍与民国图书进行了第一次全面整理，为这两部分馆藏制作了图书标签和书目卡片，将书籍分类上架，并收藏于旧线装书库。2011年，图书馆参加全国古籍普查登记工作，于当年整理出馆藏古籍6项（索书号、题名卷数、著者、版本、册数、存卷）表的基础信息，2012年馆藏古籍数据入档《全国古籍普查登记目录档》。新馆建成使用后，古籍与民国图书迁入专门书库，藏书条件得到极大改善，图书馆随之升级安全保护措施，制定《线装书库管理制度》，对书库实行"专人专管"，建立日常巡查制度。2017年开始，启动馆藏古籍MARC数据回溯著录工作，目前已完成1043册著录工作。同时，进行民国文献机读目录著录工作，截至2018年9月，已完成1052册民国西方

图1　安徽省社会科学院图书馆书、报、刊一体化阅览室

现代装帧文献及 108 册民国期刊合订本著录工作。

为加强馆藏古籍、民国图书管理，更好地参与和完成全国古籍和民国图书普查登记工作，图书馆抓紧选拔培养古籍、民国图书整理与修复专业人才。图书馆推荐专人参加了 2009 年 10 月国家古籍保护中心与安徽省古籍保护中心联合举办的第十期全国古籍普查培训班，2010 年 10 月至 2010 年 12 月国家古籍保护中心与云南省古籍保护中心联合举办的第十四期全国古籍修复技术培训班，2013 年 11 月国家古籍保护中心与安徽省古籍保护中心联合举办的民国时期文献普查工作培训班，2015 年 8 月至 2015 年 9 月国家古籍保护中心与中山大学图书馆、香港歌德学院联合举办的第四期全国西文修复技术培训班等。

（二）计算机信息中心工作

1. 牵头组织安徽省社会科学院信息化建设

1998 年 12 月，安徽省财政拨款 103 万元，由安徽省政府采购中心公开招标"安徽省社科院计算机网络工程"项目，建设安徽省社会科学院中心机房及院计算机局域网，由图书馆（院计算机信息中心）统一管理，牵头组织建设，并于当年完成工程建设。院计算机局域网建网时共建有 84 个信息点，分设在院属各单位。配备服务器 8 台，电脑 50 余台，图书馆配备了网络打印机、投影仪等设备。并为院属各研究所、编辑部配备了打印机。1999 年 4 月，安徽省社会科学院在中国互联网信息中心注册了域名：www.aass.ac.cn，租用合肥市电信局 64KDDN 专线上网。2002 年又增设了 30 个信息点，2003 年安徽省社会科学院门户网站建成上线，2012 年网站改版升级，对院属各研究所、杂志社、研究中心作了链接，同时图书馆网站上线运行。升级改版后的网站丰富了内容，更加全面地发挥出宣传安徽省社会科学院服务科研工作的作用与功效。

"安徽省社科院计算机网络工程"得到了省委省政府的高度重视，时任安徽省常务副省长汪洋同志批准，并指示该项工程以招标形式进行，为安徽省政府采购第一标。

2. 加强网络安全保障，改造升级中心机房

随着新时期网络及信息技术的飞速发展，"互联网+"工作模式逐渐成为常态，网络安全保障任务亦大幅度提升。在此背景下，院中心机房所承载的保障任务已经远远超过当年的设计要求，加之近 20 年的不间断运行，时

常出现设备老化或故障,影响利用,亟须改造升级,并对老旧设备实施更新换代。2015 年,图书馆(院计算机信息中心)向院党组及相关职能部门提出"院计算机信息中心机房改造申请",获省财政专项经费支持,于 2016 年 12 月开工,对院中心机房进行升级改造,重点改造机房基础环境,增加部署院财务内控系统服务器,更新配置网络防火墙,以及部分超期服役的服务器与交换机等设备。项目建设完成后,经过近半年的试运行,于 2017 年 5 月 12 日通过验收。此次院中心机房升级改造工程严格按照国家有关设计标准进行设计,强调设计标准性、功能先进性、安全可靠性、系统实用性、空间扩展性和环境舒适性,充分考虑布线系统、网络系统的接口与配套。改造之后的 120 平方米标准化中心机房,部署有核心交换机、网络防火墙与 WAF 等各种网络设备,光纤接入运行互联网、安徽省政务外网、安徽省党政专网等 3 条线路,架设服务器 8 台,运行了院门户网站、院政府信息公开网站、院图书馆网站、院属杂志社网站、院财务内控系统、图书馆集成管理软件等系统和图书馆的各类数据库等电子资源。

院办公局域网经过多年建设已覆盖了院办公大楼与图书馆楼,目前已有信息点 210 个。网络采用三层的网络架构,实现 100M 带宽到桌面。

图 2 安徽省社会科学院图书馆(院计算机信息中心)机房

三 业务交流与合作

党的十八大从中国特色社会主义事业总体布局的高度，把繁荣发展哲学社会科学作为建设社会主义文化强国的一项重要内容。习近平总书记多次就繁荣发展哲学社会科学提出明确要求，为哲学社会科学进一步发展注入了强大的动力，全国社会科学院图书馆同仁不负使命，以更高的热情，加倍努力投入到新时期建设当中，图书馆之间更多地开展各种形式的业务交流，成果共享，互助互学，力争更为出色地完成工作任务。近年来图书馆承担的多项重要工作，如院中心机房改造升级，承办第21次全国社会科学院图书馆馆长协作会，加强院网站信息发布管理工作等，在规划、设计与实施阶段，均多次调研有相关工作经验的上海、甘肃、贵州、广东、福建等兄弟省市社会科学院图书馆及相关单位，交流研讨实施方案，取长补短。几年间，我们也先后接待来图书馆开展调研活动的河南、山西、山东、宁夏等地区社会科学院图书馆同仁，同行间围绕社会科学院图书馆基础设施建设、环境建设、信息化建设、读者服务、资源采购和自建数据库等问题进行座谈与交流。

除了图书馆之间的交流与合作，采取多种方式与科研单位、与读者进行交流与互动也是图书馆经常性工作内容之一。2017年11月7日—12月8日，图书馆主要负责同志带领各部门负责人，先后在安徽省社会科学院10个研究所和《江淮论坛》编辑部，就"信息资源建设与利用、服务创新"等问题开展调研交流，请各单位科研人员围绕本学科发展需要，对图书馆建设提出意见与建议。

四 学术研究成果

图书馆历任馆领导均十分重视工作人员科研能力的提升，将组织本馆工作人员开展图书馆学、信息科学理论和技术方法的研究明确为重要工作内容之一，悉心安排工作人员参加学术活动，作为中国社会科学情报学会常务理事单位，积极参加学会组织的各项活动，参与报送会议论文。历年以来，图书馆工作人员主持或参与完成国家级和省部级课题研究项目5项，主持完成市厅级研究项目9项，发表学术论文50余篇，其中发表在核心期刊上的论文近20篇，有多篇论文获国家级图书馆学情报学专业学会奖或被人大复印报刊资料《图书馆学情报学》全文转载，出版学术专著 5 部。

图书馆组织开展学术研究，紧随我国社会科学事业发展，关注地方社会科学院科研建设，倡导馆员理论联系实际研究信息服务工作对策，在此领域已积累较高质量系列研究成果。如主持完成 2011—2012 年度安徽省哲学社会科学规划项目《安徽省哲学社会科学创新工程中的信息服务对策研究》和 2014 年度安徽省哲学社会科学规划项目《安徽省新型智库建设背景下的社科信息服务创新研究》，研究出版专著《社科专业图书馆共生发展问题研究》、提交中国社会科学情报学会学术年会征文《舆情信息服务：社科信息为决策服务的新路径》、发表论文《当前信息环境下地方社会科学院图书馆的发展障碍与对策》及调研报告《省域社科文献信息资源建设探析——基于安徽省社科文献信息资源建设与分布状况的调查与分析》等。

五　重大活动

承办第二十一次全国社会科学院图书馆馆长协作会议。2017 年 6 月 15 日至 16 日，由安徽省社会科学院主办，安徽省社会科学院铜陵分院协办，安徽省社会科学院图书馆承办的"第二十一次全国社会科学院图书馆馆长协作会议暨新型智库建设与社科图书馆发展论坛"在安徽省铜陵市成功举办。时任安徽省委宣传部副部长、安徽省社会科学院党组书记、院长刘飞跃，中国社会科学院图书馆党委书记、馆长王岚出席会议并致辞，铜陵市委副书记单向前代表铜陵市委、市政府致欢迎辞。来自中国社会科学院图书馆的领导、专家和全国 30 多家地方社科院的院领导、图书馆馆长、信息中心主任、专业技术人员以及部分著名高校的专家学者 130 余人参加会议。会上，中国社会科学院图书馆馆长王岚、青海省社会科学院院长陈玮、上海社会科学院副院长何建华、广东省社会科学院副院长袁俊、江西省社会科学院副院长毛智勇、宁夏回族自治区社会科学院副院长刘天明、湖北省社会科学院秘书长魏登才、甘肃省社会科学院副院长朱智文、安徽省社会科学院副院长施立业以及中国人民大学信息资源管理学院教授周晓英、中国人民大学书报资料中心《情报资料工作》杂志副主编徐亚男以及部分地方社会科学院图书馆的馆长先后发表主题演讲。与会代表围绕打造地方社科院新型智库、高端智库和特色智库建设、图书馆文献信息服务转型创新、图书馆价值认知、社会科学学术评价的转型与发展等主题展开了深入研讨和交流。与会专家认为科研系统图书馆必须转型，要实现从"服务员"到"工程师"的转变，并积极加入到科研当中去，加入到新型智库建设当中去，成为新型智库的重要组成部分。会议召开过程中受到国家及省市媒体的广泛关注。

六 建设总结与发展规划

沐浴着改革开放的春风，安徽省社会科学院图书馆走过了35年的建设历程。35年来，图书馆围绕中心，服务大局，坚持创新发展，努力提升服务内涵，馆藏积累从拥有印刷型书刊资料、缩微资料、视听资料，延伸到多种电子出版物、电子信息资源，以及外部信息资源，成为图书馆的虚拟馆藏，服务手段从纯手工操作向自动化、网络化转型，馆内环境优良，工作人员精神饱满，图书借阅、信息利用咨询、文献检索、读者教育、馆际互借、文献传递等各项服务井然有序，处处体现着以读者为中心，方便读者书刊利用的周到与热情；同时认真履行院计算机信息中心职责，加强网络设备应用安全与质量管理，做好全院自动化、网络化设备应用保障，呈现出蒸蒸日上的工作局面。党的十八大以来，在院党组的统一部署下，图书馆全体工作人员认真学习习近平总书记一系列重要讲话精神，牢固树立四个意识，紧紧围绕安徽省社会科学院中心工作，坚持以满足科研需求为核心，服务中国特色社会主义新型智库建设，不断拓展服务功能，努力开创工作发展新局面。

中国改革开放40年，是哲学社会科学繁荣发展的40年，作为我国社会科学事业大家庭中的一员，安徽省社会科学院图书馆与社科研究事业同呼吸、共命运，主动作为、积极作为，为哲学社会科学事业不断取得新成就承担了自己应尽的责任。展望未来，任重道远，图书馆将继续努力，在院党组的领导下，追求更大的进步与发展，并将重点在以下两个方面抓好规划和落实。

1. 加强馆藏资源建设，丰富和完善与安徽省社会科学院科研重点学科和优势学科相统一的馆藏特色资源；着力发展专题特色数据库建设工作，利用先进的数字信息技术，保存智库科研成果，促进安徽省社会科学院、安徽省中国特色新型智库建设实现可持续发展，努力成为安徽省智库信息资源建设与保障中心。具体做法：一是要专题开发建设特色文献题录及摘要数据库，宣传馆藏特色，方便读者利用馆藏资源；二是要升级建设《安徽省社会科学院科研成果数据库》，首先争取将成果收录范围扩大到安徽省社会科学院主持招标的所有科研项目；三是要切入科研过程、动态把握专业信息需求，创新建设与科研协同发展的图书馆特色数据库。

2. 加强队伍建设，做好网络利用维护与安全保障，并能够随时应对信息化建设新挑战。具体做法：一是积极引进人才，给予新进人员以学历与能力双重考核，从源头上把关专业队伍；二是倡导与岗位需求相统一的继续教育与培训，与时俱进建设高素质专业人才队伍。

第 24 章 福建社会科学院文献信息中心

一 机构概述及发展历史

福建社会科学院文献信息中心（又称"福建省台湾文献信息中心人文社科馆"，以下简称"文献信息中心"）作为本院科研辅助机构，立足于"为领导决策服务，为地方经济社会发展服务，为实现祖国统一大业服务"三个定位，主要任务是探索社会科学文献信息管理与服务规律，结合院各重点学科、重大课题以及社会科学事业的发展需要，为全院科研人员提供借阅、参考咨询，为省领导决策和涉台部门提供省情、台情跟踪分析研究信息服务，负责本院局域网、网站运行维护及信息技术管理。福建省台湾文献信息中心人文社科馆作为一个专题性的地方人文社会科学信息服务与研究机构，主要收集收藏台湾地区人文社会科学文献信息资料，跟踪台湾岛内外情势动态，为两岸关系基础理论研究、台情对策研究提供文献信息资料和咨询服务，突出闽台经济社会文化的深度对接和两岸关系发展。

福建社会科学院文献信息中心前身为创立于 1978 年 6 月的福建省哲学社会科学研究所情报资料室。情报资料室下设国内情报分析小组、国外情报分析小组、图书资料小组、翻译小组等，并创办内刊《社会科学动态》（现名《福建社科情报》）。1982 年 4 月，福建省哲学社会科学研究所改称福建社会科学院；同年 6 月，情报资料室改称情报研究所，下设采编室、流通室、内刊室、情报分析室、刊物编辑室、翻译室，主要从事国内外社会科学研究动态跟踪与分析、国外社会科学研究成果编译。1992 年 2 月，情报研究所更名为图书情报所，下设采编室、流通室、内刊室、情报分析室、刊物编辑室。1994 年 7 月，情报所正式改名为文献信息中心，下设采编部、流通部、编辑部、信息咨询部、综合部，兼具图书馆和情报研究所的双重职能。1994年9月，经济研究所资料室并入文献信息中心。1995年5月，文献信息中心内部机构设置调整，设立采编部、流通期刊部、信息咨询部、编辑部、综合部。2002年12月，文献信息中心内部机构调整，下设采编部、流通部、技术部、编辑部。

2009年3月20日，福建省政府办公厅批复了《福建省台湾文献信息中心建设方案》，在福建社会科学院文献信息中心的基础上建设"福建省台湾文献信息中心人文社科馆"。2010年1月，以文献信息中心为基础的福建省台湾文献信息中心人文社科馆开馆，正式为社会对台工作与研究机构提供文献信息服务。现任主任陈元勇。

表1　福建社会科学院文献信息中心历任主要领导

所长（主任）	任职年限	副所长（副主任）	任职年限
林道周	1986—1990	潘叔明	1986—1990
		狄宠德	1986—1990
		吴能远	1986—1993.8
		苏炎灶（副所长，主持工作）	1990.11—1994.7
秦宝华	1994—2002	黄甲琴	1986.3—1998.10
		刘传标	1998.9—2002
		刘传标（副主任，主持工作）	2002—2004.12
刘传标	2004.12—2014.10	陈元勇	2004.12—2014.10
		蔡天明	2004.12—2008
		陆小辉	2010.9—
陈元勇	2014.10—	陆小辉	2010.9—
		邓达宏	2014.10—

二　主要业务

（一）文献信息资源建设

福建社会科学院文献信息中心自成立伊始，即以建设成为专业图书馆为目标，40年来，逐步形成以收集收藏台湾地区出版物为主体，以福建地方文献为辅，具有明显地方特色的社会科学专业图书馆文献资源体系。在1988年全国文献资源调查中，福建社会科学院图书馆的"台湾研究"、"经济学研究"文献资源被评估认定"研究级学科文献"。

图 1　福建社会科学院文献信息中心（福建省台湾文献信息中心人文社科馆）

1995 年，文献信息中心从仅占有旧办公楼一层半搬到现在的文献信息中心大楼二到四层，馆舍面积和办公条件大为改善。2004 年 10 月，福建社会科学院职能部门和研究所搬到新科研办公楼后，五层也划归文献信息中心作为书库。2009 年 1 月，根据《福建省台湾文献信息中心建设方案》的要求，文献信息中心启动福建省台湾文献信息中心人文社科馆建设装修工程，同时对馆藏结构和入藏库室进行调整，大楼一层也划归文献信息中心作为过期报刊密集架库。2010 年 1 月，台湾文献信息中心人文社科馆正式向社会开放。2015 年，大楼六、七层也划归中心，至此，整座大楼基本上（除老干部活动中心外）全部划入文献信息中心，馆舍面积达 4000 多平方米。

截至目前，福建社会科学院文献信息中心馆藏以涉及福建省情和涉台图书文献为主，收藏有中外文纸质图书文献 30 多万册，其中以台湾文献为主的文献 10 万余册。每年订阅境内外报刊近 600 种，其中港台报刊约 400 种。信息中心设有现刊阅览室、电子阅览室、台湾专题书库、境外版书库、内地版书库、过刊库等，同时设有 100 个阅览位（其中电子阅览位 40 个）。福建省台湾文献信息中心人文社科馆基本形成台湾问题和两岸关系文献特色鲜明的专业文献服务体系。

1997年，福建社会科学院局域网建成后，文献信息中心即着手进行自动化、数字化建设。同年，文献信息中心先后引进了清华同方光盘杂志社出版的《中国学术期刊》人文社会科学专辑光盘和人大书报资料中心的复印报刊资料全文数据库光盘版。1999年1月，向北京金盘鹏图软件技术有限公司购置《金盘图书馆集成管理系统》Gdlis7.0版（现为Gdlis XP版），建成了图书馆馆藏图书书目数据库。2000年，院局域网升级为宽带网后，《中国学术期刊》光盘版改为网络版，除了购买远程包库服务，还建立了"中国学术期刊网人文社会科学学术期刊和重要报纸"内部镜像站点。此后，文献信息中心先后引进并建立了"万方数据硕博士论文"、"人大报刊复印资料全文检索系统"、"超星数字图书馆数字图书全文检索系统"等内部镜像站点，并购置了"国研网信息资源库"、"中国经济统计数据库"专网，"年鉴资料库"、"apabi数字资源"、"台湾华艺人文社科期刊及学位论文全文数据库"、"台湾文献丛刊全文数据库"、"两岸关系数据库"等各类型数据库。

目前，文献信息中心每年购买的数据库信息服务包括：中国知网系列数据库（中国知网社会科学类学术期刊、博硕士论文、重要会议、报纸全文数据库，经济社会大数据研究平台），读秀知识库管理系统（读秀知识库系统内容包括260万种全文图书的远程IP访问等），知识发现与文献传递系统（超星发现搜索、数据分析、知识挖掘系统，百链元数据库、云图书馆远程访问传递系统等），国研网信息数据库（国研网教育版全文数据库），全国传媒舆情数据库（全国各地报纸媒体新闻信息服务），长江经济网数据库（长江经济网统计数据、年度报告等所有专题数据库，及深度观察、经济运行报告等动态频道库），人大复印报刊资料数据库（人大"复印报刊资料"数据库信息系统），两岸关系数据库（两岸关系数据库中的台湾智库成果、政情资讯等数据库资源），台湾学术文献数据库（华艺台湾学术数据库人文社会科学学术期刊论文和学位论文数据库产品）等。

（二）文献信息资源开发与服务

从1978年成立以来，文献信息中心即致力于为领导决策和涉台部门提供省情、台情跟踪分析研究的文献信息资料，为社会科学研究人员提供图书资料外借、阅览服务。

1985年8月，福建社会科学院开始探索地方社会科学院与本省的关系和地位问题。为此，情报所根据省委、省政府等党政领导机关近期的中心工作，开始向主要省领导及相关部门提供省情、国情乃至世界各国的社会经济发展调研报告，率先尝试为省领导与相关部门提供决策信息，为省领导提供决策依据和背景咨询，发挥"参谋"和"助手"作用。孕育与探索科研"为领导决策服务，为地方社会经济发展服务，祖国统一服务"的"三为"服务雏形。

1994年7月"情报所"改名"文献信息中心"以来，在加强文献信息资源建设的同时，也大力拓展信息资源开发服务。遵循福建社会科学院"为领导决策服务、为地方社会经济发展服务、为祖国统一大业服务"的"三为服务"的办院方针，确立了"为领导决策服务、为科研服务、为祖国统一大业服务"的"三为服务"三大目标方针，致力于为领导决策和涉台部门提供省情、台情跟踪分析研究的资料，为社会科学研究人员提供图书资料外借、阅览服务，着力提高与发挥文献信息的功能与作用，使文献信息工作更加贴近福建经济社会发展主战场需求。

2010年福建省台湾文献信息中心人文社科馆建成后不久，文献信息中心加入中国高校人文社会科学文献中心（CASHL）联盟，并成为CASHL的成员馆之一，台湾文献信息中心人文社科馆与全国重点高校文献信息资源体系建立起共建共享平台，初步建立起台湾文献信息公共服务平台，服务于福建省经济社会发展和两岸人民交流合作先行区建设，发挥福建省在两岸大交流、大合作、大发展中的特殊信息功能和作用。2014年，中国知网福建社会科学院机构馆数字资源平台建立，目前年检索量达15万次以上。2015年，改版升级了福建社会科学院文献检索平台，除提供院局域网内部访问外，也提供科研人员院外访问服务，该平台年访问量约5000人次。

福建省台湾文献信息中心人文社科馆成立后，文献信息中心开始向社会开放文献信息服务工作，开放接待省内外涉台工作部门和研究部门读者，接受省委省政府相关部门涉台信息咨询服务。在致力于为领导决策和涉台部门提供省情、台情跟踪分析研究的资料，为科研人员提供图书资料外借、阅览服务的同时，围绕省委省政府的中心工作和台湾地区重大事件和动态，组织力量跟踪研究分析与推送服务。台湾文献信息中心人文社科馆编印的专题文献资料和涉台信息情报内刊，也已成为政府部门和各级领导了解台湾地区政治、经济、社会、文教等方面动态的窗口。

（三）网络信息安全管理

1997年起，文献信息中心开始负责本院网络管理工作，建立了院ISDN窄带局域网。2000年4月，建立了本院官方网站（http：//www.fass.net.cn），主要是用于对外宣传和信息公开。2002年初，接入网通宽带，建立了院宽带局域网，带宽10M；2004年，改为电信宽带接入，带宽20M（现为100M），目前全院有100多台工作电脑接入，主要用于信息检索和连接互联网。为了加强对福建社会科学院计算机网络与信息安全的保护，维护计算机网络的安全运行，福建社会科学院于2004年成立了网络与信息安全领导小组，领导小组组长由福建社会科学院主要负责人（党组书记）兼任，成员由职能部门、文献信息中心负责人和计算机技术、安全保卫人员组成。同时明确管理部门和管理职责，由文献信息中心负责管理福建社会科学院网络与信息安全，把网络安全作为计算机技术人员一项重要考核指标纳入岗位职责管理。

从2004年起，文献信息中心即开始加强网络与信息安全方面的制度建设，当年出台了《福建社会科学院网络与信息安全管理规定》和《福建社会科学院网络与信息安全应急处置预案》，以及由这两个制度规定衍生的《中心机房安全管理制度》和《中心机房消防安全管理制度》。在此之后，为应对日益复杂的网络安全情势，福建社会科学院陆续出台了《福建社会科学院网络安全人员管理规定》《福建社会科学院网络与信息安全分类应急处置措施》，制定了《网络与信息安全检查工作方案》等。为进一步规范福建社会科学院上网信息保密审查工作，根据国家、省有关规定，亦结合福建社会科学院实际制定了《福建社会科学院上网信息保密审查暂行规定》。2016年以来，为加强福建社会科学院网站建设、运行维护和管理，落实意识形态责任制，强化信息内容发布管理，促进福建社会科学院网站健康发展，出台了《福建社会科学院网站内容管理办法》。

从建成局域网开始，文献信息中心即逐步加强福建社会科学院网络信息安全运行维护，建立了机房值班记录，要求计算机安全人员每天做好机房安全检查工作。2009年4月，请福建省网络与信息安全测评中心为福建社会科学院网络信息系统安全做了等级保护测评，经测评，福建社会科学院局域网被定为二级。目前，福建社会科学院局域网已由早期的只有防火墙和网络杀毒软件发展到有网络安全控制器终端认证、上网行为管理（配置成网关和防火墙）、入侵检测设备实现用户的安全访问，服务器安装趋势网络杀毒软件的整体安全防护。

三 重要出版物及学术成果

（一）重要出版物

福建社会科学院文献信息中心编辑出版有《福建社科情报》《台情要报》《福建省台湾文献信息中心社科信息专报》等内部资料和信息简报。

《福建社科情报》。前身为情报资料室创办于1978年的《社会科学动态》。1987年《社会科学动态》改名为《福建社科情报》（月刊）。1989年6月福建省社会科学情报学会成立后，改为福建社会科学院情报所与福建省社会科学情报学会联合主办的学术性内部资料。1997年1月《福建社科情报》（月刊）又改名为《信息窗》（双月刊），刊载图书情报工作理论和台情省情专题跟踪分析文章。2003年1月，恢复原刊名为《福建社科情报》（双月刊），主要刊载台湾政经情势与两岸关系进展跟踪分析成果、福建省的省情跟踪调研分析成果及图书情报工作理论文章。办刊宗旨是为省内各对台工作单位提供台情、省情跟踪信息，为领导决策和教科研服务。

《领导参阅》。创刊于1983年，原刊载国外及省内外有关社会经济改革、开放的理论动向和实践经验分析成果。该刊于1991年停刊。2004年2月25日复刊，并改为月刊。2013年停刊。内容刊登研究人员对福建省经济社会发展中的热点难点问题的研究成果和对策建议。送阅对象主要是省委、省政府、省人大、省政协有关领导，省直有关部门，各设区市的市委、市政府主要领导等。

《福建社会科学院专报》。2013年1月，为更好地发挥省委省政府思想库智囊团作用，福建社会科学院领导经研究决定整合资源，停办《领导参阅》，创办《福建社会科学院专报》，集中力量为省委、省政府领导提供决策咨询服务。《福建社会科学院专报》主要刊载福建社会科学院科研人员研究性、原创性的决策咨询研究报告，是贯彻执行中央和省委哲学社会科学创新工程和高端智库建设的有效载体，专门报送省委常委、省政府副省长。目前，该专报已成为福建社会科学院服务省委省政府决策咨询的重要品牌，每年都有若干份研究报告得到省领导批示。

《台情要报》。创刊于1995年6月，每年50—52期，内容主要刊载每周台湾政治经济情势资料的综合整理加工分析成果，每期约2.2万字。刊物不对外交流，仅向省领导及有关涉台工作部门、台湾问题研究机构等单位赠阅。2017年5月起，文献信息中心开始与中国统一战线理论研究会两岸关系理论福建基地合办《台情要报》，扩大赠阅范围到统战系统有关部门。

《福建省台湾文献信息中心社科信息专报》。福建省台湾文献信息中心人文社科馆成立后，应有关领导和省台办要求，为提供更高层次的台情分析研究产品，文献信息中心在《台情要报》的基础上，于2010年4月创办了《福建省台湾文献信息中心专报（社科动态）》半月刊，内容是刊载台湾政经情势分析、"一国两制"和两岸关系理论创新成果、闽台交流合作对策建议，向省委省政府和省市对台相关单位赠阅。2014年，《福建省台湾文献信息中心专报（社科动态）》更名为《福建省台湾文献信息中心社科信息专报》。

《近期经济热点问题》。应省有关领导要求创办于2011年1月，内容是刊载国内外经济热点问题，主要向省委省政府有关领导赠阅。2014年停办。

（二）主要出版专著

《福建社会科学研究概览（1949—1989）》《网络环境下社会科学信息资源建设》《中国近代海军职官表》《复合型图书馆建设》《近代中国海军大事编年》《福建省信息化发展研究》《社会科学信息资源的检索和利用》《网络社科信息资源概论》《信息化与现代产业体系研究——以福建为例》《台湾智库及其代表人物》《2015年台湾发展情势分析文集》和《2016年台湾发展情势分析文集》。

（三）其他学术成果

福建省台湾文献信息中心人文社科馆成立后，台情资料整理与分析研究成为文献信息中心的重要职能之一。2010年以来，文献信息中心人员除了公开出版各类学术专著、论文集十余部外，在各种公开刊物上发表论文300多篇，在《八闽快讯（专报件）》《福建信息》等发表对策研究成果或台情分析成果数十篇，每年均有成果获得省部级以上领导批示。

四　重大事件及活动

（一）福建省台湾文献信息中心人文社科馆的成立

2010年1月，福建省台湾文献信息中心人文社科馆建成并正式向社会开放。建设台湾文献信息中心，形成两岸文献信息交流合作平台，是福建省对台工作先试先行的一项重大举措，对推进"两个先行区"建设，服务海峡西岸经济区建设和全国对台工作大局具有重要意义。福建省人民政府办公厅于 2009 年 3 月 20 日批准了省台办、发展改革委、财政厅、科技厅、社科院 5 个单位联合报送的《福建省台湾文献信息中心建设方案》，福建省台湾文献信息中心人文社科馆建设与改造项目正式立项。福建省台湾文献信息中心人文社科馆的主要工作任务是围绕本馆的职能和方向，加强台湾文献信息资源建设与信息资源开发服务，并开展台情分析研究与科研工作。

（二）主办全国社科院系统图书馆第七次工作研讨会暨学术交流会议

2001 年 5 月 12—15 日，由福建社会科学院文献信息中心主办的全国社科院系统图书馆第七次工作研讨会暨学术交流会在福建省厦门市召开，来自全国 25 个省市的 57 名代表参加了这次会议。福建社会科学院党组书记杨华基、湖南省社会科学院副院长刘仕清、湖北省社会科学院副院长张武、广州市社会科学院副院长梁世平等院领导与会并讲话。中国社会科学院文献信息中心、《情报资料工作》编辑部派代表参加了会议。本次会议的议题包括：各院交流近两年来改革及发展情况；网络环境下各院自动化及网络化的建设情况及存在的问题；对本次会议的评价并确定下届会议的承办单位。会议期间，全国社会科学院系统图书馆学术委员会还组织了优秀论文及著作评选，评出一等奖 5 名，二等奖 10 名，三等奖 15 名，优秀论文奖 25 名。

（三）参与举办第十八次全国社会科学院图书馆馆长协作会议暨地方社科院智库建设与信息服务论坛

2014 年 11 月 24—25 日，由福建社会科学院主办的第十八次全国社会科学院图书馆馆长协作会议暨地方社科院智库建设与信息服务论坛在福州举行。本次会议得到中国社会科学院和各兄弟省、市、自治区社会科学院的高度重视，34 个省市兄弟单位的 90 多位代表莅临参会。中国社会科学院图书馆党委书记庄前生应邀在开幕式上致辞，福建社会科学院党组书记陈祥健致欢迎辞，副院长李鸿阶主持了开幕式。在论坛上，专家学者围绕新形势下智库建设与文献信息服务主题展开研讨。与会代表一致认为，各社科院图书馆应加强自动化、数字化建设，以打造先进的情报收集系统和科研协同平台，为研究人员提供更加高效便捷的服务。会上，十余家社科院代表倡议建设

"社会科学大数据平台",平台的主要任务是多方合作进行大数据协同研究,发挥各地专业、地方特长,通过联盟交换数据,达到数据利用的合理化。

图2 2014年11月24—25日,第十八次全国社会科学院图书馆馆长协作会议暨地方社科院智库建设与信息服务论坛于福州召开,图为参会人员合影

第 25 章　江西省社会科学院图书馆

一　机构概述及发展历史

江西省社会科学院图书馆（以下简称"图书馆"）是集文献收藏、图书服务、信息咨询为一体的省级社会科学院图书文献机构，其前身是江西省哲学社会科学研究所和省经济研究所资料室。1984 年 11 月，江西省社会科学院成立，在情报资料研究所下设资料室（图书馆）。1991 年 12 月，图书馆

图 1　江西省社会科学院大楼

单独建馆。1994年江西省社会科学院、省社会科学界联合会合署办公，图书馆为省社科院、省社科联共用。2009年江西省社科院与省社科联分设，始改称今名。历任馆长有王河、赵小春，副馆长毛智勇、徐凌志、胡长春、付志祥。现任馆长胡长春，副馆长康芬、张秋兰。馆内现有工作人员8人，其中研究员1人、副研究馆员4人，现设有采编室、电子阅览室、图书阅览室、报刊阅览室、参考阅览室。

二　主要业务

江西省社会科学院图书馆的中心任务是：着眼于中国特色新型智库建设的需要，为全院科研和学科建设提供优质服务，为科研生产力的发展和提升科研核心竞争力提供及时有效的文献信息支撑。江西省社会科学院图书馆始终严格强化内部管理，大力开展书籍文献的搜集、整理、研究工作，积极建设特色馆藏，构建共享平台，实现图书资源的有序流通。在图书采编工作中，始终坚持以地方经济、社会、文化、历史等学科文献为重点，兼顾社会科学其他各学科文献的方针，以江西地方文献尤其是革命根据地文献史料为收藏特色，并注重搜集鄱阳湖生态经济区建设、绿色经济、生态环保、产业转型升级、智慧城市，以及各地出版的蓝皮书等方面前沿文献资源，及时有效地提供给有关研究人员。在文献信息服务方面，努力变被动服务为主动服务，不断加强与各研究部门的双向联系，在每个所指定联系人，开展文献信息跟踪服务。同时不定期了解江西省社会科学院专家学者的重大科研项目进展、科研动态以及前沿成果，以院重大课题和研究项目为引领，使信息服务更具科学性和针对性。

目前，江西省社会科学院图书馆馆藏文献资料22万余册，其中，中文图书15万册，古籍2万册，外文图书4000册，报刊合订本4.5万册。每年购书经费25万元，新购中外文图书2000余册，订阅报刊200余种。图书馆收藏的古籍和大型丛书主要有：《影印文渊阁四库全书》《四库全书存目丛书》《豫章丛书》《光绪江西通志》《民国江西通志稿》《西园闻见录》《四部丛刊》《四部备要》《丛书集成初编》《古今图书集成》《近代中国史料丛刊》《中国方志丛书（江西部分）》等。另有新中国成立以来所编江西各地新方志50余种，《江西党史资料》及江西省第一任省长邵式平私人典藏等珍贵资料。此外，图书馆坚持纸质文献资源建设和数字电子文献资源建设同步进行，自 2005 年起，图书馆长期包库使用中国知网期刊数据库，目前已订购了社科期刊Ⅰ、Ⅱ两个专题、硕士论文、博士论文、统计数据等专题；2014 年订购了读秀学术搜索，随时随地为全院科研人员提供强有力的文献信息资源服务。

近年来，江西省社会科学院图书馆加快了现代化建设的步伐，购买了新洋图书馆自动化集成系统软件，建立了图书馆内部的局域网，并初步完成了新购图书的回溯建库工作，基本实现了馆藏中文图书管理的计算机化，既可满足读者对库存书目数据的检索、查询需求，又实现了馆藏图书外借办理电子化。2013 年，图书馆与院科研、行政管理部门通力协作，向江西省政府成功申报了"江西省情数据库"建设项目。一期投入 250 万元资金，用于硬件设备采购、数据库软件购置和数据采集，并计划未来每年投入 200 万元资金，对该数据库进行数据维护和更新。"江西省情数据库"的建成，代表着江西省社会科学院图书馆现代化建设的一大飞跃，图书馆为江西省社科院智库建设服务的能力也将得到大大提升。

三　国内外业务（学术）交流与合作

建馆以来，江西省社会科学院图书馆积极参加省内外图书馆学情报学理论与实践经验交流活动，极大地提高了图书馆的管理水平，扩大了图书馆的知名度和学术影响力。例如，2009 年 4 月 19 日，江西省社会科学院承办了第十四次全国社会科学院图书馆馆长协作会议暨学术研讨会。会上，来自全国 28 个省市自治区的会议代表 60 余人，就各自特色馆藏资源、数据库联网、兄弟院资源共享以及存在的问题和困难等开展了热烈讨论。

党的十八大以来，江西省社会科学院图书馆的学术交流活动极为活跃，与省内外单位广泛开展合作，定期参加全国社会科学院系统图书馆馆长协作会议暨学术研讨会、中国社会科学情报学会年会、江西省图书馆学会年会，多次组织人员考察兄弟省市社会科学院图书馆和省内专业图书馆的建设，学习其他图书馆的先进经验。

2015 年，江西省社会科学院图书馆组织有关人员出席全国社科院系统图书馆界的一系列学术会议，如中国社会科学情报学会在成都举办的第八次全国会员代表大会、上海社会科学院主办的第十九次全国社会科学院图书馆馆长协作会议、广东省社会科学院主办的社会科学院大数据智库平台建设研讨班及2015江西省图书馆学会年会等，在多个会议上作了交流发言；图书馆馆长胡长春参加了江西省社会科学院赴俄学术访问团，访问俄罗斯科学院区域社会经济发展研究所，并作了题为《江西与中俄"万里茶路"》的学术演讲。图书馆就省情数据库建设和图书馆数字化建设等议题，组织人员与江西省社会科学院有关部门一道，赴上海、广东、甘肃、天津、福建等省市社会科学院图书馆进行了实地考察，初步了解地方社科院系统智库信息化建设的现状与进展情况，提交《部分省市社科院智库信息化建设调研报告》和《关于院办公楼改造与图书搬迁准备工作的意见》供江西省社会科学院领导决策参考。此外，江西省社会科学院图书馆还加入了由江西师范大学图书馆主办的"江西省高校数字图书馆联盟"，有利于今后开展图书资源的共建共享、馆际互借。

2016年，江西省社会科学院图书馆组织有关人员参加学术会议，例如湖南省社会科学院主办的第二十次全国社会科学院图书馆馆长协作会议、青海省社会科学院参与主办的"协同创新驱动下大数据应用与知识管理研讨会"、2016年数字出版与数字图书馆融合发展国际研讨会、江西省图书馆学会2016年学术年会，以及九江茶文化论坛、白鹿洞书院文化论坛等，图书馆的参会同志提交了多篇论文，并在多个会议上作了交流发言。尤其是图书馆撰写的《以服务智库建设为中心　实现图书馆转型发展》一文，不仅在全国社会科学院图书馆馆长会议上交流，而且在《湖南社会科学》（湖南省社科院院报）上摘要刊出，在全国社科院系统图书馆界引起一定反响。

2017年，江西省社会科学院图书馆组织有关人员参加中国社会科学情报学会在南京举办的2017年学术年会、安徽省社会科学院主办的第二十一次全国社会科学院图书馆馆长协作会议、宁夏社会科学院主办的社科院大数据应用与知识管理研讨会及江西省图书馆学会年会等，图书馆代表提交了多篇论文，并在多个会议上作了交流发言。其中，图书馆提交的会议论文，获江西省图书馆学会2016年年会论文一等奖。与此同时，图书馆就今后的转型问题进行了广泛调研，先后派员赴上海社会科学院图书馆、江西省科学院科技战略研究所（图书馆）和省内部分高校图书馆考察，就图书馆服务工作和图书馆数字化建设等议题进行座谈，并利用参加学术会议的机会与同行交流，以便充分了解情况，汲取他们的新鲜经验。

江西省社会科学院图书馆两位代表参加甘肃省社会科学院主办的第二十二次全国社会科学院图书馆馆长协作会议暨数字智库助力"一带一路"建

设论坛。2018年6月，图书馆馆长胡长春参加了江西省社会科学院赴印度学术访问团，与印度专家学者进行学术交流。2018年9月，派员出席中国社会科学情报学会在河北省保定市举办的2018年学术年会，本次会议由中国社会科学情报学会、中国社会科学院图书馆主办，河北大学管理学院承办，会议主题为"改革开放40年中国图书馆学情报学发展研究"。图书馆参会代表还参观考察河北大学图书馆，并与图书馆工作人员进行了深入交流。

四　重要出版物及学术成果

江西省社会科学院图书馆始终坚持馆研结合，着力提升自身科研能力，取得了较为丰硕的科研成果。历年来，共出版《中国历代藏书史》《中国历代藏书家辞典》《江西地方文献索引》《宋人佚著辑考》《麻姑山志校注》《景德镇市情调查》《谭纶评传》《文人与茶》《改革开放三十年江西学术研究文丛（中共党史卷）》《雷礼与"样式雷"建筑文化》《江西历代著作考》《宋代临川文化》等学术专著20余部，发表各类学术论文200余篇，累计成果总量500万余字。论著、论文多次获省级科研成果奖，多篇论文被人大复印资料等多种报刊转载。此外，图书馆还不失时机地开展应用对策研究工作，先后完成了6份调研报告，其中，《以大开放促进大发展——九江市彭泽县沿江开放开发调查》《加快县域发展　亟须改革增动力》和《国家级贫困县旅游扶贫研究》获时任江西省委主要领导的肯定性批示。

特别值得一提的是，图书馆工作人员历来注重利用馆藏，开发文献资源，进行二次文献加工，编有《江西地方文献索引》《王安石研究资料索引》《宋明理学论著索引》《曾巩资料索引》《汤显祖资料索引》等内部资料，二次文献成果共计162万余字。其中，《江西地方文献索引》有141万余字，收录范围上起三国，下迄当代，是一部研究江西省情的工具书，曾荣获中华人民共和国成立40周年、中国图书馆学会成立10周年二次文献成果奖。此外，为及时反映学术前沿动态和新书入馆情况，曾编有《智库参考》《社科图书信息》《社科院馆藏新书目录》等内部刊物。

五　图书馆发展规划

由于人文社会科学研究的特殊性，对各种文献信息资料的依赖程度很高。对于地方社会科学院而言，图书馆工作与科研工作同等重要。如果没有一个高质量的图书馆，学术研究工作很难上台阶、上水平、出精品；而离开了文献信息的支撑，建设高水平新型智库很可能就是空中楼阁。因此，必须高度重视图书馆建设，加快社会科学院图书馆转型发展，把图书馆打造成与新型智库建设相适应的现代化文献信息服务平台。

（一）努力实现文献资源的数字化、网络化

由于受到软、硬件条件限制，目前江西省社会科学院没有铺设院局域网，仅建有院官方网站、微博、微信，并依托互联网建有网上办公系统。与兄弟院相比，江西省社会科学院信息化、办公自动化水平仍有较大差距。目前，江西省社会科学院投入1400万元对现有办公楼进行改造，图书馆将以此为契机，把全院信息化水平推上新台阶。一是加强图书馆现代化建设。突出网络化、信息化建设这一关键环节，设立先进的主机房、局域网，引进电子期刊、电子图书以及国内若干成熟数据库等数字化资源，从而为数字图书馆建设打下坚实的基础；二是加强网上社会科学院建设。继续保持院官网与人民网、光明网、中国社会科学网等媒体的良好合作关系，进一步加强微博、微信等网络平台建设，建立理论研究专栏，将其打造成为宣传研究江西省哲学社会科学的重要网络阵地；三是加强江西省情数据库建设。适时采购软硬件设施，与中国社会科学院及有关兄弟院联合开展省情大调研，及时采集相关省情数据，不断充实数字化资源，为新常态下应用对策提供量化研究与统计分析数据，实现新型智库的"强链接"。

（二）不断创新信息服务方式与内容

图书馆应当完善服务手段，提升服务水平，使信息服务工作朝着"服务手段多样化、服务方式人性化、服务内容个性化"的方向发展。第一，要变被动服务为主动服务。"固守图书馆一隅，坐等用户上门"的陈旧观念必须改变。应通过送书上门、定期举办讲座、试用各种新资源等方式，不断加强与科研人员的沟通交流，提升服务质量。第二，要变常规服务为个性化服务。科研人员的信息需求往往是个性化的，而且时效性很强。因此，必须建立与研究所（室、中心）、编辑部的双向联系，在了解科研部门信息需求的基础上，针对部门、学科、领域、课题的不同，及时有效地提供个性化的服务。第三，要变一次性服务为课题跟踪服务。图书馆并不是向科研人员提供

了一次服务就万事大吉了,而是要摸清科研课题进展情况,根据课题的不同阶段和进展程度提供信息服务。还可以在各重点学科或研究所建立兼职图书馆员制度,开展课题跟踪服务。第四,要变传统服务为网络化服务。在网络时代背景下,人们的阅读方式发生了重大变化。要以现代信息技术、网络技术、数据库技术为依托,开展资源检索、信息导航、信息推送、文献传递等服务。只有实现了服务形式和内容的根本性变革,才能把图书馆建设成为科研人员"用得上、靠得住、离不开"的精神家园。

(三) 大力加强文献资源的共建共享

与公共图书馆和高校图书馆相比,地方社会科学院图书馆文献资源建设大都处于相对落后的状态。只有走资源共享之路,才能从根本上解决文献资源不足的问题。目前,全国社会科学院系统图书馆对此进行一些探索,如中国社会科学院图书馆在社会科学院系统中开展了建立联合目录的工作,广东省社会科学院文献信息中心倡议建立大数据智库联盟平台等,但水平和规模还远远不够,必须进一步加强。目前,可以通过建立各种类型联合目录,开展馆际互借和文献传递等方式,提高文献资源的利用率。同时,也可以与所在省市的公共图书馆、大学图书馆建立资源共享关系,以互通有无,弥补自身短板和不足。2015年5月,江西省社会科学院图书馆与江西师范大学图书馆建立联系,加入了"江西省高校数字图书馆联盟",就是希望充分利用高校数字图书馆丰富的文献信息资源,达到"借船出海"的目的。

(四) 着力打造研究型图书馆

众所周知,过去的图书馆馆长大都是德高望重、学问渊博的专家学者,像马叙伦、蔡元培、梁启超、王重民、任继愈等,都曾经担任过国家图书馆的馆长,李大钊也曾担任过北大图书馆的馆长。显然,图书馆不是单纯的藏书楼,也不是单纯为读者服务的场所,而是崇高的学术殿堂。地方社会科学院图书馆属于专业性的图书馆,更有理由在学术研究领域有所创新、有所突破、有所作为。近年来,江西省社会科学院提出了建设研究型图书馆的举措,院图书馆根据自身馆情和全院科研实际,不断加强馆研结合,认真组织省级、院级课题和院创新工程的课题申报,取得了良好的效果。因此,打造研究型图书馆,是提高图书馆管理人员素质和水平的有效途径,同时也可以使图书馆学术影响力、知名度获得极大提升。江西省社会科学院图书馆的发展目标是：把图书馆建设成省内具有丰富信息资源、较强服务能力、较高研究水平，传统纸质文献与数字化资源优化配置、互为补充的现代化、信息化、数字化的哲学社会科学数字图书馆。

第26章 山东社会科学院图书馆

一 机构概述及发展历史

山东社会科学院图书馆是省级哲学社会科学图书信息机构，创建于1978年，最初定名为山东省社会科学研究所资料室，1984年正式命名为图书馆，下设采编室、借阅室、参考室，至2018年整整历经40年。图书馆历任馆长（1984至1997）：王如绘、林玉九。1997年后图书馆与情报所合并成立文献信息中心，历任中心主任（1997至2015）：崔铭芝、王志东、王晓明。2015年山东社会科学院实施创新工程后，成立省情研究院（图书馆设在省情研究院），现任图书馆馆长鲁冰。经过40年的发展，山东社会科学院图书馆已发展成为特色鲜明，以社科类图书、期刊、报纸、电子资源收集整理提供、信息服务开发、图情学术研究为主，服务于哲学社会科学新型智库的综合性社会科学文献信息中心。

山东社会科学院图书馆发展历程可分为以下几个时期：

1. 起步阶段（1978—1996）

1978年山东省社会科学研究所资料室正式成立，创建之初，资料室人员6名，办公地点借住于省委党校内，房舍面积不足100平方米。虽然面临专业人员少，图书资料稀缺，其他设备严重短缺的情况，在各级领导的关怀下，图书馆人克服重重困难，开始了艰苦创业的历程，图书馆服务和队伍建设由此起步。1980年12月，山东省社会科学研究所改为山东社会科学院，山东省社会科学研究所资料室也随之改为山东社会科学院情报研究所，下设图书室、国内情报研究室和国外情报研究室。

2. 发展阶段（1997—2014）

1997年山东社会科学院办公地点变更，图书馆也搬迁至现有工作场所，工作人员增至28人，下设采编部、流通部、技术部、编辑部、开发部、参考咨询部，根据社会科学研究工作需要，从书刊采购、分编、管理到参考咨询，系统地积累社科研究的基本资料，藏书达 15.25 万册，并完成了院局域网络的建设以及互联网的连接，第一次将信息技术大规模地应用于社会科学研究工作中。2003 年山东社会科学院文献信息中心大楼落成并投入使用，合理的空间布局、完善的规章制度、丰富的馆藏资源、多样的资源获取方式等等，彰显了山东社会科学院图书馆事业的蓬勃发展，标志着图书馆的发展进入了崭新的阶段。2006 年图书馆首次引入 CNKI、中经网、国研网等综合性文献研究数据库，陆续建设了电子阅览室、个性化研究室、多媒体会议室、中央机房，开发了山东社会科学院以及图书馆在线网站，完成了图书典藏借阅管理的数字化，积极探索特色数据库建设工作以及图书馆服务创新工作，为建设现代化数字研究院的目标打下了良好的基础。

图 1　山东社会科学院大楼

3. 开拓创新阶段（2015—2018）

2015 年，为配合山东社会科学院创新工程的实施，院党委决定成立省情研究院（图书馆设在该研究院）。图书馆人员 13 人，有研究馆员 4 人，副研究馆员 2 人，馆员 6 人，专业技术人员 1 人，下设采编部、流通部、数字资源部、技术部 4 个内设机构。为了更好服务社科院新型智库发展，根据院创新工程要求，组建了图书馆服务创新团队。2017 年，为了更好地深入推进创新工程，着力打造省情数据库，院党委决定将原社会学研究所和原省情研究院合并组建山东社会科学院省情与社会发展研究院（图书馆设在该研究院内）。图书馆创新团队继续沿用原服务团队人员，为做好社科院智库信息服务保障工作，图书馆创新团队针对院科研人员开展了文献资源建设调查、新书推介、网站建设等一系列创新服务。截至 2018 年，图书馆书库面积达4000 平方米，建有中外文报刊阅览室、电子阅览室、工具书阅览室、中文书库、综合书库、特色文库以及设备配置现代化的中央机房、功能完备的图书典藏借阅管理系统等技术支持平台。目前，拥有馆藏纸本文献近 50 万余册，其中有中文图书 26 万册，外文书 1.3 万册，港台书 1.5 万册，线装书1.6 万册，报刊合订本 18 万册，购置包括 CNKI、人大报刊复印资料在内的社会科学研究全文数据库 20 余个。

二　主要业务

改革开放 40 年来，尤其是党的十八大以来，哲学社会科学迎来了发展的春天，文献信息作为知识经济社会的重要资源，必定要被开发利用，哲学社会科学图书馆的建设，让文献资源有了归属，让知识有了轨迹，全院图书馆工作者以饱满的热情、积极认真的工作态度为全院科研工作和新型智库建设提供了文献信息服务，主要业务如下：

（一）适应哲学社会科学创新需求，加强特色资源建设

山东社会科学院图书馆的主要任务是根据全院科研事业发展规划目标、重点学科建设和科研手段现代化的总体要求，以建立数字图书馆为发展方向，通过对哲学社会科学文献信息的采编、整理、加工、存储交流和输出，最大限度满足科研工作对文献信息资料的需求，为理论创新、经济发展、社会进步提供优质服务。40 年来，图书馆工作人员坚持了科研图书馆的发展方向，根据院所设的学科范围和主要研究方向来确定采书标准，在努力保证文、史、哲、儒等优长学科所需图书的前提下，加强对经济学类、人口学

类、法学类、社会学、文化产业等重点学科和新兴学科的图书和网络数据库的采购。经过多年的积累，已逐步建立起了选择精良、组织完备、适应需要、经济合理、富有特色的藏书体系。建成中文书库74278种，156417册；中文期刊库4565种，40193册；中文报纸库385种，16851册；古籍书库9898种，27245册；日文书库1689种，1848册；俄文书库1682种，1773册；外文书库（除英、日、俄）847种，939册；英文书库5593种，6171册；英文期刊库220种，3731册；日文期刊库47种，549册；外文期刊库（除英、日、俄）43种，870册；俄文期刊库57种，2823册。经过多年努力，到2018年，山东社会科学院图书馆藏书基本覆盖大部分人文社会科学学科，文献分为古籍、图书、报刊、学位论文及电子出版物等各种类型。馆藏文献具有一定的特色：（1）专业性强，质量较高，为人文社会科学研究提供了重要的参考资料；（2）系统收藏具有较高学术价值的国内外专业期刊；（3）典藏有丰富的中外文社会科学词典、年鉴、手册、指南、汇编、类书、政书、百科全书等各种类型工具书，尤以社科年鉴最为突出。

图2　山东社会科学院图书馆工具书阅览室

（二）顺应数字化网络化发展，加强数字资源建设

1997年，山东社会科学院投资建成最初的自动化网络，由图书馆技术部负责管理，全院拥有不超过30台电脑，各研究所只配备一台电脑。自2003年开始，为推进全院数字化研究院建设工作，提高科研及管理工作的效率和质量，不断对网络系统进行升级改造，增强了院内网络的整体性能与带宽容量。2016年上半年，院内局域网传输速率以万兆主干，千兆到桌面，400兆宽带出口。配置两台高性能虚拟服务器，配置机房虚拟化管理平台。购置安全设备安全网关、下一代防火墙、WEB防火墙。2017年搭建起山东社会科学院云计算虚拟化管理平台，使全院信息化管理步入虚拟化管理时代，与之前的技术相比，搭建起私有云平台，更加便于各业务管理维护和扩展增加。目前全馆正不断加大电子资源采购的投入比例，在该虚拟云平台运行的业务包括中经专网、民国期刊、四部丛刊、党史数据库、"一带一路"数据库、红色报刊档案数据库等共计28项。

（三）围绕科学研究服务工作，完善文献信息服务

为提高文献资料建设、合理使用文献图书经费，图书馆服务团队针对科研工作人员进行了深入的文献资源建设调查，并且通过举办"文献资源建设专家咨询小组"会、设立馆长意见箱和网上电子邮箱等多种形式，以征询全院各位专家对图书文献信息的需求、意见和建议。在充分征询全院科研工作者对图书馆意见和建议的基础上，加大了对全院重点学科建设、重大课题研究、专业前沿系列名著以及各类年鉴工具书等图书、电子资源的购置，有力地保障了科研工作的需要。

为适应科研工作需要，在保证流通量的基础上，减少续借手续，将图书借阅期限延长至5个月，并于每月1日、15日在图书馆网上发布催还通知，方便读者及时了解借阅信息。为提高图书文献资源利用率，加大对新进重点图书的介绍，图书馆官网推出馆藏新书推介、院出版图书推介专栏，及时更新新书信息和推介院内最新出版的图书著作，保障科研工作者对最新图书的阅读需求，并通过新书展台将重点新书进行展示。

为更好地服务于全院科研事业的发展，使科研人员尽快熟悉掌握图书馆纸质资源和数字资源的分布、使用以及规定等，图书馆工作人员集中组织编写了《资源使用手册》《规章制度汇编》，并对全院科研人员、行政人员、

离退休老干部进行了多次专场培训，尤其是自2015年实施创新工程以来，每年定期举行"电子资源培训和辅导"讲座，多次邀请了"国务院发展研究中心信息网"、"超星图书馆"、"人大复印资料"等相关数据库的专业培训师为大家详细讲解了各大数字资源。

每年为配合三级课题申报立项工作和科研工作，在节假日加班加点开放各书库、阅览室，为科研人员查阅资料提供了方便，并且24小时不间断地提供电子资源服务，全院人员可以远程VPN等方式，登录到全院局域网内访问并使用馆藏电子资源。

健全规章制度，完善工作流程。为实现规范化管理，提高服务质量，加强制度建设，结合业务流程，对图书馆4个内设机构，13个工作岗位分别制定了岗位职责和工作规范、请假、考勤管理规定、安全防火管理规定、图书借阅规定、电子阅览室管理条例等一系列规章制度，印刷成册集中学习、制成板面上墙公示，以规章制度的建设促进服务工作的上档次、上水平。

为丰富图书文献资源，在各级领导的关怀下，经过多次协商，图书馆与中国社会科学院图书馆、山东省图书馆、山东财经大学图书馆等国内多家研究机构开通资源共享业务，尤其是2015年创新工程实施以后，图书馆又与兄弟社科院和多所国内知名高校加强了合作关系，进一步加深了文献资源共享力度，最大限度地满足了科研人员对文献信息资料的需求。

（四）坚持多层次人才培养，加强人才梯队建设

多年来，图书馆始终坚持"服务、学习、科研"相结合的工作方针，在努力做好为科研服务的前提下，根据各自的专业特长进行专业研究，参加各种业务培训和学习班，每年组织工作人员参加图书馆业务知识和网络信息安全知识等的培训学习，培养了一批合格的联机编目人员、信息服务人员、自动化系统和网络工程师。除此之外，还通过举办"网络环境下文献信息工作创新理论研讨会"等活动，邀请省内、省外专家作专业学术报告以及开展学术征文等来培养人才，在青年中倡导努力学习，钻研业务的学术氛围，对提高人员的专业素质起到了良好的作用。

三　国内外业务（学术）交流与合作

1999年6月山东社会科学院主办了华东六省一市社会科学院图书馆

(文献信息中心)协作会,中国社会科学院及各省市社会科学院领导专家40余人参加,会议围绕"社会科学50年发展回顾与跨世纪展望"进行了深入探讨。

2015年11月,副院长袁红英带领图书馆部分人员参加"第十九次全国社会科学院图书馆馆长协作会议暨地方社科院新型智库信息化建设论坛",袁红英副院长作了主题为《加快数据信息化进程 更好服务新型智库建设》的发言,柳霞研究馆员作了主题为《地方社会科学文献信息数字资源状况与共享问题的建议与对策》的发言,查炜研究馆员主题为《基于智库理念的图书馆信息资源共享研究》的文章被大会手册收录。

2017年8月,陈宝生研究馆员受山东省文化厅和山东省图书馆委托,参加全国县级以上公共图书馆评估定级活动,作为山东省专家评审团成员,对德州、滨州、东营地区15县市图书馆进行了实地考察,并就图书馆的服务效能、业务建设、保障条件等方面进行了评估。

2018年5月,由中国社会科学院和中华全国台湾同胞联谊会共同指导,山东大学、山东省台湾同胞联谊会、社会科学文献出版社联合主办的《山东文献》学术研讨会暨台湾大陆同乡会文献数据库·山东库上线发布会在山东大学召开。柳霞、司霞同志参加了本次发布会,其中柳霞研究馆员作了主题发言。

四 重要出版物及学术成果

图书馆工作队伍由图书资料、社科研究、翻译、出版、工程师等系列职称的专业技术人员组成。40年来,图书馆始终坚持"服务、学习、科研"相结合的工作方针,在努力做好为科研服务的前提下,根据各自的专业特长进行专业研究,共承担了国家课题5项,山东社会科学规划课题19项、山东省软科学课题2项、山东社会科学院重点课题5项;独立或合作出版研究、翻译等专著20余部,发表论文、研究报告、调研报告等400余篇,40余项成果获得各种学术奖励。

1978年6月由资料室创办《哲学社会科学动态》期刊。1991年1月改名为《山东社会科学情报》。1993年改名为《信息咨询》。2004年改名为《学术前沿》,至2007年底共出版200余期。该刊为学术情报性质的内部刊物。通过这一刊物向科研人员和有关部门提供本单位及全国的情报产品,传递情报信息，为科研和领导决策服务。1993 年，院重点课题《山东城乡封建迷信综合调查》于年底完成，其核心报告《我省城乡封建迷信活动令人担忧》发表后引起省委负责同志的重视。省委办公厅《工作情况交流》、新华社和《光明日报》的内刊也分别转载。院重点课题《德国社会市场经济与中国经济体制改革》（1994）、研究报告《中小学生一般性焦虑与学业成绩相关的研究》获省社会科学优秀成果（1988.7—1989.6）三等奖；专著《泱泱山东旅游大省》山东当代文化丛书第 60 卷、《高度、广度、深度、速度——关于山东省文化产业发展对策报告》《关于加快山东省旅游主导产业的对策建议》等研究报告分别获得中央领导和山东省委、省政府主要领导的重要批示，在理论界和产业界产生了重要影响；国家社科基金项目《社会科学个性化特色服务体系创新研究》（2007）获山东省社科优秀成果二等奖。《社会科学个性化信息服务体系创新研究》（2010）获山东省文化艺术科学优秀成果一等奖。《山东公共文化服务体系建设中的非物质文化遗产保护研究》（2010）获山东省社会科学优秀成果三等奖及山东省文化艺术科学优秀成果二等奖，《我国公共图书馆文化产业研究》（2012）通过国家社科基金项目专家鉴定；《社会科学创新中的文献信息服务》（2012）获山东省社科优秀成果三等奖；《文献信息服务数字化专题研究》（2013）、《"图书馆+书院"模式：存在的问题与对策建议》（2017）被山东社会科学院科研要报采用，受到山东省领导肯定性批示，并被山东省文化厅采纳；《适应新型智库发展的图书馆科研工作研究》（2017）通过山东省社会科学规划项目专家鉴定。

五　主要作用和国内外影响力

山东是经济文化大省，在新时代，山东要实现两个走在前列的目标，全面开创新时代现代化强省建设新局面，这一战略目标离不开繁荣的哲学社会科学，离不开繁荣的哲学社会科学信息化建设，离不开丰富的文献图书资源建设。自 2015 年山东社会科学院实施创新工程以来，图书馆紧紧围绕山东社会科学院事业全面发展的规划目标，着眼重点学科、重点基地建设需要，把握推进社会科学研究与管理手段现代化的总体要求，坚持数字化图书馆发展方向，以提供多种载体的社会科学文献信息资源为目标，通过对各种来源的文献信息的采集、甄别、整理、加工、存储、交流和输出，结合虚拟化、云计算等先进的信息技术以及深层次的科研工作，最大限度地满足"智库型"研究工作需求，为社会科学理论创新、服务决策服务，为山东经济文化强省建设服务。

六 建设总结与发展规划

改革开放40周年，我国正在深入实施改革开放新举措，尤其在党的十八大以后，我国掀起繁荣发展哲学社会科学研究和建设新型智库的热潮，山东社会科学院以此为契机，奋力前行在深化实施创新工程2.0和建设新型智库的道路上。山东社会科学院图书馆经历了从无到有、从弱到强的转变，始终以服务全院科研工作为中心，始终坚持正确的政治方向，把提供优质的文献信息服务工作摆在首要位置，坚持科学创新发展，围绕哲学社会科学研究建设特色资源库，不断加强特色资源建设，提高数字资源占比，大力引进熟悉文献信息和计算机管理的复合型人才，加强多层次人才培养，实现图书馆人才可持续发展。全体图书馆人员同心同德、齐心协力把山东社会科学院图书馆建成管理科学化、手段现代化、功能社会化、联系国际化的综合性的信息服务机构。

第一，加强政治学习，加强思想政治工作职业道德教育，牢固树立正确的意识形态和为科研服务的意识，讲奉献、讲进取、讲敬业、讲协作，使图书馆成为一个讲党性、讲团结，合理分工，搞好协作，依靠集体智慧、群众力量，工作高效、团结协作的整体。

第二，根据院里创新工程要求，加强馆藏建设，加强数字资源建设。通过与中国知网等知名网络数字资源供应商合作，提高馆藏数字化比例，创新推出山东社会科学院机构知识库建设，与中国社会科学院和兄弟社会科学院加强数字资源的共建共享，不断升级全院信息网络技术。

第三，围绕建设新型智库定位，创新发展文献信息服务工作。建立多维文献信息资源保障体系，促进文献、信息、知识等科研基础元素的充分融合；进一步优化资源结构，改善科研与资源利用基础环境，创新资源引进、利用和管理模式。

第四，加强人才培训，提高整体队伍素质。通过学术交流、课题研究、业界培训、项目建设、人才引进等方式，建立一支具有敬业精神，具备社会科学文献信息专业知识，又熟悉掌握计算机管理系统的复合型现代化科研辅助服务队伍，全面提高文献信息资源的保障水平和服务质量。

第 27 章 河南省社会科学院文献信息中心

一 机构概述及发展历史

（一）机构概述

河南省社会科学院文献信息中心（以下简称"文献信息中心"）位于郑州市文化路 49 号院内，拥有 3800 平方米独立馆舍，隶属河南省社会科学院（以下简称省社科院），在院党委领导下统一开展工作。文献信息中心是新型智库的重要组成部分，是新型智库进程中不可或缺的角色。作为科研辅助机构，其任务是：为科研事业服务、为智库的改革创新助力、为人才养成筑基。其工作范围是：围绕人文学术研究、社科理论推广、政策建议咨询，调整文献供给、强化信息传播、着力网络运维。其发展路径是：第一，以大数据为引领，占先机、抓机遇、促关联、创新知，带动人文社会科学研究在内容上逐步融合、在路径上方便切换、在手段上有所创新；第二，以现有资源为基础搭建架构，支撑起学科涵盖合理、检索形式方便、构成层级分明、载体形态多样的文献保障体系；第三，利用网络，选定部分合作单位，探索资源共享、合作开发的机制；第四，以中原智库网站为平台，推荐专家学者，展示精品力作，促使成果转化，引导人才成长，把河南省社会科学院服务省委、省政府思想库、智囊团的功能定位宣传到位，把河南省社会科学院知识影响改革发展的软实力发散出去，树立河南省社会科学院传承文明、存续文脉、化育社会的形象，传播河南省社会科学院探求真理、寻求公正、涵养道德的名声。

（二）发展历程

文献信息中心成立于 1978 年，当时名叫河南省哲学社会科学研究所图书资料室。该资料室前身是由 1958 年成立的河南省历史研究所资料室（在开封）和 1959 年成立的河南省哲学社会科学研究所资料室（在郑州）合并而成。1979年12月，河南省社会科学院正式成立，仍沿用图书资料室旧称。1980年，图书资料室一分为二，分别为图书馆和情报研究所。1995年，情报研究所撤销，其全部文献资料及部分工作人员又并归图书馆。2000年，省社科院成立"信息中心"，将原归院事业发展部（该部门后来撤销）的信息网络划归图书馆管理。信息中心（亦曾叫过社科信息网络中心）与图书馆合署办公，一个机构、两块牌子，其职能是：负责全院网络规划与建设，做好有关信息的上网和服务工作。2012年12月，开始使用现名（本文中，以此时为界，之前简称图书馆，之后简称文献信息中心）。截至2018年9月，文献信息中心下设文献资源部、网站编辑部、网络数据部，工作人员11人，平均年龄38岁，其中，副高职称人员3人，中级4人，初级3人，学科背景有图书馆学、古代文学、法学、传播学、计算机科学等。现负责人为郭艳副主任（党支部副书记）。历任馆长（主任）：李葆英、毛锡学、栾星（名誉馆长）、萧鲁阳、石玉华、王崇瑞、曹明、王超；历任副馆长（副主任）：岳世显、张明和、张建忠、翟国玉、王宏源。

藏书世守事尤难。40年来，筚路蓝缕、苦心经营。经过几代员工的艰苦奋斗，截至2018年，文献信息中心藏有纸质文献近48万册，其中线装古籍8万余册，还有相当数量的善本古籍和珍本图书。现已经形成了以收藏、整理、开发、利用河南地方性研究文献为主旨，以善本书为珍品、线装书为主干、丛书为特色、普通图书为基础，加之千余种报纸杂志为辅助的学科多样、门类齐全、积淀厚重、藏品丰富、特质明显，且颇具史料价值、学术价值、研究价值和典藏价值的文献资源保障体系。自建有9个馆藏书目数据库，购置或试用了16个全文数据库，拥有10万余册电子图书。已建成办公区（无线网全覆盖）、家属区局域网，互联网百兆光纤接入，实现了馆藏书目数字化，文献信息网络化。1991年被河南省图书情报协调工作委员会评为一级一等图书馆。曾当选为中国高校人文社会科学文献中心成员馆。曾与中国社会科学院图书馆实现了联合联机编目。现与国家图书馆、中国社会科学院图书馆签订有"数据库共享、文献传递协议"。

繁枝留待后来人。40年来，时光荏苒，岁月流转，唯抱朴刚毅、求学慕贤的志向未改；几易其名，人员聚散，但艰苦奋发、守持精进的基因依然；职能渐变，任务纷繁，而创新思维、理顺机制的效果渐显。新世纪以来，文献信息中心顺应信息化、数字化的发展方向，开始调整资源结构，迈开数字资源供给和网站集纳传播的步伐。尤其是党的十八大以来，文献信息中心顺应网络化、集成化的潮流趋势，主动适应大数据、云计算带来的变化，开始深度优化资源结构，着力网站内容的充实和更新，着力网络新媒体的传播，时至今日，业已成为省社科院文献信息收藏、传递、利用和研究的文献信息中心，并逐渐发展成为全省哲学社会科学界重要的信息机构。

二 主要业务

全国各地社会科学院的事业，起步于20世纪70年代末80年代初，延至90年代中期，属于初创探索时期；其后，直至党的十九大召开之前的20余年，经历了科研转型和智库建设的初步探索、系统提升、全面融入三个阶段；党的十九大召开之后，智库建设事业进入新时代。因应于此，人文社科文献信息事业亦顺应潮流、各有所重。20世纪八九十年代侧重藏书建设、读者服务、自动化建设；新世纪以来，围绕智库建设的趋势，传统图书馆业务逐渐式微，代之而起的是信息化、数字化、网络化。但是，图书馆的名字无论如何变化，作为文献知识、信息情报的保有者和传播者的基本角色没有变，业务管理的框架和模式没有变。40年来，文献信息中心的建设和发展基本遵循了这个路径和规律，只不过因时期不同、阶段不同而有所侧重。

（一）管理工作

文献信息中心的业务是院党委领导下的馆长（主任）负责制，实行全员聘任，定期召开部主任工作会议。文献信息中心编制印发了《规章制度汇编》。该汇编历经多次修改，包括各种规章、规定、制度、规则、细则、条例、办法等等，举凡岗位职责、图书加工、信息编辑、信息发布、网络运维、机房管理、安全卫生、劳动纪律、业务统计等等，无所不包。图书馆人经常学习，默记于心，贯穿于行，沿用至今。图书馆人始终认为，文献信息中心是一个整体、一个团队，大家一直致力于团队精神的培养、团队执行力的打造，树立"跟随组织不吃亏、共同做事很开心"的理念。让同志们看到未来、得到实惠和提升；让能干事的有平台、让"捣糨糊"的受约束、让爱挑事的"没市场"、让自由散漫的戴上"紧箍咒"。

（二）资源建设

20世纪八九十年代，河南省社会科学院图书馆的文献资源以纸质书刊为主，其中以明清文集为特色的线装书，以四库系列、明清档案、近代史料丛刊为基础的大型丛书套书，弥足珍贵；民国时期的老报刊、方志文献、改革开放后的学术图书、港台版学术图书，涵盖全面。新世纪以来，河南省社会科学院图书馆围绕新型智库建设，服务应用对策研究，在资源建设方面，规划了整体思路。到了2012年，文献信息中心在全院范围内开展了文献资源使用频率的调查活动，并与清华同方、人大报刊资料中心、国研网、维普网、超星数媒等多家数字资源供应商展开会谈，就其新老产品的性能特点、内容架构、培训使用、价格构成等进行详细了解，摸清了情况，做到了心中有数。

近十年来，文献信息中心在文献资源建设方面的着力点和具体做法有：

第一，坚持正确的政治方向，遵照《河南省社会科学院"十二五"发展规划》的精神，围绕四个方面的总体要求，服务区域经济、中原文化、政治文明三个重点学科，锁定八个重点工程。采购人员要正确解读党和政府的方针政策，了解全国和河南改革开放、发展稳定的最新资讯，关注中原经济区建设和中原文化传承，审视全省经济社会热点、难点，研究趋势和态势，增强人文学养，扩充知识面，更新知识结构。要创新思维，解放思想，重传承更重创造。要捕捉新理念、新思维，要站位新维度、新角度，要探索新解读、新途径，要发现新形式、新方法，以前瞻的眼光和超前的视界研究学术动态、学科状况，收集最新出版信息，编定年度购置计划和预订书目。

第二，根据每年的经费额度，编制文献购置年度计划，压缩纸质文献，增加数字文献。

第三，依据院职能部门编发的核心期刊名录，采购中文核心期刊和重要报纸。

第四，购置美誉度高、实用性强、性价比高的论文数据库、电子书和学术搜索平台。

第五，考虑出版社的正规性、著作的权威性、研究范式的创新性、概念内涵的逻辑完整性，做到所选图书学术和应用相统一，人文和对策相统一，完整和连续相统一，保证馆藏的连续性、结构的完整性，精挑细选经典的研究用学术图书、工具资料书、古典文献丛书。

（三）科研服务

文献信息中心的性质是科研辅助单位，始终坚持服务的理念。六层书库全部开架，善本书室有专人管理，一、二层为基藏书库，三层为线装书、港台书、大型丛书套书、精美画册书库，四五层为过刊、民国文献、"文革"文献、剔旧书库，六层为外文书书库。先后开辟了中文借书处、工具书阅览室、现刊阅览室、电子阅览室、院优秀成果展室。40 年来，接待专家学者以万计、办理借还书十万册以上。坚持编印《新书通报》十余年，先后编发过书目、摘要、汇编等形式的二次、三次文献；利用网站，开辟"新书推介"、"成果展示"、"百草园"等板块，推送新书书目几十期，原创或转发书评、书摘百余篇。举办过重大节日或重大事件图片展、学术成果展、馆藏邓小平文献展。多次举办科研人员电脑使用培训班，多次组织科研人员参与图书现采活动。"中原智库"网站起步于 21 世纪初，历经三次升级改造；2004 年，曾创建过"河洛文化"专题网站。文献信息中心人员在院庆三十周年活动中，在各级各类学术活动中，拍摄照片以万计，摄制视频几百小时，为科研人员制作各种课件 10 余次，主持或参与制作视频宣传片 3 次。

（四）宣传报道

文献信息中心的网站起步于 21 世纪初。2013 年，"中原智库"网站全新上线。该网站是省社科院唯一官方网站，是省社科院新型智库建设事业的信息发布平台，是展示省社科院"思想库智囊团"形象的窗口，所发信息具有权威性、导向性、严肃性。随着文献信息中心职能的逐渐转变，网站信息工作的重要性日益凸显，全院上下非常关注。

近 20 年来，网站部门的同志们都能够牢固树立政治意识、法律意识、担当意识、合作意识，在文献信息中心主任的直接指导下、在职责范围之内开展工作，取得了可喜成绩：一是制定了网站中长期发展规划；二是起草、修订了部门规章制度；三是策划了三次改版升级；四是参与了百余次会议活动的宣传报道。其体会和经验是：第一，填报台账、督促进程，不时总结、回顾反思；第二，信息的采访、编辑、发布，设备的添置、养护、保管，文字、视频、照片的备份、分类、存储等等，都有一定之规；第三，严守新闻报道纪律，严格审批报备程序，慎选信息来源，审读上传内容，确保政治正确，确保合法合规；第四，尊重新闻传播规律，常念"真、快、准""三字经"；第五，凡认识模糊、理解含混、意识淡漠、违法违纪、人身攻击、虚伪影射、流言蜚语、谎言假话、不利团结、封建迷信、歪理邪说、低俗恶搞、黄色病态、负面情绪等，一概拒绝。

十几年来，在历次重大活动和学术会议报道过程中，文献信息中心都是精心准备，做好预案，保全设备，多次演练；全程跟踪，综合协调，灵活调度，节奏分明；内容翔实，主题鲜明，导向正确；后期制作，形式活泼，精益求精。力求把最美的画面、最好的文字、最真的声音传递出去，为智库建设营造良好的学术环境、舆论氛围。目前，中原智库四个网络新媒体，总体运行良好。其特色特点、效果效能可以概括为：人才和成果展示的平台，观点和信息荟萃的窗口，理论与对策集中的阵地，人文兼化育汇聚的港湾；新闻更新的速度加快，栏目调整的反应迅速，关注难点重点、聚焦亮点热点，报道密集并能形成阵势，美工布局能跟上潮流并简洁清新。多层次传播的叠加效应，促使河南省社科院的正向影响力持续扩大、关注度逐年攀升。

（五）网络安全

省社科院的网络和终端涉及各类型设备、大量计算机终端、细碎而零散的外围设备、数量繁多的相关软件。近二十年来，针对网络线路、网络节点、网络终端、网络机房，文献信息中心制定了以机房状况、网路安全、服务器状态、数据库访问频次、系统补丁更新为主要内容的定期巡检制度，发现问题及时解决。40 年来，历经多次升级改造，中心工作人员凭借完备的专业知识、强烈的责任心联系协调、制定方案、汇报汇总、更新安装、检查判断、询价谈判、设计摆布，完成了几十个大小项目。

图 1　河南省社会科学院文献信息中心蓝函黄册，汗牛充栋

三 学术研究、业务探讨

学术研究、学术交流可以增强理论修养、拓宽眼界、激发灵感、理清思路，文献信息中心历来非常重视、鼓励提倡，并将之列为专业人员的考核内容之一。40年来，先后成立过研究、探讨图书馆学与历史文化问题科研小组，信息化、数字化专题调研小组，"多读书、读好书"读书小组，"青年基本科研费"项目小组，河南地方文献全文数据库建设小组，"中原智库"图书编辑小组，古籍开发利用小组，大数据在社科领域应用研究小组等等。20世纪八九十年代，图书馆曾经组织成立过"中国省市自治区社科院系统图书馆学术委员会"，参与发起过墨子学会，积极参与河南省图书馆学会、情报学会、计算机协会的有关工作，曾协助院里主办过一次全国社会科学院图书馆馆长协作会。

40年来，文献信息中心人员承担国家社科基金项目3项，国务院古籍整理出版十年规划项目1项，全国高校古籍整理委员会重点项目1项，中科院重点项目1项，省哲学社会科学规划重点项目2项、一般项目10余项，省科委软科学项目9项，省社科联、省经团联调研课题3项，省教育厅人文社科项目1项，院重点科研课题10余项、一般课题20余项，院青年课题10余项。参与了全省古籍调查、修订了《科图法》（第三版）哲学大类。参加各级各类学术研讨会、业务交流会上百次。出版学术著作50余部，在学术刊物上发表学术论文百余篇，在报纸上发表理论文章近10篇，被各种各类"学术会议论文集"、"学术成果汇编"、"人文社科文集"等收录文章50余篇，刊发《领导参阅》的研究报告10余篇，为《河南年鉴》等撰写词条几十次，举办专题学术讲座和社会公益讲座、接受新闻媒体采访10余次，参加各级各类学术研讨会、业务交流会、专题培训班百余次，获得各级各类学术奖项近20次。出版的学术著作计有：《河南图书馆概况》《中国古代图书事业》（第四章）、《鸡肋篇》（整理）、《中原墨学研究》《墨子元典校理与方言研究》《鲁阳论墨》《宋元图书事业发展史》《中国牡丹谱》《酒事概览》《郑州经济史料选编》《正续小十三经》（整理）、《周易参同契汇刊》（整理）、《百家姓书系　孙姓》《百家姓书库　顾》《百家姓书库　汪》《今柱下史》《古诗词轶事传说》《创新发展中的中原智库》《河南省社会科学院图书馆古籍善本图录》（以下简称《古籍善本图录》）。

四　标志事件、重大活动

1980年4月,河南省编制委员会批准省社科院设置15个二级机构,图书馆位列其中。

1982年,制订《中文图书分类编目工作细则(草案)》,标志着图书馆工作开始步入规范化的轨道。

1990年,通过近3年的努力,搬动倒架了图书10万多册次,图书馆的书库调整工作全部完成。

1990年,图书馆制订的26项规章制度汇编成册,为规范化管理奠定了基础、提供了准绳,以后虽经多次修改、补充,但基本原则和框架结构没有改变。

1992年11月,开始使用微机为图书编目。1998年,购置计算机、打印机各一台,软件一套,编目著录,打印卡片,现代化工作重新起步。

1999年6月,图书馆新增服务器1台,计算机2台,实现采购、编目自动化。为管理的全面现代化奠定了一定基础。

1999年9月底,全院信息局域网正式建成并开通使用。其后的2004年、2013年,又两次进行了设备更新、光纤改造、带宽升级。

2001年6月,图书馆完成了流通书库书目数据的建库工作,自此开启了数字化工程。

2004年8月,国家社科基金课题《老学典籍考:二千五百年来世界老学文献总目》,经全国社科规划办公室评审,"鉴定专家一致给予高度评价",以"优秀"等级结项。11月5日,该办《2004年10月成果验收情况报告》将其列为"当月红榜"之首,30日,该办发文又对此项目予以表彰。

2007年10月,图书馆从馆藏古籍中选择出13种、837册,上报河南省文化厅,申请列入"国家珍贵古籍名录"。

2016年4月,"清博指数"(中国新媒体大数据权威平台)对四大类型智库进行定量评价,发布全国"智库网络影响力排行榜",在地方社科院智库榜单中,河南省社会科学院列第2位;总排名列第62位。这个成绩的取得,与文献信息中心多年的辛勤工作、努力推广密不可分。

2016年4月,"第四届中原智库论坛"隆重召开,针对此次会议的宣传报道,院主要领导提出了高标准、严要求。在大会现场,文献信息中心人员增加了现场采访,有所突破、有所创新,制作了精彩短视频,摸索出新老媒体融合报道的规律,自此形成适合自身实际的报道范式。

2016年8月,文献信息中心组织编撰的《创新发展中的中原智库》一书正式出版。该书体例严谨、资料丰赡,文风朴实、图文并茂,系统回顾、总结了新世纪尤其是党的十八大以来,河南省社会科学院高举中国特色社会主义伟大旗帜、围绕河南省委省政府重大决策和战略部署,努力建设专业化新型高端智库的历史进程;记录了河南省社会科学院广大干部职工在围绕建设中原经济区、在加快中原崛起河南振兴总体战略、在扎实推进省委省政府满意的高水平智库建设过程中的点滴努力;以开放的视野,多方位、多角度探讨新型智库的建设规律、发展路径,实事求是地分析了地方智库事业面临的机遇、挑战。

2018年3月,《古籍善本图录》出版暨古籍文献活化利用研讨会在河南省社会科学院召开。该书的出版是文献信息中心全体人员多年辛勤钻研的结晶,收录了馆藏的百余种善本古籍。与会专家认为,该书展示了成果,体现了底蕴,为深度挖掘提供了便利。

图2　河南省社会科学院文献信息中心古籍善本,活化利用

五　经验总结及未来规划

40年来，文献信息中心的事业始终处在良性、持续的发展轨道上，虽有曲折或顿挫，但没有出现停滞或倒退。这与领导班子勇于开拓、善于谋划的能力分不开，与工作人员的爱岗敬业、刻苦钻研的精神分不开，与同志同仁淡泊名利、无怨无悔的情怀分不开。

40年来，无论艰苦的初创时期，还是繁荣的发展时期，抑或困难的转型时期，河南省社会科学院文献信息中心始终注重支部建设，理论学习，模范引领；注重传承作风，涵养正气，倡导奉献；注重项目带动，增长才干，锻炼队伍。将强支部、勤学习、抓项目作为"三大法宝"，像一条红线贯穿始终，收到以德感化、以文陶冶、以业聚力的功效。

问渠那得清如许，为有源头活水来。总结并检视过去，是为了有所启迪，从而更加珍惜当下，以开启未来。只有不忘初心，才能使往者无悔，来者无忧。人文社科文献信息工作者的初心就是甘作嫁衣、服务科研，唯有如此方得始终，唯有如此能成栋梁。

长风破浪会有时，直挂云帆济沧海。站在当下，河南省社会科学院文献信息中心在人员数量、人才结构、专项经费、数字化工程（办公信息化、自建数据库）、效能监测、效果评估、学科馆员制、内部刊物创设等方面还需要加强。展望前路，大数据、云计算、人工智能行将突破，信息行业风起云涌。辟画蓝图，河南省社会科学院文献信息中心更要充满信心、追求卓越。要继续引进壮大人才队伍，要继续加快信息化、数字化建设的步伐，继续改进方法创新机制，继续锻造锤炼工作作风，继续深度调整文献资源，继续深耕细作网站内容，继续升级改造网络运维。河南省社会科学院文献信息中心将以新时代习近平中国特色社会主义思想为指导，抓住社科基地搬迁的机会，振奋精神、创新思维，培植优长、补齐短板，努力建成一个生机勃发、风貌昂扬的崭新的文献信息中心。

注：本文参考了《河南社会科学志（征求意见稿）》《河南省社会科学院志（1979—1999）》《河南省社会科学院大事记（1999—2009）》《历程·30年》《创新发展中的中原智库》和"中原智库"网站。

第28章 湖北省社会科学院图书情报中心

一 机构概述及发展历史

改革开放的40年，也是湖北省社会科学院图书情报中心从建立到发展为现代图书情报中心的40年。图书情报中心前身为中国科学院武汉哲学社会科学研究所图书资料室，创办于1958年。1978年湖北省社会科学院建院，哲学社会科学研究所图书资料室正式改名为湖北省社会科学院图书馆，下辖《社会科学动态》编辑部。

图1 湖北省社会科学院图书情报中心成立初期工作人员合影

1989年，湖北省社会科学院图书馆与院情报所合并办公，组建湖北省社会科学院图书情报中心（以下简称"图书情报中心"）。成立之初，图书情报中心设有采编部、参考咨询部、流通部、期刊部、微机室、《湖北社会科学动态》编辑部和办公室。2005年机构调整，并入了湖北省社会科学院信息部。

随着互联网的发展，图书情报中心与时俱进，2003年建成电子阅览室，为微机室接入局域网和互联网，并购入了中国知网、维普、万方和国研网等电子资源，为院科研人员和研究生提供了较为丰富的文献服务。

二 主要业务及成绩

湖北省社会科学院图书情报中心是综合性社会科学研究图书文献机构，集中收藏中外文人文社会科学文献资料，为院内科研人员和研究生提供图书情报服务，并积极参与院内信息化建设，为湖北省社会科学院的局域网建设、电子政务建设与服务、湖北天空网建设和湖北新型智库建设与服务提供了文献资源和人力资源保障。

（一）图书情报服务

1. 文献信息服务

湖北省社会科学院图书情报中心早期是集编、研、藏为一体的社会科学文献机构，社会科学情报的研究力量排名居全国地方社会科学院前列。书库及阅览室均实行开架制度，将图书文献服务与文献信息研究开发职能结合在一起，提供图书与信息的全面开放服务。

在藏书建设方面，承接了中国科学院武汉哲学社会科学研究所图书资料、省委宣传部图书室和省直机关"五七"干校图书馆部分藏书。自1979年起有计划按学科发展重点采购图书，完备馆藏。于1987年建成书库总面积3000平方米，藏书25万册，大型丛书、套书、类书及重要参考工具书的收藏颇有特色。

在学科结构上，馆藏文献资料以人文社会科学为主，兼收部分自然科学、边缘学科和新兴学科文献，其中哲学、近现代史、经济理论、社会学、文学、楚史和湖北地方文献的收藏堪称丰富。近现代西方哲学、经济学、政治学和中国近现代史4个学科达到研究级收藏。党的建设、马克思主义政治经济学和文学理论3个学科被设定为湖北省图书分专业收藏中心。

在文献语种上，馆藏文献以中文为主体，英、俄、德、法、日等语言文献也有一定的收藏。

在文献类型上，收藏有大量中外文社会科学词典、年鉴、手册、指南、类书、政书、百科全书等工具书，尤其以外文工具书和中国近现代史资料占有相当突出的地位。外文工具书包括《美利坚百科全书》《不列颠百科全书》《拉鲁斯百科全书》《21世纪世界百科全书》《苏联大百科全书》，还有多种版本和载体的《四库全书》《中国近代史料丛刊》等，史料文献也有较高的收藏质量，例如入藏最早的明嘉靖七年（1528年）的刻本《唐文粹》，明末清初的报刊《时务报》《申报》《新青年》《东方杂志》等，湖北的地方文献，如堪称孤本的《楚风补》《楚史记》也有入藏。

除了书籍类文献资料，还订有各类哲学社会科学报刊，种类达900余种。随着电子出版物、网络文献资源的兴起，图书情报中心电子阅览室配备了中国知网、重庆维普、国研网等在线资源，给读者提供多样化的访问方式，为研究人员的科研工作提供更好的信息服务。

在开展日常的图书文献服务的同时，图书情报中心开展了一系列的二、三次文献开发，编制了多种专题书目索引及馆藏文献题录。此外，积极开展科研活动，图书情报中心所属专业人员撰写或编辑出版专著6部，发表论文数百篇，主持国家级和省级社科规划项目多项。

2. 《湖北社会科学报》出版

2005年，《湖北社会科学报》创刊，该报是省委宣传部主管、省社科院承办的一份内部刊物，面向全省社会科学界发行，截至目前已出报200余期。该报一直坚持正确舆论导向，坚持团结稳定鼓劲，聚焦新闻热点及时跟进报道，认真做好湖北省社科理论和重大活动报道，做到有热点、有重点、有深度，积极为宣传党的思想营造良好氛围。

《湖北社会科学报》紧紧围绕服务哲学社会科学和理论宣传工作者这两大读者群，精心栏目策划，广泛面向社会科学著名专家学者和宣传战线干部约稿组稿，形成了一批有影响、有口碑的栏目，"学思践悟"，"调查与思考"，"智库论坛"，"咨政园地"，"市、县文化研究"，"文化博览"，"大家谈"等，在湖北省理论界和宣传部门产生了比较好的理论宣传效应。

《湖北社会科学报》克服出版经费、编辑人手少等诸多困难，通过团队的不懈努力，建立了一个良好的宣传平台，拥有了一批骨干作者队伍，作者队伍素质齐整，稿源相对稳定，与全省多所高校、各地市州理论宣传战线建立有效沟通渠道，逐渐形成了一定的品牌效应。

（二）信息化建设工作

1. 局域网建设

湖北省社会科学院办公局域网自 2003 年建成至今，运行一直安全稳定，采用光纤电缆连接了大楼各楼层，通过楼层配线架，连接最终用户。网络主干带宽 100 兆，提供 Internet 连接，为全院各科研院所以及各行政处室提供宽带网络终端，使各所各职能处室之间实现信息资源共享和办公自动化。

局域网公共终端、图书情报中心电子阅览室、清华同方、维普、国研网等科研数据库为科研人员和研究生提供查阅专业科研信息的服务，提高了科研效率和行政处室的管理效率。

局域网由专业技术人员管理维护，现已形成一支专业化的网络技术队伍。局域网拥有独立空调主机房，提供了充足的操作和维护空间，每台终端机都配有杀毒软件，保证了整个局域网的稳定、安全、可靠运行。

2006—2007 年对局域网网络部分设备进行了更新换代，增加了两台交换机，对部分内外网络线路重新布置，提升了网络线路的防毒、保密功能。现有核心交换机 1 台，服务器 2 台，普通交换机 15 台，连接互联网的办公用计算机 200 多台。

局域网建设在实行计算机信息安全保护管理的基础上，严格机型内外网物理隔离，有力地保障了网络与信息的安全性，还专门建立和完善了一系列规章制度，如《湖北省社科院计算机局域网管理办法》，使局域网在安全的环境中稳定运行。

2017 年图书情报中心按照湖北省社会科学院的统一安排和布置，开始配合建设湖北省社会科学院办公内网，已完成办公自动化系统的开发工作，设立信息点 100 个，采购内网专用计算机 80 余台，目前正处于调试阶段。

湖北省社会科学院自 2012 年推进使用正版化软件工作以来，严格落实国家和湖北省使用正版化软件工作领导小组相关文件要求。2012 年统一购置 30 套微软 Windows7 专业版、100 套 wps 专业版；于 2016 年底购置 100 套微软 Windows7 专业版、100 套微软 Office 2013 标准版，于 2017 年元月份逐步完成部署。软件许可数已基本满足湖北省社会科学院办公用计算机在一定时期内的软件正版化需求，正版化率达到 98%。

2. 电子政务建设与服务

湖北省社会科学院是湖北省电子政务一期工程第一批接入单位，电子政务网络平台为提升科研生产力和核心竞争力提供强有力的支持，同时也为科研工作提供了便捷的采集相关信息的渠道和发布科研成果的平台。2007年1月22日，湖北省电子政务网络平台正式在湖北省社会科学院开通。

按照湖北省电子政务第一期工程建设进展计划，已经完成湖北省电子政务网络平台接入院领导桌面的实施方案工作，制定了接入方案，在办公大楼三楼增设主交换机，二楼增设一台交换机，在院领导办公室重新布线，增加部分移动终端设备等。方案实施完成后，大大提高了湖北省社会科学院院内的电子政务网络的运行速度，为电子政务与信息公开提供了坚实的网络基础。

2008年完成了湖北省电子政务第二批重点应用系统项目，即湖北经济社会文化发展综合信息平台，该项目也是湖北省重点建设项目。该系统是一个大型经济、社会、文化发展的综合智能信息平台，涵盖全院相关的科研业务，突出智能分析应用，为省委、省政府领导提供决策支持和信息服务。

湖北经济社会文化发展综合信息平台主要由省情数据库子系统、情报信息子系统、专题管理子系统、专题信息导航子系统、湖北哲学社会科学门户网站构成。该项目起点高、技术新、内容全面，可全面提高全院科研办公信息化能力，为省委、省政府领导决策提供重要依据，为地方政府、广大企业及社会公众提供咨询建议，为全省的专家学者及科研机构提供信息服务，具有明显的社会效益和经济效益。

3. 湖北天空网建设

湖北省社会科学院网站——湖北天空网（www.hbsky.cn）2003年8月建站，是社会科学类专业网站、学术性互联网媒体。该网站坚持湖北地方特色和学术理论特色，致力于哲学社会科学的宣传普及，努力为读者提供特色信息服务，并为作者提供发表文章的阵地。网站建设也是政务公开和社会化服务建设的一个重要载体，每年都根据发展需要不断增设新的专题栏目。

网站创建后，一开始的服务器由第三方托管。2012年底完成改版，现委托在省电子政务中心机房进行技术管理，数据库建立在省电子政务中心数据库平台上，有入侵防御系统、防火墙、流量控制系统以及负载均衡系统，通过多层防御检测系统防止抵御外部网络的干扰和攻击。

湖北天空网现有反映全院院情的栏目27个，包括院况介绍、学者风采、机构设置、本院要闻等；反映省情的栏目10个，包括湖北社会形势分析与预测（蓝皮书）、湖北之最、21世纪湖北发展战略、荆楚神韵、市县传真、企业之星、楚文化研究、地方发展研究、企业导报等；反映社会科学学术、理论研究的栏目22个，包括人文社会科学、专题论坛、中国学者、学者文库、企业家论坛等；文献信息服务类栏目9个，包括书刊目录、读者服务、理论动态、新著巡礼、新论撷萃、资源导航、江汉论坛、人文社会科学专题数据库等；电子政务、网上办公类栏目有表格下载、公告栏、电子信箱、院长信箱等，其中不少栏目已初具省情、院情及社科专题数据库规模，并在不断更新壮大中。其内容根据栏目功能的不同，而有各自不同的更新周期。要闻栏目一般是2—3天更新一次，专题栏目一周更新一次，其他栏目根据需要随时更新。

4. 湖北智库网建设

湖北智库网（www.hbzhiku.org.cn）于2017年12月28日正式上线试运行，由图书情报中心和办公室联合承办。

湖北智库网是直接为湖北省委、省政府提供决策咨询服务的信息化工作平台，促进党政决策与智库机构间信息交流的枢纽，宣传党和政府关于新型智库建设方针政策法规，展示湖北智库形象的窗口，开展智库理论争鸣和学术交流的阵地。

湖北智库网设有智库动态、决策热点、决策调研、智库论坛、智库专家、智库联盟、智库机构、智库成果、数据库等栏目。

三　主要经验及发展规划

自1978年建院、建馆40年来，图书情报中心建成了多个具有重要意义的地方特色馆藏，为湖北省社会科学院广大科研人员和研究生提供了丰富和高效的文献信息服务。坚定不移地拥护中国共产党的领导，认真贯彻落实党和国家关于中国哲学社会科学建设的一系列政策、方针和规划，是改革开放40年来本馆得以发展的最重要的经验。在此基础上，本馆也提出了一些基于现实的发展规划。

（一）做好文献资源保障的基础工作

文献服务是图书馆最基本的服务，也是最核心的服务之一。在文献服务中，图书情报中心以用户需求为导向，努力做好文献资源的保障工作。

从图书文献资料的采购上来看，引入用户需求，根据读者偏好选择订购资源。一是在订购前征求读者的意见和建议，征集意向文献信息资源，再进行统一征订；二是通过现代化信息系统，获取用户借书的数据，分析用户行为，从日常运维中发现高频利用资源，再进行有目标、有针对性的订购。

从提供服务来看，不断加强馆藏文献开发利用。由图书情报中心编制的《湖北省社会科学院馆藏期刊总目》分别发布了 2005 年版和 2012 年版，该《总目》从馆藏的 3000 余种中外文港台期刊中选录、编列了能反映馆藏特色的期刊 2182 种。图书情报中心结合期刊出版情况和目录使用反馈情况，定期对《湖北省社会科学院馆藏期刊总目》进行持续研究修订，确保该书目的时效性，使其具有长期的指导意义和实用价值。

（二）加强数字资源开发与利用

通过对图书馆网络系统平台、图书馆网站以及数字化资源等内容的建设，可以实现图书馆数字资源服务的延伸，以及图书馆的自动化、网络化和数字化。用户无需到图书馆，随处都可以方便地进行各种数字资源的信息检索。

图书情报中心及时将数字资源相关信息发布在院门户网站"图书资料"栏目中。数字资源发布及时，是加强数字资源开发与利用、信息公开的重要方向之一，也是图书情报中心更新资源，与用户互动的重要途径之一。

增加更多的数字资源，除了保障原有的数据库正常运行外，更积极地联系各个数据库商，为院内科研人员提供多个数据库的试用机会，再根据后期数据库商反馈的试用统计报告，有侧重地采购利用率较大的数据库资源，实现数字资源建设的长效化。

在提升资源服务量的同时，也要有相关的制度设置，使数字资源读者服务规范化。引入新的数字化管理信息系统后，更多地关注用户信息行为数据，挖掘用户的信息需求，制定规范化工作手册和读者指引条例，使馆员向读者提供的数字化服务更加制度化与规范化。

（三）创新运营方式

图书情报中心在基本运营工作外，认真分析和探索图书文献服务未来的发展趋势，作出尝试和创新。

运用用户数据，借助一些小型的数据分析工具和可视化分析工具，将用户信息行为图形化与可视化，然后推送给用户，在图书馆和用户之间建立较为深层次的链接，增加用户的认同感和参与感，提升图书情报中心在用户心中的偏好，从而增加用户入馆率，最终提高图书馆使用效率。

科学引导用户参与图书情报中心的运营，是一个内容非常丰富的主题。图书情报中心在引导用户参与方面作出了相关的运营设计，例如开辟新型学习共享空间，利用开放的空间环境，吸引用户入馆；深入挖掘社科研究题材，寻找与社会经济文化相关的社科研究主题，开办讲座或举行小型研讨会，以共同发声的方式，吸引用户参与。

事实上，很多院内的科研人员和学生，均与本地高校图书馆保持着较为频繁的联系。他们有的来自于高校，还保留着高校图书馆的信息行为习惯，有的则是借用了高校图书馆和公共图书馆的账号，进而使用高校图书馆的资源与服务。若加强与本地高校图书馆合作，从正向上增强这种联系，既提高了图书情报中心的服务质量，又扩展了文献信息资源共享的渠道，同时增加了高校图书馆的社会效益，是一种多赢的举措。

图书情报中心保持对新理念、新技术的关注和跟进，成立专项追踪学习小组，派专人跟进行业动态，开展分析，组建本馆研究力量，将图书情报中心运营工作本身作为一个研究重点，使图书情报中心的运营工作更加专业化、精确化，发现和发掘更多的新型功能。

第29章　湖南省社会科学院文献信息中心（图书馆）

一　机构概述及发展历史

（一）历史沿革

湖南省社会科学院图书馆，其前身是创建于1956年的湖南省历史考古研究所图书资料室。1969年，湖南省历史考古研究所与湖南省哲学社会科学研究所合并成立湖南省哲学历史研究所后，两所图书室合并为湖南省哲学历史研究所图书资料室。1980年8月，湖南省哲学历史研究所改名湖南省社会科学院后，图书资料室更名为湖南省社会科学院图书馆。1991年10月，图书馆与情报研究所合并，成立院文献情报中心。1992年10月，文献情报中心更名为文献信息中心。为便于对外联系和开展工作，定名为"湖南省社会科学院文献信息中心（图书馆）"，以下简称"图书馆"。

图书馆自1980年正式成立以来，历任馆长分别为刘汉武（副馆长主持工作）、王永希、蓝庆祥、闵群芳、肖毅敏、欧阳雪梅、李铁明、尹向东。现任馆长是向志柱研究员。目前，全馆拥有正式职工12人，其中正高职称1人，副高职称1人，中级职称5人；博士学位2人，硕士学位5人。

（二）管理体制与机构设置

图书馆实行院长领导下的馆长负责制，设馆长一名，设副馆长若干名，由院长任命，各部室主任按照院有关规定任免。图书馆原设采编室、研究阅览室、报刊阅览室、古籍室、外文阅览室等部门，1992年增设《社科情报》编辑室。2009年设采编部、读者服务部、古籍部、现刊部、系统部5个部门。2017年，为适应数字服务转型的需要，内设数字化建设部、古籍部、网络部、流通部、采编部共5个部门。

（三）主要职能

图书馆是为全院提供文献信息资源服务的科辅部门，履行图书文献的收集、整理、保护和利用职责。同时，图书馆对院各研究所资料室在业务工作和资源配置上，予以指导与协调。2017年，院对各部门职责予以修订，规定文献信息中心（图书馆）主要职责是：（1）文献资源保障与服务工作：负责为本院科研提供报刊、图书、数字资源的维护、管理、采购、利用、借阅等相关工作。（2）数据平台建设工作：负责大数据平台建设及保障数据库安全运行和有效利用，以及馆藏数字化建设等工作；负责图书馆微信公众号和微信群工作，及时主动推送相关学术信息和文献资料信息。（3）网络运行维护工作：负责全院互联网办公硬件建设规划与维护。（4）古籍保护利用工作：负责馆藏古籍（目录）的整理、保管及修复，以及古籍数字化建设工作。（5）文献资源安全保卫工作：负责防范文献资源的采购和数字化平台建设的意识形态责任风险；负责图书馆的防火防盗等安全工作。（6）负责办理院领导交办的其他工作。

二　主要业务

（一）传统文献服务

1. 文献资料建设

20世纪50年代以来，本馆投入大量资金和人力于图书资料建设。重点、系统搜集价值高、符合科研需求的纸质文献，经费方面实报实销。多批科研骨干和图书资料人员分赴全国各地和省内各区县广收古籍，并与多家古籍刻印社、古旧书店建立购书渠道。在外地出差、开会的科研人员也竭力搜集图书资料，纸质图书逐年增加。这些都为本馆文献信息资源建设奠定了很好的基础。截至1980年，图书馆拥有藏书40万余册，其中平装书28万册，线装书12万余册，位居当时全省图书馆/室藏书量第三位。为满足文献收藏的需要，省财政厅支持建设的图书馆新馆于1985年落成，建筑面积4430平方米。

新世纪以来，图书馆根据社科院发展目标、科研所室设置和科研需要，坚持"保证重点、兼顾一般"的原则，保持学科内在的历史延续性和完整性，反映出各专业领域变化的过程，形成了较有特色的社科文献馆藏。馆藏基本涵盖了政治、经济、文化、历史等社会科学领域。目前，共收藏人文社会科学类图书文献 50 多万册，其中中文普本图书 22 万余册，古籍 12 万余册，外文图书近 4 万册，中文过刊 4 万余册，过报 8 万余册。古籍收藏是本馆的特色，现藏古籍文献资料共计 10877 部、12 万余册，其中善本书 327 部、4002 册，有明刻本 100 多部、清精刻本 200 多部。此外，还有稿抄本 198 部、606 册；名人信札 180 册、4500 余件；字画原件 89 幅。截至 2018 年 9 月，共有 104 部古籍入选《中国古籍善本书目》，29 部古籍入选《国家珍贵古籍名录》。

2017 年以来，文献资源采购突出马克思主义坚强阵地作用。对党的十九大精神和习近平新时代中国特色社会主义思想方面的著述在采购方面进行优先，在现刊阅览室显著位置集中、专架摆放；对存在意识形态问题的书籍，不接受捐赠和不入藏。

2. 读者阅览和借阅服务

在长期的历史发展过程中，图书馆逐渐形成了一整套由各种服务方法所构成的多层次、多功能的读者服务体系。受制馆舍空间条件的制约，新馆落成之前，本馆实行闭架借阅方式；1985 年新馆建成之后，实行"藏借阅"合一的管理模式，现代图书馆的开放服务体系得以完善。图书馆设有书籍阅览室、报刊阅览室。上班时间开放。科研人员凭证可外借馆藏文献，按期归还。并提供一般咨询、检索馆藏文献的服务。

为满足科研人员对文献信息的即时需求，2017 年，图书馆在快捷服务方面进行了创新。一是创新购书形式，组织各科研所等相关部门到新华书店现场采购，实现图书采购与科研人员需求快速无缝对接。二是改变采购形式，在大宗采购之外，增加了在当当网、亚马逊、京东等网络分散采购形式，第一时间采购到最新出版图书，确保图书出版与图书采购零间距对接。三是加快流通速度，对新购图书，在现刊阅览室陈列摆放，边编目边使用，实现编目与使用的零距离对接。

（二）数字化服务

数字化建设是图书馆的发展趋向。加快数字化建设进程，是图书馆所面临的迫切任务，也是图书馆提高服务水平的重要手段。因此，图书馆紧跟时代发展趋势，突出数据的支撑作用，不断加强数字化建设。

1. 数字化资源建设

2003 年开始，图书馆的自动化、网络化建设取得了长足进展，逐步建立起现代化信息基础设施，建立了局域网。2005年成立了网络中心。馆藏中文图书、期刊、古籍目录的查询，馆内业务工作如采购、编目、期刊管理以及流通实现自动化。在继续增加印刷型馆藏的同时，图书馆加强了电子信息资源建设，逐步形成以人文社会科学中外文图书、期刊和报纸合订本以及计算机文档等在内的多种类型、多种载体的综合性馆藏体系。

按照"馆藏资源网络化，网络资源馆藏化"的目标，首先完成了馆藏图书的回溯建库工作。至2009年，录入中文图书72569种，共计139243册；用联机检索代替了卡片目录和书本式目录，读者可以通过院内局域网的计算机终端与书目数据库相连；完成了《古籍线装书目数据库》的建库工作。根据古籍藏书分成普通古籍、善本古籍、湖南地方文献3个特色专题书目数据库，开创性地为所有丛书建立子目检索系统。2014年完成古籍普查登记工作，形成了民国以前馆藏古籍书目数据库。目前，民国暨新中国成立后线装书目数据库正在建设中。

在本馆馆藏资源数字化的同时，注意收藏外部网络资源，用以充实本馆馆藏。近年来，图书馆加强对各种网络数据库的搜索、购买力度和推荐力度，陆续购进了中国知网、国研网、中经网、人大报刊复印资料、读秀学术搜索、超星等数据库。目前两万多册电子图书已上传数据库，院局域网内用户均可下载使用。

2 数据平台建设

图书馆与超星合作制作符合图书馆实际的专业移动阅读平台，用户可在手机、PAD等移动设备上自助完成个人借阅查询、馆藏查阅、图书馆最新咨询浏览，同时拥有庞大电子图书资源，海量报纸文章以及中外文献元数据供用户自由选择，为用户提供方便快捷的移动阅读服务。该平台已成为科研人员获取电子资源的重要渠道。

2017年底，图书馆与重庆维普资讯公司合作，联合开发"湖南省社科研究大数据平台"，目前已安装试运行。"大数据平台"集数据存储、数据挖掘、数据开发、数据服务于一体，核心是围绕构建"一大库两大平台三大系统"，涵盖智库数据库、科研考核、人事考核，将为湖南社会科学研究和科学决策提供强有力的数据支撑。

3. 数字服务平台建设

为适应大数据时代新形势的需要，为科研和智库建设提供优质服务，2017年10月，图书馆创建了"湖南省社会科学院图书馆学术信息"微信群和"湖南省社会科学院图书馆"微信公众号，致力于打造成为图书馆与科研人员的即时互动平台、共享平台，以及社科院科研成果及信息的推介平台，二者各有侧重，互为补充。推送内容主要包含：重要期刊目录，习近平总书记讲话和相关哲学社会科学研究重要文献，国家社科基金立项、结项信息，院内重要著作、论文、课题等介绍，馆藏数字化资源等。公众号周一至周五推送；微信群不限时间推送。关注人数逐步增加，影响力不断扩大。微信群和公众号服务对象涵盖本院全体人员，面向全国学术界、出版界，扩大了本馆的影响力。

（三）古籍保护与开发

古籍收藏是本馆的一大品牌、一大特色。多年来，图书馆不断加强古籍保护工作，加强规章制度建设，以提高服务科研的水平。

1. 古籍保护设施得到改善

2004年，湖南省社会科学院向省财政厅申请40万元专项经费进行基础设施改善工作，制作了196个纯樟木古籍专用书柜；2007年，争取到省委宣传部拨付古籍保护专项经费5万元；2009年，改建了古籍善本书库，安装了两个紫外线摄像监控系统；其后恒温恒湿系统、消防安全系统也逐步建立。

图1 湖南省社会科学院文献信息中心（图书馆）获全国古籍保护工作先进单位

2. 古籍目录体系完备

1992年湖南省社会科学院图书馆编制完成《古籍线装书目》（内部印刷），基本摸清馆藏家底。新世纪后，图书馆建成了古籍书目数据库，实现了网上查询。2011年5月，正式启动古籍普查登记工作，编著完成《湖南省社会科学院图书馆古籍普查登记目录》，于2014年12月由国家图书馆出版社出版。2017年下半年，本馆启动了民国线装古籍书目清理工作，目前已完成数据的录入初校工作。2018年借图书馆搬迁改造之机，再次对古籍进行清点核查，纠错补漏，本馆古籍资源得以最终完成确认，最完备的馆藏线装书目有望编辑出版。

图2 湖南省社会科学院文献信息中心（图书馆）获国家珍贵古籍名录证书

3. 古籍的开发与利用

图书馆积极参与湖南省文化工程《湖湘文库》的编纂出版工作，编纂出版《湖南自治运动史料选编》；参与国家清史编纂工程课题《湘军》，承担80万字的编纂工作；还与诸多出版机构进行合作，整理出版湖湘重要人物的各类重要著作。

（四）网络信息安全

图书馆肩负全院网络信息安全维护重任，经过多年的发展，图书馆网络部门实现了对网络设备的 24 小时全程监控，为全院科研工作保驾护航。目前，承担院网、"院科研检索数据库"、"图书馆数据库"、"超星电子图书"、湖南省社科大数据库等网站、数据库的日常维护管理工作。

三　国内外业务（学术）交流与合作

1. 举办会议

为加强业务交流与合作，积极参加全国社会科学院图书馆馆长协作会议，并于 2016 年 11 月成功举办第二十次全国社会科学院图书馆馆长协作会议。作为湖南省图书馆学会理事会成员，重视与本省兄弟单位的交流，多次组织参与学会举办的各种学术交流活动。

2. 书刊交换

自 20 世纪 80 年代开始，恢复省内外书刊交换工作。每年对外交换书刊数千册。

3. 参加培训

建馆以来，注重图书管理人才队伍建设，定期选送人员参加各类图书馆专业培训。如 2007 年至 2018 年，在国家古籍保护中心的帮助下，先后派出 10 批人员参加古籍保护专业技能培训，为古籍保护工作的顺利开展打下重要基础。

4. 接受捐赠

改革开放以来，图书馆多次收到本院科研人员及社会各界人士的捐赠图书，极大丰富了馆藏，也扩大了本馆知名度。如曾任省历史考古研究所所长谢华将所藏两千余册《四部备要》捐赠本馆；2017 年中国社会科学院拉丁美洲研究所曾昭耀研究员捐赠两千余册个人藏书，其中包含珍贵的中国第一部拉美通史《拉丁美洲国家史略》的原始版本。

四　重要出版物及学术成果

20 世纪 90 年代，情报研究所根据当时社会需求和科研需求，编印发行内部刊物《社科情报》。2002年11月,《社科情报》更名《社会科学前沿》。《社会科学前沿》主要刊登国内外社科研究成果、研究动态、研究资讯等,面向全国开展情报信息交流和服务,为科研人员提供学术资讯,为党政领导决策参考。主要栏目有：社科前沿专题、社科前沿动态、专家访谈、社科热点、焦点等。陈旺民同志担任执行主编时,因编辑质量较高,曾交换回140余种公开出版杂志,为图书馆节约数万元订阅费。2009年《社会科学前沿》更名为《乡村发现内参》,随后转归湖南省社科院农村发展研究中心编辑。

图书馆2014—2017年接手编辑出版《湖南省情要报》。《湖南省情要报》从2005年起开始编发,2008年起正常刊发。2014年转归图书馆编辑。《湖南省情要报》刊登了关于湖南发展的战略性、全局性、前瞻性问题和湖南区域经济、产业和企业发展问题的重要研究成果,如《低碳崛起：湖南科学跨越的新路径》《湖南在当代中国的战略地位》《国际金融危机与经济"弯道超车"的理论与实践研究》《湖南人要充满经济自信》等,得到时任省委领导批示,成为湖南省最重要的内参之一。2017年转归社科院经济研究所编辑。

五　重大事件及活动

1. 1956年,湖南省历史考古研究所图书资料室成立。

2. 1969年,湖南省历史考古研究所与湖南省哲学社会科学研究所图书室合并为湖南省哲学历史研究所图书资料室。

3. 1980年8月,湖南省社会科学院成立,图书资料室更名为湖南省社会科学院图书馆。

4. 1985年6月,湖南省社会科学院图书馆新馆建成。

5. 2009年6月,湖南省社会科学院图书馆被国务院和文化部评为"全国古籍重点保护单位"。

6. 2014年,湖南省社会科学院图书馆被文化部评为"全国古籍保护工作先进单位"。

7. 2016年11月,湖南省社会科学院图书馆主办第二十次全国社会科学院图书馆馆长协作会议暨社科智库大数据平台建设论坛。

8. 2017年10月,湖南省社会科学院图书馆创建"湖南省社会科学院图书馆学术信息"微信群和"湖南省社会科学院图书馆"微信公众号并运行。

9. 2017年11月，湖南省社会科学院图书馆改造项目立项。

10. 2018年9月，湖南省社科研究大数据库试运行。

11. 2018年10月，湖南省社会科学院图书馆改造项目经公开招标，进入搬迁、改造的实质性阶段，预计于2020年完成。

六　主要作用和国内外影响力

1. 科研支撑作用明显

图书馆在长期的发展过程中，逐步摸索出一条高效合理的服务体系，贯穿科研全周期。一是提供科研咨询服务，在学科前沿动态、研究热点、图书馆资源利用等多个层面为研究人员提供专业咨询服务。二是保障信息资源，根据科研人员需求为其提供丰富的、多类型的信息资源，着眼于电子馆藏的可获取性与可访问性，使用户最大化获取高品质信息资源。2011年，图书馆整合移入2500多册马列和关于毛泽东的图书，精选并采购了460多种图书，开建毛泽东研究阅览室，有力配合了湖南省毛泽东研究中心工作。三是为科研活动提供技术、方法与工具支持服务，以提高科研人员的研究效率。四是为科研成果的保存、传播与共享提供服务。大数据平台的应用，更好地促进了科研成果的保存、交流与分享，扩大了影响力。应用经济方面如长株潭区域经济研究课题，文史方面如《湖南通史》《湖南文学史》等在国内学术界具有深远影响的著作，无不得益于图书馆丰富的馆藏资源。

2. 古籍工作品牌效应凸显

在20世纪80年代进行的国家古籍善本普查中，图书馆即有171种入选国家善本书目。随后在湖南省古籍善本普查中，有400多种入选湖南省善本书目。在2008年文化部公布的首批《国家珍贵古籍名录》中，有10部古籍入选，在全国社科院系统中排名第一，占地方社科院入选总数的一半以上。在2009年第二次全国古籍普查中，又有3部入选。在2010年第三次申报评比中，本馆古籍又入选11部。截至2017年，共有29部入选《国家珍贵古籍名录》，其中《初潭集》《何绍基日记》《书林余话》参展"国家珍贵古籍特展"。

2015年，编辑《湖南省社会科学院图书馆典籍聚珍》，介绍馆藏珍品，全彩线装印制，主要用于对外交流，扩大了图书馆的古籍影响力。2017年

12月，曾昭耀向本馆捐赠图书后撰文《图书捐赠是一项学术工程和心灵工程》，赞誉"湖南省社会科学院图书馆是一个值得信任的图书馆。"

多年来，图书馆锐意进取，立足服务，获得了社会各界的充分肯定。如2005年获得湖南省宣传系统"三创一争"先进集体；2007年获得湖南省直属机关工会委员会"巾帼文明岗"称号；2010年，获得湖南省直属机关工会委员会"芙蓉标兵岗"称号；2014年被文化部评为"全国古籍保护工作先进单位。"

七　发展经验及未来规划

（一）发展经验

四十载风雨沧桑，四十载砥砺奋进。改革开放40年的发展历程证明，领导重视是图书馆发展壮大的根本保证，服务至上是图书馆发展壮大的核心理念，强化管理是图书馆发展壮大的基础前提。

1. 领导重视是图书馆发展壮大的根本保证

回顾改革开放40年来湖南省社会科学院图书馆的发展，图书馆由最初逼仄阴暗的资料室变成了今天设施配套、环境优美的独立园林式建筑，确保图书馆事业健康发展，这与各级领导的重视与关心是分不开的。

1982年1月8日，湖南省人民政府办公厅湘政办（1982）047号批复，同意湖南省社科院兴建专业图书馆，并拨付100万元专项经费高规格建设。1985年建成的新馆，建筑面积4430平方米，40余万册藏书有了安身之处，不少省内外图书馆慕名前来参观学习。2017年11月，湖南省发展改革委员会和财政厅分别立项，落实经费970万元，对图书馆进行全面改造，图书馆的硬件与软件将得到全面升级和改善。

各级领导还通过现场办公、听取工作汇报、增加拨款等方式，从人、财、物层面解决图书馆面临的实际困难。例如对老化的设施进行全面维护；投入专项基金制作古籍收藏柜，设立专项古籍保护经费，根据国家古籍保护中心的要求和相关标准，对古籍书库进行装修升级；建立图书馆安全监控系统；升级网络硬件，提升网络安全度等等，改善了办公条件，提升了硬件设施。

2. 服务至上是图书馆发展壮大的核心理念

作为科研文献信息服务支撑机构，图书馆一直以来从科研人员的需求出发，为科研人员提供全方位、多角度、多层次的高品质服务。新世纪以来，湖南省社科院把智库建设摆在一个十分突出的位置，并明确提出建设"省委省政府的核心智库"，图书馆在这一理念指导下，把牢固树立服务智库意识上升到战略高度，主动转变思想观念，主动转变思维方式，更加注重服务转型。为适应互联网和大数据的时代要求，图书馆适时提供符合时代特点的更高效、更优质的数字化服务。

强化文献保障。图书馆在广泛调研的基础上，根据科研人员的信息需求，制定切实可行的发展规划，对文献信息资源进行合理配置，确保文献信息资源的质量。文献内容上，坚持特色化方向，系统、全面收集与本地区历史文化、经济社会发展相关的文献资料，同时加强重点学科和重大课题文献的收集。湘人著述已成为图书馆馆藏建设的一大特色。文献载体上，合理配置纸质文献与电子文献的比例，在保证藏书体系完整、稳定和连续的同时，加大电子文献的建设力度，使二者优势互补、协调发展。

加强服务创新。面对形势的新变化，2017年，图书馆强调服务观念创新，实现"四个转向"：服务观念从自然自为转向主动有为，服务模式从单一服务转向多元服务，服务重点从常规服务转向数字服务，服务目标从文献保障转向学术引导。强调与科研人员的互动，听取科研人员的建议，了解科研动向；开办专业培训班，引导科研人员使用各类型的电子文献或者各种专业搜索引擎、数据库等。在保持常规服务的基础上，加强数字化建设和数字化服务。

3 强化管理是图书馆发展壮大的基础前提

图书馆的平稳健康发展与重视管理、善于管理有着密切关系。

加强制度建设。1987年9月，院办公会议通过了《湖南省社会科学院图书馆关于书刊资料借阅规定》制度。1989年，馆务会讨论修改了《图书馆工作人员守则》《书刊资料借阅制度》等岗位责任制及其他制度共19个规章制度。2003年以后，又根据图书馆逐步实现办公条件和资料管理的现代化的情况，不断制定和完善新的规章制度。特别是2017年以来，相继出台湖南省社科院《文献信息中心保密制度》《文献资源采购制度》《接受文献管理办法》等制度，使图书馆内部管理进一步科学化、制度化、规范化，强化了意识形态安全，加强了廉政建设，管理体系比较健全。

加强作风建设。作为文献信息保障机构，图书馆工作人员始终保证蓬勃朝气、昂扬锐气，在各自岗位上兢兢业业，务实奉献，营造和谐工作氛围。

同时，绷紧主体责任这根弦，加强支部标准化建设；防范文献资源采购的廉政风险；防范数字化平台建设的意识形态责任风险，加强廉政建设，确保风清气正。

加强队伍建设。根据社科院科研需求与自身发展的客观规律，图书馆着力打造一支富有创新精神、业务能力强的优秀团队。近年来，图书馆人才队伍结构不断优化，引进了拥有历史学、计算机等不同学科背景的青年人员。通过参加各种业务培训，提高队伍整体素质。创造条件，鼓励馆内人员做好本职工作，以科研为带动，提升业务素质和服务水平。

（二）发展规划

图书馆将全面贯彻党的十九大精神和深入贯彻落实习近平新时代中国特色社会主义新思想，根据中国特色新型智库建设的要求，围绕湖南省社科院关于构建智库文献信息支撑体系的决策部署，秉承"服务至上"的核心理念，立足于"一流信息资源、一流服务能力"的目标定位，坚持以服务科研为中心的工作导向，努力构建立体、多元、高效的文献信息支撑体系。

1 以资源建设为基础，着力提升文献信息保障能力

优化馆藏资源结构，不断充实馆藏文献信息资源，力争文献信息保障覆盖全体科研人员的基本需求。推进湖南地方文献资源建设，加大湖南地方文献的收集力度，逐步形成国内外具有特色的湖南地方文献资源库。加大馆藏文献信息资源的保护力度，切实改善文献收藏条件。

2 以业务建设为核心，着力提升整体业务能力

一是引入先进服务理念，完善基础服务设施。着力提升图书馆的智能化、现代化水平，提升业务服务质量。加强移动数字服务、数字体验服务和微服务平台建设，提高服务效能。二是引入大数据技术，打造湖南文献信息平台。建设好"湖南社会科学研究大数据平台"，并整合其他社会资源，努力构建全省性文献信息平台，为智库决策提供服务。三是升级现有信息系统，保障系统的安全性和稳定性。从本馆实际出发，建立和完善信息安全监控体系，提升信息安全应急处置能力。四是加强学术研究，提升业务水平和学术地位。鼓励部门和馆员积极参与业务研究，推进课题申报与研究工作，形成以学术研究带动业务建设的良好氛围。

3 以读者为中心，着力构建复合型服务体系

一是做好馆舍的系统升级，打造布局合理的服务空间。利用图书馆硬件

与软件的全面改造提质，打造省内外一流的科研类专业图书馆。二是构建多层次、个性化信息服务体系，延伸信息服务的深度和广度。加强对多元化馆藏信息的深度加工与开发力度，针对科研人员的需求开展调查与分析，提供个性化文献信息服务，全程介入研究过程。三是打造服务品牌，推进数字化服务。加强古籍的保护，推进典籍的整理和开发利用，重点加强对湖南地方特色资源、优秀传统文化资源的挖掘整理。在条件允许的情况下，将文化创意产品开发纳入图书馆发展计划之中。高质量做好图书馆学术微信群和公众号建设。

4 完善体制机制，着力提升人才队伍建设

改变图书馆人才队伍断层和空心化的现象，吸引和留住高水平人才，拓展青年人员的发展空间。一是加强与本系统、全省其他各类型图书馆的沟通合作。二是积极开展馆内工作人员的继续教育和业务培训工作，提升专业素养与服务能力。三是对馆内工作人员实行分类管理和动态管理，根据服务转型及其要求，区分传统借阅服务和现代信息服务、常规窗口服务和新型数字化服务，对文献信息中心不同岗位实行分类管理，在考勤方面予以优化管理，在职称评审方面予以倾斜。

目前图书馆正处于改革转型阶段。"雄关漫道真如铁"，图书馆将"用心"、"尽心"、"齐心"做好大数据背景下的工作转型，最大程度地为本院智库建设和社科研究提供资源保障和实现优质服务！

第 30 章　广东省社会科学院图书馆

一　机构概述及发展历史

广东省社会科学院图书馆成立于 1958 年，前身是广州哲学社会科学研究所图书资料室，1983 年改为广东省社会科学院图书馆，1993 年由原址广州市越秀北路 222 号搬到广州市天河北路 369 号。1997 年，在全国地方社科院中广东省社会科学院率先设立广东省社会科学信息中心。2002 年，广东省编办批复在原广东省社会科学信息中心、图书馆、情报研究所的基础上成立新的信息中心，下设技术部、网站编辑室、图书部、信息服务部，称广东省社会科学院信息中心，2014 年改回原称——广东省社会科学院图书馆，2016 年搬入现址——广州市天河北路 618 号广东社会科学中心五楼、六楼。广东省社会科学院图书馆设一正两副的领导配置，下设图书部、网络技术部、数字资源部 3 个部门，在职员工 23 人，其中副馆长 1 人，主持日常工作。

图书部主要由原图书馆人员组成，负责社科文献资源建设，包括各类文献的收集、整理、编目、检索、咨询和服务，其中大量古籍藏书为特色馆藏资源。

网络技术部主要由原信息中心人员组成，负责全院信息化基础设施管理维护、信息系统开发建设及技术支撑，院电子政务网络的运行维护及网络安全工作，承担大数据应用开发工作。

数字资源部主要由原情报研究所人员组成，负责信息和知识服务，探索社会科学文献信息资源建设和文献信息服务方式、方法、手段的创新。

该馆筹建时，中国科学院学部委员，原中国科学院广州分院院长兼广州哲学社会科学研究所所长杜国庠（1889—1961），指示图书馆馆员要及时、积极访购古籍图书，为图书馆馆藏奠定了基础。

二　主要业务

（一）图书馆概况

广东省社会科学院图书馆（以下简称"图书馆"）属科研机构图书馆，主要宗旨是为本院科研服务。馆舍实际使用面积 2800 多平方米，阅览座位 156 个，设有中文图书阅览室、中文报刊阅览室、外文阅览室、特藏文献阅览室、密集书库、古籍特藏书库共 6 个功能区。馆藏总量 37 万多册，藏有古籍、中文图书、中文报刊、外文书刊等各类文献。其中现藏古籍 9449 种，127488 册（善本 517 种，8310 册；普通古籍 8932 种，119178 册），藏量排在广东省各古籍收藏单位前列。2011 年被评为"广东省古籍重点保护单位"。

（二）资源建设

回顾和分析图书馆的文献资源建设及发展历程，大致可分为五个阶段：第一阶段，建馆初期快速增长阶段（1958—1963 年），广泛收集各类文献，包括古籍、图书、报刊等，包括，5 年期间藏书总量已达 16 万多册，为图书馆藏书建设打下了重要的基础。第二阶段，平稳发展阶段（1964—1992 年），每年都会按计划采购社会科学各类图书，中文期刊、港澳台期刊、外文期刊订购种类逐步增加，全馆以每年 6000 册左右的文献量增加，馆藏总量已达 34 万多册，基本上可以保障当时科研工作对文献资料的需求。第三阶段，紧缩阶段（1993—2001 年），由于书价上涨，购书经费出现紧张，购书量逐年下降，每年增加的馆藏量只有 2000 册左右。第四阶段，停滞阶段（2002—2014 年），随着信息化的到来，电子资源的出现，图书馆为满足科研人员对电子资源的需求，每年须安排部分经费购买电子资源，余下的经费在订购报刊和购买年鉴后所剩无几。因此，这一时期中文图书的收藏量几乎处于停滞状态。第五阶段，转型阶段（2015 年至今），2015 年后，在广东省领导和院领导的重视和支持下，图书馆的经费有所增加，重新加强了新书的采购，改变了以前由图书采购员自行采购的做法，更多的是由本院读者提出购书需求后再进行采购，以提高图书的使用率。

在外购数据库方面，图书馆密切关注、了解和跟踪最新信息技术手段和资讯，及时引进科研工作需要的数据库，为院所领导、科研人员以及政府决策部门提供广泛、及时、深度信息服务。多年来，引进试用了瀚堂数据库、塔塔统计数据库、中国大百科全书数据库、瀚堂典藏、瀚堂近代报刊、中国近代报刊数据库、台湾学术在线数据库、中国大百科全书数据库、Emerald全文期刊库、大成老旧刊全文数据库、世界银行开放数据库、国研网数据库、中经网数据库、中国权威经济论文库、万得（Wind）资讯、TAO学术在线数据库、国研网数据库、中国共产党思想理论资源数据库、壹学者、同花顺数据库、爱如生、百链、超星、Elsevier、OECD、民国期刊国学数字博物馆、Springer、《大成故纸堆》和EBSCO等20多个数据库，购买了中国知网、国研网等数据库。通过优中选优，深度挖掘广东省社会科学院科研人员的信息需求，提高了图书馆资源保障力度和创新服务能力。今年还计划继续增加资金投入，引入全球知名的外文数据库，以满足学者们对外文文献的研究需要，拓展国际视野。

（三）网络信息化

在自建平台方面，由图书馆技术部门自主设计研发的一站式科研办公系统"科研在线"平台稳定运营，动态更新，为全院干部职工提供了便捷高效的技术服务，而且积累了大量的科研管理数据，有效支持了院科研管理与决策，得到各方面的肯定。此外，图书馆信息技术部门凭借强大的技术储备和平台建设经验还承担了广东智库信息化平台——理论粤军网的开发建设，平台紧扣"互联网＋大数据"的时代要求，整合了广东省党政军智库、高校智库、社科院智库和社会智库的优质资源，汇集了千名广东地区的知名专家学者，内嵌了基于大数据、多维度的跨库检索，并且紧跟时代步伐，现已建设完成了习近平思想研究专题数据库、学习十九大精神专题数据库、粤港澳大湾区专题数据库等多个特色资源库。

三 对外业务交流与合作

（一）古籍研究项目横纵向全面铺开

1. 古籍定级鉴定合作项目

2017年，图书馆与暨南大学图书馆合作开展的广东省社会科学院图书馆古籍善本鉴定项目，参照古籍善本相关标准对部分所藏古籍进行筛选、辨别和鉴定，并指出古籍收藏源流"以近代浙东汤寿潜臼乩宧、马一浮智林图书馆旧藏为大宗,而汤、马藏书主要来自歙县鲍廷博困学斋、钱塘丁丙八千卷楼等,所谓渊源有自,内有不少珍贵稀见之本",从中选出30—50部符合珍、稀、善标准古籍版本,编制《广东社会科学院图书馆藏古籍善本鉴定表》,又鉴定出46种三级以上的善本古籍,其中不乏朱次琦批注本《春秋左传》、邹伯奇题跋本《翼梅》、王士禛/惠栋等批校本《焦氏说楛》、陆子章批校本《文选》、黄遵宪/曾习经题跋本《唐乐府》、卢文弨校评本《围炉诗话》、清彩绘本《天文指掌图考》、三色套印本《批点杜工部七言律诗》等。据此鉴定结果,图书馆今年又向《国家珍贵古籍名录》申报了4种善本古籍。

2. 古籍普查鉴定合作项目

2016年,图书馆与广东省立中山图书馆合作开展的《广东省社会科学院馆藏古籍普查与鉴定研究》课题,采取联合研究的组织方式,课题组成员主要由图书馆与广东省立中山图书馆专家构成。该课题对广东省社会科学院馆藏古籍进行系统整理,对其中的善本精本进行逐一甄别,然后按照馆藏古籍经史子集丛的分类及其索书号的自然次序(由小到大)进行编制和编排,遵照《全国古籍普查登记手册》要求,登记每部古籍的基本项目,有索书号、题名卷数、著者(含著作方式)、版本、册数、存缺卷数等。旨在"存古开新、平等共享","让书写在古籍里的文字活起来",从而发挥图书馆古籍文献存藏丰厚之优势。

(二)技术研发服务体系建设成效显著

图书馆网络技术部不断发展和完善信息化研发力量,利用先进的计算机网络及软件技术,承担了大量的政府机关、企事业单位的信息系统的规划设计与系统开发项目,积累了丰富的规划与开发经验,具备雄厚的社会科学信息化建设实力,社会科学信息化建设成果斐然。近年来,不断开发建设和完善院门户网站、广东智库网站、院科研在线一站式服务平台,编写大数据建设规划报告,集成科研管理、办公自动化、资讯中心、党建服务、课题研究协同平台等子系统,取得5项软件著作权专利,现已形成"统一门户、统一平台、三张网、多系统"的信息化支撑与应用服务体系。在全国地方社科院中率先基本建成"数字社科院",获得上级领导的肯定、科研人员的好评和同行的关注。广东省内多家科研机构和全国多家地方社科院,包括贵州、云南、浙江、吉林、广西等省(区)社科院、广东省民族宗教研究院等,均引进使用广东省社会科学院的技术平台和技术模式。

表1　广东省社会科学院图书馆网络技术部信息化技术支撑与应用服务体系建设成果

统一门户	指广东省社会科学院门户网站，是全院各部门在国际互联网上发布各类动态信息的综合服务平台
统一平台	指广东省社会科学院科研在线平台，全院所有内部业务办公应用均集成在该平台，实现单点登录，统一身份认证，提供一站式服务
三张网	指广东省社会科学院使用的广东省电子政务内网、外网和无线网。三张网相互间有效隔离，大大提高了全院各部门的办公效率和广东社会科学中心大楼的公共网络服务水平
多系统	指科研在线平台上运行的科研管理、办公自动化、资讯中心、党建服务、薪资管理、科研支持、课题研究协同平台等子系统，各子系统的建设不仅有效提升了数字社科院建设水平，也彰显了图书馆（信息中心）技术支撑的业务及服务能力

表2　近年来广东省社会科学院图书馆完成的信息化建设及软件系统开发项目

项目需求方	项目时间	项目名称
广西社会科学院	2017	广西社会科学院科研全过程动态管理系统建设
广东省社会科学院	2016	广东省社会科学院无线网络建设
吉林省社会科学院	2015	吉林省社会科学院科研全过程动态管理系统建设
浙江省社会科学院	2014	浙江省社会科学院科研全过程动态管理系统建设
云南省社会科学院	2013	云南省社会科学院科研全过程动态管理系统建设
贵州省社会科学院	2012	贵州省社会科学院科研全过程动态管理系统建设
广东省社会科学院	2013	广东省社会科学院办公自动化系统
广东省社会科学院	2011	广东省社会科学院科研在线资讯中心、党建服务、薪资管理、科研支持、课题研究协同平台等子系统建设
广东省社会科学院	2008	广东省社会科学院科研全过程动态管理系统JAVA版
广东省社会科学院	2008	广东省社会科学院科研办公管理系统dotnet版
中共广东省委外宣办（省政府新闻办）	2005	清理整治互联网站违规从事新闻信息服务项目
广东省政府发展研究中心	2005	广东省哲学社会科学专家库系统
东莞市房管局	2003	白蚁防治管理系统
广东省社会科学院	2004	科研全过程动态管理系统年度科研考核子系统
广东省社会科学院	2003	广东发展研究数据库
广州市公用事业局	2001	广州市自来水公司信息化建设总体规划方案

续表

项目需求方	项目时间	项目名称
广东省人民政府新闻办公室	2001	网上新闻监控与管理系统方案
广州市东山区政府	2001	黄花岗信息园网站及办公管理系统
北京市邮政局	2000	北京电子邮政总体规划
广州市电信局	2000	广州市电信局计算机应用"十五"规划
广州市邮政局	2000	185客户服务中心规划方案与系统建设
广东省委宣传部	2000	广东省经济数据指标分析数据库系统
广东省社科规划办	2000	广东省社科专家数据库管理系统
广州市国土房管局	2000	物业管理业务系统
广州市国土房管局	2000	白蚁防治管理业务系统
广东省委宣传部	1999	广东省宣传文化系统信息网络总体规划
中房集团肇庆分公司	1998	智能化小区规划与网络建设
广东省社会科学院	1997	科研管理系统
广东省社会科学院	1996	局域网建设

（三）政策研究成果不断涌现

图书馆是为科研工作提供文献资源保障和决策信息服务的重要机构，决策信息服务是图书馆最具技术含量和知识性的深层次服务。为了适应信息时代人文社会科学研究发展的需要，整合资源，进一步加强决策信息服务，2002年，当时的信息服务部（现改称数字资源部）继续编辑发行《社会科学情报资料》（1982年8月创刊）和《理论热点》（1984年创刊）。2003年出版的"建设文化大省"专刊两辑、"SARS危机及其应对：人文社会科学的反思"专刊，2004年的"十一五规划"专刊、"县域经济"专刊，2005年的《和谐社会》《可持续发展理论》专辑、《关于村级换届选举工作的调查与思考》（社科院驻牛岭村工作组）一文，2010年的《新"广东模式"向纵深化延伸》等得到了中央和广东省主要领导的好评，并在省内外产生了积极影响。2005年10月，《社会科学情报资料》和《理论热点》两刊合刊发行，改版为《前沿视野》，2009年，改版为《前沿报告》，内容上确立以展现院课题成果为主。

此外，通过社会舆情监测分析，重点热点问题研究，为广东省委和省委宣传部等部门提供高质量的决策辅助支持，编发《广东省社会科学院舆情信息精选》近300期、《港澳台海外报刊动态》（周刊，1998年创刊）、《海内外情报参考》（2006）、《涉粤海外舆情分析》（2013、2014）、《思想理论动态分析》（2015、2016）、《统计信息参考》（2016、2017、2018）等定期、不定期内刊供省领导和有关部门参阅。

2015年，广东省委、省政府响应中央号召，发出《关于加强广东新型智库建设的意见》，全面提升广东省社会科学院基础理论创新与重大现实问题研究能力，进一步增强学术话语权与社会影响力。图书馆数字资源部研究人员积极行动，在做好服务工作的同时，研究探索新时期社会科学文献信息资源建设和文献信息服务方式、方法、手段的创新，在信息化时代情报研究和知识管理研究上取得了一批有价值的研究成果，主要包括：

专著：《知识管理——引领知识形态的创新实现》《知识管理方法论》《社会科学研究信息化探索》《情报理论知识化研究》《微观经济访谈》等。

主要人员参与编撰的著作和报告：《广东私营企业发展蓝皮书2004》《广东民营经济发展蓝皮书2008》《2008广东省情调查报告》《思想之光（1958—2008）》《潮起南粤大地——广东改革开放30周年纪实报告》《科学发展　幸福广东》《中国跨境电商蓝皮书》《新闻艺术论》《以品牌建设引领广东现代农业发展》《粤港澳大湾区建设报告2018》等。

主持完成或参与完成的应用决策课题：《广东"三促进一保持"战略研究》《推进珠江三角洲区域一体化（经济圈）工作评价指标及评估方法》《把握机遇时间窗口——我省应对日本大地震灾害的战略研判》《珠三角地区落实〈规划纲要〉实现"四年大发展"评估研究》《2011年推进珠三角区域一体化工作分析研究报告》《关于加快我省地方金融发展的若干看法和建议》《中国国情百县市调查》《广东、江苏、山东、浙江四省应对国际金融危机政策措施及其成效比较》《网络社会及其对现实社会的影响研究》《"加快转变经济发展方式　增创科学发展新优势——广东转变经济发展方式成效总结"深化研究》《建立思想理论动态分析研判机制》《境外涉粤舆情跟踪分析》《天河中央商务区品牌建设规划》《琶洲国际会展中心区品牌建设规划》《深圳特区区域调整社会风险评估报告》《广东粮食质量安全监管工作研究》《创新"一乡一品"模式——培育粤东西北地区新型城镇化支撑产业》《"十二五"农村综合改革专项调研》《广东省特色小镇产业发展路径及空间组织模式》《广东省社科学术创新平台工程建设一、二期工程——广东智库信息化平台》等。

发表《新型智库下社会科学图书馆资源优势重构与服务创新研究》

《地方社科院数字资源采购决策机制研究》《基于大数据的新型智库信息化平台建设研究》《政府智库成果的社会化传播问题研究》《软科学研究成果推广与传播策略初探》《西方网络媒介可信度研究综述——基于2000年—2014年的文献分析》《支撑新型智库的图书情报智慧服务创新研究》《全媒体时代的广东科普宣传研究——基于受众的抽样统计分析》《基于公众影响度分析的科技媒体融合比较研究及对策建议》《全媒体时期广东科普宣传的现状与对策研究》《"经略海洋"视角下的海洋区域品牌建设》《地方社科院新型智库建构路径研究》《广东省科技宣传绩效评估主体的选择与建立——基于动态评估视角的探讨》等图书、情报和知识管理论文50多篇。

四 重要出版物

《广东贡士录》稿本乃图书馆"镇馆之宝",因存藏已久,目前稿本已有虫蛀,某些字也已脱落,必须加强保护和开发利用。2016年底,经多方调查研究论证,对《广东贡士录》进行全文影印出版是最佳的再生性保护措施,既有利于更好地保护原本,又能使此书为更多人所利用。为此,图书馆决定委托国家图书馆出版社,全文影印出版《广东贡士录》,共计360册。

该书是由张小迂辑录的稿本,由其孙张晋卿取之赠送东莞图书馆,后又经辗转传藏,图书馆才得之以入馆藏而保存下来。稿本辑录了清代九朝广东各科乡试举人和副贡,考中外省乡试举人,及广东举人应考历科会试、殿试之登进士者。翻检国内图书目录和访查广东各大图书馆所藏,均无如此完整记载清代广东各科乡试的书籍。从著录广东全省科举登第人数而言,《广东贡士录》稿本诚为海内孤本,乃世所稀见,有保存科举史料的重要价值。

五 重大事件

近10年来,图书馆遵照国家有关古籍保护工作的指示和精神,配合广东省古籍保护中心的部署和安排,再结合图书馆古籍收藏的特点,完成了一系列的古籍保护工作和任务,取得了多项进展。

图书馆古籍特藏书库 2017 年夏迁入新馆，是图书馆发展历程中又一里程碑式的大事件。书库基本建设方案根据我国文化行业标准《图书馆古籍特藏书库基本要求》拟定，并申请广东省社会科学院 200 多万元专项经费建设完成。在新馆筹建之初，图书馆就已对古籍特藏书库在选址、布置上有了大体规划，分为古籍展示区、善本古籍区以及普通古籍区，力求使原库房木箱中的古籍得到合理安置。图书馆首先以经史子集的四部分类法为基础，补充丛书、方志两大类，进行上架陈设——定制铁框樟木板书柜，并结合实际空间面积放置；其次配备七氟丙烷柜式气体灭火装置及若干手持式二氧化碳灭火器，并定期排查电路等火灾隐患点；再次为防止古籍进一步酸化、风化、霉变、老化，古籍特藏书库密闭无窗，安装气密性较好的防火门，并采用先进的恒温恒湿设备，使室温常年保持在 20℃，湿度保持在 55%。此外，单独设立古籍修复室和古籍扫描室，并采购现代化的专业图像扫描仪。

图 1　广东省社会科学院图书馆古籍特藏书库

图 2　广东省社会科学院图书馆民国报刊特藏

图 3　广东省社会科学院图书馆年鉴特藏

在制度建设和人才队伍建设方面，历经岁月洗礼，许多古籍都存在不同程度的破损，如老化、断线、虫蛀、鼠啮等。2015 年图书馆启动古籍修缮计划，陆续完成了以下工作：更换用于捆绑古籍函套的布带，以防新馆落成后搬迁过程中出现散落；摸底古籍保藏现状，在有破损的古籍上做标示，以便小心应对；制定《库房管理制度》《古籍特藏书库安全保卫制度》《古籍扫描操作要求及安全规范》等 7 种工作规范，使古籍书库的各项常规工作有章可循；筹建古籍修复室，申请引进专业修复人员。

在展示古籍风貌，弘扬传统著述方面，图书馆从 517 种善本古籍中，结合稀缺性、年代、形式、内容、地方特色等标准，遴选出稀世古籍 32 种，装裱、修复后定制展柜进行布展，辅以简明扼要的内容简介，使参观者在最短的时间内了解到古籍的魅力，同时配备了讲解员，对馆藏概况、善本、孤本等重点古籍进行讲解介绍，尤其是面对各级领导、非文史类研究人员时，显得不可或缺。目前已经成为图书馆及至本院对外交流的一个参观点。

在利用古籍服务科研方面，图书馆的阅览桌是综合考虑社科院读者的到馆率、借阅量的前提下，选择了尽可能大的方形桌，以便于读者摆放各种专业书籍和物品，以及版本比较研究、纸本工具书查检。

在古籍信息产品的开发方面，目前已经实现全部古籍书目信息电子化存档，并计划在现有古籍电子书目存档的基础上，参考大馆的著录标准、数据加工标准和元数据标准等，建立规范的古籍书目数据库，以便节约查检时间，提高检索效率，并且能够与其他图书馆的书目信息互通，实现古籍书目信息在更广阔的范围内流通共享。

在配合国家古籍普查登记、古籍申报方面，图书馆根据广东省古籍保护中心的计划和要求，完成了本馆古籍普查登记，共计完成古籍普查数据 9449 条，并从 2009 年开始，先后多次申报国家和广东省古籍珍贵名录。最终，4 种古籍入选《国家古籍珍贵名录》，55 种古籍入选《广东省古籍珍贵名录》。

此外，在古籍鉴定、研究、出版、扫描方面，多年来，图书馆一直利用各种机会请古籍专家对本馆古籍进行鉴定和研究。除了前述的鉴定出版项目外，2018 年，图书馆开始对善本古籍进行扫描，目前，已完成 15 种善本古籍，共计 80 册，8778 页原文扫描。

六　未来与展望

广东省社会科学院图书馆历史悠久，社科人文底蕴丰厚，馆藏品类齐全，并伴随广东省社会科学院的发展，历经了60个春秋。图书馆将紧跟时代步伐，紧紧围绕新型智库建设要求，按照广东省社会科学院的决策部署，立足信息化技术支撑、信息资源建设和古籍开发利用三大支柱业务，依托专业人才优势、业务优势和系统平台整体优势，着力打造国内地方社科院领先的"智慧图书馆"。

积极探索新型智库下数字资源服务的创新路径。引入情报采集分析、内容挖掘等新理念、新工具和新方法，跟踪本院重大课题研究的文献情报需求，有针对性地提供准确而全面的科研支持。

增加经费投入。提高图书馆整体服务水平，力争在2018年底实现对公众开放，盘活现有实体馆藏，继续实行科研学者决策采购，在云环境下实现与合作单位图书馆馆藏目录共享，努力打造社科类特色图书馆。

创新服务方式。加强数字技术建设，利用科技手段提高图书馆服务的效果，引入现代化的借还书设备；重视图书馆对研究人员的人文关怀，开辟学习空间，休闲空间，让图书馆生活化，便利化，生活中离不开图书馆。

持续对古籍资源开展数字化利用，对原件的保护与修复，对内容的深度挖掘与版本研究。

第31章 广西社会科学院信息中心

一 机构概述及发展历史

广西社会科学院信息中心成立于2000年7月，是广西社会科学院科研辅助部门，其前身是1978年成立的广西哲学社会科学研究所图书资料室，1984年该室扩大为广西社会科学院社会科学情报研究所后，图书室即为情报所下属部门。2000年7月广西社会科学院进行机构调整时，将广西社会科学院网络中心（前身为广西社会科学院电脑室，隶属院办公室管理）筹备组并入该所，同时社会科学情报研究所更名为"信息中心"。信息中心主要职责是负责文献资源（含数字资源）的采购和管理，负责全院计算机及网络网站的管理与维护，负责编辑出版内部刊物《广西社会科学院院讯》，现下设图书馆、网络中心、信息研究开发部。

（一）现有人员名录

现任负责人：冯海英（副主任、副研究馆员）。现有正式人员6人，其中高级技术职称4人。除负责人外其余5人分别是：陈川（副主任、副研究员）、刘汉富（副调研员）、张兵（高级工程师）、韦田（助理讲师）、蒙满雄（助理馆员）。

（二）历任负责人名录

历任主要负责人：张撒、廖子良、张永平、林智荣、刘汉富。

（三）主要人员介绍

廖子良（1941—2016），广西苍梧人。1966年毕业于武汉大学图书馆学专业。研究馆员。曾任广西社会科学院《社科与经济信息》杂志主编、学

图1 广西社会科学院信息中心成员

术委员会委员,广西图书馆学会副理事长、学术委员会主任委员,广西壮学会理事,中国索引学会理事,广西壮族自治区第九届人民代表大会代表、民族委员会委员。发表图书馆学和社会科学情报工作方面的论著约100万字,译文3万字;主编工具书、论文集、资料汇编10多种。其中主要有《社会科学古文献情报源指南》《广西百科全书》《广西社会科学要览》《广西方志传记人名》《试评中国图书馆图书分类法》(第二版)、《社会科学情报:一项亟待加强宏观控制的事业》《中国廖氏通书》等。获广西社会科学研究优秀成果二等奖1项、三等奖4项,广西科技进步二等奖1项,广西社会科学院科学研究特别奖1项、二等奖2项。

林智荣(1964—),广西永福人。1987年毕业于武汉大学图书馆学专业。副研究馆员。中国期刊协会理事,中国社会科学情报学会理事,广西图书馆学会副理事长;广西社会科学院院刊编辑部主任,学术论坛杂志社社长、总编,广西社会科学院第三届学术委员会委员。发表论文20余篇,参与编撰著作15部,主持完成地厅级课题6项,参与完成自治区党委政府委托课题6项、广西重大招投标课题2项、广西科学研究与技术开发计划研究项目1项。参与完成的成果中有4项获省部级二等奖、3项获三等奖。

二　部门设置与业务建设

信息中心在院办公大楼二楼，该楼建设时间为20世纪80年代，经过一次装修和调整，其中图书馆面积大概800平方米。

（一）图书馆

图书馆设有采编室、外借处、阅览室、书库（普通书库、工具书库、外文书库、古籍书库、过刊库）。图书馆负责全院信息资源（纸质和数字资源）的采集、收藏与服务。

1. 藏书

图书馆现有藏书15万册左右。图书入藏的重点是哲学、政治、经济、历史和社会科学等学科，包括有关东南亚方面的文献、广西地方文献、各种文史工具书，其中收藏有《四库全书存目丛书》《近代中国史料丛刊》《丛书集成》（正、新编）、《四部丛刊》（正、续、三编）、《民国丛书》及《中国方志丛书》中的广西部分等重要工具书。古籍线装书8000多册，稍具特色的主要有：活字版《历代地理志韵编今释·皇朝舆地韵编》八册、明刻《书传大全》十卷六册、顺治刻《明朝纪事本末》八十卷十二册、乾隆十七年刻《史通通释》二十卷六册、道光家刻《圣武记》十四卷十二册、道光刻《甲申传信录》十卷四册；同治刻本705卷238册（不完全统计），包括《读书杂志》《日知录集释》《古经解汇函》（十六种）、《绎史》《元史纪事本末》《宋史纪事本末》《国朝先正事略》《瀛环志略》《曾文正公奏议》《曾文正公奏议》（补编）、《胡文忠公遗集》等；光绪刻本829卷255册（不完全统计），包括《北堂书钞》《康熙字典》《诗韵集成》《明儒学案》《九朝东华录》《咸丰东华录》《钦定续文献通考》《历代职官表》《石渠余纪》《曾文正公奏议》《历代地理沿革表》《水经注》《吕氏春秋》《新增幼学故事琼林》等；宣统间铅版《梨洲遗著汇刊》五十八卷二十册；清刻本《金石萃编》《宋名臣言行录》《名法指掌》《胖柯客谈》《群书拾补》等；石印版《太平广记》《酉阳杂俎》《海国图志》《康熙字典》等；线装书地方志《广西通志稿》《嘉靖钦州志》《龙津县志》、（康熙）《西隆州志》、（光绪）《迁江县志》、（同治）《苍梧县志》、（咸丰）《兴义府志》、油印《西藏志》、（民国）《安南县志稿》等。外文书1000多册，主要是有关东南亚研究的资料及中法战争、中越关系、第二次鸦片战争的外文资料的复印件和缩微胶卷，其中有关中法战争的史料（胶卷）是从法国外交部和海军部档案复制的。每年订购一批进口刊物如英文版季刊包括东盟10国的《国家报告》、越文版月刊《历史研究》《经济研究》等。

2. 数据库

购买的数据库有中国知网系列数据库（包括期刊数据库、博士论文数据库、会议论文数据库）、读秀知识库和百链图书馆、万得资讯、皮书数据库、万方数据库和国家哲学社会科学文献中心学术期刊数据库（免费使用）及一些试用的数据库，如中国共产党思想理论资源数据库、习近平治国理政思想学习文库、列国志数据库、"一带一路"数据库、EMIS全球新兴市场商业资讯数据库等。

图 2 广西社会科学院信息中心书库一览

3. 图书管理系统

2003年，完成馆藏中文图书书目数据库的回溯建库工作，同年11月在院内部网络上开通查询系统。2012年购买了金盘图书管理系统软件和书目查询系统，2018年购买了金盘图书馆集成管理系统软件跨版本升级项目

(金盘图书馆集成管理系统软件 V7.0 版本），随金盘图书馆集成管理系统的升级一并将用户的金盘公共书目检索系统升级到最新版，确保图书管理软件和书目查询系统的稳定性和安全性。

（二）网络中心

网络中心主要负责全院网络系统（包括科研管理系统、网站、图书管理系统、财务管理系统、人事管理系统、党建管理系统、数字图书馆、网络、电子政务内网等系统）的日常维护管理，保障网络系统安全、正常地运行，全院计算机及相关设备的日常维护管理及更新，广西社会科学院官方门户网站的管理维护和网站内容更新，社会科学院相关信息的采集与网络发布，应用管理系统开发等。

近年来在院领导重视和自治区财政的大力支持下，广西社科院的台式计算机、服务器等硬件配备水平不断提升，目前全院拥有台式计算机 120 台左右，笔记本电脑近 80 台，服务器 9 台。

1. 网络建设

2001 年建立了全院局域网络；2003 年配合广西互联网络中心完成院网络的升级工作；2014 年对院办公区网络进行提速扩容改造，同时启动了独立的内网建设；2017 年将宽带光纤由 50 兆提速到 100 兆，目前建成办公楼无线网络全覆盖。

2. 网站建设

2004 年完成广西社会科学院网（www.gass.gx.cn）网站建设；2005 年参与广西社会科学院"十一五"规划纲要有关信息化规划的拟定，对广西社会科学院网（www.gass.gx.cn）进行改版和功能完善；2017 年 9 月对院网站的安全防护进行升级改造，通过增加一台服务器和一台防火墙以及调整网站部署等措施，增强了网站防篡改能力和抵御病毒入侵的能力，同时作好数据安全备份。

3. 机房建设

广西社会科学院机房于 2000 年建设，面积只有 10 平方米左右，2018 年院电子政务内网分保改造项目已经通过批准实施，面积约 45 平方米，目前正在进行中心机房扩建与改造、电子政务内网及网络环境防护升级改造工作，建设一个计算机网络系统稳定、保密运行的环境，以满足计算机等微电子设备、涉密信息系统和工作人员对稳定、湿度、洁净度、电磁场强度、屏蔽、防漏、电源质量、振动、接地和安全保密等要求。

（三）信息研究开发部

负责《广西社会科学院院讯》（内刊）编辑出版和信息研究开发。《广西社会科学院院讯》（内刊）从2004年开始由信息中心编辑出版，每月2期，1年24期。对院各部门报送的信息进行编辑出版，反映院里举办或承办的各项重大活动（包括重要会议、国情调研、基地建设等）及院内人员参加的重要学术活动等信息。2007年到2016年曾编辑出版《中国—东盟简讯》（原名《中国—东盟自由贸易区·大湄公河次区域合作简讯》），每月2期，1年24期出版，报送自治区及各市主要领导。

三 发展现状

在广西社会科学院党组的正确领导以及院领导的关怀和指导下，广西社会科学院信息中心以习近平新时代中国特色社会主义思想为指引，积极贯彻落实国家和自治区有关信息化工作的方针政策，紧紧围绕广西社会科学院核心工作，做好各项基本服务技术工作。

（一）成立院信息化工作领导小组

2017年广西社会科学院成立了院信息化工作领导小组，2018年又根据情况调整院信息化工作领导小组。信息化工作领导小组是广西社会科学院信息化整体建设的议事协调机构，同时也是网络与信息安全应急领导小组，为院网络与信息安全应急处置的组织协调机构。目前信息化工作领导小组由院党组书记、院长陈立生任组长，院党组成员、副院长刘建军任副组长。信息化工作领导小组办公室设在信息中心，负责人为信息中心副主任冯海英。

（二）做好基础服务工作

1. 完善信息网络和图书馆各项规章制度

2018年制定《广西社会科学院VPN账号使用管理办法》《广西社会科学院机构知识库管理办法（试行）》，重新修订《广西社会科学院网络与信息安全应急预案》和《广西社会科学院网站安全应急预案》2个信息网络及网站的应急预案，进一步修订完善《广西社会科学院计算机及信息系统管理规定》《广西社会科学院计算机网络管理规定》《广西社会科学院网站信息发布审核和管理制度》《广西社会科学院图书馆书刊、报纸借阅规则》等一系列制度，全面理顺和明确了各个工作岗位的职责，规范了管理，增强了干部职工责任意识，促进良好工作合力的形成。

2. VPN 系统项目建设

针对社科院科研人员不是"坐班制"工作，大部分时间都在外地调研或在家做科研写论文，为了方便科研人员在院外访问本院的信息资源，尽可能最大限度地满足科研人员利用信息资源的需求，需要远程登录网络实现对院内资源的远程访问功能。2017 年信息中心为了改善本院在职职工科研、工作和学习条件，方便在院外充分利用院内网络资源，启动了远程登录系统——VPN（虚拟专用拨号网络）服务平台项目建设，经过系统构建和严格检测，在较短时间内完成了项目，于 2018 年 1 月投入使用。通过 VPN 远程接入后，可以在院外访问本院内网，使用院科研管理系统和办公自动化系统，还可以进入院机构知识库。通过 VPN 远程接入，既可以使用数据库查寻资料进行科研工作，也可以进行科研业务工作和行政办公工作，改善了科研人员工作环境，提高了科研工作和管理工作效率。为了网络安全和管理，信息中心制定《VPN 账号使用管理办法》，以规范本院职工使用 VPN 服务平台。

3. 高度重视网上信息宣传

2017 年，在以往工作的基础上进一步加大了网站建设工作，对网站设计进行调整，将一些不适应发展的栏目撤下，换上能够贴合本院实际工作的理论、科研、学术、宣传、蓝皮书等栏目。目前院门户网站有七大板块："新闻中心"、"学术动态"、"科研管理"、"党建工作"、"专家学者"、"媒体聚焦"和"信息公开"。2017 年累计发布 200 多条信息。根据《广西壮族自治区人民政府办公厅关于 2017 年第一季度国务院办公厅抽查全区政府网站情况的通报》文件要求，院门户网站已在首页显著位置开设"国务院政声传递"专栏，转载中华人民共和国中央人民政府网站的重要政策信息。调整后的网站更加突出宣传了广西社会科学院在哲学社会科学领域所取得的成就，把院官网朝着重点理论网站的方向进行建设。

（三）开展机构知识库建设

机构知识库是一个机构建立的，以网络为依托，以收集、整理、保存、检索、提供利用为目的，以本机构成员在工作过程中所创建的各种数字化产品为内容的知识库。机构知识库是科研机构实现科研成果管理和机构成果传播的平台，也是实现开放获取的主要途径。地方社科院信息机构通过建立机构知识库，可以达到智库成果系统整理、长期保存、交流共享、评估宣传、成果复用等作用，是信息工作转型升级的重要工作。

为了广泛搜集、全面系统展示并永久保存本院全体职工的学术著作、论文、研究报告、教学培训及学术讲座的课件与视频等文档、图片、多媒体知识成果，加强知识管理，2016年启动了机构知识库建设项目，通过两年的调研和分期建设，2018年3月完成了初步建设并投入使用。

（四）加强科研

积极开展文献信息研究工作，长期以来为《广西年鉴》《广西社会科学年鉴》编写论文文摘、期刊统计分析、大事记及学科综述等稿件。

2002年以前，信息中心参与编辑出版著作12种，发表论文110篇，其中与广西通志馆合编的《广西方志传记人名索引》于1990年12月获中国图书馆学会成立10周年二次文献优秀成果奖，《社会科学古文献情报源指南》获广西第四次社会科学优秀成果二等奖。

2003年以后，信息中心每年都鼓励部门人员积极撰写论文、参与科研，主持或参与院级课题及自治区政府招投标课题。至2017年，参与完成院课题20多项，院外包括自治区政府招投标课题10多项，参与编著出版著作10多本；其中主持院级课题有《泛北部湾经济合作模式研究》《2011—2020年广西制造业发展战略研究》《广西同步推进农业现代化研究》《网络环境下地方社科院信息服务创新研究》《建立珠江流域生态补偿机制　促进贵粤港澳共同发展研究》《广西北部湾经济区金融创新体系建设》《中国与东盟国家的边境口岸经济与合作研究》《地方社会科学院信息化建设的路径与策略研究》《进一步推进新农保工作存在的问题及对策研究》《社科研究中信息采集方式的创新》《知识管理与中国新智库建设研究》《支撑"一带一路"研究的数据库建设调查》等；参与完成的成果中有3项获省部级二等奖、3项获三等奖。

（五）积极参与中国—东盟智库战略对话论坛

中国—东盟智库战略对话论坛始终致力于为中国与东盟国家的智库机

构、专家学者们提供相互交流、碰撞思想、共同展望、推进合作的平台。历届中国—东盟智库战略对话论坛都围绕中国—东盟合作的重点、热点议题进行广泛深入的研讨，通过深入探讨增进共识，以智库共识推动政府共识，以智库合作推动国家合作，论坛成果的成效持续显现，成为中国—东盟合作顶层设计和意见交流的重要平台。从2008年首届中国—东盟智库战略对话论坛举办开始，广西社会科学院信息中心都积极参与其中，积极为论坛做有关信息保障和会务服务工作，编辑论文集、会议手册、宣传册、宣传视频及录像等，充分发挥了信息中心信息服务功能和作用。

第32章 海南省社会科学院文献资源建设设想

一 海南省社会科学院发展概述

　　2013年12月25日，在海南省委、省政府的决策和部署下，海南省社会科学院在海口市揭牌成立。自成立以来，海南省社会科学院与海南省社会科学界联合会实行"一套人马、两块牌子"的合署办公体制，采取"小机构，大网络"的虚实结合模式，发挥海南省社会科学联合会"联"的功能与海南省社会科学院"研"的功能。

　　作为省级社科研究机构，海南省社会科学院以繁荣发展哲学社会科学作为意识形态的重要内容，坚持正确的政治导向，立足海南经济社会发展实际，立足全国最大的经济特区建设实际，围绕省委、省政府的中心工作开展研究，努力把海南省社会科学院建成省委、省政府新的思想库和智囊团，建成极富个性、别具特色的社科研究机构，建成体制灵活、成果优异的研究新平台。

　　海南省社会科学院从海南的省情出发，走特色建院的新路子。下设4个内设处级机构，即科研处、国际旅游岛研究所、南海经济社会发展研究所和地方历史与文化研究所。现有编制9人。国际旅游岛研究所重点是研究海南国际旅游岛建设中的重大问题。比如，先行试验问题、经济建设问题、旅游发展问题、产业发展问题等等，重点放在应用性研究，为政府部门和企事业单位提供理论依据、决策咨询和法律服务。南海经济社会发展研究所重点是加强涉及南海问题的研究，特别是关于南海经济社会发展中的理论和现实问题的研究。比如，南海区域的经济发展、资源开发、国际关系等，为国家和有关部门的南海发展战略及对策提供咨询和服务。地方历史与文化研究所重点是研究海南历史和文化方面的理论和现实问题。比如，琼崖文化、南海文化和黎苗文化以及海南现代文化等，为党政部门和宣传部门提供咨询服务。

目前，海南省社会科学院尚没有设立专门的信息中心或图书馆等图书文献服务机构。

二　海南省社会科学院文献资源建设设想

新型智库是党和政府科学民主依法决策的重要支撑，是国家软实力的重要组成部分。进入新时代，中国特色新型智库建设成为新命题。党的十九大报告精神和习近平新时代智库建设思想的形成，为中国现代新型智库建设指明了方向。地方社科院作为我国马克思主义的坚强阵地、哲学社会科学研究的殿堂、各级政府机关重要的思想库和智囊团，所从事的研究应是密切联系社会经济文化发展的应用研究和具有地方特色和区域优势的基础研究，应为地方党委、政府提供决策咨询，为地方经济社会的发展提供理论支撑。要真正建设好有中国特色新型智库，社科院就是要了解、研究、分析世情、国情、省情，并使研究成果更具实践性，对媒体和公众更具导向性。这就要求科研人员掌握最新最前沿的统计资料、数据。而社会科学院图书馆或图书资料室等作为社科信息资源收藏的专业性机构，正是要为社科院的科研、教学以及政府决策提供良好的文献信息服务。

因为建院晚、机构小、人员少，目前，海南省社会科学院是我国大陆地区（港澳台除外）31个省、自治区、直辖市社科院中唯一没有设文献（信息）中心或图书馆，或者具有文献储存、文献借阅功能的部门。为适应时代的发展，支撑社科院科研创新、人才培养和新型智库建设的迫切需求，为海南自由贸易试验区和有中国特色自由贸易港建设贡献智力，海南省社会科学院拟从以下几方面加强文献资源建设。

（一）纸质文献资源建设

纸质文献是社科文献的重要组成部分，也是学科建设和学术研究的基础性文献。根据海南省社会科学院的发展需求，结合本院所设置的学科和研究方向，以及海南自由贸易试验区和有中国特色自由贸易港建设的实际，拟与海南大学、海南师范大学图书馆合作，共建海南大学、海南师范大学图书馆分馆，主要侧重于基础学科，特别是文史哲等学科。建设分馆形式有待进一步研究商讨。

（二）电子文献资源建设

随着科学技术的不断发展，计算机和网络技术日新月异，文献资源建设也当与时俱进，特别在大数据环境下，传统纸质文献已不能完全、及时满足科研、管理人员所需。海南省社会科学院拟加强电子文献资源的建设，对社会、经济、法律等应用性较强的、对实时数据、法规条例要求严格的学科拟侧重购买电子数据库。拟与中国知网签订租赁或托管协议。

对于专题数据库的采购，拟与上海社科院等国内一流新型智库签订购买协议。

对于特色数据库，如南海经济与社会发展库、海南历史文化库、候鸟型社科人才库等等，拟以课题立项研究自建。

（三）资源共享

考虑办公场所和经费的限制，其他暂时无法购置的资源可以通过开放获取、资源共享、联盟共建、参与协作等方式获得。条件成熟时，可以考虑加入海南省教育科研数字图书馆，参与海南省教育与科技界文献资源共建共享。

（四）院科研成果的整理

系统、规范地收集、整理本院的科研成果，如政策建议、研究报告、著作、皮书等，为科研留痕，形成特色馆藏。对科研人员用科研、办公经费等购买的纸质和电子图书进行统一整理、编目，形成专业文库。

第33章　四川省社会科学院文献信息中心

一　机构概述及发展历程

四川省社会科学院文献信息中心（以下简称"文献信息中心"）是四川省社会科学院重要科研辅助机构，其主要职能有：一是为全院科研教学、四川省各级党政领导科学决策、社会信息需求提供信息咨询服务；二是承担全院信息化建设、网络安全管理及局域网建设维护工作；三是承担四川社会科学在线网站、四川省社会科学院网站及四川社会科学在线英文网站的编辑和技术维护工作。目前文献信息中心设有图书部、报刊部、资讯服务部、社会科学研究参考资料编辑部、网络管理部、网站编辑部及办公室，挂靠单位有四川省社会科学情报学会。

文献信息中心始建于1959年，其前身隶属于中国科学院四川分院哲学社会科学研究所图书资料室。1978年6月，四川省哲学社会科学研究所与四川省委政策研究室合并，成立四川省社会科学院，原四川省哲学社会科学研究所图书资料室即成为四川省社会科学院图书资料室，负责人为沙汀（副主任）、朱瞻（副主任）。1980年5月，图书资料室改名为资料情报研究所，朱瞻任副所长。1985年院秘书长刘平斋兼任所长，陈德言、宋利亚任副所长。1986年5月，资料情报研究所更名为文献情报中心，为便于开展国际国内交流，同时使用四川省社会科学院图书馆的名称，中心主任刘平斋，副主任陈德言、宋利亚。1997年2月，文献情报中心更名为文献信息中心。2001年在文献信息中心增设了信息网络中心，负责全院的网络规划、建设和管理。陈德言、吴康零、曾昭槐、靳岭先后担任中心主任；庞红梅、王小英、贾玲、黄学彬、张朝凯、张越川先后担任中心副主任。现任主任贾玲，副主任宋扬、姚小笛。

文献信息中心所驻的图书大楼兴建于1986年，面积约7000平方米。文献信息中心有各类书库、报刊阅览室 15 个，阅览座位 150 余个，现有员工 25 人，具有本科以上学历的约占 93%，现有正高级职称 1 人，副高级职称 7 人，中级职称 16 人，分别为图书资料情报、工程师等专业序列。

图 1　四川省社会科学院文献信息中心大楼

文献信息中心是中国社会科学情报学会的理事单位、四川省社会科学情报学会理事长单位、四川省图书馆学会常务理事单位。

改革开放 40 年来，文献信息中心机构虽然几经变革，但始终伴随着四川省社会科学院的发展而发展，为繁荣全省哲学社会科学事业作出了应有的贡献。

二　主要业务

(一) 文献服务

1. 紧紧围绕四川省社会科学院科研教学，树立读者第一、用户至上的服务观念，努力做好图书服务工作

文献信息中心图书服务工作包括：星期一至星期五按时开馆，做好图书

的借还工作；设立新书库，方便读者的借阅；完成升级图书自动化管理系统，进行规范高效的图书采编借阅用户管理服务；设立远程访问系统，方便读者对电子资源的下载使用。为进一步满足科研人员和研究生对图书信息服务的需求，从 2000 年起，文献信息中心阅览室坚持星期一至星期天早上 8：30 到晚上 10：00 点开馆，每天开馆 13.5 小时。

图 2　四川省社会科学院文献信息中心阅览室

2. 围绕科研、教学需要，逐步探索以课题服务、定题服务和个性化服务等为重点的信息资料服务

20 世纪 80 年代，院经济资料室合并到情报所，开展了剪报资料业务，收集最新的经济、政治、社会等理论研究资料。2007 年，随着四川省社会科学院科研转型和社会主义新智库建设，文献信息中心成立资讯服务部，配备图书情报研究人员，加强与科研人员的交流沟通，开展课题、定题服务，进一步关注个性化信息推送系统和网络数据库整合检索系统等咨询服务的相关信息，为四川省各级领导、四川省社会科学院科研人员提供信息资料服务。

3. 编印资料，提供决策咨询服务

文献信息中心历来重视文献信息资源的建设、开发和利用。20 世纪 80

年代，设立了情报研究室，翻译了大量的国外社会科学方面的资料，为四川省委、省政府更多地了解和掌握国外形势和动态提供决策咨询服务。同时文献信息中心也设立了资料编辑部，依托四川省社会科学院社科信息资源优势，先后编印了一系列刊物、报纸、资料，为四川省各级党委政府以及科研、宣传、教学工作者和社会人士提供决策咨询服务，如《社会科学研究参考资料》（1979 年）、《参阅资料》（1983 年）、《中外经济情报》（1992 年）、《西部经济时报》（1995 年）、《四川经济社会发展重大问题对策研究》（1995 年）、《西部大开发参考》（2002 年）、《参阅资料》（领导专报）（2002 年）、《高层内参》（2006 年）、《廉政建设研究》（2013 年）等。这些资料编选了当时经济、政治、社会、文化等方面的热点难点问题和哲学社会科学研究的新观点新动态，具有较强的理论性、前瞻性、权威性、资料性、针对性，产生了良好的社会反响。

（二）资源建设

文献信息中心始终围绕四川省社会科学院科研教学，按照以重点学科、优长学科和地方特色为中心的原则，加强图书资源的建设，主要收藏了马列主义著作、人文社会科学各学科的学术著作，新兴学科、边缘学科和自然科学的基础理论著作，以及各种与社会科学有关的资料、档案及工具书等。截至 2018 年 10 月，文献信息中心拥有馆藏文献约 75 万余册（件），其中，中文图书约 44 万册，外文图书约 3 万册，线装书籍约 3.2 万册，中文报刊合订本约 14.5 万余册，外文报刊合订本约 0.7 万册；另有缩微胶卷及光盘、磁盘、视听资料等多媒体文献约 0.42 万件。文献信息中心每年采购新书约 3000 多册，入藏中外文社科类报刊 1000 余种；购买了 CNKI 期刊全文数据库、CNKI 重要报纸数据库、CNKI 硕士博士学位论文数据库、超星读秀、国研网、中宏数据库、人大报刊复印资料数据库等 13 个。

馆藏中比较有影响和特色的文献包括：四川方志及川边藏区资料，多为民国时期的影印本；《四库全书》《续修四库全书》《四部丛刊》《丛书集成》《古今图书集成》《中国地方志集成》《中国西南文献丛书》等大型丛书、类书，以及各种统计年鉴、地方年鉴等；《宋史资料萃编》《元明史料丛编》《明清史料汇编》《清代稿本百科丛刊》《中华民国史料丛编》《道藏精华》《禅宗全书》等港台版图书；英、俄、德、法、日、朝等语种图书，藏有《大英百科全书》《苏联大百科全书》《法国拉鲁斯百科全书》《德国布鲁克豪斯百科全书》及《大日本百科事典》等。

过期中文报刊中有原版《国民公报》（民国12—24年）、《新新新闻》（民国24—38年）、《国民政府公报》（民国36—37年）等珍品；有新中国成立前出版新中国成立后影印的《申报》《大公报》《新华日报》《民国日报》《生活周刊》和《伪满洲国政府公报》等文献；有《四川省各图书馆馆藏中文旧期刊联合目录（1884—1949年）》《四川省各图书馆馆藏抗战时期出版图书联合目录（1937—1945年）》等索引资料。

过期外文报刊中有《真理报》（俄）、《消息报》（俄）、《远东问题》（俄）、《经济学家》（英）、《中国季刊》（英）、《美国经济评论》（美）、《亚洲研究》（美）、《联合早报》（新加坡）等合订本。

港澳台过期报刊有《九十年代》《天下杂志》《二十一世纪》《联合报》《中央日报》《大公报》《香港商报》《信报》《明报》《东方日报》等。

文献信息中心还设有三个特色资料室，主要包括：

袁珂神话研究室：成立于1996年6月。袁珂生前为四川省社会科学院文学研究所研究员，我国当代著名神话学家，中国神话学会主席。研究室收藏了袁珂神话研究著作及其他图书资料共计2000多册。

汶川地震资料室：成立于2011年5月，截至2017年底，汶川地震资料室藏书1077册，包括深入地震灾区收集的第一手地震资料。电子文档300多个G，录入文件资料等5000多份，装订成册140多册，光盘1000多张。

林凌图书资料陈列室：成立于2012年4月，收藏了著名经济学家、原副院长、院学术顾问林凌的著作及30多年收藏的图书资料。现有图书约3000多册，期刊1000多份，手稿约100份。

（三）网络管理

1996年，为适应图书情报信息化、网络化、数字化的发展方向，文献信息中心设立了网络管理部，负责图书自动化前期调研工作，为四川省社会科学院的网络建设做准备工作。1999年，院局域网建成后，网络管理部负责局域网的管理、运行和维护。

2007年至2009年，文献信息中心对网络机房、电路进行了改造，更新了部分网络管理软硬件，清除了安全隐患，进一步加强和规范网络用户的管理，同时，在学生宿舍推广无线网络的覆盖。2012年7月，对四川省社会科学院局域网网络设备进行了升级。2015年、2016年，完成四川省社会科学院局域网办公无线网络一、二期的升级改造工程。

（四）网站建设

1998年，文献信息中心设立网站编辑部，负责四川省社会科学院网站、四川省社会科学在线网站、四川省社会科学在线英文网站的内容建设和技术支撑维护工作。

1. 四川省社会科学院网站

1998年12月，四川省社会科学院网站建立，由四川省社会科学院主管，文献信息中心承办。四川省社会科学院网站是全面反映四川省社会科学院工作动态、展示科研成果及专家学人风采等的重要工作平台，现拥有28个一级栏目、75个二级栏目和涵盖全院25个单位的部门信息平台。2008年、2015年发布、完善了《四川省社会科学院网站信息发布管理暂行办法》。网站现有中文编辑3人，主要负责网站栏目建设。

2. 四川社会科学在线网站

2005年1月1日，四川社会科学在线网站正式投入运行，由四川省繁荣发展哲学社会科学领导小组主管，四川省社会科学院和四川省社科联主办，四川省社会科学院承办。网站中文编辑3人，承担在线网站栏目的编辑工作。该网站目前已成为比较有影响的四川哲学社会科学门户网站。

3. 四川社会科学在线英文网站

2013年10月，为及时反映四川省及四川省社会科学院社会科学研究成果，加强与国外哲学社会科学界的沟通交流，四川省社会科学院英文网站试运行，经过不断的调整完善，2015年1月，四川社会科学在线英文网站正式上线运行。配备3名专职英文编辑，负责日常管理事务和信息编辑。

（五）网络信息安全管理工作

为加强网络信息安全管理工作，2003年成立了四川省社会科学院网络信息安全管理办公室，办公室设在文献信息中心。其职责是负责全院网络信息安全、网络信息发布安全监督等。相继发布了《四川省社会科学院互联网网站（页）安全管理办法》（2003年）、《四川省社会科学院关于加强互联网网站（页）管理的规定》（2014年）、《四川省社会科学院局域网管理暂行规定》（2014年）。制定了《四川省社会科学院网络安全应急方案》（2015年）、《四川省社会科学院门户网站安全应急处置预案》（2016年）。

2015年至2018年组织开展以"网络安全为人民,网络安全靠人民"为主题的网络安全宣传周活动。印制宣传画报、宣传手册,取得了良好的宣传效果。网络信息安全管理办公室较好地完成了工作任务。

2017年10月,成立了四川省社会科学院网络安全和信息化领导小组,领导小组办公室设在文献信息中心,负责领导小组的日常工作。2018年4月制定了《四川省社会科学院网络安全和信息化建设管理办法》。

三 国内外业务(学术)交流与合作

自改革开放以来,文献信息中心加强了与国内外同行的学术交流与合作,20世纪八九十年代,中心同志赴法国、德国进修、学习,赴英国出席第24届国际世界语大会;参加1996年北京第62届国际图联大会,(2005)两岸三院(中国科学院、中国社会科学院、中研院)信息技术与应用交流研讨会暨全国社会科学院系统信息化工作交流会,国际图联主席、克劳迪亚·卢克斯(Claudia Lux)博士"图书馆的发展与挑战"的专题报告会等。

1992年12月,四川省首届社科情报学术讨论会暨四川省社会科学情报学会成立会在四川省社会科学院召开。1994年,四川省社会科学院主办、文献信息中心承办了第三届全国地方社科院系统图书馆长协作会。两次会议的成功举办,推动了全省社科情报工作的发展,促进了全国地方社会科学院图书馆的团结与协作,提升了文献信息中心的影响力,同时也在四川省和全国社科院同行中树立了文献信息中心的良好形象。

文献信息中心也非常注重与社科院系统、公共图书馆系统、高校图书馆系统、党校图书馆系统等的交流学习。从20世纪90年代起,特别是2000年以来,相继派人参加了中国社会科学情报学术年会、全国文献信息工作会议、全国地方社会科学院图书馆长协作会、西南地区社科院系统图书馆长协作会、中国首届信息界学术大会、西部地方社科院信息化共建共享建设研讨会、科技创新与科研管理服务模式研讨会等学术会议,并就图书馆建设及发展多次到中国社会科学院图书馆、国家图书馆、中央党校图书馆、中国人民大学书报资料中心、云南省社会科学院、贵州省社会科学院等地考察学习。

四　重要出版物及学术成果

文献信息中心在不断提升信息资源服务能力和水平的同时，也不断加强哲学社会科学情报研究，取得了丰硕成果。在20世纪八九十年代，《异化是一个历史的概念》（专著）、《我国社会集团消费概论》（专著）、《四川省社会科学手册》获四川省哲学社会科学优秀成果一等奖、二等奖和三等奖。《当代民主社会主义思潮》等学术资料，获得全国地方社科院系统图书馆优秀成果二等奖。2005年、2006年、2010年，《成长的烦恼》（科普读物）、《四川省社会闲散青少年问卷调查统计分析报告》《四川人口与社会发展研究》《面向西部企业的信息服务体系的研究》等分别获得四川省第十一次、第十二次、第十四次哲学社会科学优秀成果三等奖，共青团中央优秀调研成果一等奖。

1990年以来，出版了《当代四川》《四川经济大典光盘》《云南经济大典光盘》《开心钥匙365》，编辑了《四川乡镇企业概览》《拒绝邪教》《帝国主义侵略与反对帝国主义的斗争》等工具书、科普书。

2000年以来，文献信息中心加强哲学社会科学课题的申报和研究，共申报完成国家社科基金课题2项（1项与西华大学联合申报）；省级课题8项；院级课题6项。

文献信息中心员工分别在《社会科学研究》《图书馆学研究》《情报资料工作》《四川图书馆学报》等杂志上发表近百篇专业学术文章。1篇获2004年中国社会科学情报学会"西部大开发与当代社会科学信息服务"学术征文一等奖；1篇获2005年度四川省"五个一工程"理论文章重点课题立项结题。

五　重大事件及活动

（一）四川省社会科学院局域网建成

四川省社会科学院的局域网建设起步较晚，1998年才提上议事日程，但从筹备到建成一直得到省委、省政府、四川省社会科学院领导的大力支持，四川省政府拨专款100万元用于四川省社会科学院局域网的建设。1999年局域网建成。局域网的建成，带来了四川省社会科学院科研方式、科研手段革命性的改变，使四川省社会科学院迅速融入世界信息网络技术发展的潮流中去，为四川省社会科学院的网络信息化发展、科研管理、办公自动化等奠定了坚实的基础。

（二）图书自动化管理系统使用

文献信息中心图书自动化管理起步于 1996 年，经过调研考察，2000 年购买了金盘图书馆集成管理系统（GDLIS）多用户版并投入使用。2003 年，完成了中文图书书目数据库回溯建库、数据录入、中文图书条形码加工数据扫描等工作。2008 年，金盘图书馆集成管理系统升级为网络版。2016 年 1 月，金盘图书馆集成管理系统升级到 7.0.13 版。该系统的使用完成了图书管理、采编、加工、借阅等手工作业向图书管理自动化的转变，对于加强图书报刊的管理、充分利用图书馆资源、发挥图书馆功能及服务等起到了重要的作用。图书的自动化管理实现了图书馆工作、管理服务质的飞跃。

（三）四川省社会科学在线网站上线

2004 年 10 月，为进一步落实中共中央《关于进一步繁荣发展哲学社会科学的意见》（即 3 号文件）、四川省委《关于努力推进哲学社会科学事业繁荣发展的意见》精神，四川省繁荣发展哲学社会科学工作协调小组办公室以（2004）第 3 号文件发出《关于整合建立"四川社会科学在线"网站的实施意见》，从而正式拉开了四川社会科学在线网站建设工作的序幕。

2005 年 1 月 1 日，四川社会科学在线网站正式运行。该网站是对原四川省社会科学院网和四川省社科联"四川社科在线"网站的有效整合。网站由四川省繁荣发展哲学社会科学领导小组主管，省社科院和省社科联主办，为四川社会科学门户网站。四川社会科学在线网站的建成，拓展了文献信息中心的职能，为中心在四川省社会科学院繁荣发展哲学社会科学建设中找到了新定位。

六 回顾与展望

中国改革开放的 40 年是文献信息中心不断发展的 40 年。40 年来，文献信息中心的发展取得了长足的进步，由最初的 300 平方米馆舍、三四位工作人员、3 万多册图书到今天一幢 7000 平方米的图书大楼拔地而起，可以让科研人员和研究生潜心学问。文献信息中心文献资源建设逐步形成了以哲学社会科学专业书刊为主，门类齐全，具有四川地方特色的完整、系统的收藏体系；局域网从无到有，有线、无线网络覆盖办公大楼、图书大楼、研究生宿舍，改善了科研教学环境；图书自动化管理实现零的突破，使图书采编流通规范有序方便快捷；图书管理人员素质专业技能不断提高，人员组成在年龄、专业知识背景上趋于合理；学术交流广泛深入频繁，社会科学情报研究成果丰硕；文献信息中心业务职能不断拓展。

文献信息中心取得的成绩来之不易，主要源于：一是四川省委、省政府及院领导高度重视哲学社会科学的繁荣发展，充分认识到文献信息工作在繁荣发展哲学社会科学中的重要作用，长期以来在经费人员上予以了大量的投入和支持，为文献信息事业的不断发展打下了坚实的基础；二是文献信息中心秉承四川省社会科学院"忠诚、创新、开放、和谐"的办院方针，牢固树立"以人为本，用户至上"的理念，努力提高文献信息服务的实用性、技术性、针对性，为科研教学提供信息资源保障；三是与时俱进，顺应时代的发展变化，在信息化的浪潮中，高度重视图书馆发展带来的新机遇和挑战，抓住图书信息网络化、数字化、自动化的发展趋势，实现文献资源管理，文献服务理念、手段、方法，用户管理等的转变，努力探索走出一条为四川省社会科学院科研教学服务的新路子；四是抓住信息网络中心设在文献信息中心之机，在原有图书借阅服务、信息咨询服务、文献研究等的基础上，拓展了网络建设管理、网站建设、网络信息安全管理等工作内容和相关职能，使中心工作焕发了新的生机；五是在中心历届领导的不懈努力下，文献信息中心不断加强人员的专业素质技能培训，大力引进高素质的专业人才，鼓励一专多能，在做好信息服务等工作的同时，做好网站编辑、科研工作，使人员队伍由只能适应传统图书馆环境下服务的人员向既具有哲学社会科学相关知识背景又懂得计算机信息技术的复合型人才转变，有效改善了人员结构，提高了为科研、教学服务的质量和水平；六是广大图情工作者发扬无怨无悔、默默奉献的精神，在平凡的岗位上作出了不平凡的成绩；七是营造良好的工作环境和氛围。在思想上工作上严格要求员工，在生活上关心员工，强调同志之间团结奋斗关心爱护的优良传统，加强"智慧创新服务"的院所文化建设，努力营造爱岗敬业，团结和谐的工作氛围，为四川省社会科学院科研教学做好服务工作。

文献信息中心将继续在四川省社会科学院科研转型中，不断前进，努力奋斗。为适应研究生事业的蓬勃发展，四川省社会科学院在成都新都区新修建了研究生学院，加强研究生新区图书报刊阅览室及文献信息资源的建设是文献信息中心以后的工作重点之一。文献信息中心将在院党委的领导下，以新理念、高标准将图书报刊阅览室建成网络数字化、环境友好的阅览室。面对未来，我们信心百倍。

　　春花秋月，日月如梭，改革开放40年后的今天，文献信息中心在时代潮流和社会进步的推动下，呈现出崭新的面貌。文献信息中心全体员工将在习近平新时代中国特色社会主义思想指导下，以繁荣发展哲学社会科学为己任，进一步转变服务理念，提升管理能力，提高服务水平，在四川省社会科学院的科研教学工作中、特别是在社会主义新智库建设中，发挥越来越重要的作用。

第34章 贵州省社会科学院图书信息中心

一 机构概述及发展历史

贵州省社会科学院图书信息中心（以下简称"图书信息中心"）前身为1960年成立的中国科学院贵州分院哲学社会科学研究所的图书资料室。1962年哲学社会科学研究所撤销，图书资料室不复存在，图书资料基本散失。1978年3月，经中共贵州省委决定，恢复贵州省哲学社会科学研究所，图书资料室重新建立，直属研究所办公室领导。1979年，经贵州省委批准，贵州省社会科学院成立。随着图书资料的增多以及功能的扩大，经贵州省社会科学院党委决定，于1984年5月正式成立贵州省社会科学院图书馆。2002年，院机构改革，将原情报研究所信息方面的职能合并到图书馆，图书馆更名为图书信息中心。2012年，院党委再次将原属科研处负责的信息化管理工作并入图书信息中心，与此同时，图书信息中心开始承担全院信息化建设工作，此举为图书信息中心的信息化、现代化建设注入了新的活力。图书信息中心自成立以来，随着贵州省社会科学院社会科学研究事业的发展壮大，也在不断发展变化。图书信息中心历经几十年的岁月，由当初一个所的资料室发展到全院的图书信息中心，逐步由传统图书馆向现代图书馆迈进。

（一）负责人

现任图书信息中心主任：王剑锋；副主任：麻亮、张燕。

历任负责人：副主任、副馆长周广敏（1979年8月至1987年）；副主任余捷（1982年1月至1984年4月）；副主任卓子意（1983年5月至1984年4月）；副馆长孙汉（1987年4月至1990年8月）；馆长范同寿（1987年5月至1992年2月）；副馆长、馆长顾大全（1992年3月至1997年12

月）；副馆长、馆长戴文年（1992年3月至2002年6月）；副馆长、副主任李正群（1997年10月至2008年10月）；主任谢卫平（2002年9月至2014年5月）。

（二）人员名录

现有工作人员：卫肖晔（副研究馆员）、朱丹（助理研究员）、何松（副研究馆员）、李志伟（馆员）、李智祥（助理馆员）、肖艳（馆员）、贺雷（主任科员）、曾亮（助理馆员）、戴琨（副主任科员）。

曾在该中心工作的人员：田景义、陈静坚、金美孚、李青、谢敏、卢祥运、魏敏、李平、王增明、李燕南、林苑、罗晓萍、张忠凯、李金玉、范维明、陈典琼、谭明英、曹令怡、夏咏梅、宋廷惠、黄习瑛、曾庆国等。

二　图书信息中心基础设施及业务建设

（一）加强基础设施建设

图书信息中心自1978年恢复重建以来，基础设施建设从无到有，逐步得到了很大的改善。建设之初，图书资料是堆放在非常简陋的临时书库里，工作人员在非常艰苦的环境下开展图书加工及借阅工作。院办公大楼建成后，搬入到办公大楼一楼约250平方米的办公室开展工作。1990年1月科研大楼建成后，图书馆又迁至该楼1—3层，面积约700平方米。20世纪90年代，院党委加大了对图书馆的支持力度，决定新建图书大楼。1999年8月，新的图书大楼建成，图书馆搬入2700平方米的新图书大楼办公。至此，图书馆馆舍得到了很大的改善。搬入新馆后，陆续添置了功能比较完善的现代化设备，改善了阅览的环境。随着信息时代的到来以及数字图书馆的兴起，图书信息中心在院党委支持下，于2000年申请专项经费购买了服务器及"金盘图书馆集成管理系统"，建立了图书馆信息网络系统，开始由传统图书馆向数字图书馆迈进。目前，图书信息中心已建成计算机运行管理平台，机房设在图书信息中心5楼，为实现设备集中存放、数据统一管理奠定了基础。主要设备有内网与外网核心交换机、内网与外网防火墙、金盘图书管理系统服务器等。

图1　1999年建成的贵州省社会科学院图书大楼

（二）加大资源建设力度，注重方向与特色

在院党委的行政支持下，近几年对图书信息中心投入的经费不断增加，从当初的6万元到现在的20多万元，增加了2倍多。经费的增加使得图书、报刊订购量不断扩大，馆藏不断得到充实，现藏书量已达25万册，且门类齐全，基本形成了具有院各学科专业特色的文献资源体系。目前，图书信息中心建有基本藏书库、特藏库、地方文献库、院内学者库、工具书库、外文书库等。藏书涵盖社会科学各门类学科，包括哲学、历史、政治、经济、法律、地方文献、文化科教体育、语言文字、民族、艺术、古典文献、工具书、军事等，除此之外还有少量自然科学类书籍。

目前图书馆珍藏图书有：《四库全书》《续四库全书》《近代中国史料丛刊正编、续编、三编》《古今图书集成》《中华民国史料长编》《中华文化通志》《四明丛书》《黔诗纪略后编》《贵州通志》《乾隆大藏经》《黔南丛书》等古籍线装书；《中共中央文件选集》（1921—1931）、《六大以来党的秘书文件》《黄埔军校史稿》《中国历代战争史》《清季外交史料》等特藏书籍；新中国成立前的《申报》《大公报》《民国日报》《东北日报》《北洋画报》《晨报》等。重点收藏的电子资源和工具书有：《人民日报》全文光盘数据、

图 2　贵州省社会科学院图书信息中心特藏库

《人大报刊复印资料》全文光盘数据；《二十五史》《中国法律法规大全》《中国经济年鉴》《中国统计年鉴》《贵州年鉴》《贵州统计年鉴》以及贵州省各地方志书等。

图书信息中心注重资源建设的方向和资源的特色化。建馆初期，馆藏建设目标不甚明确，因此在图书资料的采集上未能突出自己的特色，图书信息资料的作用发挥不够。随着全院科研的逐步发展，以及图书馆采编人员业务水平的不断提高，图书馆确立了"立足本省，面向全国"的馆藏建设方针，确定了"服务科研、着眼当前、考虑未来、保证重点、兼顾全面"的选书原则。在经费有限的情况下，重点采集有关贵州的政治、经济、文化、历史、民族等图书资料，对涉及全国性的图书则重点采集关于哲学、经济学、历史学、民族文化学、法学等基础理论研究以及有关热点问题研究的图书。

图书信息中心从 1992 年开始筹备地方文献库的建设，重点收藏有关贵州省经济、社会、文化、历史、民族及文学艺术的正式与非正式出版物，特别是各个时期出版的省、地（州）、市、县地方文献及社科著作及报刊等。建成的地方文献库涵盖的图书资料较为广泛，如年鉴、志书、统计资料、地方文史资料、民族文化、民族调查等。地方文献库建成后，借阅读者人数很多，不仅有本院的科研人员，也不乏外单位、外省的研究人员来查阅，甚至还接待过外国专家。地方文献库的建立，为贵州省社会科学院以及贵州省经济社会研究工作发挥了较大作用。

2016年底，为摸清古籍家底，全院启动古籍普查保护工作，具体任务由图书信息中心承担。2017年12月，古籍普查登记工作顺利完成。全院古籍藏量为488部、6874册。版本年代上起元代，中经明代，下迄清代。其中，元刻本2部（《增补六臣注文选》《玉海》），明刻本6部（《史记抄》《二十一史文抄》《宋大家苏文忠公文抄》《宋大家欧阳文忠公文抄》《宋大家苏文定公文抄》《宋大家王文公文抄》），清初至中期刻本23部。除此之外，还存有一定数量的线装民国文献。根据全省古籍普查登记统计数据，贵州省共有31家汉文古籍收藏单位，贵州省社会科学院所藏古籍文献数量居第8位。

在丰富纸质文献的同时，积极推进数字化资源建设，先后与贵州师范大学图书馆、贵州省委党校图书馆、贵州省图书馆、凯里学院图书馆等单位建立了业务合作关系，逐渐引进了中国知网数据库（CNKI）、人大复印报刊资料数据库、超星数字图书馆、北大法宝法律数据库、国务院发展研究中心信息网、中国减贫研究数据库、中国皮书数据库、"一带一路"数据库、国家哲学社会科学学术期刊数据库等电子资源，不断完善电子资源收藏结构。

此外，还加强了业务工作的标准和规范化建设。馆藏图书全部采用标准的图书分类、著录格式及主题词表，制定了书刊资料整理加工和组织目录规则等工作规范。同时，组织制定了馆内各部门的岗位职责和规章制度，制定了古籍保护工作制度，初步形成了书刊管理工作的标准化、规范化、制度化。

（三）完善服务体系，增强服务优化意识

图书信息中心属于院科研辅助部门，主要为全院科研工作和科研人员提供信息服务。建立以来，图书信息中心本着"服务科研、贴近科研"的宗旨，围绕科研工作提供多层次、多渠道服务，注重完善服务方式，提升服务质量，为全院科研的发展发挥了自己应有的作用。

从建馆初期开始，尽管条件艰苦，工作人员在简陋的临时书库里认真工作，为科研提供周到、热情、及时的服务。随着基础条件的改善以及数字图书馆的建立，图书信息中心进入了传统图书馆和现代图书馆并存、纸质文献服务和电子信息服务并重的发展阶段。在积极为读者提供纸质文献借阅服务的同时，开展参考咨询、文献检索、课题跟踪服务等各类电子资源服务。传统图书馆的服务模式也有了较大的变化，由被动服务向主动服务转变，由单一层次服务向多层次服务转变，不仅满足科研对一次文献的需求，还提供二次文献和三次文献信息服务，力求服务形式的多样化。如在贵州省社会科学院官网上专门开辟图书信息服务板块，设置"新书通报"、"新书推荐"、"本院著作推介"、"期刊通报"等栏目，及时更新、发布最新到馆书目信息，推荐全院学者最新出版著作，并把本院学者的最新文章、观点等编撰成二次文献，在全院"甲秀智库"微信公众号、微博等平台发布，以多种载体形式向广大科研工作者和社会各界人士展示贵州省社会科学院的最新研究成果、研究动态等。

2002年，贵州省社会科学院机构改革，将原情报研究所主办的内刊《社会科学信息》交由图书信息中心主办。刊物每期都及时向外介绍全院科研动态、重大课题和重大成果研究情况，后因多种原因，《社会科学信息》于2017年7月停刊，共办刊396期，虽然退出了历史舞台，但在提高贵州省社会科学院的知名度上发挥了重要作用。

三 重视人才队伍建设，加大人才培养力度

（一）大力培养图书馆专业人才

图书信息中心建立之初就非常重视人才培养。中心成立时，没有一人是图书馆专业的，为了尽快让大家熟悉图书馆业务，先后派出人员到贵州省图书馆举办的各种培训班参加学习，并创造条件让大家通过电大、函授等方式提升自己的图书馆专业水平。多年来，图书信息中心一方面通过各种方式的培养使在职人员提升图书馆专业基础知识，另一方面，又陆续引进了一些图书馆专业的本科生，使图书信息中心人员的学历结构、人才队伍建设得到了较大改善，为科研服务的质量也在不断提高。近年来，通过多种渠道的学历提升，目前图书信息中心现有人员12人，在读博士1人，硕士研究生3人，本科以上学历11人（其中副高以上职称3人）。在人员知识结构方面，图书馆学专业2人，新闻传播专业1人，民族学1人，数学及应用计算机科学专业4人，还有英语等专业，工作人员的专业知识结构基本符合中心工作发展的实际需要。在建立现代图书馆的今天，对图书馆人员的职业素养要求越来

越高，因此图书馆工作人员除精通传统图书管理业务外还必须具备计算机和网络运用能力，掌握现代信息管理知识，为科研提供更深层次的服务，也就意味着必须不断学习更新知识。因此，中心要求全体人员不断强化自身的业务水平，采取自学与走出去参加研讨会及培训班的方式，提升自己的专业知识、业务能力和整体素质。积极与各地方社会科学院同行加强交流，每年都会派人员参加全国社会科学院图书馆协作会议，参加中国社会科学院图书馆举办的业务培训班等。此外，中国图书馆学会及贵州省图书馆学会的年会，也都鼓励大家撰写论文、积极参会，通过学习、交流来提高业务水平。

（二）加强培养既有服务能力又有研究能力的复合型人才

图书信息中心作为全院科研服务工作的重要组成部分，属于学术服务部门。随着社科研究事业的不断发展，要求图书馆信息的保障水平和服务能力也要不断提升。为了更好地服务科研，必须不断地提高自己的理论水平和服务能力，注重建设一支具有较高服务水平和研究能力的高素质队伍。在搞好科研服务工作的同时，中心还积极鼓励大家参加学术研究活动。中心人员每年都会在各种刊物上发表著作、论文、专业报告等，并多次获奖，如《论网络环境下西部地区图书馆组织文化建设》获中国社会科学情报学会一等奖；《乡村图书馆发展应随机应变——论图书馆怎样配合"新农村"文化建设》获中国图书馆学会二等奖；《网络阅读指导——高校图书馆大有可为》获中国图书馆学会二等奖等。长期以来，图书信息中心工作人员承担着行政与科研双肩挑的任务，在完成了本职工作之外取得了较多的科研成果，主持完成或参与完成的课题数量也在逐年攀升。通过学术研究活动，科研能力不断提高，并在科研活动中更加了解科研需求，进一步增强了图书信息服务工作的针对性和及时性。

四 多渠道搭建信息平台，多途径拓展服务模式

（一）服务智库团队，创新人才培养

党的十八大以来，以习近平同志为核心的党中央大力推进新型智库建设战略，各地方社会科学院工作重点纷纷转向新型智库建设，贵州省政府对社会科学院提出的建设目标是"建设西南地区具有贵州特色的一流新型智库"。图书信息中心作为智库建设的重要力量，也在不断调整定位，为全院

智库建设发挥着重要的信息和智力支撑作用。中心人员还全面参与了"黔学研究院"、"地理标志研究中心"、"贵州与瑞士发展比较研究中心"等智库团队的研究工作，在实践中逐渐调整定位，探索更加完善的智库服务模式，扩大了图书信息中心在智库建设中的影响。

（二）呈现历史风貌，展现学术风采

贵州省社会科学院成果陈列馆是全面展现全院历史风貌、整体呈现全院学术积累以及有效提升全院社会影响的重要平台。自2014年初启动以来，图书信息中心工作人员收集老照片、整理各类资料、成果，设计、布置陈列馆，每一块展板都凝聚了大家的心血。成果陈列馆自2016年6月28日开放以来，除每周二固定开放外，图书信息中心本着为科研服务的宗旨，做到有来访必开放，有来访必讲解，认真做好陈列馆的接待工作。截至目前，每年都会接待省内外、国内外专家学者等各种团体或个人逾百人，进一步提升了贵州省社会科学院的影响力。

（三）重视新媒体利用，新途径拓展智库发展空间

图书信息中心负责全院官方网站的数字资源推送工作，一直以来严格执行稿件上传流程及稿件上网审签制度。2017年门户网站迁移至贵州政府门户网站云平台，初步实现了与政府网站的数据融合，目前共11个大板块35个栏目，运行状况稳定，日均点击量超过400人次。同时努力做好贵州省人民政府门户网站信息报送工作和贵州省电子政务网信息推送工作，贵州省社会科学院在全省厅局网站信息报送和采用情况排名中均位列前五。2013年，按照《贵州省社会科学院信息化建设规划及实施方案》的要求，图书信息中心开展了一系列软件开发工作。目前"贵州省社会科学院公文传输系统"、"贵州省社会科学院科研动态管理系统"、"贵州省社会科学院行政工勤人员量化考核系统"等相继开发完成并投入使用，在科研和行政管理中发挥较大作用，反响良好，已经成为行政部门和科研部门工作中不可或缺的信息化管理工具。

在微信、微博被广泛应用的今天，各地社会科学院相继开通微信公众号。2016年4月6日，图书信息中心注册并开通"甲秀智库"微信公众号。由专人负责，以资讯推送、信息发布、著作展示、媒体关注、专家视点等栏目形式向广大科研工作者和社会各界人士展示贵州省社会科学院的研究成

果、研究特色、研究动态等。2016年9月,在清博大数据基于门户网站、微信、微博影响力以及观点、学人等网络转载率等指标发布的"中国智库网络影响力排行榜"中,贵州省有两家上榜前200名智库名单,分别是贵州省社会科学院和贵州省政府发展研究中心,分别位列第80位和第106位。截至目前,贵州省社会科学院微信公众号已有用户851人,共推送815期1287篇文章,真正成为科研人员沟通的新渠道、智库成果发布的新阵地和优化科研服务的新载体。

(四)整合全省社科资源,建设"贵州省社科云服务平台"

2016年5月20日,贵州省委书记陈敏尔同志在省委常委会议上指出:"我省要大力推进理论工作'四大平台'建设,实施哲学社会科学创新工程,加大高端智库建设力度"。根据省委指示精神,全院随即开始实施社会科学研究创新工程,并将"贵州省社科云服务平台"(以下简称"社科云")建设列入创新工程的工作重点,同时列入贵州省委宣传部2017年重点工作,由贵州省社会科学院图书信息中心具体承担该项工作。从2016年下半年开始,图书信息中心整合力量,走遍贵州省9个地州市,对全省智库平台建设情况开展调研并撰写调研报告,为"社科云"的前期工作奠定了坚实的基础。"社科云"的建设从申报直至获得贵州省大数据发展管理局立项、资金评审、招标、软件开发,历经近两年时间。2018年5月依托"云上贵州"系统平台,由贵州省社会科学院图书信息中心负责开发建设的"贵州省社科云服务平台"上线试运行,它是全国社会科学院系统的首家社会科学大数据平台。"社科云"本着为全省社科研究服务的宗旨,为全省社科研究机构、研究人员、党政机关建立点对点的联系,形成一个巨大的蜂巢状网络,使知识需求信息与知识供给信息在这个网络中自由流通,让知识的价值得到充分的转化和体现。通过搭建专业性、便捷化、开放式的网络平台,整合社会科学资源、提升社会科学研究成果质量、提高社会科学研究效率、加强社科知识宣传、扩大贵州影响力、为各级党委政府提供决策支撑,形成全国第一个社会科学领域的云服务平台,进一步推动了贵州省哲学社会科学领域的资源信息化建设。

结　语

未来的图书馆管理手段和馆藏内容必将越来越多元化、现代化。贵州省社会科学院图书信息中心将终始以服务科研为基础，以人才技术为支撑，稳抓传统文献资源服务工作，拓展数字资源服务方式，这是一项十分艰巨而长期的任务，需要每一个人的共同努力。

第 35 章　云南省社会科学院图书馆

自 1980 年云南省社会科学院成立以来，图书馆作为院下属科研辅助机构，为科学研究、决策咨询，及哲学社会科学事业的繁荣发展作出自己的贡献。

一　机构概述及发展历史

（一）机构定位

云南省社会科学院图书馆（以下简称"图书馆"）为云南省委省政府思想库智囊团开展决策研究、科学研究提供收集、检索、整编、利用社会科学情报信息资料，是保存保护和开发利用古籍文献及传统历史文化、收集存储和检索提供哲学社会科学文献研究资料、管理运行和建设维护哲学社会科学成果数据库、接受安排委托开展课题研究和省情调查的科研辅助机构。

（二）所在地及建立时间

图书馆位于云南省昆明市西山区环城西路 577 号。1980 年云南省社会科学院成立，设临时图书资料情报室，1981 年经云南省编制委员会批准，正式设立图书资料情报室，1989 年更名为云南省社会科学院情报资料中心。1992 年云南省社会科学院图书资料大楼落成，相关分散于各研究所资料室的资料及人员合并归入院情报资料中心，1996 年正式更名为图书馆并沿用至今。

（三）历史简介

图书馆的前身是云南省社会科学院情报资料室，1980 年建院时设置。1989 年 5 月更名为情报资料中心，下设情报室、采编部、流通部和声像组 4

个机构，办有学术性内刊《云南社科情报资料》。1992 年图书资料大楼落成，原分散于全院各研究所资料室的资料藏书及人员合并入院情报资料中心，情报资料中心的藏书数量和质量得到了极大的充实和提高，情报资料中心开始由普通开架式手工借阅向标准图书信息服务转变。1996 年院情报资料中心正式更名为云南省社会科学院图书馆，现设有馆务办、采编部、流通部、古籍部、技术部 5 个部门。

（四）创始人和重要领导人

李先绪，男，副研究员，1988 年任情报资料室主任。曾担任中国社会科学情报学会理事，主要著作有：《中国近现代历史日历百科辞典》（编审）、《中国国情丛书——百县市经济社会调查·通海卷》（参撰），主持多个省级科研项目，有关论文获国内外优秀奖。

李一是，男，1990 年任情报资料中心副主任，后历任图书馆副馆长、机关党委专职副书记、省地方志编纂委员会办公室常务副主任（正处级），2009 年 1 月任省地方志编纂委员会办公室主任（副厅级）。著有《古滇风云人物》，主编《云南 60 年·建设卷》《云南省综合简志》《依法修志　科学发展》等。

宋绮，女，研究馆员，1999 年任图书馆馆长，公开发表有《云南图书馆历史现状研究》《云南图书馆界职业女性的现状与作用》《云南图书馆建筑文化的历史变迁》《关于构建云南少数民族文献资源数据库的思考》《图书馆自动化局域网建设研究》等数篇论文，主编主撰《云南社会科学院古籍特藏目录》《云南社科院地方文献目录提要》，参撰《云南辞典》《云南史料选编》等。

（五）管理机制

图书馆管理机制根据社会发展和科研趋势分为三个层面：第一层面主要是管理好现有图书文献资源，围绕形势发展，服务好云南省委省政府决策需要及本院科研工作需要。第二个层面是根据图书馆功能的转型，在传统服务和管理文献基础上，调整和转变管理机制，向现代图书馆管理和信息化、数字化及"互联网＋"方式转变。第三个层面是开展专题性、领域性文献资源建设和利用研究。

第一个层面，图书馆管理机制主要体现为管理与服务。一是注重管理，建立规范，主要是整合图书馆人力资源，提升个人能力，制订管理办法，强化制度规则，规范理顺工作；二是聚焦服务，发挥功能，主要是服务于云南省委省政府对于图书和文献情报资料的需要，服务好本院科研工作的需要，对外单位科研提供查询和资料提供服务。

第二个层面，一是加强人才队伍建设，促进人员年轻化和高学历化。目前全馆人员都具有大学本科以上学历，其中有3名博士，1名硕士，正高级职称4名，全馆人员平均年龄在四十岁以下。二是拓展服务模式，增加服务渠道。在对相关文献保护基础上主动向服务对象提供各种文献查询信息，购置清大新洋图书馆集成系统、方正德赛数据加工发布系统等，建立电子阅览室，建立远程访问系统。三是积极利用馆藏文献开展研究和文献开发。对图书馆特色文献和资源进行深度研究，开发基于图书馆资源基础上的相关文化产品成果。四是加强横向交流，推动馆际合作。加强与在昆高校和科研单位的横向交流合作，与云南大学图书馆、云南财经大学图书馆、云南师范大学图书馆、云南民族大学图书馆签订合作协议，建立馆际联络网络，方便科研人员相互免费查阅材料。五是扩大合作范围，构建资源共享。与云南省内州市科研机构开展合作，实现合作机构间科研人员文献资源共享。与外地图书馆机构、科研学术机构开展图书资料交流。

第三个层面，图书馆在现有文献信息资源基础上，利用图书馆人才和资源优势，加强对当代云南省情、云南地方古籍文献、云南地方民族文献、南亚东南亚国家等专题性资源的搜集收藏与整理利用，提高综合服务的能力和文献信息加工处理能力，积极承担和参与项目研究和省情调查研究。

二 主要业务

(一) 图书馆管理

图书馆下设采编部、流通部、古籍部、技术部和馆务管理科5个部门。

1. 采编部：根据全院科研部门的设置情况，选购征集各种中、外文图书及视听资料；负责制订采购计划、分类细则，负责到馆图书的验收、登记；负责图书的分编、加工、典藏分配；负责公务目录、读者目录、典藏目录的组织管理与辅导；负责注销图书、处理注销账目；负责全年进书量及经费使用情况的统计分析。负责年度图书报表。

2. 流通部：负责馆藏图书的组织、阅览和外借工作；调查、统计、分析、藏书利用情况和读者的阅读倾向，联系读者、了解需求，及时向馆领导反馈图书需求信息；负责图书流通的各项统计工作，办理馆际互借。

3. 古籍部：熟悉古籍文献的馆藏及分布情况；负责古籍文献的整理、分类编目、典藏保管及书目类数据库建设、借阅、咨询工作；整理古籍特藏文献有关专题资料，编制相关工具书，努力提高文献利用率。

4. 技术部：负责全馆计算机的安装调试、软件的更新与使用；负责全馆数据库的维护、升级开发利用工作；负责全馆现代化技术咨询服务；负责图书馆局域网的管理与维护及计算机维护工作；做好新技术设备的引进工作；负责网络信息的安全监督工作。

5. 馆务管理科：协助馆长处理好全馆行政事务，参与图书馆各项工作决策的讨论与实施。

（二）文献信息资源建设

经过多年的文献积累和藏书建设，云南省社会科学院图书馆目前拥有丰富的研究级文献资料群。具体包括图书、期刊、照片资料、电影资料、电子资源等载体多样的文献资料。图书馆馆藏中、外文图书20多万册，古籍10万余册，新中国民族大调查资料8000多件，民族照片资料12000余幅，民族电影胶片资料8部40余盘（已全部通过数字化实现胶转磁）。每年订阅有多种进口外文报刊和中文报刊。馆藏古籍、特藏文献约10万册（件），不仅是本院藏书之精华，在云南乃至全国古籍文献和科研文献中亦具有一定的地位。

1. 古籍藏书量大质优

图书馆古籍特藏文献约10万余册，先后有10种古籍入选《国家珍贵古籍名录》，2010年被文化部批准、国务院公布为"全国古籍重点保护单位"。院图书馆收藏的古籍文献，多源于清代经正书院、云南高等学堂、云南师范学堂、云南政法学堂、省会中学堂等机构及部分寺院、个人收藏，内容涉及经、史、子、集各部。文献成书时间上限可追溯到宋代大理国时期。版本涉及写本、刻本、抄本、宋本、元本、明本、清本、内府本、官刻本、坊刻本、聚珍本、局本、袖珍本、善本、珍本、石印本、影印本、东洋本等。文种包括汉文、彝文、古藏文、东巴文、日文等。装订形式有卷轴装、经折装、线装、毛装，尤以宋代大理国写经《护国司南抄》、宋刻本《正法念处经》、元官藏《文殊师利所说不思议佛境界经》、元刻本《增壹阿含经》、明代彝文刻本《劝善经》、明代写经《无遮灯食法会仪》、《大孔雀明王经》、清道光彝文抄本《吾查》《指路经》、清彝文抄本《物兆书》，清康熙、乾隆、嘉庆、道光、咸丰、同治、光绪、宣统到民国时期云南地区的各种契约、文告、证件，民国初期蔡锷将军手稿《曾胡治兵语录》等最为珍贵，十分稀有。

其中，宋代写经《护国司南抄》抄写于1052年，五代释玄鉴疏释，卷轴装，系1956年由费孝通先生带领的全国人大民委云南少数民族社会历史调查组到大理白族自治州调查时发现的一批古本佛经之一。本院珍藏写经之首尾两段，中间一段现藏云南省图书馆，三段合一，构成全本《护国司南抄》。写经传世近千年，其纸质厚实，坚韧完好，书写流利，字迹挺秀精美，保存了隋唐写经之风格，系书法艺术之极品，表现了极高的艺术造诣。费孝通先生曾给予其极高的评价，后提出"北有敦煌，南有大理"的美誉，原因是敦煌写经数量庞大，而护国司南抄写经在同时代里是世界仅见，并且作者、时间、内容均齐全的宋代大理国时代写本佛经，十分罕见。曾于2009年6月13日—7月10日参加国家古籍保护中心主办的"国家珍贵古籍特展"，各界人士反映强烈，呼吁加强保护和开发，让更多的人认识了解我国古代边疆地区的传统文化。

除珍善本书外，图书馆还藏有一批晚清线装教科书562种1100册，涉及数、理、化、工业、军工、农业等自然科学；历史、地理、经济、外语、教育学、逻辑学、伦理学等哲学社会科学约200个专业及类型。其中一批书，属我国在某一专业或某一方面最早翻译或在当时颇具影响的读本、教育学刊物和民营出版社最早发行的教科书。这批教材大多源于晚清云南高等学堂等近10所学校收藏，不仅是清代后期"西学东渐"的产物，也是中国封建社会末期教育改革、转型的见证，且又多系石印本，意义重大。目前，云南仅本图书馆独家收藏，全国收藏之处亦为数不多（部分书在国家图书馆亦缺藏）。

2. 民族调查资料收藏价值珍贵

馆内藏有民族调查形成的《云南民族情况汇集草稿》系列资料近百种；《云南民族识别参考资料》1册；《云南民族资料调查手稿》8000多册（件）；云南民族调查照片万余幅；民族电影资料片8部，即《佤族》《独龙族》《苦聪人》《景颇族》《永宁纳西族的阿注婚姻》《西双版纳傣族农奴社会》《丽江纳西族的文化艺术》《西藏农奴制度》。成果内容涉及云南彝、傣、白、哈尼、佤、傈僳、纳西、拉祜、布朗、怒、独龙、德昂、壮、回、苗、瑶、蒙古、普米、布依、水族等23个民族的简史简志、概况、语言、民族识别、民俗、民主改革的情况、生产生活等方面。这样丰富的民族学研究成果，为后人研究人类社会、研究云南少数民族提供了珍贵的图、文、影视资料，是每一位从事民族学、人类学研究的专家学者都需要认真学习借鉴的一手文献。

3. 南亚东南亚文献收藏丰富

多年以来，图书馆在经费极其困难的情况下，从建馆开始一直坚持订阅南亚东南亚外文纸质文献，特别是早期在云南省外汇非常困难的条件下，云南省委领导专门批示拨专款购买东南亚南亚国家的外文报刊并入藏，为形成云南省社会科学院、云南（昆明）南亚东南亚研究院的南亚东南亚研究特色优势学科奠定了坚实的文献资源基础。现馆内收藏有东南亚、南亚相关资料70000余册，文种涉及英文、法文、日文、俄文、泰文、越南文、缅甸文、马来文、印尼文、老挝文、菲律宾文等，内容涵盖东南亚15国，南亚10国诸方面。

所藏古籍中，除一部分东南亚、南亚国家专著，如《西洋番国志》《岛夷志略》《安南杂记》等外，还有相当一部分散见于《艺文类聚》《北堂书抄》《古今图书集成》《太平御览》《太平广记》《通志》《文献通考》等。

4. 地方文献藏书特色鲜明

为满足研究云南问题的科研人员对地方文献的需求，图书馆自建立之初就注重与本院研究重心相匹配的地方资料的收集入藏，注重突出地方特色。目前图书馆收藏有历代云南省志、州志、市志、县志1000余种，历代涉及滇人滇事文献40000余种，较为全面的收藏有云南省及各州、市、县的人口资料和文史资料。其中，还完整地收藏有省、州、市、县历年的地方年鉴，为经济、社会、农业农村等方面的研究提供详细的统计资料。

馆内人员在丰富馆藏的基础上，扎实开展科学研究，先后出版《图书馆古籍特藏地方文献目录提要》《昆明地区政协文史资料分类题录》《云南省社会科学院馆藏20世纪中叶云南少数民族社会历史资料题录》，建设《云南少数民族文献数据库》《云南地方提要目录数据库》《馆藏民族文献书目数据库》《东南亚、南亚书目数据库》《本院科研成果目录数据库》《云南民族调查照片资料数据库》《云南民族社会历史调查资料数据库》《馆藏珍善本及云南地方志古籍全文数据库》等专题文献数据库，极大提高了研究人员的科研资料检索效率，同时扩大了图书馆馆藏资料在服务科研、服务云南、服务社会中的作用和影响，在社会上获得广泛好评。

（三）图书馆服务

图书馆始终围绕服务科研、服务决策、服务哲学社会科学繁荣发展目标，坚定服务理念、转变服务方式，提升服务质量，不断提高服务满意度。

1. 坚定服务根本理念。图书馆是为省委省政府思想库智囊团开展决策研究、科学研究提供收集、检索、整编、利用社会科学情报信息资料，服务是工作的基点和起点，也是图书馆基本功能所在，图书馆部门和人员始终如一坚定服务理念，把服务理念融入各环节工作中，以满意度提升作为工作质量好坏和效率高低的核心标准。

2. 转变服务方式。随着电子设备和网络技术的发展变化，图书馆顺应形势，逐步调整、转变服务手段和服务渠道。从传统的卡片目录、手工检索到引入电子编目系统，从现场借阅到通过局域网实现远程检索、提供文献资料，从被动上门服务到主动提供推送资料信息，从面上服务到点至点咨询并行推进，极大提高了检索效率，形成快捷、方便、高效的服务模式。

3. 加强服务的资源基础建设。紧密结合学科建设和云南省情，不断积累民族学、宗教学、农业经济社会、地方史、南亚东南亚研究及省情研究方面和领域的文献资源收集，在云南省内树立了特色鲜明的馆藏资源存储，为科研、决策服务打下扎实的资源基础。

4. 增加现代数据库服务。购置了"中国知网"中文期刊数据库、人大报刊复印资料数据库、外文期刊数据库，引入中国社会科学院"国家哲学社会科学研究成果"数据库，自建《云南少数民族文献数据库》《云南地方提要目录数据库》《馆藏民族文献书目数据库》《云南民族调查照片资料数据库》《云南民族调查手稿资源数据库》，以现代网络数据库的方式提供专题性、专业性资源服务。

5. 积极服务省、院重大专项工作的资料需求。充分利用资料存储、检索、提供的有利条件，积极服务省、院重大专项工作的资料需求，为省、院重大课题研究提供资料服务，既圆满完成工作任务，也锻炼了部门整体能力和图书馆人才队伍。

（四）网络信息安全

随着电子技术的发展、图书馆工作模式网络化以及数据库资源建设的推进，图书馆越来越重视网络信息安全。

1. 树立和加强网络信息安全意识。图书馆服务工作从传统手工方式逐渐向网络信息化服务方式转变，网络信息安全意识也经历了一个渐进形成并不断加强的过程。资料资源首先要保障存储安全，图书馆立足电子信息存储稳定、电子财产安全、信息内容公开范围等角度，通过学习、培训、教育、宣传，不断强化网络信息安全意识。

2. 更新设备，保障电子数据安全。自图书馆开展电子网络编目后，院根据计算机房建设的标准，建立了图书馆网络数据机房，购买了服务器和存储器，用于存储编目及购买电子资源的数据信息。电子设备本身有使用期限，超期使用对数据存储安全造成极大风险，为数据安全起见，云南省社会科学院于2018年拨付专款购买了新的服务器和存储器，在硬件设备上保障信息资料安全。

3. 建立网络信息安全制度。根据工作需要，图书馆专门引进网络技术人才，成立网络设备技术部，专职负责网络设备的管理维护。坚持网络信息安全原则，制定网络信息安全制度，严格审核尚未公开发表的内部资料上网传输，经常性开展网络传输信息内容的安全性检查，实行实名制严格管理工作服务QQ群和文献传输服务微信群，严禁不适内容在网上传输和传播。

4. 加强与相关部门合作。云南省社会科学院设有信息中心，其主要职能之一就是网络技术管理维护，图书馆就是借助信息中心管理维护的院内局域网实行网络信息服务。在技术应用上，网络使用上，信息传输安全保障上，图书馆紧密联系信息中心，及时反映问题和有关信息。同时，还密切联络院办公室等有关部门，共同保障网络信息安全。

三　国内外业务（学术）交流与合作

坚持对外合作与交流，是扩大图书馆自身影响力，不断提高服务技能，增长知识，实现优势互补，共同提高的有效途径。作为"全国古籍重点保护单位"，云南省社会科学院图书馆积极开展与国家古籍保护中心和中国古籍保护协会的合作与交流，将馆藏的珍贵古籍送至北京参加国家古籍保护中心主办的"国家珍贵古籍特展"，以展示中华民族悠久的历史文化。配合国家古籍保护中心和中国古籍保护协会开展的全国古籍普查工作，完善古籍普查平台的数据库管理和编目工作，共同推动全国古籍保护底数清、数据准。主动对接中国社会科学院图书馆（国家哲学社会科学文献中心），开展国家哲学社会科学文献资源数据库的利用，配合和支持中国社会科学院图书文献资源建设工作要求。积极参与中国社会科学院图书馆组织和举办的年会和学术论坛。每年都选派部分学者赴中国社会科学院或其他省市社科院访问学习交流。在院领导的支持下，图书馆还将赴英国剑桥大学图书馆就资源建设、文献服务等方面进行访问交流，以期建立双方在文献检索利用、人员往来互访的联系机制。

参与云南省内各项图书文化活动，交流文献保护与知识产品开发。与云南省图书馆积极开展多方面的合作，包括参加由国家古籍保护中心、云南省文化厅主办，云南省古籍保护中心承办，云南省图书馆、云南社科院图书馆、楚雄彝族文化研究院等多个古籍收藏单位参与的古籍特展。与云南省图书馆达成初步共识，合作开发《护国司南抄》等文创产品。与高校图书馆寻求合作，就信息检索、馆际互借、科技查新等方面的内容与云南大学、云南财经大学等单位，签订了相关合作协议。

加强与省内地方图书馆联系，与曲靖、丽江市图书馆、永胜县、石屏县图书馆等保持有良好的交流与合作，帮助地州图书馆建立文献数据库、编纂出版文献提要目录书籍、协助地方图书馆建立藏书品牌，做到资源共建共享，优势互补。

四　重大事件及活动

1980 年：云南省社会科学院成立，设立临时图书资料室。

1981 年：经云南省编制委员会批准，云南省社会科学院正式设立图书资料情报室。

1989 年：图书资料情报室更名为情报资料中心。

1992 年：云南省社会科学院图书资料大楼落成。

1996 年：情报资料中心更名为图书馆。

1998 年：《云南省社会科学院馆藏地方文献提要目录》出版。

1999 年：《云南境内的少数民族》出版。

2001 年：《云南图书馆历史现状研究》出版。

2007 年：申报第一批《国家珍贵古籍名录》，《文殊师利所说不思议佛境界经》成功入选。

2008 年：清大新洋通用图书馆集成系统投入使用。获得国家社科基金西南边疆项目《20 世纪 50—60 年代云南民族调查照片资料数据库建设》立项。

2009 年：参加国家古籍保护中心主办的"国家珍贵古籍特展"；申报第二批《国家珍贵古籍名录》，《护国司南抄》等 5 种成功入选；申报"全国古籍重点保护单位"。

2010 年：申报第三批《国家珍贵古籍名录》，《指路经》等 4 种成功入选。改造建成恒温恒湿现代化古籍保护库。文化部批准、国务院公布图书馆为第二批"全国古籍重点保护单位"。

2011 年：建成《云南民族调查照片资料数据库》。

2013 年：国家社科基金项目《20 世纪中叶云南少数民族社会历史调查资料数据库建设》立项；《云南省社会科学院馆藏古籍特藏地方文献目录提要》出版；《云南省社会科学院馆藏古籍珍善本图录》出版。

2014 年：获国家社科基金《20 世纪中叶云南民族社会历史调查资料整理与研究》立项。

2015 年：云南省委书记李纪恒到云南省社会科学院调研并视察图书馆工作；《云南省社会科学院馆藏 20 世纪中叶云南少数民族社会历史资料题录》出版。

2016 年：开展全国重点古籍普查、编目和标引工作。参加国家古籍保护中心和文化部主办，云南省图书馆承办的"云南省藏国家珍贵古籍特展"。完成《图书馆古籍目录》编辑工作。

2018 年：更新信息数据服务器和存储器。

五　主要作用和国内外影响力

（一）作用

图书馆作为"全国重点古籍保护单位"，馆藏古籍、特藏文献丰富。古籍文献作为中华民族优秀传统文化资源，具有重要的史料价值、艺术价值、文物价值和参考价值，这些文献资料记载着从古至今本地区的历史沿革、经济特点、自然环境、民族风情等情况，对于了解过去、指导现在、探索未来、促进地区经济文化和社会事业发展有着独特的使用价值。研究、保护、利用好这些典籍、资料，弘扬中华民族的国粹精华，是我国文化建设的一项重要任务，也是实现中华民族文化复兴的一项重要基础性工作。

图书馆目前拥有图书、期刊、照片资料、电影资料、电子资源等载体形式的研究级文献资料群，既有学术研究成果，也有统计数据资料，既有国家层面省级层面研究材料，也有地州市县文献资料，在科学研究和经济社会资料的收集、保存方面承担着基础功能，同时也为云南省委省政府思想库智囊团开展决策研究、科学研究提供收集、检索、整编、利用社会科学情报信息资料发挥着基本作用。

（二）影响力

1. 馆藏文献珍贵稀有。图书馆馆藏古籍特藏文献10万余册，有10种古籍入选《国家珍贵古籍名录》，于2010年被文化部批准、国务院公布为"全国古籍重点保护单位"。作为典型代表的宋代、大理国时期写经《护国司南抄》，费孝通先生曾给予极高的评价，在国内保存下来的经书中享有"北有敦煌，南有大理"的美誉。收藏的云南少数民族社会历史调查手稿资料、民族经济社会照片、民族调查电影资料片等，在国内乃至国际都是珍贵而稀有的。

2. 资源特色认同。基于云南边疆、民族的省情特点，云南省社会科学院长期致力于边疆、民族、历史、宗教、南亚东南亚研究，形成了相应的优长学科，伴随学科建设，图书馆馆藏资源也具有鲜明的民族、历史、宗教、南亚东南亚特点，云南省内社会科学科研机构和高校的科研人员和老师，在相关文献的查阅检索工作中，对社会科学院图书馆馆藏学科资源有广泛的认同度。

3. 服务对象广泛。图书馆由于资源特色优势，从成立至今，多次承接过云南省委省政府及各厅局机关决策咨询工作和图书资料服务。接待国内各研究机构专家学者、国内高校研究生等读者，以及南亚东南亚多个国家的留学生及访问学者资料查阅和咨询工作，充分发挥了特色地方文献服务功能。

六　主要成绩、经验及发展规划

（一）主要成绩

图书馆在近40年的发展历程中，实现了从人力到信息化管理，从被动需要向主动建设，从粗放管理服务向精准信息服务的"互联网＋"大数据时代新型服务管理转型。

1. 管理制度不断创新。形成了一系列严格管理、科学管理的规章制度，树立围绕科研、读者至上的服务理念。不断深化内部管理体制改革，逐步转变服务手段和模式，提高管理服务水平，更好地满足读者的多方位需求。

2. 服务方式与时俱进。随着计算机技术、网络技术的不断发展，图书馆自动化水平也不断提升，实现了从传统服务为主转向以计算机网络服务为主的服务模式，从手工借还发展为提供网络信息检索和传递服务，从过去被动坐等读者上门，发展到今天为科研开展主动定题和跟踪服务等，基本实现了数字化、现代化的转变。

3. 资源建设成果丰硕。始终坚持紧跟科研、突出特色的资源建设思路。在管理和保护好古籍的同时，关注院科研发展动态和研究方向，把握民族学、历史学、宗教学、南亚东南亚研究等特长优势学科文献需求，根据科研需要购置、收集、整理文献资源。结合网络技术发展，逐年增加电子资源购买种类，并自建多个文献资源数据库。

4. 古籍保护工作走在前列。获批"全国古籍重点保护单位"，文献入选《国家珍贵古籍名录》，改造古籍保护硬件环境，建成现代化古籍保护库房。持续修复破损古籍，扫描和电子化图片资料、影像资料，出版《云南省社会科学院馆藏地方文献提要目录》《云南省社会科学院馆藏古籍特藏地方文献目录提要》，建立《馆藏民族文献书目数据库》《云南民族调查照片资料数据库》《云南民族社会历史调查资料数据库》《云南省社会科学院馆藏 20 世纪中叶云南少数民族社会历史资料题录》《馆藏珍善本、地方志全文数据库》等专题文献数据库和目录索引检索工具。

5. 科学成果迭出，专业水平不断提升。在完成好基本工作的同时，不断加强科研工作。由图书馆主持完成和在研的国家社科基金项目有 3 项，省哲学社会科学规划项目 2 项，主编的著作 7 本，撰写的科研论文数十篇。

（二）发展经验

1. 领导重视，保障经费投入。在省、院领导的关心支持下，每年都投入经费用于文献资料购买、信息资源建设和古籍保护工作，保障图书馆经费在院年度经费预算中的基本地位。有了经费保障，才使图书馆在特色馆藏建设、古籍修复、影视资料数字化管理、数据库建设、科学研究等方面都取得较大进展。

2. 坚持读者需求第一，服务至上的理念。图书馆一直秉承全心全意为读者服务的理念，通过不遗余力地满足读者的多样化、个性化需求。选购文献、信息资源时，都多方征求意见，保障科研的文献储备需求。用实际行动践行全心全意为读者服务的理念。

3. 根据发展趋势，创新服务方式。随着信息技术的飞速发展，图书馆的服务方式逐步转变为从纸质化到电子化服务方式。逐渐扩大电子资源数据购置种类和范围，建立图书馆外文信息服务微信群、图书馆工作 QQ 群，主动推送科研相关资源，开展定题文献检索服务。

4. 结合科研需求，建设特色馆藏。坚持结合科研需要、科研方向和科研特色，建设具有鲜明特色的馆藏资源。持续做好学术研究和省情调查研究的文献收集、整理、检索、利用工作。充分利用资源优势，开展项目研究。

（三）未来规划

图书馆将在云南省专项文化规划和云南省社会科学院发展规划指导下，在现有文献信息服务保障能力基础上，积极拓展服务范围，加强文献资源专题数据库建设，提高信息化服务能力，提升图书馆人员的研究能力，努力建设成为传统文化保护有成效、资源建设有特色、科研工作有拓展、团队建设有进步的业务、科研双轨并行图书馆。

1. 做好古籍管理和保护工作。一是持续做好古籍修复和古籍扫描电子化工作；二是增加古籍保护设备，增添一批箱、函、匣古籍保护器具；三是用三年时间建成馆藏古籍目录数据库；四是推动古籍经卷为底本的文创产品开发；五是开展古籍保护合作交流。

2. 建设云南省情资料群。一是加强云南省情文献资料建设；二是补充省、市、县和部门，以及专题、领域的志、年鉴、统计资料、汇编资料；三是加强对外联系，多方收集省情资料；四是在现有书目数据库中增设专题、领域关键词，用三年时间调整构建省情专题书目库；五是畅通现有各数据库检索渠道；六是建设各数据库对接联系网络技术通道；七是组合构建云南省情数据库平台。

3. 加强云南地方文献的整理与保护。一是针对馆藏特色文献、近代云南特色文献收藏十分丰富的情况，持续开展文献扫描电子化，做到纸本文献与电子文献同步入藏；二是建立具有云南特色的地方文献数据库；三是加大整理、保护与开发力度，创新云南民族文化保护与开发的新途径。

4. 开展课题研究和调研项目，开展与省情、市情有关的重大课题的调查与研究。一是根据省、院的要求，提供文献资料及数据检索服务；二是根据工作需要，开展有关专题、领域的课题研究和调查；三是接受安排和委托，开展与省情、市情有关的重大课题的调查与研究。

5. 以党建带动人才队伍建设。一是着力加强图书馆基层党支部建设，充分发挥基层党支部战斗堡垒作用；二是以党建带队伍、促业务，打造一支思想坚定、作风优良、团结奉献、素质过硬的服务队伍；三是通过工作、项目锻炼提升团队内部成员能力和水平；四是以工作、项目为媒介，联系院内外专家学者，形成专家学者储备群体；五是搭建科研平台，开展合作交流。

第 36 章　西藏自治区社会科学院文献信息管理处

一　机构概述

西藏自治区社会科学院文献信息管理处（又称"西藏社会科学院图书馆"，以下简称"文献处"）为西藏自治区社会科学院正处级内设机构，是西藏哲学社会科学和藏学研究的资料中心，是全国第一个科研辅助藏学图书馆，主要职责是收集、整理、保管、研究、提供各类图书、资料和信息情报，服务科研工作。图书馆前身是西藏自治区社会科学院资料室，始建于1979年，1981年改称资料情报研究所，1997年机构改革时更改为现名。陈家琎、赤来道吉（代理）、顾效荣（代理）、阿旺次仁、次旺仁钦和杜新年先后担任处长（所长）。现任处长为西藏自治区社会科学院党委委员、中国社会科学院援藏干部徐文华，副处长为连成国、普布多吉（藏族）。

根据学科建设和研究需要，文献处主要收藏古今中外有关西藏（藏族）的一切书刊文献以及声像资料，为本院科研人员、西藏自治区领导和决策部门，以及院外的科研人员提供服务。服务内容包括：书刊借阅，开架阅览，拍摄、录制声像资料，提供图书、报刊、藏学专题索引、咨询，以及情报和信息服务等等。自2008年始，文献处开始负责西藏自治区社会科学院（联）门户网站和网络的日常运行与管理维护工作。

截至2018年9月，文献处藏书约40万册，阅览位60余个，有工作人员12名，其中博士1名、硕士2名、本科生9名；副研究员2名、助理研究员1名、馆员1名、助理馆员8名。经过近40年的建设，文献处已成为西藏地区最具有地方特色、民族特色和学科特色的专业图书馆，并朝着学术性、多功能、信息化的方向不断迈进。

图 1　西藏自治区社会科学院文献信息管理处

二　馆藏文献及研究成果

截至目前，文献处馆藏哲学社会科学和藏学书刊文献资料共计约 40 万册（件），其中汉文图书 24 万册，藏文图书资料 6 万部（函），期刊 202 种，报纸 29 种，报刊合订本近 10 万册，其中有镇馆之宝殿版《二十四史》、价值连城的《西藏自治区珍贵贝叶经影印大全》。

自西藏自治区社会科学院筹建以来，文献处先后从西藏拉萨、日喀则、青海塔尔寺，以及四川德格印经院、觉囊等地收集了各种版本木刻书籍若干万部（函），从印度、不丹、尼泊尔等国购进在国内基本失传的藏文古籍 300 多种、525 部（函）；收藏有原西藏地方政府的旧公文、档案 26000 余件。目前，文献处收藏的藏文典藏主要有：不同版本的大藏经《甘珠尔》《丹珠尔》《苯教大藏经》《普东文集》《嘎当文集》《觉囊文集》《萨迦文集》和《布顿仁青竹文集》等学术价值、收藏价值较高的多卷珍贵套书，《英国收藏黑水城藏文文献》，以及法国巴黎图书馆赠送的《敦煌古藏文写卷》等。此外，文献处还典藏有大量的汉文及其他文种的有关民族学、民族史、宗教学等多学科的多卷本套书文献（汉文古籍占中文馆藏总数的 40％

以上），如文渊阁《四库全书》及缩微胶卷、《四部丛刊》《古今图书集成》《近代中国史料丛刊》《中国边疆丛书》、天一阁藏《明代方志选刊》、乾隆版《大藏经》《敦煌宝藏》《明南藏》《民国治藏法规全编》《现代佛教丛刊》《西藏学汉文文献丛书》《西藏学汉文文献汇刻》《西藏学汉文文献别辑》及《西藏学参考书》等。

另外，馆内还收藏有一批故宫明、清档案馆馆藏的明清时期有关西藏档案缩微胶卷；有关西藏的寺庙、壁画、唐卡（卷轴画）、佛像、佛教历史人物等图片资料 2000 余张以及《明报》《申报》《良友画报》《东方杂志》和《中央日报》等新中国成立前出版的刊物。

图 2　西藏自治区社会科学院文献信息管理处部分馆藏藏文图书

近年来，为适应新时代西藏哲学社会科学和藏学研究需要，文献处坚持主次有别、突出学术、包容开放，加大了马克思主义经典著作和马克思主义研究文献、传统藏学文献，以及其他现实研究文献的采购，进一步优化了馆藏文献结构。

除图书馆日常工作外，文献处工作人员还积极参与科研工作。编制工具书（书本式目录）30 余本；编辑出版西藏学汉文文献丛书 200 多种 500 多册；另出版《色拉大乘洲》画志、《1949—1989年馆藏报刊有关西藏的资料分类索引》《84位密宗大成就师》《馆藏藏文文献典籍目录》《建院以来科研成果目录》《试谈唐蕃会盟碑的历史意义及其研究价值》等专著、编著和十余篇论文，分别获得了国家和院内的各类科研成果奖。

三　信息化建设与网络服务

文献处的信息化建设肇始于20世纪90年代末。1998年，西藏自治区社会科学院为文献处配置组装台式机2台。1999年，美国高山研究所赠送计算机1台，均用于输入书刊目录。2000年，挪威奥斯陆大学资助西藏自治区社会科学院50万元，用于建设图书馆局域网、开展人才培训。2001年，文献处开始着手建立图书馆局域网，并邀请云南省社会科学院图书馆开展了图书馆管理软件和数据库建设培训。培训后，全处人员的技能得到了较大提升，开始使用计算机进行书刊登录、分类、编目、建立书刊数据库，从此图书馆工作结束了多数人手写目录，再由少数人输入到计算机的重复劳动，实现了由传统工作模式向计算机化的过渡。截至2006年，工作人员累计输入机读数据目录3万余条。

2001年，文献处在图书馆局域网的基础上曾制作西藏自治区社会科学院网页，后因局域网本身的局限性，以及经费、人员、技术缺乏等原因停止。2004年，西藏自治区社会科学院投资38万余元建设了全院网络，并于次年正式接入2-8Mbps专用光纤，使全院185个端口均可连入国际互联网。2006年，因他方施工不慎，高压电导入光纤，机房核心设备、图书馆局域网服务器等均被烧毁，其中所保存数据全部丢失。2007年，根据时任院主要领导指示，文献处制定了《西藏自治区社会科学院完善办公自动化及网络建设方案》，着手筹建包括西藏自治区社会科学院门户网站在内的信息化建设工程，同时从院属各部门抽调学术秘书成立了网站编辑室。经过各部门一年多的努力，西藏自治区社会科学院信息化建设工作中的全院网络和门户网站建设整体工作基本完成，并于2008年8月22日正式开通门户网站。门户网站的建成，填补了西藏自治区社会科学院在全国社会科学院系统没有自己网站的空白。经过2010年改版，西藏自治区社会科学院门户网站（2011年起变为院联门户网站）功能栏目不断完善、影响力不断扩大，为宣传学者观点、引导社会观念、发挥宣传作用、巩固网络阵地提供了重要平台，截至

2018年9月，网站累计发文3000余篇，日均访问量400页面，总访问量累计达到140万次。

四 中国社会科学院的无私援助

作为对口支援单位，中国社会科学院历来重视援藏工作，在资金、技术和人才等方面对西藏自治区社会科学院包括图书馆的发展提供了十分重要的帮助和支持。2006年，时任中国社会科学院秘书长的朱锦昌和时任计算机网络中心主任的解延德来藏对西藏自治区社会科学院工作进行调研，对西藏自治区社会科学院的网络化建设十分关心，表示"决不让西藏自治区社会科学院信息化网络建设工作落后于全国兄弟社会科学院"，并先后两次共协调解决网络建设援助资金35万元。2007年，援藏干部、文献处副处长孙大义根据西藏自治区社会科学院党委的安排，设计了院网站建设总体方案并负责了具体实施工作，为门户网站的建成使用作出了重要贡献。此后，援藏干部马冉也在文献处的数据库建设中提供了重要的技术指导。2017年，在援藏干部文献处处长徐文华的协调联络下，中国社会科学院图书馆授权西藏自治区社会科学院免费使用国家哲学社会科学学术期刊数据库，有关研究所、编辑部也向西藏自治区社会科学院赠送了图书和期刊，大大丰富了文献处的服务内容，助推了西藏自治区社会科学院科研工作的快步发展。

五 近40年发展的重要体会

自1979年开始，西藏自治区社会科学院文献处在近40年的发展历程中，收获了累累硕果，形成一些重要体会。

第一，必须坚持正确指导思想。作为我国社会主义哲学社会科学和藏学研究的组成部分，西藏自治区社会科学院文献处始终坚持以马克思主义特别是马克思主义中国化的最新理论成果为指导，在图书文献和情报信息工作中坚持和运用辩证唯物主义和历史唯物主义的世界观和方法论，坚持和运用马克思主义的历史观、民族观、国家观、文化观、宗教观，确保了各项工作始终沿着正确理论方向和学术方向前行，避免了各种不必要的曲折和损失。

第二，必须坚持正确发展理念。理念决定思路，文献处历经近40年的发展，逐渐探索形成了特色、开放、创新、共享的发展理念。特色发展，就是以"治边稳藏"战略思想为指导，以藏学及相关学科建设为基础，围绕服务西藏当代经济社会发展实践这一目标，开展图书文献和情报信息工作；开放发展，就是打破地域和思维约束，立足西藏、连接全国、放眼世界，在与中国社会科学院、兄弟省市社会科学院以及其他国内外科研机构、高校的合作中，提升工作能力和水平；创新发展，就是积极学习、掌握和利用最新的图书和信息工作方法，包括有关数据和信息技术，不断提高工作效率；共享发展，即在遵守知识产权法律法规的前提下，努力推进西藏自治区社会科学院院内、院外乃至西藏区外研究成果的共建共享，促进我国哲学社会科学和藏学研究的繁荣发展。

第三，必须坚持正确服务方向。作为西藏哲学社会科学和藏学研究的资料中心，西藏自治区社会科学院文献处始终坚持服务西藏发展稳定大局、服务自治区党委政府决策部署、服务西藏社科院科研工作需要，为近40年来文献处的累累工作硕果提供了重要遵循和保障。

第四，必须发扬"老西藏精神"。在西藏和平解放、民主改革和社会主义建设的岁月中，老西藏人孕育和传承了"特别能吃苦、特别能战斗、特别能忍耐、特别能团结、特别能奉献"的"老西藏精神"，这是西藏人民的宝贵财富。西藏自治区社会科学院文献处的前辈们，即使在条件艰苦、物资匮乏的年代里，依然坚持搜集珍贵资料、手抄整理珍藏档案，及时刊印、出版了大量极有价值的图书文献，为20世纪西藏乃至我国藏学的快速发展作出了重要的贡献。进入新时代，虽然物质条件远胜从前，但西藏自治区社会科学院文献人更需发扬"老西藏精神"，以前人为榜样，在藏学研究事业中贡献社会、成就自己。

中国特色社会主义进入新时代，对西藏的哲学社会科学和藏学研究提出了新的更高的要求，西藏自治区社会科学院文献处必将继续坚持正确指导思想、坚持正确发展理念、坚持正确服务方向、发扬"老西藏精神"，以更加优异的成绩迎接"两个一百年"奋斗目标和中华民族伟大复兴中国梦的实现。

六 "十三五"时期发展规划

2016年，为适应大数据、"互联网+"快速发展趋势，加快信息革命背景下的西藏新型智库建设，在西藏自治区党委政府的高度重视下，西藏自治区社会科学院文献信息管理处大楼（图书馆大楼）竣工并开始试运行。该馆建筑面积达到5000平方米，并配备了一定数量的高性能信息化设备，为西藏自治区社会科学院文献信息管理处的大踏步发展打下了坚实基础。

为更好地高举新时代中国特色社会主义思想伟大旗帜，根据建设中国特色社会主义新型智库和西藏哲学社会科学及藏学研究事业的发展需要，在考察和借鉴中国社会科学院及兄弟省、市图书情报信息中心发展现状的基础上，2018年，西藏自治区社会科学院确定，新建图书馆将努力建成集现代科技、学术信息、电子化高科技平台、学术情报调阅与搜集，现代化图书收藏、调阅、学术资料复制，国内外学术交流、研究于一体的大型学术资料、情报、信息、阅研、交流中心。建成后的文献信息中心将藏书上百万册，无害保存电子图书、文件上千万件，可满足现代化的各类藏书条件，形成以藏学研究数据库、当代西藏经济社会发展数据库、南亚国情研究数据库等专业数据库为核心，以社科文献数据库、馆藏资料数据库、社科成果数据库、社科专家数据库、社科（人文）期刊数据库等为支撑的现代科研学术交流和应用系统，形成强有力的服务于科研工作的现代学术、科技资源库。据此，未来的文献信息中心将具备以下四大功能：

第一，图书馆功能。主要是图书收藏、使用，为此将设置特藏书库、一般书库、新书书库、专门书库、古籍修复室等。其中特藏书库将配备樟木书柜书架、特制书盒及湿度、温度、光照控制等设备，以更好地保存馆藏珍贵文献。

第二，信息情报中心功能。主要是搜集、整理国内外尤其是涉疆涉藏等方面的重要学术信息情报，提供相应学术信息情报服务。为此将设信息情报资料室、信息情报搜集检索室和信息情报分析室等。

第三，学术研究数据库功能。力争通过5年左右的努力，以自建、共建和购买电子资源等方式，建成藏学研究数据库、当代西藏经济社会发展数据库、南亚国情研究数据库等专业数据库，以及社科文献数据库、馆藏资料数据库、社科成果数据库、社科专家数据库、社科（人文）期刊数据库等综合性数据库。

第四，学术活动平台功能。即依托现代化的学术活动空间，打造可举办国际国内学术会议、开展国际国内学术交流活动的多功能平台。

展望2020年，随着西藏自治区社会科学院文献信息管理处大楼（图书馆大楼）及其附属设施的正式建成使用，西藏自治区社会科学院文献信息管理处将以更加现代化、信息化、国际化的崭新姿态，服务西藏发展稳定实践，为中国特色哲学社会科学和藏学研究事业的大发展大繁荣贡献力量。

第37章 陕西省社会科学院宣传信息中心（图书馆）

一 机构概述及发展历史

1979年，陕西省社会科学院恢复建院之初，设有图书资料室，1983年1月更名为图书馆。1992年院情报研究所与图书馆合并，原为情报所创办的

图1 陕西省社会科学院宣传信息中心（图书馆）

内部学术刊物《学术动态》归图书馆管理，原为情报所发起成立的陕西社科情报学会也挂靠在图书馆。2001年9月，附设院信息管理中心。2003年11月，院网络机房及局域网建成并投入使用。2006年2月，设立院信息中心（图书馆）。2006年4月，承接编办2004年4月创刊的《陕西省社会科学院报》。2008年9月，附设院新闻宣传中心，负责全院对内对外宣传和主办《陕西省社会科学院报》、院网站。2008年年底，负责管理"社科学术沙龙"。2017年1月，更名为宣传信息中心（图书馆）。现设有采编室、流通室、过刊室、古籍室、报刊阅览室、电子阅览室、院展览室、新闻采访室。2010年被陕西省直机关工委确立为"机关书屋"；2015年被陕西省人民政府授予"陕西省古籍重点保护单位"。

图2　陕西省社会科学院宣传信息中心（图书馆）2015年被陕西省人民政府授予"陕西省古籍重点保护单位"

二　主要业务

目前，陕西省社会科学院宣传信息中心（图书馆）主要业务分为三部分：新闻宣传、网络管理和图书资料管理。

新闻宣传：主要负责院对外宣传、院新闻报道、专家推介，以及和各新闻媒体的联系、对接等；负责院新闻宣传平台——《陕西省社会科学院报》的编辑、印发等工作；为全院提供影像服务等。

网络管理：主要负责全院信息化建设总体规划，以及院门户网站、办公网络的建设、管理与运行等工作；建设信息资源共享平台和具有本院学科特色的数据库；开展信息技能培训，普及计算机网络知识，为全院以科研为中心的各项事业发展提供信息保障和技术支持。

图书资料管理及其他方面：主要负责图书资料管理、采编、流通、阅览；紧密结合本院科研方向与任务，收集、整理、检索和提供国内外社会科学文献资料。

图 3　陕西省社会科学院宣传信息中心（图书馆）书库一角

陕西省社会科学院宣传信息中心（图书馆）在做好本职工作的同时，还承担着陕西省社会科学信息学会的日常管理工作。陕西省社会科学信息学会主要是陕西地区从事图书馆工作和社会科学文献信息情报工作的单位、部门以及个人自愿组成的不以营利为目的的地方性、群众性、学术性法人社团组织。学会以马克思主义、毛泽东思想、邓小平理论、"三个代表"重要思想、科学发展观和习近平新时代中国特色社会主义思想为指导，团结陕西地区广大社会科学文献信息、学科发展情报与专业智库服务工作者，坚持解放思想，开拓创新，积极发挥桥梁和纽带作用，组织开展特定区域经济、社会、教育、文化、传媒等社会科学领域的多种形式的学术研讨和经验交流，面向特定政府部门和企事业单位联系实施专业智力服务活动，努力提高社会科学情报理论与实践研究水平，繁荣发展社会科学情报事业。

三　重要出版物

《陕西省社会科学院报》创办于 2004 年，为四版半月刊，每月 15 日、30 日出版，主要送阅本省副省级以上领导、主要厅局、各地市党委政府，以及新闻媒体、中国社会科学院和全国各省市兄弟社科院。为了适应现代媒体传播特点，扩大报纸的影响力，2012 年"多媒体数字院报"上线运行。

四　主要成绩、经验及发展规划

40 年来，陕西省社会科学院宣传信息中心（图书馆）在陕西省社会科学院的坚强领导下，紧紧围绕本院的事业发展规划以及院中心工作，积极探索，锐意进取，经过多年的长足发展，形成了现有的新闻宣传、网络管理、图书资料管理的业务格局。各项业务在一代又一代的图书馆人的努力下，薪火相传，稳步向前发展。

通过几代图书馆人的不懈努力，陕西省社会科学院的图书资料建设不断丰富。经过多年的积累，图书馆馆藏纸质图书资料约 204942 册，中文图书（包括过刊）143175 册，涵盖经济、社会、历史、文化等多个学科门类，外文图书 4550 册。特别是 20 世纪八九十年代，是图书馆快速发展时期，购买的社科各学科资料种类丰富、数量多、文献价值高，纸质图书建设达到顶峰。图书馆陕西文物古籍存藏丰富，图书馆经过多年积累，在古籍收藏方面比较丰富，现在册古籍藏书约 4 万余册，其中《孟东野诗集》《古文渊鉴》《六子全书》《华严经》《续修商志》《柳文》《汉书评林》《唐陆宣公集》等 8 部古籍图书相继被列入国家级或省级珍贵古籍名录。2008 年，图书馆编撰的《陕西古籍总目——陕西省社会科学院分册》被列入国家古籍整理出版"十一五"重点规划项目。在期刊方面，图书馆每年订购报刊230余种，采购了中国知网、人大报刊复印资料、百链云图书馆、超星读秀等多个信息资源数字平台。

随着科技发展的日新月异，网络成为日常办公、科学研究的重要工具。2003年，陕西省社会科学院局域网建成，之后不断地增添新功能，为办公和科研提供便利和功能保障。经过多年的建设和不断的完善，全院建成了两个网络机房，配备了多种网络设备及安全设备，形成两套局域网，共计500多个信息接点。为了适应移动互联网的发展，提供便利的信息服务，2013年陕西省社会科学院建成无线网络系统。陕西省社科院网站（www.sxsky.org.cn）自2001年建立以来，结合陕西省社会科学院的工作特点以及网络发展规律，逐渐完善功能，几易网站主页，形成现在包含10个一级栏目，20多个二级栏目的综合性网站，同时兼具文图发布、视频、专家数据库等多项功能。该网站已经成为外界了解陕西省社会科学院的一个重要窗口，也是对外宣传的主要阵地。

党的十八大以来，图书馆将新闻宣传作为重点工作，承担着陕西省社会科学院新闻宣传的工作任务，成为外界了解全院科研工作及工作动态的窗口，为专家和各界媒体搭建了一个沟通协调的桥梁。据统计，每年陕西省社会科学院的采访量稳定在千次左右。图书馆与各类主流媒体保持良好的合作关系，针对一些社会热点、难点问题与媒体联合策划节目，在媒体上"发出声音、亮出观点、传播正能量、唱响主旋律"。同时，图书馆注重加强与陕西省政府新闻办等有关部门的联系，将陕西省社会科学院重大科研成果以及连续出版的《陕西蓝皮书》通过陕西省政府新闻发布平台进行发布。这对于促进社科成果转化、提升服务社会的能力进而对扩大陕西省社会科学院的社会影响力都发挥着重要作用。经过不断探索，新闻宣传工作逐渐成为衔接媒体和专家学者的重要平台，对于塑造陕西省社会科学院整体形象、促进科研成果转化、为党和政府建言献策、弘扬社会主义核心价值观和传递正能量发挥着积极作用。

经过多年的发展，陕西省社会科学院宣传信息中心（图书馆）在全院发展中的作用日益凸显，在取得成绩的同时，也存在着一些制约发展的瓶颈问题，有待进一步完善。伴随着业务数量的增加，业务之间的协调和相互促进发展的问题，如何协调好新闻宣传和网络建设、图书馆建设的工作关系，从而促进各项工作的顺利推进的问题，已经成为我们面临的主要问题。下一步，陕西省社会科学院宣传信息中心（图书馆）将以习近平总书记"5·17"重要讲话为指导，找出几个业务之间的结合点，形成图书馆业务的特色和亮点，积极探索出一条地方社会科学院图书馆转型发展的新模式，为陕西省社会科学院的宣传、网络、图书资料建设贡献力量。

第38章　甘肃省社会科学院数据中心（图书馆）

改革开放40年来，在甘肃省社会科学院党委的领导下，甘肃省社会科学院数据中心（图书馆），以下简称"数据中心（图书馆）"，长期坚持以"服务科研、服务职工"为办馆宗旨，经过历任领导和全体同志的艰苦努力，实现了从无到有、从传统图书馆到现代化图书馆和数字图书馆的逐步转变。当前数据中心（图书馆）紧紧围绕甘肃省社会科学院建设陇原特色新型智库、高端智库、数字智库的工作目标，以信息化建设为契机，狠抓网络基础设施、电子资源建设和读者服务，着力提高服务质量和管理水平，为甘肃省社会科学院智库建设作出应有贡献。

一　历史回顾

（一）机构概述

甘肃省社会科学院数据中心（图书馆）前身是甘肃省哲学社会科学研究所图书资料室，1979年甘肃省社会科学院建院后正式成立，当时称为甘肃省社会科学院图书资料室。1983年更名为图书情报室。1990年机构调整，图书情报室分设为图书馆和情报研究所。2007年为满足信息化发展需要网络中心并入图书馆，图书馆下设流通采编部、阅览参考部、信息技术部。2014年，为加快甘肃省社会科学院信息化建设步伐，将原图书馆改名为信息网络数据中心，将原下设采编流通、参考咨询、信息技术3个科室更名为图书管理部、网络管理部、数据管理部。为顺应大数据发展，2017年又将信息网络数据中心直接更名为数据中心，下设数据化、信息化、网络安全三个科，在功能定位上更加偏重数据化建设。

数据中心（图书馆）现有馆舍面积2300平方米，馆藏书籍有18.9万册，以人文社会科学类图书为主，比重占馆藏图书90%以上，涵盖马列毛思想、哲学、社会科学、自然科学及综合性图书五大学科门类中的12个大类。在数字化建设方面，现有标准化中心机房1个，占地70平方米、6组12个标准柜位、48台服务器、7台光纤存储设备（存储总容量达到了252TB），为建设陇原特色新型智库打下了坚实的硬件基础。数据中心现有在职职工5人，研究生学历3人，本科2人，中级专业技术职称4人。

图1　甘肃省社会科学院数据中心（图书馆）大楼

（二）发展历史

改革开放40年来，甘肃省社会科学院数据中心（图书馆）从无到有、从传统到现代，总与时代脉搏共振，与甘肃省社会科学院发展同步。在历史前进的步伐中经历了三个阶段。

1979—2001年是数据中心（图书馆）的定位期。这一阶段的节点事件在1990年，当时甘肃省社会科学院党委会议决定将图书情报资料室分设为图书馆和情报研究所。经过机构调整后，图书馆围绕"改革、发展、服务、稳定"的办院方针，提出了图书资料建设的管理科学化、结构网络化、手段现代化、功能社会化的目标，逐步实现了图书资料的采编、流通、检索的规范化和专业化。

2002—2012年是数据中心（图书馆）的过渡期。这一阶段的节点事件在2002年，中共中央政治局委员、中国社会科学院院长李铁映在甘肃党政领导的陪同下视察甘肃省社会科学院工作，对地方社科院如何发挥思想库作用发表讲话，并解决了困扰甘肃省社会科学院信息化发展的基本硬件配套问题。当年甘肃省社会科学院随即启动了局域网、门户网站建设，并相继出台发布了《甘肃省社会科学院局域网收费管理细则》《甘肃省社会科学院网络管理条例》《甘肃省社会科学院涉密载体保密管理制度》等管理制度，对局域网的使用收费、网络安全管理、网络信息管理和网络运行管理作出了明确规定。2007年图书馆为适应信息化发展的需要，更好地服务科研中心工作，院党委决定将网络中心并入图书馆，图书馆除承担日常图书资料工作外，还承担全院网络硬件、软件和安全的维护与管理工作，图书馆角色逐步从传统图书资料管理向信息化发展需要过渡。

2013年至今是图书馆的发展期。在这一阶段，中央出台了建设特色新型智库意见，要求地方社科院"要着力为地方党委和政府决策服务"，为今后地方社科院的工作指明了方向。甘肃省社会科学院立足国情、省情，坚持以政策研究咨询为主攻方向，以改革创新为动力，以数据库建设为抓手，依托自身学科和人才优势，整合现有智库资源，于2014年启动了建设陇原特色新型智库的目标，伴随全院科研工作重心任务的变化，院图书馆工作重心也由原来简单的图书采购借阅管理、网络维护功能逐步向数字智库建设转型。自此，甘肃省社会科学院图书馆走上了数字化建设发展道路。

二 主要业务

目前甘肃省社会科学院数据中心（图书馆）的主要职能包括四大块，各项具体工作由科室安排专人负责。

一是网络运维工作。主要负责全院局域网的建设、管理及维护；局域网的用户管理和办公设备的维护；院网络及信息系统安全防御体系的规划、建设、管理工作。

二是数字化建设工作。主要负责云计算与大数据平台硬件基础体系结构的规划、建设和管理工作；院内外网站的开发建设、信息发布与日常管理维护工作；甘肃文化资源普查平台及云平台、甘肃特色专题数据库、甘肃改革发展论坛、甘肃社会科学在线等信息系统的日常管理与维护工作；院自动化办公、人事管理、科研管理、资产管理等应用信息系统的建设管理工作；社科大数据自动采集分析平台的规划、建设、管理工作；以及其他信息化系统的建设管理工作。

三是传统的图书资料、影像采集工作。主要负责图书的采购、编目与流通和报刊与参考资料的征订工作，书库和阅览室的日常管理；负责电子文献资源的应用维护与管理，为院科研人员提供文献资料、文献加工及参考咨询服务；负责各种会议、集会的摄影摄像投影等保障工作。

四是图书、网络舆情、大数据等方面的科研工作。积极开展和参与课题研究，不断提高科研服务的质量和水平。

三 积极开展交流与合作

（一）国内

近年来甘肃省社会科学院数据中心（图书馆）围绕数据库建设的主要工作，积极与全国各省市社会科学院系统的专业图书馆开展业务考察和交流活动，取得了宝贵的经验，加强了单位之间的业务联系。2014 年甘肃省社会科学院数据中心针对网络和数据库建设情况，赴四川、重庆、云南三省社会科学院进行了考察交流，理清了自身在网络和数据库建设和发展上的思路。2015 年与江西省社会科学院图书馆就新型智库下的数据库建设进行了经验交流。2016 年与河南省社会科学院文献信息中心围绕大数据、云计算在社会科学领域的应用做了深入探讨。

同时，甘肃省社会科学院数据中心（图书馆）顺应大数据时代的智库发展需要，多年来积极与全国社会科学院系统的图书馆开展学术交流，取得了良好的效果，增强了自身的学术影响。2014—2017 年数据中心多次组织人员参加了全国社会科学院图书馆馆长协作会议论坛，作了《甘肃省社会科学院图书馆的转型发展及思考》《适应新形势、应对新挑战，倾力打造陇原特色新型"智慧智库"》《加快推进信息化建设，努力构建陇原特色高端数字智库》等主旨发言，介绍了数据中心转型发展之路及数据库建设情况。通过与各省市社会科学院图书馆的深入交流探讨，增强了对地方社会科学院图书馆发展的认识，取得了很好的效果。2018 年第二十二次全国社会科学院图书馆馆长协作会议暨数字智库助力"一带一路"建设论坛在敦煌召开，会议由甘肃省社会科学院数据中心（图书馆）牵头负责主办，会议对从顶层设计着手，强化各地方社科院的合作，建立资源共建共享、互联互通协作机制，深入集成挖掘地方社会科学院图书馆资源，充分发挥地方社科院在服务经济社会发展中的参谋资政作用等方面达成共识。

（二）国外

近年来，甘肃省社会科学院积极融入和紧紧抓住"一带一路"的建设和机遇，深入贯彻落实党中央、国务院和甘肃省委省政府的文件精神，积极发挥省社科院的智库作用，全力投身到与丝绸之路沿线国家的智库合作和文化交流中。

2016年11月，甘肃省社会科学院与哈萨克斯坦首任总统图书馆签订战略合作协议，共同编撰《中国哈萨克斯坦友好关系发展史》。经过两年多的双边互访交流、合作努力，完成了书稿的撰写及出版的准备工作，并准备翻译成俄文版、哈文版、英文版，选择双方同意的适当时间，正式举行出版发行仪式。

2017年3月，甘肃省社会科学院与阿塞拜疆国家科学院远东研究所签署战略合作框架协议，达成联合编撰《中国阿塞拜疆友好关系发展史》合作意向，准备在适当时间启动该项目。

2018年2月，甘肃省社会科学院与塔吉克斯坦总统战略研究中心签订战略合作框架协议，合作开展《中国塔吉克斯坦友好关系发展史》项目，就基本框架内容和工作安排达成一致，并已进入实施阶段。

"丝路双边友好关系史"的编撰开启了甘肃省社会科学院与丝绸之路沿线国家智库和文化单位交流合作的新时代新篇章，甘肃省社会科学院正在为中国甘肃与丝绸之路沿线国家的友好往来贡献越来越多的力量。

四　深化图资学术研究

科研是甘肃省社会科学院数据中心（图书馆）的重要工作，围绕图书、情报和信息等议题，数据中心（图书馆）的科研工作取得了丰硕成果，先后完成国家社会科学基金项目1项，完成省级、院级和其他课题8项，参与课题32项，出版专著（合著）2部，发表论文80余篇，获全国及省级图书情报学会征文优秀成果奖37项。

(一) 专著

《图书馆知识整合与知识服务研究：以西部社会科学图书馆为例》：由社会科学文献出版社 2012 年出版，为国家社科基金规划项目《西部社会科学院图书馆知识整合与知识服务研究》的最终成果。该专著提出了"将工作重心向知识整合与知识服务延伸和拓展是专业图书馆的发展方向"的观点以及西部社会科学院图书馆知识整合与服务的主要模式，勾勒出了一个西部社会科学院图书馆知识资源集成组织与检索服务系统平台的总体架构。

《西北地区少数民族信息资源开发与阅读文化构建》：2014 年由甘肃人民出版社出版，获得甘肃省第十四次哲学社会科学优秀成果三等奖。该专著深入调查了西北地区少数民族信息资源开发的现状和问题，并提出了构建阅读文化的模式、方法和路径，具有很强的对策性。

(二) 论文课题

《中小型研究图书馆转型研究》：为甘肃省哲学社会科学规划项目，该课题论述了中小型研究图书馆的现状，提出了中小型研究图书馆从纸本向大数据过渡的困境和出路，并构建了转型的模式和路径，具有现实意义。

《社科研究专业图书馆学科化服务的探讨》《知识整合与知识服务中一个急需解决的问题——西部社会科学院图书馆馆员素质调查》等课题：分别发表于《情报资料工作》2007 年第 11 期和《情报资料工作》2011 年第 3 期。

五 加强社科数字化建设

40 年来，甘肃省社会科学院数据中心（图书馆）计算机网络系统经历了从无到有，从简易到集成的过程。在上级部门和院党委的大力支持下，先后投入近千万元，启动机房搬迁改造、光纤带宽扩容、软硬件全面升级、院网改造，专题数据库建设，创办"陇原智库"网站，引进和自建了大量的电子文献资源，数字图书馆建设初具规模。

随着甘肃省社会科学院数字化建设的推进，数据中心的软硬件建设取得重大进展，信息资源共享越来越丰富，为科研人员提供文献资源越来越多，陇原智库作用发挥越来越明显，实施的文化资源云平台、丝路双边史、唐蕃古道申遗、"藏水入甘"工程前期研究等重大项目社会反响越来越高，推出高质量、有影响的重要成果呈逐年上升趋势。每年承担并完成国家社科基金项目、中华青年基金项目、国际合作项目、省社科规划项目、省软科学项目、省部项目、横向委托课题、院级项目等各级各类课题；在国家和省级报刊公开发表论文、研究报告；出版学术著作；完成各类调研、咨询报告；获得省部级以上奖励的各类科研成果500项左右。数据中心数字化建设在推进陇原特色智库建设工作中发挥了越来越重要的作用。

（一）改善了科研人员获取资源的条件

计算机局域网的建成使图书馆初步完成从传统向现代化的转变，使馆内电子资源浏览条件得到加强，服务手段获得较大改善，可以及时方便向院内外科研人员提供常年不间断的信息服务，用户利用网络进行远程登录、站点浏览、全文检索、文献快速传递及网上咨询成为现实，提高了科研人员对信息资源的利用机会和使用效益。2016年数据中心相继开发完善馆藏图书检索系统，打破了图书馆传统的借阅方式和流通模式，使管理、服务更加方便、快捷。科研人员利用网络环境，足不出户就可实现查询馆藏图书信息、检索国内外文献等，既方便了科研人员借阅文献，又大大提高了馆藏利用率。

图2 甘肃省社会科学院数据中心（图书馆）机房

（二）逐步完善了文献立体资源体系建设

为满足科研人员对文献的需要，近年来，数据中心（图书馆）按照"优先发展电子资源，重点建设网上资源，适度发展印刷资源"的原则，适度调整了印刷型文献和电子文献的收藏比例，加强了信息资源建设和电子出版物及网上资源的收藏、开发和利用，加快推进特色专题数据库建设，使文献资源建设得到快速发展。

1. 积极引进电子文献，不断丰富网上资源

2014年与人民出版社图书馆签订合作协议，共享中国共产党思想理论资源数据库；2015年建立了职工电子书屋，为智库发展提供强有力的电子文献支撑，也为科研工作者提供了丰富可靠的数字文献资源；2017年以来，订购了CNKI中国知网数据库，为广大科研人员提供学术期刊及博硕士论文数据库资源；2018年与中国社会科学院图书馆签订合作协议，共享了国家哲学社会科学学术期刊数据库资源。

2. 结合甘肃实际，着力加强特色专题数据库建设

按照"服务智库、整体布局、分步实施、项目管理、责任明确"的原则，先后建设了《甘肃全面深化改革数据库》《甘肃扶贫开发与全面建成小康社会数据库》《甘肃对外开放与丝绸之路经济带建设数据库》《甘肃国家级生态安全屏障综合试验区数据库》《甘肃哲学社会科学创新发展数据库》《甘肃省社会科学院专家与科研成果数据库》《甘肃省文化资源数据库》，其中，《甘肃省文化资源数据库》拥有各类文化资源数据40万余条，是全国首个省级大型综合性文化资源数据库。同时，出版了27部《甘肃文化资源名录》，2017年，"甘肃省文化资源暨名录建设"在甘肃省宣传思想文化工作创新奖评比中，获得"全省宣传思想文化工作原创奖"，这是改革开放后该奖项评审7届以来，继"申办丝绸之路（敦煌）国际文化博览会"、"敦煌国际文化旅游名城建设方案"之后的第三个"原创奖"。依托该数据库的中国（甘肃）文化资源云平台于2017年10月正式对外服务。甘肃省文化资源云平台被列为甘肃文化走出去项目，文化资源普查工作被列入甘肃省中华优秀传统文化传承发展工作，引起了中宣部的高度关注和充分肯定。

3. 着眼服务功能，积极研发应用子系统

为强化对外宣传及满足科研建设发展需要，2014年甘肃省社会科学院对院门户网站栏目进行了改版，创建了门户网站、甘肃改革发展论坛、甘肃

哲学社会科学在线三大平台，拓展了对外宣传渠道，在进一步提升了甘肃省社会科学院整体形象的同时，实现了内外网分离。2016年通过公开招标形式，购买了成熟稳定的OA办公自动化系统，相继开发完善了图书馆馆藏图书检索系统、综合查询系统；2017—2018年，科研管理系统、财务资产管理系统、社科调研系统、组织人事系统正在研发完善。子系统的开发运用，进一步提高了行政、科研工作效率，同时也为科研工作提供了丰富可靠的数字文献资源。

六　继往开来阔步前行

改革开放40年来，甘肃省社会科学院数据中心（图书馆）从专业化到信息化，再到数字化，一步一个脚印，既铿锵有力、又信心满怀，取得了一个又一个值得骄傲的成绩。图书资料工作、网络技术服务、数据库建设管理，各项职能尽心尽力，不断提高服务水平，扎实开展科研工作，顺应着时代变革的方向，把握着科研演进的前沿，谱写着交流合作的友谊篇章，作出了无愧于历史变革、无愧于新时代图书馆人的重大贡献。

总结改革开放40年来甘肃省社会科学院数据中心（图书馆）的发展经验，很难用只言片语去概括和形容。但交流合作、顺应变革、强化服务始终是甘肃省社会科学院数据中心（图书馆）发展的不变法宝。

一是交流合作。早在改革开放初期，甘肃省社会科学院就与德国、美国、日本、法国、意大利、印度、英国、匈牙利、瑞典、澳大利亚、俄罗斯等国家和我国香港、台湾地区的专家学者开展广泛的学术考察、交流与合作。自"一带一路"倡议提出后，甘肃省社会科学院组织专家学者远赴欧洲、美洲、非洲和太平洋国家以及我国的香港、澳门和台湾地区进行参观、考察和交流。近年来甘肃省社会科学院数据中心（图书馆）积极利用全国图书馆学会、中国社会科学情报学会、全国社会科学院图书馆馆长协作会议等平台，进行业务和学术的交流与合作。实践证明，甘肃省社会科学院和数据中心（图书馆）取得的重大发展是坚持开门办院、开门办馆，广泛开展交流合作，不断进行改革创新的结果。

二是顺应变革。随着时代的发展和科技的进步，社会科学研究的环境、手段和方式不断发生着重大的变化，在阅读载体上，从20世纪80年代和90年代的纸本阅读为主，逐步转向21世纪的电子阅读为主；在写作方式上，从早期的手写为主转向电脑写作为主；在科研环境上，从纸质资料查阅逐渐过渡到大数据辅助研究。甘肃省社会科学院数据中心（图书馆）作为科研辅助机构，也必须顺应时代变革的步伐，不断满足科研人员的研究需要，才能更好地与时代同步，彰显自身价值。事实证明，甘肃省社会科学院数据中心（图书馆）从专业化、信息化转型到数字化是正确的。

三是强化服务。甘肃省社会科学院数据中心（图书馆）每年与院内科研人员以问卷调查、座谈会、茶话会、共建数据库等多种形式开展交流，摸清科研人员的图书资料需要、网络服务要求以及数据库使用习惯等，不断更新、补充和完善图书馆的馆藏资源和各种服务，有效支撑和保障了科研人员社会科学研究的需要。通过这些做法，图书馆融洽了氛围，鼓舞了士气，强化了服务，取得了良好的效果。

继往开来，甘肃省社会科学院数据中心（图书馆）更加明确了未来的发展方向，就是应用现代化信息技术，以数据库建设为抓手，以建设数字化智库和功能完备的信息采集分析系统为目的，为智库建设提供强大的技术支撑和基础数据信息，搭建智库、决策层、行业部门、地区、媒体和公众之间的互联通道和广泛的成果共享平台。

"红日初升，其道大光"，甘肃省社会科学院数据中心（图书馆）全体同志将高举中国特色社会主义的伟大旗帜，沿着习近平新时代中国特色社会主义思想指引的方向，唱响新时代奋勇前进的凯歌，踏着数字化发展的铿锵步伐，阔步前行！

第39章　青海省社会科学院文献信息中心

40年改革开放，是一部波澜壮阔、激荡励志的宏大史诗，充满着中国觉醒的力量和不断进取的意志！改革开放40年，青海社科溢芳菲；图书文献绽新颜。青海省社会科学院图书馆事业从无到有、从小到大、从大到强不断开拓，服务科研工作从单一纸质书籍、刊物、报纸文献借阅复印向全媒体电子化、网络化转变，为青海省社会科学院科研工作服务省委省政府、发挥"思想库、智囊团"作用提供强有力的文献资料支撑。

一　机构概述及发展历史

青海省社会科学院文献信息中心（以下简称"文献信息中心"）成立于1978年10月，是青海省社会科学院成立时期的第一批内部机构，初名图书资料情报室，为县处级单位，届时人员编制14名，主要职责是为青海省社会科学院科研工作提供资料支撑。1986年6月更名为"文献情报所"，1990年3月始内设图书馆、情报室、《社会科学参考》编辑部三个科级业务部门。1993年10月，《社会科学参考》编辑部从文献情报所分出独立运行，文献情报所下设"图书馆"、"情报室"两个科级部门，届时人员编制12名。1996年8月更名为文献信息中心，沿用至今。下设文献部、信息部两个科级部门，届时人员编制9人。2008年8月文献信息中心增加青海省社会科学院网站的业务技术工作，届时人员编制7人。2012年2月，青海省社会科学院网站从文献信息中心划归科研处。

历任负责人郑飞、王宏昌、张方朔、苏文锐、褚晓明、李端兰、梁明芳，张毓卫，现任为刘景华研究员。目前共有工作人员5名，其中正高职称1人，副高职称3人，正副处级各1人。

图 1 青海省社会科学院文献信息中心全体工作人员
（中间为现任文献信息中心主任刘景华研究员）

文献信息中心管理机制为分管院长直接领导下的文献信息中心主任全面负责制。具体包括：以服务青海省社会科学院大局工作为主的全员工作纪律管理机制，以服务科研人员为中心的业务服务机制，以适应信息交流交换为主的对外联络管理机制，以符合青海省社会科学院特色发展的书刊以及电子文献资源的采购和管理机制，以及书刊报纸相对集中馆藏与借阅使用相对分散相结合的馆藏管理机制。

二 主要业务

（一）不断优化业务管理

自从改革开放，尤其是党的十八大以来，文献信息中心在青海省社会科学院党组领导下，深入学习贯彻习近平新时代中国特色社会主义思想，紧紧围绕社会科学院党组重大决策部署和长远发展总体思路，按照文献信息中心工作要求，切实履行部门领导"一岗双责"，进一步增强服务意识，不断优化管理工作，并取得显著实效，切实发挥了科研辅助作用。

（二）不断丰富文献资料

建馆以来，科学系统收藏国内外具有较高学术水平的社会科学基本理论著作；尽力收藏与青海省社会科学院设置的科研专业相关的各种专业书刊；量力收藏相关学科和边缘学科的书刊；尤为注重西北地方文献和青海地方文献的收藏。目前，文献信息中心馆藏文献总量10余万册，3万多种，其中有中文图书、外文图书、期刊合订本、报纸合订本等种类。中心的馆藏特色是：馆藏具有一定规模，社会科学类书刊占比较大，尤以马列主义、毛泽东思想、哲学类、社会科学总类、政治类、法律类、经济类、文学类、历史类馆藏为主。馆藏中西北地方文献、青海社科文献、民族宗教文献特色比较突出。同时馆内还收藏了一批具有重要历史和文献价值的图书，如《四库全书》和汉、藏文版的《大藏经》等。

党的十八大以来，文献信息中心积极适应时代发展，顺应图书文献网络化、电子化趋势，购置了中国知网CNKI系列产品数据库中的中国学术期刊网络出版数据库、中国博士论文网络出版数据库、中国优秀硕士论文网络出版数据库等，购置了超星读秀学术搜索数据库、超星电子图书10000册，在办公楼门厅安置了歌德电子书（报刊）阅读机；同时不断拓展对外合作，为科研工作提供试用和免费数据库，基本保障了科研人员对文献的需求。通过不断增加投入，完善了图书馆内网网络和图书馆回溯建库，初步形成了规模且具有青海社会科学特色的馆藏文献，为青海省社会科学院科研服务提供了较高的文献资源保障。

（三）不断创新服务模式

40年来，文献信息中心不断创新进取，改进工作作风，优化服务方式，改善服务环境，逐步由原来单一提供书刊资料的被动化服务，向包括提供二、三次文献专题资料、定题服务、前瞻预判等在内的多样化主动服务转化，在以科研工作为中心的社科院工作中发挥了重要作用。中心每周阅览开放时间35小时以上，先后建成开放了"中文图书阅览室"、"中文期刊、报纸阅览室"、"检索阅览室"、"外文图书、期刊阅览室"、"库本书阅览室"、"特藏图书阅览室"、"电子图书报刊阅览室"等，馆藏书库全部采用开架式阅览和借阅。特别是近年来，文献信息中心不断增加基础设施建设投入，改善了图书馆阅览环境。目前，已改建完成图书沙龙、学术沙龙、职工书屋等基础设施建设，阅读环境得到明显改善。

图 2　青海省社会科学院文献信息中心学术沙龙一角

（四）不断增强文献服务外延

随着电脑网络和智能手机的普遍应用及信息传输的海量化，为了减少科研人员浏览信息时间，使其在最短的时间内获取最多的优质信息，青海省社会科学院及文献信息中心安排人员追踪社科研究前沿信息，不定期定时在院网站发布各种信息和社科动态，中心还主动为院级课题搜集参考文献资料，无偿提供给课题组，为科研人员快速收集资料提供便利；在办公楼门厅安置歌德电子书阅读机，开通部分报刊、电子书资源下载，为科研人员通过手机直接阅读和运用资源提供了便利，节省了宝贵的科研时间。同时通过广泛阅览开阔了大家的视野，丰富了人生的内涵。

三　国内外业务(学术)交流和合作

随着国内外经济活动的全面展开和全球经济一体化的形成，国内外信息交流进一步扩大，全球经济一体化和信息网络化相互依存、相互促进的趋势越来越显著，使得文献和情报信息的国际国内交流日益频繁。文献情报事业的迅速发展为促使本地区经济加入世界大市场，借鉴其他国家或地区的成功经验发展生产力提供充分而必要的信息保障和服务。

根据青海省社会科学院长期坚持开展广泛对外交流的政策，文献信息中心积极开展对外业务（学术）交流和合作。据不完全统计，全院每年安排文献信息中心1—3人次参加各种形式的学术交流会。不断开展的学术交流对提升文献信息中心图书馆管理、资源建设、客户服务、网络信息安全等工作发挥了重要作用。目前，由于条件所限，中心的国际业务（学术）交流和合作还没有开展起来，业务（学术）交流和合作主要在国内省际间和省内各图书馆与各大院校图书馆之间展开，业务（学术）交流广泛而深入，业务（学术）合作方兴未艾。

四　重要出版物及学术成果

青海省社会科学院文献信息中心自成立以来，编发过内部刊物《社会科学参考》《新书目录通报》《外文题录报道》《理论信息》《科研参考》《时政手册》等。利用上述刊物信息，馆内工作人员及时对国内外发表的最新资料、信息、理论、观点、政策等进行客观摘录，提供给科研人员参考、参阅。

《社会科学参考》（内刊）：创刊于1979年青海省社会科学院成立伊始，属内部半月刊。1992年停刊，共出刊278期、2600余篇，约140万字。

《理论信息》（内刊）：前身为《西部大开发资料汇编》，1999年开始编发，2008年停发，共编发82期、约70万字。除科研人员参考外，《理论信息》（内刊）同时报送省上有关部门和领导参阅。

《科研参考》（内刊）：编发于党的十八大后的2014年8月，至目前编发38期、约80万字。主要服务对象为科研人员和部分管理人员。主要内容有：社会科学各学科研究前沿成果信息、政策信息、名家观点、理论热点等；针对当前中国和青海省经济社会发展热点难点问题，搜集多年以来国内以及国外学术文章，内容涉及定义、内涵、方法、结论、经验教训等，经过甄选以专题的形式编辑成册发放给每个科研人员，一是作为参考文献，二是作为资料积淀；对国家社科基金和省社科规划项目等课题提供专题资料收集，以目录形式提供给课题主持人，以扩展丰富其学术视野。

《时政手册》：编发于2011年，至目前出版8期，约45万字。除发放给院领导、科研人员，管理人员以外，每年报送省委省政府及省里主要部门，供领导和有关职能部门查考。主要内容：一是往年中国经济社会发展成就及当年经济社会发展展望；二是中央重大会议精神及部分内容精选；三是当年中国经济社会发展面临的机遇、存在的挑战、发展的目标等；四是青海省重大会议精神及部分内容；五是青海省经济社会发展规划、目标等；六是青海省为经济社会发展而出台颁布的法律法规、政策措施、意见建议等的主要内容节选；七是经济社会发展相关热词、关键词、新词、流行词等。八是青海省基本省情。

文献信息中心各专业人员在图书、情报主业工作以外，积极参与相关专业的学术研究，取得了丰硕成果。至2018年8月，中心专业人员以专著、论文、调研报告、参与课题等形式开展学术研究。据不完全统计，共发表论文、调研报告、译文110余篇，编（著）工具书4部、完成专著9部、译著2部，其他类10多册；参加并较好地完成了《青海百科全书》《青海省志·社会科学志》《高耗电工业西移对青海经济环境的影响》《青海省志索引》《青海省地方文献书库》《青藏地区"汉藏走廊"的形成及经济社会发展问题研究》《青海历史文化的内涵及其在现代旅游中的开发利用研究》《中央支持青海等省藏区经济社会发展政策机遇下青海实现又好又快发展研究》《青藏高原多民族共聚区宗教现状与社会稳定对策研究》《"十二五"时期青海等省藏区农牧民收入倍增预期研究》《青藏地区多元宗教和谐相处关系研究》等重大课题。这些科研成果中，获省部级一等奖1项、二等奖6项、三等奖7项。

五　总结与规划

40年来，尤其是党的十八大以来，青海省社会科学院文献信息中心以紧紧围绕服务科研、促进社会科学研究、提供信息资料为中心工作，按照青海省社会科学院党组的具体部署和要求，统一思想认识，锐意改革进取，发挥科研辅助作用，各项工作取得明显成效。

纵观青海省社会科学院文献信息中心的发展历程，其发展变化与国内国际发展大趋势相衔接，与我国经济社会发展轨迹相一致。最初，仅仅是以提供纸质文献资料服务于科研人员，由于工作量大，人力成本较高，所以工作人员编制较多，为社会科学研究提供了有力支持。后来，随着电脑的普及、网络信息和网上资料获取的便利，文献信息中心人员编制不断减少，服务方式和形式也不断变化，新的服务手段和模式不断创新。目前，青海省社会科学院科研人员获得信息资料的途径主要是网络数据库等电子资源，报刊已渐居二线，利用率不高。由此，中心采购的纸质文献资料不断压缩，电子文献资料和数据库不断增长，资金投入比约为2∶8，可以基本满足科研人员使用。另外，文献信息中心购置了部分数据库充值卡，以解决电子资源不全的现状，补充对文献资料的获取需要。

展望未来，文献信息资源作为国家信息资源的重要组成部分和基础性、战略性资源，对社会科学研究者而言是万丈高楼的基础。对一个国家一个地区的经济社会发展有着非常重要的战略意义。在知识更新周期不断加快的社会信息化时代，学科之间交叉、渗透和整合的趋势日益提升，以整个社会为对象的社会科学研究对文献信息的依赖程度将不断提高。如果不能及时获取全面而真实的文献信息，就不可能有真正的有益于经济社会发展的决策咨询报告，"思想库"、"智囊团"作用就发挥不了。对于中国西部图书馆以及青海省社会科学院文献信息中心而言，支撑起这样的文献信息资源，从资金、人员、基础设施等方面是难以实现的。为此，发展文献信息资源总量，整合协作协调，调整优化空间布局，共建共享现有的图书文献信息资源将是图书馆、情报处、资料室等组织机构奋斗的方向，也将是青海省社会科学院文献信息中心优先发展的路径。

习近平总书记指出："要运用互联网和大数据技术，加强哲学社会科学图书文献、网络、数据库等基础设施和信息化建设"，"为建设科技强国、质量强国、航天强国、网络强国、交通强国、数字中国、智慧社会提供有力支撑"。这为青海省社会科学院文献信息中心的发展指明了方向，青海省社会科学院文献信息中心将以信息技术、互联网技术、大数据技术、物联网技术、区块链技术等引领自身发展，突破原有发展瓶颈，致力于现代化特色图书馆建设，不断改善基础环境，为青海省社会科学院哲学社会科学思想库、智库建设提供信息和数据支撑，更好地服务于全省经济社会发展，服务于全省哲学社会科学研究事业。

第40章　宁夏社会科学院社科图书资料中心

一　机构概述及发展历史

宁夏社会科学院社科图书资料中心（以下简称"图书资料中心"）是宁夏回族自治区社会科学综合图书资料信息研究机构，原为始建于1962年的宁夏民族历史研究室图书室，1964年改名为宁夏哲学社会科学研究所图书室。1968年，由于"文化大革命"，被迫停办。1979年10月，恢复为宁夏哲学社会科学研究所图书资料室。1981年，改名为宁夏社会科学院图书资料室。1985年5月，由图书资料室改称宁夏社会科学院情报研究所。2000年，改名为宁夏社会科学院图书资料中心。现各类纸质图书资料入藏总量达到了13万余册。其中线装古籍图书2万余册，现版平装图书8万余册，外文、港台图书1万余册，过刊合订本2万余册，另有电子图书5万余册。

目前，图书资料中心下设图书馆、地方文献科、情报信息科三个职能部门。

图书馆的主要职责是：做好图书、刊物采购、编目、上架、借阅、流通和管理等。图书采购工作要求紧密结合宁夏社会科学院的科研方向，重点收集宁夏社会科学院各学科特别是重点优势特色学科的文献资料。图书编目要求科学分类，标准著录。上架图书摆放要求位置准确整齐，按规定时间开放借阅，严格执行借阅制度，保持室内整洁卫生、服务热情周到。根据学科需求，做好年度期刊订购和阅览、交换、下架、装订工作。

地方文献科主要职责是：收集整理研究宁夏相关文献，确保各类地方文献的及时收集。对搜集的地方文献书刊资料进行登记、分类、编目、提供专题目录索引。

情报信息科的主要职责是：做好院网站、局域网和数据资源维护更新工作，提升网络运行质量和自动化服务水平。进一步加大数字化资源建设，拓宽图书文献资源服务范围。

二　主要业绩

经过多年建设，宁夏社会科学院社科图书资料中心已形成了以宁夏经济和社会发展、西夏及宁夏历史文化、社会学、法学等为重点的图书资料体系，其中以西夏学、地方文献资料为藏书特色。图书馆内设有西夏学、宁夏历史文化、地方经济、社会四个专藏书库；藏有全国各地社科类期刊及人大复印报刊资料；珍藏有台湾地区影印文渊阁版《四库全书》《四部丛刊》《丛书集成初编》《古今图书集成》《宋元资料萃编》《民国政府公报》《永乐大典》《俄藏黑水城文献》等大型图书资料数十部。图书资料中心以宁夏地方文献搜集、整理、开发及研究为重点工作，2007年宁夏社会科学院在图书资料中心专门成立了"宁夏民国文献研究中心"，主要对民国时期宁夏地方文献进行搜集、整理，先后从国家图书馆、南京图书馆、山东图书馆、重庆图书馆、甘肃图书馆、全国各高校图书馆、全国各社科系统图书馆、自治区内各图书馆及各档案馆等近100家馆藏机构陆续搜集到民国时期宁夏文献著作800余种（30000余页面）、各类报刊文章3000余篇、旧照片2000余张。初步搭建起了"宁夏民国文献"专题数据库平台。

2012年，按照国家《古籍著录规则》，图书资料中心对馆藏1949年以前2万余册古籍线装书（包括明、清、民国各类文献）进行了实物清点，按照四部分类法进行分类、排架上架，确保了藏品管理科学化、规范化、专业化。根据全国古籍普查要求，完成馆藏全部古籍的普查工作，并将书目数据著录于全国古籍普查平台，包括题名卷数、著者、版本、行款、册数、书影等信息，且经过自治区古籍保护中心审核通过。并形成了《宁夏社科院古籍、线装书目录》，全院研究人员可以通过宁夏社会科学院图书馆自动化系统目录查验。自2009年以来，图书资料中心积极申报国家善本古籍保护项目，《全唐诗》《封神演义》《三藩纪事本末》《唐书》《朱批谕旨》5种古籍入选《国家珍贵古籍名录·宁夏卷》，先后被自治区文化厅授予"全区图书馆公共服务先进集体"及"古籍保护先进单位"的荣誉称号。

三 国内业务交流与合作

宁夏社会科学院社科图书资料中心多年来一直重视与国内其他社会科学院图书馆的交流与合作，通过调研等形式学习各地方社会科学院图书馆的宝贵经验，从而更好地为科研人员服务。近年来，宁夏社会科学院社科图书资料中心获得中国社会科学院图书馆、上海社会科学院图书馆、江苏社会科学院图书馆等赠书，丰富了图书资料中心馆藏。2017年通过与贵州省社会科学院积极联系，引进其科研管理系统，提升了宁夏社会科学院科研管理工作水平。同时图书资料中心还是宁夏回族自治区图书馆协会的副理事长单位，与自治区内公共图书馆、高校图书馆建立了馆际互借等良好的业务关系。

四 重要出版物及学术成果

多年来，图书资料中心工作人员坚持服务科研与学术研究相结合，共同主持参与完成了多项国家、自治区级和区内外的合作课题，累计发表论文200余篇，出版专著30余部，获奖80余项。其中近年来参与主编的著作有《从试点到示范的跨越——宁夏新农村信息化实践与理论探索》《西部少数民族地区信息化绩效评估》《西部民族地区农村信息化实践与理论探索》《宁夏政报》《宁夏旧方志集成》等；参与编纂的著作有《全民抗战与宁夏》（上、下）、《宁夏通志（社会卷）》、《宁夏通志（艺文卷）》等。

图 1 宁夏社会科学院社科图书资料中心部分科研成果（1）

图 2　宁夏社会科学院社科图书资料中心部分科研成果（2）

（一）2010年以来图书资料中心人员主持参与课题情况

1. 主持国家社科基金课题3项：《西部民族地区发挥信息化为农业服务作用研究》《西夏遗民文献整理与研究》《存世宁夏旧方志数字化整理研究》。

2. 参与国家社科基金课题4项：《西部社会科学院图书馆知识整合与知识服务研究》《少数民族地区应对与化解网络舆情危机策略研究》《西北史地学研究》《宁夏通志》。

3. 主持自治区级课题2项：《民国时期宁夏文献题录》《宁夏新农村建设中的信息化问题研究》。

4. 参与自治区级课题2项：《网络舆情与应对策略研究》《民族地区图书馆公共文化服务体系现状调查与服务机制研究》。

5. 完成国家级科技支撑计划《引黄灌区信息技术研发与集成示范》中子课题——《西部民族地区农村信息化实践与理论探索》。

6. 主持与自治区厅局合作课题6项：

（1）2010年完成宁夏回族自治区信息化产业办公室委托课题《从试点到示范的跨越——宁夏新农村信息化实践与理论探索》。

（2）2010年完成国家级科技支撑计划《引黄灌区信息技术研发与集成

示范》中子课题——《西部民族地区农村信息化实践与理论探索》。

（3）2012年完成宁夏回族自治区科技厅委托合作课题《西部少数民族地区信息化绩效评估》。

（4）2014年完成宁夏回族自治区政府办公厅合作课题《宁夏政报》（1950—1954）。

（5）2015年完成宁夏质量技术监督局委托课题《2014年宁夏质量状况报告》。

（6）2015年完成宁夏地方志编委会办公室合作课题《宁夏旧方志集成》。

7. 参与国家社科基金重大委托项目1项：《宁夏全史》（附录卷），目前已完成初稿，约50万字。

8. 在研课题有：①自治区重大委托课题《贺兰山志》；②国家文化项目《宁夏全史·附录卷》；③民国文献保护中心立项出版项目《宁夏政报（1930—1949）》（20卷）；④自治区献礼项目《民国时期宁夏文献集成》（著作类）（刊物类）（50卷）；⑤国家社科基金课题《存世宁夏旧方志数字化整理研究》；⑥国家重点档案项目《宁夏老照片》的撰写任务。

（二）主要学术成果简介

1.《宁夏政报》（1950.3—1954.9）

宁夏社会科学院的学者们在收集了宁夏社会科学院图书馆、宁夏回族自治区图书馆、宁夏回族自治区档案馆馆藏《宁夏政报》原件的基础上编纂而成的。全套文献共分8册，完整地收录了自《宁夏政报》创刊至停刊期间共58期的文稿。全面、系统、翔实地反映了自宁夏回族自治区人民政府成立至宁夏回族自治区与甘肃省合并的4年间历史巨变。《宁夏政报》作为中华人民共和国成立初期宁夏省政府独具权威性、指导性的刊物，当时对宁夏回族自治区的政治、经济、社会、文化发展的意义是巨大的。作为一套完整保存的珍贵历史文献，《宁夏政报》与宁夏保存的历史档案一样，对于研究宁夏当代史和当代宁夏政务工作历程，具有无可替代的价值。《宁夏政报》卷帙浩繁，洋洋700万字，是多视角研究宁夏必不可少的珍贵文献。

2.《宁夏旧方志集成》

收录了宁夏现有传世旧方志32种（其中明代6种，清代18种、民国时期6种）及2种专业志。2015年初宁夏地方志编委会办公室和宁夏社会科学院社科图书资料中心在社会有识之士的热心支持下，合作组织相关专家怀着对文献敬畏之心开始筹划《宁夏旧方志集成》的编辑、整理、影印出版事宜，项目在宁夏社会科学院社科图书资料中心原有 30 多年文献搜集的基础上，通过目录核对，厘清家底，运用目录学、版本学等传统文献整理方法及现代数码出版技术，集中力量先后赴北京、天津、南京、上海、宁波、兰州及区内等地将散落在宁夏回族自治区内外及海外的历代宁夏方志进行全方位搜集整理、版本鉴定，并逐页进行扫描拍照、修版、编辑等处理，使得宁夏的历代传世方志得以完整集成。这项工作将为研究宁夏历史文化的学者们提供极大的方便，同时也提升了宁夏历代旧方志方面整理的深度，将对宁夏地方史志传承研究具有重要的现实意义。

3. 《宁夏通史》（附录卷）

《宁夏通史》将大事记、历代史志文献提要及与之相关的目录图表等内容单独成卷，是体例创新的一次有益尝试。这对了解历代图书文献，考订学术源流，反映一个地区历史文化盛衰大概，推动后人对历史文化的研究，颇具文献价值和学术价值。附录卷包括宁夏历史大事记、宁夏地方文献、宁夏历代行政建制沿革、宁夏古今地名对照、宁夏职官表等内容。其中宁夏历史大事记以《宁夏通史》各卷内容为主，以其他公开出版的相关著作为补充，收载内容上至有宁夏记载，下至 2008 年底。宁夏的文献收录范畴为"作者为宁夏人、宁夏人写宁夏事、宁夏以外的作者写宁夏事"的地方历史文化典籍，包括宁夏历史文献、当代文献、地方志、回族文献、西夏文献，使读者对宁夏历代著述有一个系统、全面、完整的认识。

4. 《民国时期宁夏文献集成》

该课题是获得宁夏回族自治区政府财政支持的大型文献整理项目，计划将民国时期宁夏有关政治、军事、外交、经济、文化教育、社会历史等各学科的珍贵文献全面搜集、整理和研究并影印出版。全书分为 4 辑：第 1 辑：宁夏政报公报类（20 卷）（已出版），国家图书馆出版社；第 2 辑：著作类（26 卷）；第 3 辑：文选类（10 卷）；第 4 辑：影像文献类（2 卷）。

5. 《宁夏老照片》

2017 年由国家档案局立项，本课题是通过对图书资料中心搜集的宁夏历史照片 3000 多幅，从中精选编辑成册。本集所收录的这些照片，部分为首次公开，可使人们能更具体直观地认知宁夏的社会历史。

五 重大事件及活动

2009年，通过引进北京清大新洋6.0图书管理系统，完成了回溯建库工作，共完成图书馆藏91600册图书资料的数据化处理。

2010年，图书资料中心将"中国知网"、"读秀数据"和"万方数据"通过链接引入宁夏社会科学院局域网试用。10月，图书资料中心参与在吴忠、中宁、平罗建成"农村电大书屋"示范点，由宁夏电大图书馆牵头，自治区图书馆、社科院图书资料中心等区内相关单位参与，先后共组织了两次"农村电大书屋"图书捐赠活动，共建成了三个"农村电大书屋"示范点。

2011年，图书资料中心与超星公司签订协议购买5万册电子图书，涉及历史、经济等多个学科；新增加皮书数据库、法律图书馆在线数据库、公元集成教学图片数据库；开展"阅读·鉴史·笃行"主题活动，图书资料中心积极联系自治区图书馆流动服务车来宁夏社会科学院，为科研人员免费办理借书证，并展销优秀畅销书籍。2011年9月，举办中国社会科学情报学会第七次全国会员代表大会暨2011年学术年会，本次会议由中国社会科学情报学会主办，宁夏社会科学院承办，来自全国社会科学院系统、党校系统、军队院校系统、新闻系统、高校系统、公共图书馆系统等从事图书馆学情报学教学和文献信息工作的140名代表参加了会议，其中副高级职称以上人员110余人，占参会人员总数的78%，提交学术论文87篇。

2012年，新增加党政领导决策参考信息库、中国经济与社会发展统计数据库、中国工具书网络出版总库、中国年鉴网络出版总库、国学宝典数据库，并在院开放试用。

2016年，为加强数字资源建设工作，购买了读秀数据库，中国知网云托管模式等数据资源并上线多家数据库体验，与自治区图书馆联系为全院人员免费办理自治区馆借书卡；联系相关公司为宁夏社会科学院扶贫点小学校捐赠一批图书及电脑、教学设备，支持扶贫工作。

2017年，图书资料中心将图书管理系统进行升级，解决了版本老化、系统功能不全等问题；信息资源建设方面，增加购买中国知网硕士论文库等特色资源数据库，引进贵州省社科院科研管理系统和自治区OA办公系统。

六 总结与规划

目前宁夏社会科学院社科图书资料中心已成为宁夏社会科学文献资料最集中的收藏机构，特别是民国时期宁夏地方文献收藏已成为馆藏特色，为今后开展宁夏地方历史文化研究打下了良好的基础。

宁夏社会科学院社科图书资料中心历经40年的发展，已经形成涵盖历史、经济、文化等多学科的馆藏资源体系。馆藏文献13万余册，数字资源20TB，以西夏学、地方文献资料为藏书特色。2009年7月，图书馆引入图书馆信息管理系统后，加快了图书馆信息化建设的步伐，逐步接入中国知网、读秀等大量电子资源，满足宁夏社会科学院科研人员的需求。面向未来，宁夏社会科学院社科图书资料中心已站在一个新的历史起点上。

今后将加大对图书资料基础建设的力度。提高图书馆为科研服务的功能，加快数字图书馆的建设步伐，在原有纸质资料的基础上，在"十三五"期间以宁夏社科院图书资料中心纸质藏书达到20万册、拥有200万册电子文献的规模为目标。继续抓好基础业务建设，实现文献资源的标准化加工，保证资源的合理有效的配置，实现图书资料中心各业务环节的全面自动化升级与管理。大力加强学术研究，在全中心形成严谨的学术氛围，为社会科学研究事业作出更大的贡献。

第41章　新疆社会科学院图书馆

一　机构概述及发展历史

新疆社会科学院图书馆（以下简称"图书馆"）于1983年12月正式建立，其前身是1978年创建的新疆社会科学院图书资料室。属于科研系统图书情报单位，是为科研服务的学术性机构。它的主要任务有：紧密结合本院科研方向和科研任务，搜集、整理、保存和提供社会科学方面的文献资料，为本院、自治区党委、政府有关部门和社会科学研究工作者提供文献资料和咨询服务。

图1　新疆社会科学院图书馆大楼

图书馆大楼面积 5963 平方米，图书馆实际占用面积 1500 平方米，藏书量 25 万余册，其中民文图书 3 万余册（包括维吾尔、哈萨克、柯尔克孜、蒙古等语种图书）。图书馆设有图书期刊室、办公室、古籍室等机构；设置的库室有报刊阅览室、特藏书库、民文书库、基本书库、过刊库、报库、科研成果转化库和专家学者捐赠专库。先后担任图书馆正副馆长的同志有：梁静君、蔡颖、佟玉泉、陈延琪、蒲开夫、胡锦洲、李琪、牙里坤·卡哈尔（维吾尔族）、夏里甫罕·阿布达里（哈萨克族）、夏雷鸣、董春林、鲁慧菊；现任馆长牙里坤·卡哈尔（维吾尔族），副馆长朱一凡。

二　主要业务

（一）图书馆馆藏

图书馆始终把建设具有新疆地方特色的文献信息体系作为馆藏建设的重点，在学科结构上，以各种学科的地方文献、社会科学和人文科学文献资料为主，有选择地收藏自然科学、新兴学科、边缘学科的文献资料。大型丛书、套书、类书及重要参考工具书的收藏量也比较丰富。从馆藏图书的统计分析来看，居种类第一位的是历史，以下依次为文学、经济、政治法律、语言文字、哲学宗教等。特别是研究新疆政治、经济、语言文字、文学艺术、历史地理、民族文化等方面的著作比较齐全，馆藏收集的一批珍贵文献资料，如《四库全书》《四部丛刊》《乾隆、嘉庆、道光、咸丰、同治、光绪、宣统各朝上谕档》《道藏》《甲骨文合集》《敦煌丛刊初编》《中国边疆丛书》《中国西北文献丛书》《唐会要》《全唐文》《全唐词》《宋史资料萃编》《元人文集珍大丛刊》《明代满蒙史料》《明季史料集珍》《明代论著丛刊》《明清史料汇编》《清代职官年表》《清实录》《清史列传》《皇朝政典类纂》《清末民初史料丛书》《左宗棠全集》等。还有部分古籍善本书，线装书有 960 册，如《新疆图志》《丝绸之路汇钞》《西域舆地三种汇刻》《新疆乡土志》《新疆方志丛书》《新疆访古录》《西北考察日记》《蒙藏回史料》《征西纪略》《蒙兀儿史记》《补过斋文牍》等。此外，还注重对地方文献的收集典藏，如收藏了已出版的《新疆通志》共计 50 余卷，各地州市志书，以及自治区一级的年鉴和统计年鉴等。外文书集中收藏了俄、日、德、英、土耳其文以及哈萨克斯坦、乌兹别克斯坦等周边国家有关新疆研究的文献资料和百科全书等。馆藏报刊资料也具地方特色，馆内主要有维吾尔语、哈萨克语、柯尔克孜语、蒙古语等出版的新疆各地、州、市主办的机关报，新疆生产建设兵团各农业师机关报，军队、各厅局主办的各类报纸，西北地区各省省报、部分大专院校学报和部分社会科学院院刊，中国人民大学复印报刊资料以及新中国成立前的《申报》《晨报》《历史语言研究所集刊》《东方杂志》《考古》《民俗》等均有收藏。[①]

（二）图书馆服务

做好读者服务工作是图书馆的崇高宗旨。为了做好这一工作，馆内根据加强管理，便利读者的原则，采取流通、阅览和书库为一体的全开架制度，每年借阅图书、期刊报纸达1万余册，接待读者约5000人次。同时，自1985年起率先面向社会开放，以满足各族各界来馆阅览和查询的需求。

图2　新疆社会科学院图书馆阅览室

---

① 朱一凡：《新疆社会科学院图书馆简介》，《新疆社会科学信息》2002年第1期。

（三）网络信息化建设

网络信息化建设是图书馆数字化、信息化的基础性工作。2004年底，新疆社会科学院开始进行局域网建设；2005年成立电子阅览室；2015年，进一步改善了网络环境，增添了设备，扩充了带宽，目前院局域网以百兆光纤为主干，办公楼通过光纤与网络中心连接，联网电脑百余台，基本满足院内所有用户的上网及网站正常运行的需要。

2006年，图书馆首次引进图书馆自动化管理软件（简称ECO），进行计算机编目工作，这标志着图书馆数字化建设工程的正式启动，现已完成全馆25万册藏书中近50%的数字化；2013年9月图书馆管理软件更新换代，引进金盘系统。

2011年购置"中国知网数据库"，2013年6月又引进"人大复印报刊资料"数据库，基本满足本院科研人员对各学科资料的需求，两个数据库年下载量达到6万余次。

（四）网站建设

新疆社会科学院于2004年底投入经费50万元，启动全院家属区和办公楼的网络布线计划，2005年5月，局域网投入使用，2007年挂牌成立"新疆哲学社会科学"（维汉两版）网站；2010年1月"新疆哲学社会科学"哈文版正式开通。2011年11月院党委会议研究决定，新疆社会科学院设立"网络信息中心"，它是图书馆信息化建设的重要组成部分，经过几年的努力，网站从内容到版式都有了很大的提高，为宣传和促进新疆社会科学研究，以及全院的信息交流互动起到了积极的作用，也逐渐成为树立该院形象，展示社科研究成果，为社会提供信息服务的重要窗口。

（五）古籍保护

图书馆古籍内容丰富，涉及范围广泛，目前所收藏的古籍有6800余册，其中少数民族古籍有660册，这些少数民族古籍具有鲜明的地域与民族特色，有很高的研究价值。

图书馆所藏少数民族古籍内容十分广泛，主要是宗教、文学、医学、历史、语言、农业、逻辑、地方志、词典、哲学、教育、天文、历算、地理、手工艺等方面的古籍，其中宗教类和文学类古籍占多数，就文种而言，有阿拉伯文、波斯文、察合台文、维吾尔文、哈萨克文、塔塔尔文、乌孜别克、乌尔多文等，涉及的语言文字较多，文化内容多样。

由于新疆少数民族生活在不同的环境，处在不同的社会发展阶段，因此形成了不同的文化传统。少数民族古籍这些特点使得古籍的材质有所不同，主要表现在材质和装饰上，也使得版本更加多样、更为丰富。这些古籍书主要写在桑皮纸上，有写本、抄本、刻本、石印本、铅印本等。察合台文献受阿拉伯、波斯文化影响有些装饰十分华丽、美观。装订形式有卷轴装、蝴蝶装、册页装等。有一些古籍书的桑皮纸是通过特殊处理的，纸张非常薄，为了确保纸张的耐性和防虫蛀，纸张上面涂一层蜡等，纸张表面非常光滑。还有一些古籍书中可以看到画面周围镶金。[1]

2011年新疆社会科学院60册少数民族古籍被列入《中国少数民族古籍总目提要维吾尔族卷》；有4部少数民族古籍文献被选入《国家珍贵古籍名录》。

（六）专业刊物

图书馆主办《新疆社科信息》和《新疆县域经济决策参考》两种刊物。其中《新疆社科信息》杂志创刊于1984年，该刊在为推动新疆维吾尔自治区图书馆事业的发展、提高图书资料人员的学术素质、交流图书馆业务经验的园地方面作出一定的贡献，深受读者的欢迎和好评，是新疆地区图书情报界两大专业刊物之一。

三　国内外业务（学术）交流合作

新疆社会科学院图书馆非常重视和各地社会科学院图书馆的交流合作，2006年8月31日至9月3日，全国社会科学院系统图书馆第十一次协作及研讨会在新疆乌鲁木齐新疆社会科学院隆重召开。来自中国社会科学院和北京、上海、天津、广东、江苏、河北、吉林、安徽、四川、甘肃、青海、山西、贵州、福建、广西、湖南、湖北、江西、山东、河南、云南等23个省市自治区社科院以及中国人民大学书报资料中心、《情报资料工作》编辑部、上海辞书出版社、国研网信息有限公司的近60位代表参加了会议，"网

---

[1]《新疆社会科学院馆藏少数民族古籍的特点与整理情况》，《新疆社科信息》2012年第3期。

络环境下文献信息资源共建共享和全国社科院系统图书馆联合联机编目"是本次会议的主题。会议期间，安排了来自广东、北京、上海、天津等地的社会科学院相关人士作主题演讲，本次会议，既展示了图书馆努力打造学术图书馆服务读者的形象，也增进了图书馆与各地社会科学院图书馆的友谊和业务交流。自2004年以来，图书馆参加了历届协作会。

四 重要出版物及学术成果

在认真完成各项业务工作的同时，积极开展与图书馆工作紧密结合的科研工作。迄今，本院图书馆人员已出版个人和集体著作21部，论文、译文500余篇，其中已有2项获得国家级奖励。

五 重大事件及活动

2006年8月31日至9月3日，全国社会科学院系统图书馆第十一次协作及研讨会在新疆乌鲁木齐新疆社会科学院隆重召开；"网络环境下文献信息资源共建共享和全国社科院系统图书馆联合联机编目"是本次会议的主题。

2011年11月17日，新疆社会科学院设立"网络信息中心"。其前身是新疆社会科学院图书馆网站，通过这几年的探索和发展，已经初步成为具有中国气质、新疆风格和特色的马克思主义坚强理论阵地。新疆社会科学院网络信息中心的揭牌，标志着把新疆社科理论研究成果更好地转化为大众的实践需求进入了新阶段。

六 主要作用和国内外影响力

（一）服务的特点

（1）读者的水平素质较高。图书馆的绝大多数读者是广大的科研人员，他们都具有一定专业职称、具有较强专业知识、对自身专业领域有着较深了解，并且接受知识和运用知识的能力较强。（2）服务的层次需求高。图书馆的服务对象是广大科研人员，其工作性质决定了他们所需的服务不仅是提供原始文献资料，而更多需要的是加工后的信息资料、提供深层次的情报服务，他们利用文献资源的深度和广度都大大超过了一般的读者。（3）服务专业性强。图书馆重点为本单位科研人员服务，其收藏的重点是各单位科研发展文献资料，因此其信息服务主要是以为某一专业学科领域的科研提供专业的信息资源保障为目的。

（二）服务的优势

（1）文献资源优势。图书馆以为本单位的科研服务为主要目的，以科研发展所需的文献资料为收集对象，因此，科研图书馆的文献资料是最系统、最完整的，收藏有大量的原版期刊、专业文献、各种年鉴等。（2）语言优势。图书馆收藏的资料主要以新疆少数民族语种的书和报刊为主。比如有维吾尔语、哈萨克语、柯尔克孜语、蒙古语等语种。这些对研究新疆各民族历史、文化、宗教等多个方面提供重要文献资源。（3）人才优势。图书馆的工作人员总体素质普遍较高，工作人员10人，由维吾尔、汉、哈萨克等民族组成，均为大专以上学历，大多受过图书馆专业培训，少数民族工作人员占有相当的比例。

新疆社会科学院图书馆经过多年努力，已成为自治区主要的社会科学图书文献信息机构之一，隶属科研系列图书情报单位。它的主要任务是根据科研方向和任务收集、整理、保存和提供各种图书文献资料，立足本院，面向社会，为本院科研工作服务，为自治区党委、人民政府有关部门提供文献资源和咨询服务，努力为自治区改革、发展、稳定发挥积极作用。

结　语

新疆社会科学院图书馆自建馆以来始终把建设具有新疆地方特色的文献信息体系作为馆藏建设的重点，集中收藏国内外有关研究新疆的图书文献资料和社会科学各学科的图书文献资料。目前馆藏总计达25万余册，包括汉文、少数民族文字图书和古籍以及外文图书，汉文、少数民族文字期刊合订本以及外文期刊合订本。藏书在学科结构上以各学科的地方图书文献、社会科学和人文科学图书资料文献为主，并有选择地收藏自然科学、新兴学科、边缘学科的图书文献资料。大型丛书、套书、类书及重要参考工具书的收藏量也较为丰富。从馆藏图书基本大类统计分析来看，位居第一位的是历史学科，其他依次是文学、经济、政治、法律、语言文字、哲学等，特别是研究新疆政治、经济、语言文字、文学艺术、历史地理、民族文化等方面的著作比较齐全。

将新疆社会科学院图书馆建设成为新疆社会科学文献信息中心，更好地开发信息资源，改变传统模式，利用网络和各种现代化技术，让馆藏工作向自动化、网络化方向发展，实现资源共享，这个任务是十分繁重而又艰巨的，尚需要不懈努力。

第四篇

改革开放40年部分副省级城市社会科学院图书馆发展历程

引　言

副省级城市是中国行政架构为副省级建制的省辖市，正式施行于1994年2月25日。副省级城市社会科学院图书馆，包括图书信息中心、数据中心等相关文献信息机构等，是副省级城市社会科学院科研工作重要的文献信息支撑，也是全国社会科学图书情报事业的重要组成部分。改革开放40年来，随着这些城市在经济社会文化各个方面的快速发展，一些副省级城市社会科学院图书馆发展迅速，并取得了积极的成效，对推动地方经济社会发展以及社会科学图书情报事业的发展发挥了重要作用。

本篇重点对深圳市社会科学院图书资料室、广州市社会科学院文献信息中心、哈尔滨市社会科学院社会学信息研究所和成都市社会科学院信息中心，共4家单位进行了详细介绍。

第42章 深圳市社会科学院图书资料室

一 图书资料室发展历史

深圳市社会科学院是中共深圳市委、深圳市人民政府直属的哲学社会科学综合研究机构。

深圳市社会科学院前身是深圳市社会科学研究中心，成立于1992年7月，1997年11月正式更名为深圳市社会科学院，2006年7月，加挂"深圳市邓小平理论、'三个代表'重要思想和科学发展观研究中心"牌子。为体现精简高效原则，深圳市社会科学院与深圳市社会科学界联合会合署办公，并兼有社科规划办的职能。现有5个研究所：经济研究所、社会发展研究所、文化研究所、政法研究所、国际化城市研究所；2个行政处室：科研学会处、院办公室。现有工作人员52人。其中，研究员8人，副研究员10人。

深圳市社会科学院图书资料室（以下简称"图书资料室"）的前身是深圳市社会科学研究中心资料室。成立初期，因中心人员编制较少和办公面积有限，资料室与会议室合用一室，由文秘兼任资料员。1998年11月，深圳市社会科学院搬迁新办公地址，随着办公环境的改善，院领导非常重视图书资料室的建设，专门腾出空间摆放图书资料，并更名为图书资料室，归属院办公室管理。同时增加专项经费，购买图书资料，聘请1名专职资料员负责日常工作。

2008年，在市委市政府的支持下，深圳市社会科学院搬迁至市府二办附楼一座三层的独立办公楼，图书资料室占地面积200多平方米，是原来的2—3倍，报架、杂志架和书架一字排开，学习、查找资料用的桌椅和电脑整齐地摆放，图书资料室初具规模。目前图书资料室主要负责全院图书、报刊、学习资料的收藏、借阅以及报刊、学习资料的征订、发放工作，并为本院科研人员提供文献信息服务。

经过20多年的发展，深圳市社会科学院图书资料室现有藏书2万多册，报刊合订本5257册，基本建立了深圳市社会科学院多学科专业特色的文献资源体系。

图1　深圳市社会科学院

二　图书资料室基础设施及主要业务

（一）现有场地和馆藏

20多年来，图书资料室的基础设施建设从无到有，得到了很大的改善。图书资料室在院领导的大力支持下，陆续购置书架、杂志架和报架；2016年，申请专项经费用于购买服务器及深圳市科图自动化新技术应用公司的图书馆自动化集成系统（ilas）云小型版，实现了图书的电子化管理。

在现代信息技术环境下，新型的图书馆正应运而生，计算机管理给图书馆带来无限空间，传统的图书馆管理模式已逐步被现代新型的图书馆管理模式取代。过去，图书资料室仅按照传统的纸质图书资料特点来设计管理流程，其主要功能是借阅；现在，则按照业务的功能来设计管理流程，重新布局了图书资料室的馆藏空间。为充分合理利用图书资料室空间，2017 年 12 月，在院领导的大力支持下，深圳市社会科学院对图书资料室进行了改造，不再以藏书为工作重心，而是以数字型资源和印刷型资源复合共存为工作重心，为"电子图书馆"新时代的到来做好充分准备。

图 2　2017 年改造后的深圳市社会科学院图书资料室

（二）主要服务内容和服务方式

图书资料室主要负责全院图书、报刊及学习资料的征订、发放工作，纸质图书资料搜集、加工整理、管理保护和书刊利用，以及订购电子资料库等。

负责订购、分发全院报刊资料。资料室成立以来，报刊资料的订阅就已经呈现多元化，按各所研究的领域，分门别类，除了订阅中国哲学、人文社会科学类核心期刊、人大复印报刊资料、兄弟社科院部分期刊以外，还订阅了港澳台部分报刊。到目前为止，图书资料室订阅的杂志已有300多种，报纸30多种。

多渠道订购图书资料。在预算内，图书资料室采用灵活多样的方式订购图书资料：（1）早期与深圳市图书馆采编部合作，以"社科新书目"报为索引，将每期"社科新书目"报交各研究室传阅，圈出需购书目，由资料员统计汇总后报单位领导审阅，确定后交由深圳图书馆采编部集中采购并做好采编数据，由资料员验收入库后分类上架。现已淘汰此种采购图书资料方式。（2）资料员整理各类书商订单后，交单位领导审定，及时订购有价值的书籍、杂志和工具书等。（3）为了有效配置文献信息资源，图书资料室积极拓宽图书订单来源，减少对书商提供订单的依赖性，提高图书资料室信息资源的利用率，开展多种形式的采购方式。图书资料室支持各部门根据需要自行购买图书资料，鼓励科研人员根据所研究课题的需要自主购买书籍。此外，院办公室不定期组织科研人员去大书店直接采购等。（4）购置电子资料库。由各研究所提出意见，交资料管理员汇总报院领导审定后统一购置。订阅期限结束后，根据使用情况进行评估，确定是否续订。

定制主流网络科研资源，广泛搜集文献信息资料。为进一步提升深圳市社会科学院科研水平，加强科研信息服务工作，同时扩充图书资料室科研信息及资料提供能力，根据自身研究领域特色，深圳市社会科学院订购同方知网（北京）技术有限公司数据库的部分数据和中国人民大学复印报刊资料全文数据库。目前正与北京世纪超星信息技术发展有限公司洽谈超星移动图书馆的合作事宜。为促进全国图书馆联合编目事业的发展，最大程度地实现资源共享，深圳市社会科学院成为国家图书馆（全国图书馆联合编目中心）的成员馆，可以免费从对方数据库直接下载数据；与中国社会科学院图书馆签订协议，免费使用国家哲学社会科学学术期刊数据库学术资源；与深圳市图书馆合作，对方安排工作人员免费提供采编、图书分类等辅导服务，建立了馆际互借和资源共享关系，初步形成纸质文献与电子文献共存、实体馆藏与虚拟馆藏相结合的文献信息资源。

规范图书资料管理。图书资料室的文献采购、采编、排架、检索等环节按《中国图书馆分类法》（第5版）、《中华人民共和国国家文献工作标准》等有关规定执行，并制定了图书资料员岗位职责、图书资料和报刊的借阅与管理等规章制度。

提供交流讨论平台。改变过去等待科研人员上门的服务方式，把科研人员的概念扩大为在任何地点需要提供文献信息服务的用户，真正树立用户第一、服务至上的观念，把满足科研需求当成自己的行动宗旨。新到书刊及时地进行科学、有序、系统地分类、编目、上架，防止积压。以最快的速度订购、搜集和反映文献信息资料。通过微信和QQ与科研人员交流互动，及时、准确地为科研人员提供有效文献信息资料，体现图书资料室的服务水平，凸显图书资料室的作用与地位。

提供阅览学习的好去处。图书资料室的各项工作紧密围绕为"科研服务"这个主题，本着"以人为本、服务至上"的原则，立足本院，积极为全院科研人员营造良好的阅览、学习环境。2017年，深圳市社会科学院重新调整图书资料室布局，腾出空间放置学习桌、椅，更换灯具、窗帘和纱窗，给全院职工提供一个整洁、安静、明亮、宽敞、舒适的学习阅读好去处。

三　图书资料室发展设想

目前，图书资料室购买图书馆自动化集成系统（ilas）云小型版，实现了图书的电子化管理，该系统应用计算机技术，快、准、全地实现文献的收集、保存和检索工作。图书资料室不断更新管理思想，完善管理措施，并在已有的各项规章制度的基础上总结经验，改进管理方法。

（一）强化创新意识

图书资料室管理工作应以应用先进的信息技术和管理技术为手段，以促进图书资料管理全面创新为着眼点。需要整合再造图书管理模式、业务流程和服务方式，实现图书资料文献信息资源数字化、电子化、文献信息加工自动化、服务方式网络化和检索手段的智能化，为加快数字化、信息化发展奠定现代化管理基础。建议运用信息技术变革图书资料管理模式，提高资料室工作效率，提升深圳市社会科学院图书资料室信息化水平，以建设数字化图书资料室为发展目标。

（二）多渠道搭建信息平台，实现资源共享

图书文献正朝着电子化、数字化方向发展，图书资料室的工作重心已从单纯注重图书文献的收藏转向纸质文献和电子信息服务并重的发展阶段，就

目前图书资料室的现状看，图书资料室建立横向联系是非常必要的。

最近，与深圳市图书馆协商，拟将深圳市社会科学院图书资料室作为机构分馆的试验基地，提出以下独一无二的特色服务：（1）为有需要的科研人员统一办理图书馆 VIP 借阅卡，科研人员使用借阅卡账号，可在任何一台联网电脑上登录深圳市图书馆网站，查阅下载一定流量范围内的数据资源；（2）如数据资源要求流量大、时效紧，图书馆可立即安排参考部专人负责对接查询服务；（3）深圳市图书馆可为深圳市社会科学院办理机构借阅卡，深圳市社会科学院可凭卡预约借阅 500 册以内馆藏图书，深圳市图书馆定期将本院预约借阅的图书集中送至本院图书资料室，设立专架供院内科研人员借阅，借阅时间为 3—12 个月；（4）深圳市图书馆为深圳市社会科学院提供专业馆员文献服务，科研人员因研究需查询某专题文献时，可与专业馆员对接，馆员根据专题需求提供专业化查询、下载、汇总、整理服务；（5）深圳市图书馆可根据深圳市社会科学院需求上门提供个性化的文献查询讲解培训等服务。

近年来，深圳市社会科学院图书资料室逐渐加强与中国社会科学院图书馆，各省、区、市兄弟社会科学院图书馆和相关学术研究机构交流。当前亟须加强文献信息交流共享平台建设。这不仅有利于图书资料管理人员进行广泛的业务交流、学习先进的工作经验，而且也有利于图书资料室在书刊资料等文献的收集方面实现优势互补，及时为科研人员提供文献信息资料，实现资源共享。

（三）重视对图书资料员的业务培训

图书资料室管理的现代化，信息资源的数字化、网络化，都对图书资料员自身素质提出了新的挑战和新的要求。因此，需要重视对图书资料员的业务培训，积极为图书资料员提供学习、进修的机会，积极与各地方社会科学院图书馆同行加强交流，参加全国社会科学院图书馆协作会议，参加中国社会科学院图书馆举办的业务培训班等。应鼓励和支持图书资料员不断强化自身的业务水平，提升自己的专业知识、业务能力和整体素质。

第43章 广州市社会科学院文献信息中心

一 机构概述及发展历史

广州市社会科学院文献信息中心（原名：情报研究所）是广州市社会科学院内设机构，前身是广州市社会科学研究所情报资料室，成立于1981年7月，1993年6月改称情报研究所，2006年改称文献信息中心。2003年，根据《关于印发〈广州市社会科学院与广州市经济研究院合并方案〉的通知》，原广州市社会科学院与原广州市经济研究院合并，组建新的广州市社会科学院。原广州市经济研究院资料室也同时并入了原广州市社会科学院情报研究所。现办公地址位于广州市白云区萧岗润云路220号广州市社会科学院办公大楼2—4楼。

广州市社会科学院文献信息中心（以下简称"文献信息中心"）作为广州市社会科学院文献信息资源管理与计算机网络技术应用的综合性部门，主要任务是：组织人文社会科学文献信息资源的搜集、加工整理与管理服务；开展国内外人文社会科学信息资源的开发利用与研究；建设广州人文社会科学研究数据库；建设与管理广州市社会科学院网站，对广州市社会科学院计算机网络信息系统的建设和安全提供技术监督和维护管理。

文献信息中心现有工作人员8人，其中高级职称5人、中级职称3人，内设图书期刊部、网络技术部、内刊编辑（兼参考咨询）部等3个部门。成立之初，馆舍面积只有300平方米，现在馆舍面积达到1200平方米。文献信息中心现有印刷版藏书近8万册，其中，外文图书2000多册，中文报刊500多种，港澳台和外国原版期刊20多种，光盘读物1000多种，电子图书8000多册，外购全文数据库10个（含统计数据库2个），自建数据库7个。

图 1　广州市社会科学院文献信息中心书库一角

广州市社会科学院文献信息中心的发展主要经历了以下阶段：

1. 1981—2000 年，以科研需求为导向，以文献信息资源为保障，夯实服务基础

广州市社会科学院文献资源建设工作自 1981 年原广州市社会科学研究所成立之初便开始启动。2000 年前，馆藏文献的主要形式为印刷版的图书报刊，重点收藏哲学、经济学、历史学、社会学、政治学、法学等文献资料，并以理论学术著作、广州市及广东省地方文献、主要城市统计年鉴、综合性文史参考工具书等为特色文献建设目标。服务内容除了日常的书刊采编和流通管理、资料复印外，还有外文资料的翻译和编辑。

20 世纪 90 年代，为适应科研工作以党政决策研究为"核心"，以更直接具体的咨询服务研究为新的"生长点"的发展需要，及时调整了文献资源的建设策略与管理服务方式，面向多方位、多学科、多层次的服务对象，形成了以书刊管理、资料译编、定题咨询、情报研究等相结合的服务方式，产生了多项情报研究成果，为广州市社会科学院的多个重点课题项目提供定

题服务和跟踪服务。

2. 2001—2010 年，以信息化建设为推手，以数据库应用为支持，提升服务水平

从 2000 年起，随着文献信息中心计算机专业人才的引进，信息化建设与管理力量得到加强。2001 年，随着广州市社会科学院新办公大楼的落成启用，院内计算机信息网络系统初步建成，图书集成管理系统全面投入使用，实现了图书资料的采编、流通、检索的计算机自动化管理。同时，全文数据库检索系统等应用系统投入试运行，开始了自建专题数据库的探索实践。至 2006 年，已有各类数据库 27 个，其中 14 个为引进数据库，13 个为自建专题数据库。

这一时期，通过引进光盘出版物、电子图书及网络数字化报刊产品和一些专业数据库（网络版和单机版相结合），不断满足科研读者的需求。因应决策研究的应用性需要，及时调整了入藏书刊的种类，逐年增加了主要城市的统计年鉴、专业统计年鉴以及其他体裁文献（如学术会议资料、调研报告等）。通过举办培训学习讲座，为提高科研人员应用计算机开展科研工作的能力和熟悉相关数据库使用提供帮助。

3. 2010 年至今，围绕新型智库建设，通过优化资源、整合力量，探索服务创新

随着地方社会科学事业的创新转型，广州市社会科学院提出了围绕中心、服务大局，以建设与广州国家中心城市定位相匹配的专业化的新型城市智库为目标，打造"枢纽+网络"、"实体+平台"，改革创新、开放交流的发展思路。面对新时期科研环境、技术工具、用户行为的巨大变革，文献信息中心努力通过整合信息资源与专业力量，探索服务创新，为决策研究提供了有力的支撑，使信息技术与工具、服务方式、组织架构围绕着用户需求进行了有机整合。通过不断完善网络环境、加快平台建设、优化信息服务，为智库建设提供高效、便捷、集成、知识性的服务。

这一时期，以信息化和数据库建设、决策信息服务为重点，通过建立健全各项管理制度，增加馆藏数字化资源，打造数字化资源平台和管理平台，运用网络应用技术手段，提高网络信息开发层次，增强个性化、精品化、特色化、远程化信息服务，实现服务创新。

图 2　2015 年 7 月 28 日，广州市市长陈建华（右）到广州市社会科学院调研，文献信息中心主任刘碧坚（左）向陈建华市长介绍数据库建设情况

二　主要业务

（一）文献信息资源建设与管理

1. 以科研需求为导向，兼顾系统性、专业性、特色性、实用性，以实用为主

在文献资源建设中，尽可能全面地、系统地做好与广州历史文化、经济社会发展相关联的文献资料收集，包括地方史志、论著、地方档案、地方报刊、地方丛书、地方年鉴、地方百科全书、地方文献书目等。结合广州市社会科学院的研究方向、专业特色和优势，进行有侧重的组织采购，努力形成专业藏书优势，创建社会科学专业性、地方性特色馆藏，同时重视收集网络信息资源。

2. 坚持服务至上的理念和行为规范，实行有序管理、人本管理，文献信息资源共享

坚持与科研人员沟通协调，采取定期或不定期的征订目录推送、随机征询或荐购邮件收集，与科研人员联合到现场采访等方式，掌握科研人员的需求意

向，有效弥补了采访人员知识结构单一的不足，加强了馆藏建设的针对性；发布《新书通报》，让科研读者及时了解新书入藏动态，提高馆藏的利用率；根据读者利用馆藏资源总体层次的要求，保证文献信息资源量的扩充和质的把握；按照国家标准实行图书资料的分类、编目和流通管理。在尊重读者需求，保障馆藏文献使用效率的前提下，全部文献实行开架借阅；保障重点课题所需，根据读者类型调整图书资料的借阅权限，充分发挥文献资源的效用。

（二）参考咨询与信息研究服务

参考咨询和信息研究服务作为文献信息中心的重要职能，也是其内涵建设的一个重要方面。

1. 以文章下载、题录、文摘、汇编、著作引文核校等形式，提供专题性信息服务

为配合广州市社会科学院内重大课题研究，编印了《岭南文化研究文献索引》第一、二辑；为配合市委宣传部开展《中共中央关于社会主义市场经济体制若干问题的决定》学习，与广州市委宣传部《广州宣传》编辑部合作编印了有关市场经济的《名词解释》（学习《中共中央关于建立社会主义市场经济体制若干问题的决定》参考资料，内部发行）；为广州市社会科学院科研人员开展《邓小平伦理思想的本质与特征》《广州基层政权建设探索》《经济人与道德人》《新实践论》《精神文明论》《中国法学30年》等多项课题研究和著作编撰提供相关的文献题录和参考资料汇编。

2. 以编发内部刊物形式，围绕社会热点和领导关注点，提供有价值的信息加工服务

编辑的内刊有：《外文资料译编》（1983—1989年）、《领导参阅》（1990—2018年，从2018年4月转由院科研处编发）、《快讯》（2004—2005年）、《决策信息参考》（《领导参阅信息版》，2018年创刊）。其中，《领导参阅》自创刊至今20多年，已经打造成为广州市社会科学院的信息服务品牌。该刊以为领导决策提供最新的参考信息和对策建议为宗旨，着力介绍最新学术理论动态、追踪改革新动向、探讨社会新热点、提出新的对策建议，同时作为广州市社会科学院对外形象的一个窗口，为推介院科研人员的应用性研究的阶段性成果开辟园地。多年来深受省、市党政领导的关注和好评，其刊发的文章曾获历任多位省、市主要党政领导的肯定性批示和一般批示，被广州市委《每天快报》、市政府《穗府信息》《城市经济信息》《华光论

坛》《广州日报》《改革导报》等刊物转载，也有广州市职能部门、媒体记者和企业领导来电或上门索取。2012年实行改版后，内容上加大了科研人员决策研究成果的宣传力度，形式上以单篇刊发和专题系列、文摘和综述相结合，原创性和学术性更强。2017年从月刊改为周刊，增强了时效性和全面性，取得了显著的成效。

3. 配合各时期地方党政工作大局和社会热点，编辑出版知识性读物和信息研究著作

配合地方党委、政府在各个时期开展意识形态和思想政治教育，实施经济、社会、文化建设发展战略，总结地方改革开放经验，挖掘和展示地方历史文化资源等中心工作和重要部署，自主策划组织或参与主持，编辑出版了各类知识性读物、资料性、研究性著作。

（三）信息化与数据库建设管理

1. 积极实施信息化发展战略，完善网络建设，确保信息安全

广州市社会科学院计算机信息管理网络系统自2000年试运行，为实现科研办公自动化奠定了坚实的基础。

2007—2008年，对机房网络进行了改造、升级、扩容，并为刚完成装修的东楼1—4楼提供网络接入服务，使全院网络的性能、安全性和可管理性都有了较大的提高。

2012年，对出口带宽进行智能动态控制，优化了带宽使用效率。

2015年架设了无线网络并安全接入控制，为广州市社会科学院办公区域实现无线办公提供了便利。VPN远程访问系统投入使用，科研人员可以在任何时间、任何地点，远程访问院内的电子资源数据库，进行资料查阅及下载，大大提高了广州市社科院电子资源的利用率。

从最初的56Kbps Modem拨号上网，到ADSL、专线上网、光纤上网，使院内上网速度不断提升，出口带宽逐步升级到现在的30兆。

2. 加快办公自动化系统建设，实现科研信息化、规范化管理

2001年12月，图书集成管理和办公自动化等计算机应用系统投入使用。2002年12月，初步建成多媒体电子阅览视听室，并完成了通用图书集成系统的升级。

2014年，自主研发了"广州市社会科学院综合管理系统"，实现了院决策会议由议题申报、会议召开到决策事项督办的闭环管理，基本实现了广州

市社会科学院各项工作的信息化和管理规范化。

2016年5月启动了广州市社会科学院科研全过程动态服务平台建设，基本实现科研课题管理、经费管理、工作量统计、成果管理和报表汇总管理等功能，使项目的申报、立项、评审、验收、查询、绩效考核、课题进度和成果等一体化管理，即时掌握全院科研人员工作状况、全院科研资源配置情况、科研动向和科研绩效情况。提升了科研管理层次和服务水平。

3. 建立官方网站和微信公众号，依托自媒体平台树立智库形象

广州市社科院网站（www.gzass.gd.cn）于2002年初在互联网上开通。2008年，升级为动态网站，提高了网站信息发布效率，实现文字、图片与视音频信息等多媒体统一管理发布，使网站管理更方便、安全。为提升广州市社会科学院在国际上的智库形象，加强与国内外学术机构的合作交流，对外推介最新科研成果，2016年上半年，英文网站上线运行。

2003年，在由广东省委宣传部组织的专家学者对地级以上市党委机关报、电台、电视台、网站理论宣传作品"广东理论宣传评奖"中，由文献信息中心制作并维护的"广州市社会科学博览网页"获得理论网站（网页）奖项三等奖；2004年和2005又分别荣获该项奖项二等奖。

2015年，建立了"城市智库观察"和"广州社科在线"2个微信公众号平台，两个微信公众号每周发布一期。城市智库观察发布的栏目主要有：智库专稿、前沿观察、新政解读、热点聚焦、数据透析、标杆城市、创新案例、国际视野、智库建设等，广州社科在线栏目主要有：穗研专稿、广州瞭望、决策纵览、城市聚焦等。

4. 统筹规划推动数据库建设，分步实施、循序渐进、不断完善

2004年至2005年，组织建设社会科学数据库检索系统（SSDS），构建广州市社会科学院数据库检索平台。这一时期，全院的数据库建设还处于一种较分散的状态，未能形成合力。

2009年，得到广州市委宣传部"两金"支持，数据库建设项目获准立项。通过公开招标，由华南理工大学计算机系统研究所负责院数据库一期的软件开发设计工作。2011年10月27日通过专家验收，并投入使用，院属各部门数据库框架已搭建完成，数据库建设已初具规模。根据科研工作的需要，数据库建设一共开发了1个总库和21个子库，建库部门包括1个职能部门、2个科辅部门、13个研究所和2个研究中心。2012年，基本建成文化产业数据库、制造业数据库、金融研究数据库等21个专题数据库。

2013年，制定了数据库（二期）的建设方案，将原来21个子库合并为一个院总库和13个研究所数据库，原基地和研究中心数据库合并到研究所里建设，实行院、所两级的建设模式，公共数据资源由院统一购买放进院总库，各研究所负责本研究领域数据的收集和录入。

2013年3月，与清华同方合作，利用TPI资源管理系统，将广州市社会科学院30多年以来的科研成果、科研活动视频、调研资料、图书馆馆藏资源等进行整合，并将院自建数据库的非结构化数据部分与清华同方、国研网、超星等外购数据库进行有效的链接，实行一站式检索服务，对互联网数据进行定向采集和存储，做到统一存储、统一检索、统一管理、统一发布。

2014年，完成了广州市社会科学院社科研究数据库综合展示系统的建设。开始启动了广州市社会科学研究数据库（院文献资源总库）建设。结合广州市社会科学院科研品牌建设，新增城市竞争力比较研究、中心城市和区域合作研究、社会变迁与社会治理研究和产业经济研究等4个研究专题库和6个热点专题库。

作为经济社会数据库当中的子项目——研究基础数据库于2015年底完成建设，实现了广州近年相关统计数据（核心数据）和文献查询、浏览、可视化图表生成、下载等功能，内容模块包括：图解2014年广州经济、广州年度统计数据库、广州月度统计数据库、国内城市比较——年度数据库、国内城市比较——月度数据库、广东省21地市年度对比数据库、广州城市竞争力数据库、广州统计分析报告库模块和制造业与文化产业数据库。

2015年，启动城市智库数据交换平台1期建设，与北京塔塔数据有限公司合作，设计开发了一个可供全国城市社科联盟进行数据交换、数据共享、数据调查、数据挖掘以及数据展示为一体的海量数据库，打造了一个可供全国城市社科院共享的，能为地方政府提供决策参考、面向社会服务的专业城市数据交换平台。

三 主要工作成果

（一）信息研究与服务

1. 专著/编著

从1989年至今，编辑出版的著作（著述）有十多部，其中，由情报资料室策划、撰稿或组稿，并负责全书编辑的资料性著述主要有：《海外华侨华人概况》《中国改革开放辉煌成就十四年　广州卷》《辉煌十五年　广州卷》《广州国际友好城市》《2004：广州经济形势分析与预测》；专著和编著主要有：《广州群星谱　亿元村文明村纪实》《世界可持续发展的问题与研究》《社会科学情报研究概论》《华侨简史与华人经济》。

2. 部分论（译）文、报告

公开发表的论文（含译文）、报告20多篇。主要有：《必须注意中国》《上海浦东开发决策前后——赴上海浦东开发区考察报告》《关于完善和深化城市计划单列的思考——赴部分计划单列市考察的报告》《日本开发东北亚的新构想》《关于图书馆人本管理的探讨》《情报"改名风"的不科学性》《图书馆创新与人力资本投资》《社会科学核心网站的评价标准与方法》《中国社会科学院和中科院数据库建设经验和启示》《图书馆多元化服务与人才创新》《大数据的现在及未来发展趋势》《新加坡公共外交的经验及对广州的启示》《促进广州加工贸易进一步发展的对策建议》《基于城市比较的广州文化产业发展思路与对策研究》《基于序数—序数DEA模型的珠三角城市群竞争力评价研究》《广州建设"信息安全之城"的战略思路研究》。

3. 获省、市主要领导批示的部分内刊文章

历年来，在文献信息中心编发的内刊上，获得省、市各级领导批示的文章近50篇。其中，有获得广东省委主要领导批示的，如：《浅谈岭南文化的形成、特性与作用》《生物医药产业培育成为广州支柱产业的研究》；有获得广州市党委、政府、政协主要领导批示的，如：《东风路上不宜建高架路》《广州扩大开放，急需解决"广州办事难"问题》《整治交通的方案要周密运筹择机启动》《一些国家和地区解决停车问题的经验》《广州市村庄规划编制存在的问题与对策建议》《2014年广州创新型城市发展报告》《停车政策的国际经验对广州的启示》《提升广州农产品质量安全监管水平的对策》《电子商务背景下广州服装批发市场转型升级的对策建议》《智慧城市建设对广州经济转型的影响分析》《以举办国际会议为支撑　强化广州重要的国际交往中心城市功能》《广州会议产业发展吸引和竞争力分析研究》《进一步提升广州城市国际影响力的对策研究》《"枢纽经济：助推广州枢纽型网络城市建设"学术论坛综述》《全球城市体系中的广州未来发展思路与对策建议》《聚焦投资：寻找广州经济增长新动力——"广州扩大有效投资促进经济增长"论坛综述》《破解民营经济创新困局　培育本土创新性企业》《广州科技金融发展思路与对策研究》《高位对标，精准施策，打造一

流营商环境》《招才引智　为高质量发展集聚第一资源》。

（二）国内业务交流活动

1992年11月18—24日，由广州市社会科学院情报研究所主办的"1992年中南五省二市社科院情报工作协作会议"在广州举行，来自中南五省二市社科院情报所的负责同志，中国社会科学情报学会、中国社会科学院文献信息中心的有关领导及部分省市社科院的有关负责同志共39人出席了会议。会议就贯彻落实邓小平同志南方重要讲话和党的十四大精神，解放思想，树立社会主义市场经济意识，寻求协作开发社科情报资源的新途径等问题进行了研讨。

1993年11月27日，由广州市社会科学院情报研究所组织的"羊城专线电话卡"首发式座谈会在广东迎宾馆举行，市委常委、宣传部长朱小丹、副市长陈开枝等领导，以及广州市公安局110报警服务台、广州市供电局、广州市工商局、广州市交通运输管理局客运交通管理处等单位代表参加了会议。

1997年10月16日，广州市社会科学院科研管理处、情报研究所、言崇文科信息中心等单位联合举办了"社会科学情报与实践问题"座谈会。来自中山大学、中山图书馆、广东省委党校等单位的多位广东图书界的知名专家学者同本院的有关专家学者参加了座谈会。会议就我国社科情报事业发展的成就及现状、当前我国社科情报事业存在的问题、我国社科情报事业改革途径与政策等问题进行了广泛的探讨和交流。

四　经验体会与发展规划

（一）经验体会

1. 创新服务是文献信息中心工作的永恒主题、立身之本

在30多年的发展中，文献信息中心始终坚持服务的理念和创新的精神，通过不断的学习探索和实践，致力于打造高水平的信息服务环境，构建与领导决策参考、科研需求高度契合和匹配的资源体系，嵌入专业化的服务，为应用决策研究的有效信息获取和应用提供积极帮助。通过创新服务，实现了文献信息服务从封闭走向开放、从被动转向主动、从静态简单服务走向动态知识服务的转变，文献信息中心的工作也从边缘向核心靠拢，成为地方智库

建设不可或缺的力量。

2. 信息技术的运用和信息资源的支撑是信息服务的根本保证

广州市社会科学院的信息化建设起步较早，文献信息中心以综合的全文数据库和专业数据库的引进为抓手，自建专题数据库为辅助，有力推动了各类信息资源整体介入到科研读者的工作、学习环境之中，通过实施培训指导，积极推动用户对数据库资源的了解，掌握信息化平台的应用方法，实现文献信息服务价值的最大化。通过运用网络信息技术，实现高效的信息抓取和深加工，建设信息化服务平台和管理平台，充实和优化数据库资源，实现科研用户信息需求与文献信息中心服务的"无缝链接"和整合沟通，提高了信息服务效率。

（二）发展规划

1. 探索创新智库信息服务模式，建立文献信息中心与党政机关、科研部门之间的联动服务机制，优化和拓展科研信息服务

在信息开发、加工、应用等专业技术的基础上，结合领导决策需求和科研课题的内容和方法，通过有效的服务交流，建立及时反馈、快速反应机制，充分发挥各类平台作用，密切关注并全程跟踪智库建设中的重大研究项目，把握课题项目的内容、方向、进度和结果，根据项目研究的不同阶段提供不同方式的服务。

2. 加强学习培训，提高人员的业务素质，以敏锐的信息意识、先进的传递手段，发挥信息导航员作用

以更开阔的视野、高标准的站位，把握和预测决策信息的当前需要与潜在需要，增强决策信息服务的针对性、前瞻性，有效提高服务效率与质量。

3. 以新型智库建设需求为指向，提高信息化水平，推进具有地方特色和社科专业特色的数据库建设

加大广州市社会科学院信息化设施建设力度，优化 OA 系统，配备优质先进的软硬件设施，提高办文办会办事效率。提升门户网站服务功能，优化中、英文网站版面设计，加强网站资源检索功能。提高微信公众号传播力，擦亮广州市社会科学院宣传窗口。不断完善数据库功能，更新丰富数据内容，推进地方特色和社科专业特色的数据库建设。

第44章 哈尔滨市社会科学院社会学信息研究所

一 机构概述及发展历史

1979年，哈尔滨市社会科学院的前身——哈尔滨市社会科学研究所在党的十一届三中全会胜利召开的历史背景下诞生了，成为全国最早建立社会科学研究机构的城市之一，是市属综合性社会科学研究机构。情报资料研究工作是进行社会科学研究的基础，哈尔滨市社会科学研究所成立后立即着手图书资料管理工作，在编委未批情报资料研究室这一机构的情况下，设置了两名专职人员负责此项工作。

1980年9月开始购置第一批图书。1981年，情报资料研究室开始对外工作。情报资料研究室的主要工作任务：一是搜集整理国内外社会科学研究资料、论文、动态，编辑科研资料，为市领导部门决策提供科研信息；二是为本单位各研究室开展研究提供情报和资料；三是图书资料管理工作。到1982年，共有藏书2600册，其中有从图书馆接收的图书609册，刊物81种、972册，中国人民大学影印出版物64种、2100册，经济参考资料400余册。情报资料研究室对外交换资料每次300份，与外地108家单位建立了交换关系。1984年，情报资料研究室正式成立，人员数量得以增加，藏书达到3440余册，情报资料研究室的工作开始走上正轨。1992年哈尔滨市社会科学研究所经市编委批复同意更名为哈尔滨市社会科学院，情报资料研究室更名为社会学信息研究所（以下简称"信息所"）。截至目前，共有藏书3万余册，分为政治学、社会学、经济学、文化、历史、地理等14类。

二　主要业务

信息所是根据科研需要建立的专业性、学术性图书馆，服务于全体科研人员及重大科研项目的文献参考。主要业务有：

1. 文献收集。根据研究需要有针对性地采购符合要求的图书。每年根据哈尔滨市社会科学院各研究所研究方向及科研项目选购图书。

2. 文献整理。文献整理包括图书的分类和编目。

3. 文献典藏。包括书库或书架区域划分、文献资料排列上架、馆藏规模调查和文献保护。

4. 服务科研。借阅图书是最基本的图书服务工作，除此之外还有馆藏报道、参考信息、学术科研服务、举办学术讲堂、学术交流等。

三　重要出版物及学术成果

目前，信息所存有价值极高的《民国盛京时报》影印本 125 册，《新中华报》1937 年 1 月—1941 年 5 月合订本。另外，从 1983 年至今，每年订阅中国人民大学书报资料中心出版的复印资料，内容全、涉及面广，保持完整。

同时，信息所存有 1979 年至今哈尔滨市社会科学院科研人员出版的图书 100 余本，包括《金源文物图集》《东北古国古族古文化（上中下）》《哈尔滨俄侨史》《哈尔滨历史编年》等历史类图书。

四　今后发展规划

1. 加强对哈尔滨相关文献的搜集。哈尔滨市社会科学院作为地方研究机构，一直注重"地方性"，地方历史、731 问题研究作为特色优长学科，资料的挖掘和收集尤为重要。信息所将根据研究实际，创建具有"地方性"特点的特色馆藏，直接为社科研究服务，为哈尔滨市委、市政府决策服务。

2. 加大信息所投入。长期以来，哈尔滨市社会科学院在信息所上的投入较少，人员配备不足。今后，将加强信息所投入，在图书采购、人员配置、硬件设施等方面加大投入，使其更好地发挥作用。

3. 利用网络开展信息导航服务。网络信息时代，信息所也将建立信息资源库，针对哈尔滨市社会科学院重点学科在网上搜集与科研有关的网址，并进行搜集、筛选、分析、组织、整理，帮助科研人员选用，形成有特色的"虚拟馆藏"。

第 45 章　成都市社会科学院信息中心

岁月弹指，物换星移。回顾 1978 年以来成都市社会科学院信息中心的发展历程，总结工作中的经验与不足，正确认识新型智库建设背景下地方社会科学院图书馆建设面临的挑战，为新时代切实做好社科情报事业提供借鉴，具有十分重要的意义。

一　发展阶段

改革开放 40 年来，成都市委市政府一直高度重视哲学社会科学发展，在成都市社会科学院党组的直接领导下，成都市社会科学院信息中心（以下简称"信息中心"）长期坚持"读者第一，服务科研"的办馆宗旨，紧紧围绕"全心全意为科研服务"的工作目标，狠抓资源建设，着力提高服务质量和服务水平，为科研强院作出了积极贡献，初步实现了由传统图书馆到现代化图书馆和数字图书馆的转变，其发展历程如下：

（一）哲学社会科学情报事业初步发展阶段（1979 年 11 月至 2000 年 8 月）

成都市社会科学院是成都市委直属的厅级全额拨款事业单位，其前身是 1979 年 11 月成立的成都市社会科学研究所，情报资料室是其下属的科辅部门。2000 年 8 月底成都市社会科学研究所升级更名为成都市社会科学院，情报资料室亦随之更名为图书馆、文献信息中心，两个名称一套人员，有利于加强图书馆的基础性工作建设。图书馆设备仅限于桌椅加书架，主要负责图书采购与流通、文献资料借阅服务等工作。

（二）哲学社会科学情报事业稳步发展阶段（2000 年底至 2008 年）

2004 年 7 月成都市社会科学院搬迁到新址，新图书馆建成投入使用。

2008年，图书馆与院《社科论坛》编辑部合并为成都市社会科学院信息中心。图书馆不仅馆址扩大了，藏书增多了，办馆条件得到极大改善，而且引入图书馆现代化建设理念，计算机网络系统建设大力加强。图书馆计算机网络系统经历了从无到有，从简易到集成的过程，使馆际协作方式多样化，文献载体形式先进化，实现了由传统的图书馆向现代化的图书馆转变，管理服务水平得到提高。

（三）哲学社会科学情报事业加速发展阶段（2009年至今）

在这一阶段，信息中心在信息资源建设、服务科研工作等方面取得了重大突破。随着计算机技术和网络技术的发展，信息中心引进了大量的电子资源，数字图书馆建设初具规模，基本实现了文献资料资源存储数字化，服务手段现代化和信息传递网络化，大大改善了广大科研人员获取信息的手段和条件，即：信息中心的网络系统能为科研人员提供包括书目查询、光盘检索、电子资源全文检索、网上馆际互借和文献传递服务等多元化的高质量信息服务。及时、方便、快捷、多功能的信息服务，使信息中心服务质量和服务水平迈上一个新台阶。信息中心现有阅览场地200平方米，钢质彩漆集成书架81个，书库150平方米，建有成都社科在线网站，网站后台维护由信息中心外包管理。

二　主要业务

以服务社会科学研究为主旨的成都社科情报事业，经过多年来社科图书情报工作者的不懈努力，现已经发展成为集社科文献信息收集、整理、服务和研究一体化的综合性社会科学文献信息中心和功能较多的社会科学专业图书馆，为繁荣发展成都哲学社会科学事业尽了绵薄之力，贡献了自己的光和热。

（一）实现图书馆自动化集成管理

近年来，图书馆自动化与数字化管理的迅猛发展以及信息技术对图书馆提出了新的挑战。自动化建设的发展代表了一个图书馆的业务管理水平和服务水平，图书馆自动化系统是现代化信息设施的主要核心，是当今衡量一个图书馆信息技术应用水平的基本尺度，是图书馆现代化的标志。为此，信息中心积极适应信息技术发展的需要，全面升级了图书馆自动化系统——金盘图书馆集成管理系统。这个先进的自动化集成管理系统，使原来的单机用户升级至网络版用户，增加了全员 WEB 查询功能，提高了系统的安全性、效能性，使网上采购、联合编目、预约互借，网上下载数据等变成现实，既方便了广大科研人员借阅文献，又大大提高了馆藏利用率，更好地适应了数字图书馆管理的需要。

（二）积极提高科研人员对纸质图书馆藏建设的参与度

为了丰富纸质图书馆藏，信息中心在图书采购上，严格按照专业设置和重点学科的建设情况及科研工作的实际适应性等多方面要求作为其采选目标（其工作流程见图1）。在具体方式上，我们努力通过各荐书渠道完整收集读者推荐的图书信息，判断荐购图书是否符合馆藏要求。在采购过程中，坚持以人为本，关注每一科研个体的需求，充分提高广大科研人员购书的积极性，主要采用主题学习、订单选择、课题急需、工具类书零星、定期购买与参加集体组织的"购实用的书、购我喜欢的书"万元购书活动为主、网上零购为辅等多渠道相结合的购书方式，将有限的资金真正用到所需要的地方，充实了馆藏。信息中心现藏书 2 万余册左右，纸质期刊订阅 40 余种（所有书籍分类详细统计见图2）。

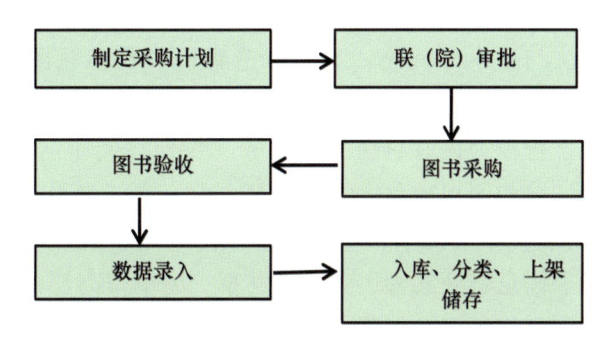

图 1　成都市社会科学院信息中心图书采购流程

（三）多渠道拓展信息平台资源为科研工作服务

做好信息社会时代的科研工作，实现科研强院目标，要求必须注重运用大数据、云计算等技术，及时掌握和分析处理综合信息数据，才能对经济社会发展趋势作出前瞻性研判。这对新形势下的图书馆工作提出了新的任务和挑战，即传统的情报采集和知识转化方法已不适应大数据时代的生态环境，

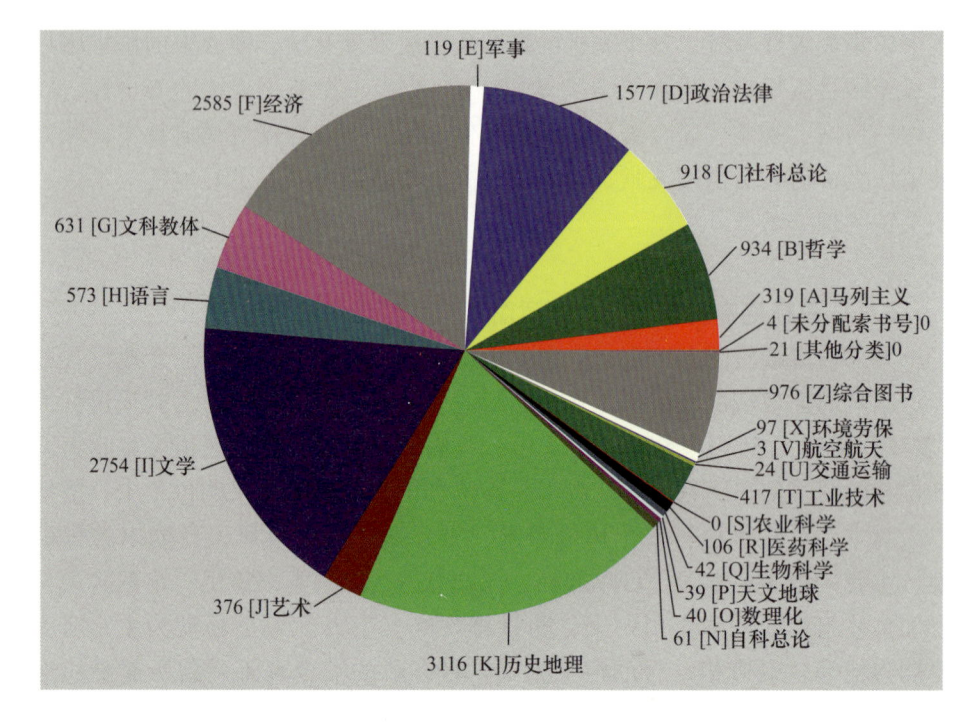

图 2　成都市社会科学院信息中心所有书籍分类统计图

必须进行方法与工具的创新，而信息服务创新要解决基于信息化的智能采集、数据挖掘方法与技术等问题，努力打造新型"数字化图书馆"。为此，信息中心充分利用省、市多方社科资源骨干力量及区县社科网络，多渠道拓展信息平台资源，积极为搞好科研工作服务。长期订阅了清华同方数据库、国研网等数据库，并与四川师范大学、成都大学、成都市委党校（市行政学院）、成都市经济研究中心图书馆室、成都市图书馆、成都市地方志等单位合作，长期实现了信息资源共知、共建、共享，为单位高层次人才培养和社会科学研究提供了良好的资源保障。

（四）抓好成都社科在线网站建设工作

成都社科在线网站是紧紧围绕成都市委、市政府中心工作，从哲学社会科学的视角，宣传服务当地党委政府工作的信息平台，是党委政府沟通广大民众与服务广大民众的信息平台，是成都市哲学社会科学一切活动的宣传平台和成都市社科联（院）的工作平台。在指导思想上，成都社科在线网站坚持高举中国特色社会主义伟大旗帜，全面贯彻落实党的路线方针政策，以马克思列宁主义、毛泽东思想、邓小平理论、"三个代表"重要思想、科学发展观、习近平新时代中国特色社会主义思想为指导，坚持"百家争鸣、百花齐放"的方针。在网站建设思路上，以成都市社科联（院）全体职工为办网站的主要力量，广泛发动社会科学工作者、社科专家和社会网民积极参与社科在线网站的建设，采取开放式办网站的方式。在网站管理运行机制上，成立网站建设领导小组及领导小组办公室等管理机构，各司其职、责任到位，确保了网站内容的政治性、学术性、新颖性、丰富性，正努力把成都社科在线网站办成同类一流的地方性社科网站（其工作流程见图3）。

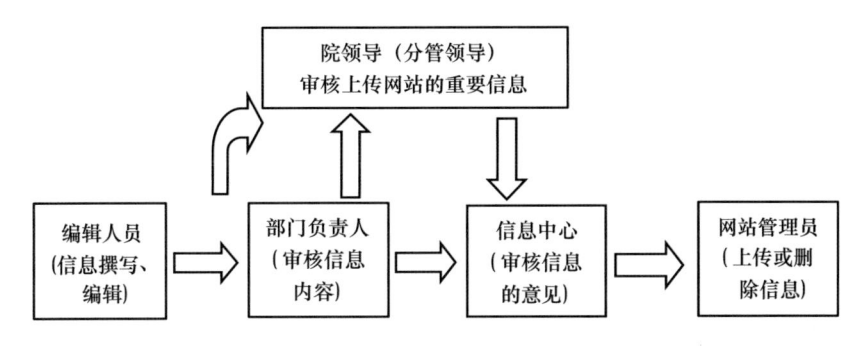

图3 成都社科在线工作流程

（五）精编文献资料为地方党委政府和相关部门提供决策参考

近年来，信息中心工作人员坚持以中国特色社会主义理论为指导，联合攻关，协同创新，围绕中心，服务大局，突出成都市委、市政府工作"重点"，围绕领导决策"高点"，及时发现经济社会"亮点"，深入剖析经济社会"焦点"，注意解决工作中的"弱点"，抓住发展中的"难点"，在社会科学成果推广、咨询、服务等诸多方面大力开展工作，不定期先后精编摘选推出《情报资料》《社科研究新动态》《社科咨政》《经济特快》《重要成果专报》《理论参考——农村产权制度改革》等资料。通过做最"接近地气"和最"解决问题"的、有价值的研究成果选编，上报给四川省、成都市有关领导参阅，为地方党委政府和相关部门科学决策，提供了有力的理论论证和决策参考，多次荣获有关领导的肯定性签批。

（六）积极参加学术交流活动

新时代下的图书馆发展正在从资源驱动型转向服务主导型。信息中心发展的根本问题是服务问题,而服务的根本问题是服务能力。信息中心的服务能力需要以为成都市社会科学院科研人员的需求为牵引,从传统的以文献、馆舍和馆内的服务,延伸和拓展为提供嵌入式、深度的学科服务、情报服务、数据服务、智库服务和智慧服务等知识服务,实现文献信息与文献信息服务的重大转型与变革,增强文献信息的服务功能与服务效果。为了与时俱进,不断把握时代进步要求,需要学习文献信息管理与服务理论,明确"苟日新,日日新,又日新"之社科文献信息建设的现状与发展趋势。为了提高馆员的学术素养,深化服务手段服务方式,信息中心积极参加全国高层次、高水平的加强图书馆建设系列学术研讨会,主要有:全国社会科学院系统图书馆第十次、第十二次协作及学术研讨会学习,以及全国社会科学院图书馆馆长协作会议暨社会科学院系统信息化建设专题研讨会、大数据时代社会科学图书情报服务与合作论坛、社科智库大数据平台建设论坛、新型智库建设与社科图书馆发展论坛、数字智库助力"一带一路"建设论坛等学术交流活动。通过与图书馆界专家学者的联系与交流,相互借鉴、取长补短,从中学习了图书馆界的前沿理念、图书馆服务的创新方式等,为成都市社会科学院以科研为先导,积极探索图书馆管理及服务创新途径,拓宽了工作思路,进而推动图书情报事业的快速发展。

三 对新型智库建设背景下地方社会科学院图书馆发展的认识

当今,国际国内形势复杂多变,智库日益成为国家软实力和现代国家治理体系的重要组成部分,建设高质量的中国特色新型智库是时代的要求。在智库建设进入了新时代、新阶段的背景之下,作为新型智库建设重要内容之一的地方社会科学院图书馆如何明确发展方向,如何更好发挥信息服务支撑作用,实现自我转型、自我提高,是时代赋予我们深思和探讨的重大问题。

(一)新型智库建设要求地方社会科学院图书馆服务转型势在必行

党的十八大以来,习近平总书记多次对建设中国特色智库作出重要批示和重要讲话,2013年11月,党的十八届三中全会提出了要建设中国特色新型智库,并把智库建设写入了《中共中央关于全面深化改革若干重大问题的决定》,将智库建设工作提到了国家战略高度。党的十九大报告再次强调

"加快构建中国特色哲学社会科学,加强中国特色新型智库建设"。可以预见,中国特色社会主义发展进入新时代,新型智库将更加深入地融入国家决策,起到助推国家治理体系和治理能力现代化、增强国家软实力的重要作用。地方新型社科智库是中国特色新型智库的重要组成部分。在国家大力倡导和发展中国特色新型智库的大背景下,如何立足于地方实际,建设服务于地方发展的新型智库,是繁荣发展中国特色哲学社会科学和建设中国特色新型智库的重大课题。而图书馆建设与智库建设息息相关,智库的有效运行和智库成果的可靠性离不开全面而准确的信息资源的基础支撑,以及对信息资源的有效利用。图书馆作为信息资源整合、分析、加工的枢纽,在新型智库建设过程中起到了重要的作用,服务新型智库建设迫切要求社会科学院信息中心的角色进行相应的转型,这对社会科学院图书馆来说既是全新的挑战,又是难得的发展机遇。

(二) 如何顺应大数据时代发展值得深思

随着信息技术的发展,图书馆将朝着数字化、网络化和大数据化的方向发展。传统的情报采集和知识转化方法已不适应大数据时代的生态环境,海量信息的快速检索和共享易于实现,这对于整个图书馆界来说,既是机遇又是挑战。一方面,社会科学院在新型智库建设中信息化手段和技术的应用,是智库发展的重要基础之一。就地方社会科学院图书系统而言,无论是规模还是技术面都还相对落后,如何适应大数据时代的特点和自身的实际,确定适当的有特色的因应方式和发展策略[1],如何建设地方特色的信息服务平台,如何为智库研究成果和智力产品提供推介平台,如何为智库与决策者之间建立信息沟通平台,是地方社会科学院图书馆建设中迫切需要回答和解决的重大课题。另一方面,在大数据环境下,信息服务创新要解决基于信息化的智能采集、数据挖掘方法与技术等问题,需要进行方法与工具的创新。具体讲,新型社科智库建设将一改传统的抽样调查方法,需要社会科学情报提供全景式的大样本情报数据,样本等于总本的情报撷取方法,需要利用云计算和数据挖掘、自然语言处理、模式识别、机器学习等人工智能(AI)技术集成工具创新来实现情报的高效汇集、海选、精选、加工和显示功能;同时,情报智能工具的创新实现又将会反作用于传统的情报方法,促进情报方

---

[1] 胡长春:《大数据时代社科院图书馆事业发展的思考》,第十七次全国社会科学院图书馆馆长协作会议暨大数据时代社会科学图书情报服务与合作论坛论文,广州,2013年11月。

法创新。如何顺应大数据带来的变革潮流,创造性地利用数据说话,为新型地方智库建设创新服务,这是时代给社科情报方法创新提出的新任务[①]。

(三) 图书馆馆员能力素质建设亟待加强

服务智库,人才是核心要素。图书馆人才结构与馆员队伍的科学性与合理性是智库服务顺利实施的前提条件。随着新型社科智库的不断发展,越来越需要图书馆以丰富的信息资源和专业化信息分析队伍参与智库建设的全过程,要求智库服务人才应该是复合型人才,要有多学科、多领域的知识背景,还要有很强的调查研究和对策分析能力。一方面,智库服务要实现从"服务员"到"工程师"的转变,并积极地参加到科研当中去,加入到新型社科智库建设当中去,成为新型社科智库的重要组成部分,为服务智库提供人才保障。另一方面,图书馆馆员接受过专业的信息检索和信息分析教育,了解和掌握数据库的特性和功能,熟悉信息分析的方法和策略,具备信息检索和信息分析的全面知识、技能和经验,既可以获得较好的检索效果,也可以快速将信息转化为知识、情报、谋略,服务于智库知识的生产过程[②]。为此,必须加强图书馆馆员的能力素质建设,着力培养馆员的信息服务研究能力,只有这样才能提供给智库专家相适应的服务品质。

四 未来发展规划

一直以来成都市社会科学院都坚持以打造地方社科智库为目标,争取在新型智库体系建设中发挥好自身的积极作用,努力成为地方党委和政府信得过、离不开的"思想库和智囊团"。对信息中心在智库为政府建言和决策咨询中具有提供情报支持、智力支撑和知识保障等方面的重要作用而言,现如今,如何将成都的社科成果更好地转化运用、让其成果产业化,成了我们在新型智库体系建设中积极探索的又一个方向。

(一) 加强信息化建设

习近平总书记在2016年5月17日哲学社会科学工作座谈会上的讲话中

---

① 罗繁明:《大数据时代下社科情报工作的若干思考》,第十七次全国社会科学院图书馆馆长协作会议暨大数据时代社会科学图书情报服务与合作论坛论文,广州,2013年11月。

② 吴育良:《从胡佛研究所的转型谈地方社科院在智库中的新定位》,《新世纪图书馆》2012年第11期。

指出："要运用互联网和大数据技术,加强哲学社会科学图书文献、网络、数据库等基础设施和信息化建设,加快国家哲学社会科学文献中心建设,构建方便快捷、资源共享的哲学社会科学研究信息化平台。"在大数据时代,成都市社会科学院信息中心要和全国社会科学院系统图书馆、信息中心在信息化方面同步建设,加强移动化、数字化建设,以打造先进的情报收集系统和科研协同平台为目标,提高成都市社会科学院网站综合水平,加强成都社科在线网站建设,以信息技术为支撑完善并优化各种链接方式和服务手段,优化网站内部的链接结构,完善网站内容间的关系,提高网站的易用性。

(二) 建立成都社科数据资源共享平台

迅速发展的信息网络和数字信息资源体系正在造就一个全新的信息社会环境,为此,信息中心要打造信息情报平台,树立信息情报工作也是科研生产力的观念,逐步打造具有成都市社会科学院特色的地方数据库。即建立成都社科成果统计系统数据库,分为四个部分:成都社科科研成果数据库、社科研究管理系统、规划项目申报评审系统、社科优秀成果申报评审系统,为成都社会科学界提供科研数据的存储、发布、交换、共享与在线分析等功能,培植论坛、讲座、蓝皮书、评估报告等多种智库平台。

(三) 加强特色图书馆建设

一方面,加大研究成果资料的购置、收集,主要包括电子图书资料及网络资料等的购置。另一方面,要用好现有的文献信息资源,将现有的图书、期刊目录上传到成都社科在线,方便网上查找,提高图书出借率。将购买的数据、收集的免费数据在成都社科在线上进行有效的链接,减少纸质图书的采购,大量使用电子书籍,提升资源利用,减少采购压力。

(四) 改版升级成都社科在线

充分发挥网站在传播思想、宣传成果、服务社会等方面的重要作用。建议修改完善《成都市社会科学院网站管理制度》,提高成都社科在线的质量,规范网络纪律,切实保证网络安全。推进成都社科在线网站日常维护管理工作,进一步探索和拟定行之有效的网站日常维护管理办法。

(五) 建立专业平台

成都市社会科学院内各研究所、研究中心要结合自己的专业建立专业平台，展示成都市社会科学院研究力量，加强科研成果的宣传。建立《成都市社会科学院网络考评规则》，季度通报，年终考核，并与年终目标奖挂钩，建立严格的奖惩制度。

（六）加强人才培养或引进

"多士成大业，群贤济弘绩"。进一步做好情报资料通联队伍工作，制定切实可行的人才发展计划，培养和引进一批具有"超前意识、广博知识、创新能力"的专业人才，组建一支强有力的专业人才队伍，从而改善信息中心目前人才结构单一的现状，增强文献信息事业发展后劲。信息中心将适时引进（或是合作）同时具有图书专业、计算机专业和研究能力的复合型人才。

附录一　全国主要社会科学院图书馆及相关机构名录

序号	名称	地址
1	中国社会科学院图书馆	北京市东城区建国门内大街 5 号
2	中国社会科学院图书馆经济学分馆	北京市西城区月坛北小街 2 号
3	中国社会科学院图书馆法学分馆	北京市东城区沙滩北街 15 号
4	中国社会科学院图书馆民族学与人类学分馆	北京市海淀区中关村南大街 27 号 6 号办公楼
5	中国社会科学院图书馆研究生院分馆	北京市房山区长于大街 11 号
6	中国社会科学院图书馆国际研究分馆	北京市东城区张自忠路 3 号
7	中国社会科学院俄罗斯东欧中亚研究所图书馆	北京市东城区张自忠路 3 号
8	中国社会科学院图书馆历史研究所图书馆	北京市东城区建国门内大街 5 号
9	中国社会科学院图书馆近代史研究所图书馆	北京市王府井大街东厂胡同 1 号
10	中国社会科学院图书馆文学专业书库	北京市东城区建国门内大街 5 号
11	中国社会科学院图书馆哲学专业书库	北京市东城区建国门内大街 5 号
12	北京市社会科学院图书馆	北京市朝阳区北四环中路 33 号
13	天津社会科学院图书馆	天津市南开区迎水道 7 号
14	上海社会科学院图书馆	上海市淮海中路 622 弄 7 号
15	重庆社会科学院图书馆	重庆市江北区桥北村 270 号
16	河北省社会科学院社会科学信息中心	河北省石家庄市裕华西路 67 号
17	山西省社会科学院图书馆	山西省太原市小店区大昌南路 14 号
18	内蒙古自治区社会科学院图书馆	内蒙古自治区呼和浩特市大学东街 129 号
19	辽宁社会科学院文献信息中心	辽宁省沈阳市皇姑区泰山路 86 号

续表

序号	名称	地址
20	吉林省社会科学院图书馆	吉林省长春市自由大路245399号
21	黑龙江省社会科学院文献信息中心	黑龙江省哈尔滨市松北区世博路1000号
22	浙江省社会科学院图书馆	浙江省杭州市凤起路620号省行政中心11号楼
23	安徽省社会科学院图书馆	安徽省合肥市美菱大道131号
24	福建社会科学院文献信息中心	福建省福州市柳河路18号
25	江西省社会科学院图书馆	江西省南昌洪都北大道649号
26	山东社会科学院图书馆	山东省济南市舜耕路56号
27	河南省社会科学院文献信息中心	河南省郑州市丰产路21号
28	湖北省社会科学院图书情报中心	湖北省武汉市东湖路165号
29	湖南省社会科学院文献信息中心（图书馆）	湖南省长沙市开福区德雅路浏河村巷7号
30	广东省社会科学院图书馆	广东省广州市天河北路618号
31	广西社会科学院信息中心	广西壮族自治区南宁市新竹路5号
32	海南省社会科学院文献资源建设机构	海南省海口市琼山区文坛路2号海南工商职业学院行政楼6楼
33	四川省社会科学院文献信息中心	四川省成都市一环路西一段155号
34	贵州省社会科学院图书信息中心	贵州省贵阳市南明区西湖路梭石巷19号
35	云南省社会科学院图书馆	云南省昆明市环城西路577号
36	西藏自治区社会科学院文献信息管理处	西藏自治区拉萨市色拉路4号
37	陕西省社会科学院宣传信息中心（图书馆）	陕西省西安市含光南路177号
38	甘肃省社会科学院数据中心（图书馆）	甘肃省兰州市安宁区建宁路143号
39	青海省社会科学院文献信息中心	青海省西宁市上滨河路1号
40	宁夏社会科学院社科图书资料中心	宁夏回族自治区银川市西夏区朔方路新风巷8号
41	新疆社会科学院图书馆	新疆维吾尔自治区乌鲁木齐市北京南路246号
42	深圳市社会科学院图书资料室	深圳市上步中路1023号市府二办
43	广州市社会科学院文献信息中心	广东省广州市白云区云城街云安路220号
44	哈尔滨市社会科学院社会学信息研究所	黑龙江省哈尔滨市道里区柳树街9号
45	成都市社会科学院信息中心	四川省成都市锦江区晨晖北路1号

备注：附录一所列单位为本书供稿单位。

附录二 全国主要社会科学院机构名录

序号	名称	地址
1	中国社会科学院	北京市东城区建国门内大街 5 号
2	北京市社会科学院	北京市朝阳区北四环中路 33 号
3	天津社会科学院	天津市南开区迎水道 7 号
4	上海社会科学院	上海市淮海中路 622 弄 7 号
5	重庆社会科学院	重庆市江北区桥北村 270 号
6	河北省社会科学院	河北省石家庄市裕华西路 67 号
7	山西省社会科学院	山西省太原市小店区大昌南路 14 号
8	内蒙古自治区社会科学院	内蒙古自治区呼和浩特市大学东街 129 号
9	辽宁社会科学院	辽宁省沈阳市皇姑区泰山路 86 号
10	吉林省社会科学院	吉林省长春市自由大路 245399 号
11	黑龙江省社会科学院	黑龙江省哈尔滨市松北区世博路 1000 号
12	江苏省社会科学院	江苏省南京市建邺路 168 号
13	浙江省社会科学院	浙江省杭州市凤起路 620 号省行政中心 11 号楼
14	安徽省社会科学院	安徽省合肥市美菱大道 131 号
15	福建社会科学院	福建省福州市柳河路 18 号
16	江西省社会科学院	江西省南昌洪都北大道 649 号
17	山东社会科学院	山东省济南市舜耕路 56 号
18	河南省社会科学院	河南省郑州市丰产路 21 号
19	湖北省社会科学院	湖北省武汉市东湖路 165 号
20	湖南省社会科学院	湖南省长沙市开福区德雅路浏河村巷 7 号
21	广东省社会科学院	广东省广州市天河北路 618 号
22	广西社会科学院	广西壮族自治区南宁市新竹路 5 号
23	海南省社会科学院	海南省海口市琼山区文坛路 2 号海南工商职业学院行政楼 6 楼

续表

序号	名称	地址
24	四川省社会科学院	四川省成都市一环路西一段 155 号
25	贵州省社会科学院	贵州省贵阳市南明区西湖路梭石巷 19 号
26	云南省社会科学院	云南省昆明市环城西路 577 号
27	西藏自治区社会科学院	西藏自治区拉萨市色拉路 4 号
28	陕西省社会科学院	陕西省西安市含光南路 177 号
29	甘肃省社会科学院	甘肃省兰州市安宁区建宁路 143 号
30	青海省社会科学院	青海省西宁市上滨河路 1 号
31	宁夏社会科学院	宁夏回族自治区银川市西夏区朔方路新风巷 8 号
32	新疆社会科学院	新疆维吾尔自治区乌鲁木齐市北京南路 246 号
33	深圳市社会科学院	深圳市上步中路 1023 号市府二办
34	广州市社会科学院	广东省广州市白云区云城街云安路 220 号
35	哈尔滨市社会科学院	黑龙江省哈尔滨市道里区柳树街 9 号
36	成都市社会科学院	四川省成都市锦江区晨晖北路 1 号
37	长春市社会科学院	吉林省长春市自由大路 5399 号
38	沈阳市社会科学院	辽宁省沈阳市沈河区小北关街 160 号
39	大连市社会科学院	辽宁省大连市中山区学士街 108 号
40	西安市社会科学院	陕西省西安市环塔东路 7 号
41	武汉市社会科学院	湖北省武汉市发展大道 495 号
42	厦门市社会科学院	福建省厦门市思明区大连兴馆巷 1 号社会科学大楼
43	杭州市社会科学院	浙江省杭州市新业路 311 号市民中心 D 座
44	宁波市社会科学院	浙江省宁波市宁穿路 2001 号市行政中心 3 号楼 5 楼
45	南京市社会科学院	江苏省南京市成贤街 43 号
46	济南市社会科学院	山东省济南市历下区龙鼎大道 1 号龙奥大厦 F15 – 1528
47	青岛市社会科学院	山东省青岛市山东路 12 号甲
48	石家庄社会科学院	河北省石家庄市兴凯路 219 号石家庄市人民政府西院 3 号楼 3 – 4 层
49	内蒙古自治区社会科学院呼和浩特分院	内蒙古自治区呼和浩特市党政办公大楼 820 室（新华东街 1 号呼市社科联）
50	兰州市社会科学院	甘肃省兰州市滨河东路 589 号
51	郑州市社会科学院	河南省郑州市嵩山南路南段 1 号
52	太原社会科学院	山西省太原市旱西关街 20 号
53	合肥市社会科学院	安徽省合肥市东流路 100 号合肥市政务中心 A 座 1113

续表

序号	名称	地址
54	长沙市社会科学院	湖南省长沙市岳麓大道218号市委大楼8楼
55	昆明市社会科学院	云南省昆明市呈贡新区行政中心7号楼2层
56	南宁市社会科学院	广西壮族自治区南宁市东宝路3号7楼
57	南昌市社会科学院	江西省南昌市世贸路江信国际花园13栋
58	福州市社会科学院	福建省福州市仓山区南江滨西大道193号东部办公区2号楼18层
59	海口市社会科学院	海南省海口市龙昆北路31号办公楼3楼

备注：附录二机构信息主要通过查阅机构官网以及相关资料整理所得。

后　　记

在改革开放40周年到来之际，《笃行致远　砥砺前行——改革开放40年全国社会科学院图书馆发展历程》一书，正式完稿了。作为本书的编撰团队，我们发自内心的喜悦以及感动。

本书是在中国社会科学院党组的领导和支持下，由中国社会科学院图书馆牵头，邀请全国社会科学院系统图书馆及相关单位共同编撰完成的。全书系统反映了改革开放40年来特别是党的十八大以来全国社会科学院系统图书馆的发展变化、主要成绩和相关经验。它主要包括四大部分：第一篇"改革开放40年全国社会科学院图书馆发展概述"；第二篇"改革开放40年中国社会科学院图书馆系统发展历程"；第三篇"改革开放40年主要省市自治区社会科学院图书馆发展历程"；第四篇"改革开放40年部分副省级城市社会科学院图书馆发展历程"。

本书作为第一本由全国社会科学院图书馆同仁共同完成的著作，将成为记录40年来全国社会科学院系统图书馆发展变化的重要载体，也成为全国社会科学院系统图书馆同仁团结协作、锤炼友谊的见证。它将为全国相关类型图书馆建设提供切实可用的参考依据，对彰显哲学社会科学专业图书馆的功能价值、推动新时期图书馆创新以及更好地服务国家哲学社会科学事业产生重要影响。

本书的编撰工作得到了中国社会科学院领导和学界专家的指导与支持。中国社会科学院副院长、党组副书记王京清担任编委会主任，并亲自为本书作序。

本书的编撰工作归功于全国社会科学院图书馆同仁共同的心血和努力。供稿单位涉及45家，包括：中国社会科学院图书馆系统11家，省市自治区社会科学院图书馆或相关单位30家，副省级城市社会科学院图书馆或相关单位4家。共有64位图书馆同仁在百忙之中抽出时间为本书撰稿，并进行仔细修改完善。共有55位同志担任本书的编委，并对相关单位的供稿质量严格把关。从这些单位身上，我们欣喜地看到改革开放40年来在中国共产党的正确领导下，全国社会科学院图书馆事业所取得的重要成绩，也看到了图书馆同仁爱岗敬业、创新发展以及务实合作的敬业精神和业务水平。

本书的编撰工作离不开中国社会科学院图书馆党委的重视以及编撰团队的共同努力。作为牵头单位，中国社会科学院图书馆党委高度重视并遴选精锐力量组建编撰队伍。中国社会科学院副院长、党组副书记王京清担任本书的主编，中国社会科学院图书馆党委书记、馆长王岚负责本书的策划、管理、终审等工作。张大伟、孔青青和周霞负责全书的统稿工作。蒋颖、刘振喜、赵慧、杨齐、王清君、张杰、赵以安、乌兰、王玉巧等同志为本书提供指导和支持。魏进、曹姚、丛文、赵颖、郑天纵、王卓钰、刘静霞等同志负责全国社会科学院图书馆的组稿工作；张大伟、孔青青、李栋、包凌、周霞、郭哲敏、王泽菡、王秀玲、杨发庭等同志负责书稿的编校等工作。

此外，本书编撰过程中参考了大量优秀的学术成果，也吸收了许多专家和图书馆同仁的建议。

我们谨对以上各位领导、专家、同仁和同事的辛勤付出和给予的帮助，表示最真挚的感谢和最崇高的敬意！

由于时间仓促，本书还存在一些纰漏和不足，恳请各位专家和同仁批评指正。

最后，特别感谢中国社会科学出版社赵剑英社长、魏长宝总编辑、田文编审以及出版社的相关同志为本书出版所付出的努力。再次感谢所有为本书提供支持和帮助的人。

习近平总书记指出，改革开放是中国的基本国策，也是今后推动中国发展的根本动力。中国改革开放的大门，只会越开越大。在改革开放40周年到来之际，我们愿与全国社会科学院系统图书馆的同仁们，一起回顾、一起庆祝这一重要历史时刻。未来，随着改革开放的进一步深入发展，我们共同置身于技术井喷式发展和新型智库建设的关键阶段，路还有很长很远。笃行致远，砥砺前行，愿我们为推动国家哲学社会科学事业发展以及全国社会科学情报事业发展共同努力，贡献力量。

《笃行致远　砥砺前行——改革开放40年全国社会科学院图书馆发展历程》图书编委会

2018年11月